Bildung und Schule auf dem Weg in die Wissensgesellschaft

Birgit Eickelmann (Hrsg.)

Bildung und Schule auf dem Weg in die Wissensgesellschaft

Waxmann 2010
Münster / New York / München / Berlin

Bibliografische Informationen der Deutschen Nationalbibliothek
Die Deutsche Nationalbibliothek verzeichnet diese Publikation in
der Deutschen Nationalbibliografie; detaillierte bibliografische
Daten sind im Internet über http://dnb.d-nb.de abrufbar.

ISBN 978-3-8309-2242-1

© Waxmann Verlag GmbH, Münster 2010

www.waxmann.com
info@waxmann.com

Umschlaggestaltung: Plessmann Design, Ascheberg
Umschlagfoto: Wolfram Schulz-Zander
Satz: Stoddart Satz- und Layoutservice, Münster
Druck: Hubert & Co., Göttingen

Gedruckt auf alterungsbeständigem Papier,
säurefrei gemäß ISO 9706

Alle Rechte vorbehalten
Printed in Germany

Festschrift für Prof.'in Dr. Renate Schulz-Zander
zum 65. Geburtstag

Inhalt

Wilfried Bos & Heinz Günter Holtappels
Vorbemerkung der Kollegen 9

Andreas Breiter & Stefan Welling
Integration digitaler Medien in den
Schulalltag als Mehrebenenproblem 13

Günter Dörr & Johannes Zylka
Medienkompetenz im Einsatz von Computer und Internet im Unterricht –
für Lehrerinnen und Lehrer in Grund-, Haupt- und Realschulen 27

Birgit Eickelmann
Individualisieren und Fördern mit digitalen Medien im Unterricht
als Beitrag zu einem förderlichen Umgang mit Heterogenität 41

Alf Gunnar Eritsland
Closing the gap: The computer as mediator of writing development 57

Heike Hunneshagen
Brücken bauen – Übergang von der Schule zur Hochschule.
Zum Studienwahlverhalten von jungen Frauen und Männern
am Beispiel der Schülerinnen- und Schülerprojekte der
Ruhr-Universität Bochum 69

Ludwig J. Issing & Thomas Seidel
Integration von Laptops in den Unterricht mit
implementierungsfördenden Maßnahmen 85

Nitza Katz-Bernstein
Voraussetzungen für die Nutzung digitaler Medien.
Entwicklungspsychologische und didaktische Überlegungen für
Kinder mit Förderbedarf im Bereich Sprache und Lernen 99

Johannes Magenheim
Web-2.0-Technologien als Themen der informatischen Bildung.
Beiträge des Informatikunterrichts zur Förderung von Medienkompetenz 115

Sigrid Metz-Göckel
Von welchen Jungen und welchen Mädchen reden wir?
Zum ‚boy turn' in der Geschlechterdebatte und Neujustierung der
Geschlechterrelationen 131

Annabell Preußler
Live and learn – informelles Lernen im Web 2.0 153

Gabi Reinmann & Sandra Hofhues
Öffnung der Schule für pädagogische Innovationen
Erkenntnisse aus einem Beispiel für Entrepreneurship Education 165

Hans-Günter Rolff
Schule in der Wissensgesellschaft 179

Heidi Schelhowe
Medienbildung in der Digitalen Kultur.. 191

Burkhard Schwier
Teilhabe an der Wissensgesellschaft unter erschwerten Bedingungen.
Ergebnisse einer Untersuchung zur Thematisierung und Nutzung
digitaler Medien in der Förderpädagogik vor dem Hintergrund
besonderer Erfordernisse 203

Gerhard Tulodziecki
Informations- und kommunikationstechnologische
Entwicklungen als Herausforderung für die Pädagogik 217

Joke Voogt
To prepare students for the knowledge society.
Characteristics of technology-supported pedagogical
practices in lower secondary education 231

Joachim Wedekind
Ganz oder gar nicht – zur Nutzung digitaler
Medien in der Schule 247

Curriculum Vitae: Renate Schulz-Zander 261

Verzeichnis der Autorinnen und Autoren 265

Wilfried Bos & Heinz Günter Holtappels
Vorbemerkung der Kollegen

Renate Schulz-Zander ist Pionierin auf dem Gebiet der Forschung zur Informationstechnologien/Informatik im Bildungsbereich Schule und in der Lehrerbildung. Die PH Berlin war neben Paderborn Ende der 1960er Jahre die einzige Lehrerausbildungsstätte, an der man mit dem Studium der Pädagogischen Kybernetik die Fakultas für das Unterrichten von Informationsverarbeitung/Informatik in der Schule erwerben konnte. Bereits 1969 bis 1970 hat sie als wissenschaftliche Mitarbeiterin von Professor Dr. Helmar Frank am Institut für Kybernetik an der PH Berlin in Projekten zur Entwicklung und Evaluation eines rechnergesteuerten tutoriellen individualisierten Lehrsystems und von rechnergesteuerten Lehrsystemen für Vorlesungen in der Pädagogischen Kybernetik mitgearbeitet; den Vorläufern des heutigen E-Learning in der Hochschullehre.

Als wissenschaftliche Assistentin im Bereich Informationsverarbeitung/Informatik an der PH Berlin galten ihre Arbeiten sowohl in der Forschung als auch in der Lehre der Einführung und Etablierung der informatischen Bildung in der Schule in der 5. bis 10. Klassenstufe sowie in der Lehrerausbildung und Lehrerweiterbildung. Gefördert vom damaligen Bundesministerium für Bildung und Wissenschaft und dem Land Berlin wurden von dem Forschungsteam ein Curriculum entwickelt und erprobt und eine theoretische Grundlegung durch ein didaktisches Strukturmodell geschaffen. Berlin war in der Folge damals das einzige Bundesland, in dem Informatik in der Sekundarstufe I im Wahlpflichtbereich an Schulen angeboten wurde.

Am Institut für die Pädagogik der Naturwissenschaften in Kiel galten ihre Forschungsarbeiten der länderübergreifenden Erprobung und dem Vergleich von Programmiersprachen (BASIC, Pascal und Logo) im Informatik- und Datenverarbeitungsunterricht an allgemeinbildenden und beruflichen Schulen und insbesondere Untersuchungen zum Zusammenhang von Programmiersprachen und Problemlöseverhalten der Schülerinnen und Schüler mit quantitativen und qualitativen Methoden.

Dem besonderen Interesse der Förderung von Mädchen im Technologiebereich entsprechend organisierte sie eine Curriculum-Konferenz zum Thema Informationstechnische Bildung für Mädchen, in der Expertinnen Empfehlungen und Strategien zur Förderung von Mädchen entwickelten. Sie konzipierte und veranstaltete in einem Pilotprojekt Ferienkurse für Mädchen mit einem ganzheitlich-ästhetischen Ansatz.

Am IPN konnten internationale Kooperationen aufgebaut und intensiviert werden. In einem Forschungsaufenthalt in den USA, u.a. an der Lawrence Hall of Science der University of California, Berkeley, dem North West Regional Educational Laboratory in Portland, der University of Michigan in Ann Arbor und dem Bank Street College in New York konnten Forschungsbefunde ausgetauscht und Kooperationen aufgebaut werden und auf der Weltkonferenz Computers in Education 1990 in Sydney, Australien vertieft werden. Renate Schulz-Zander war an der

Durchführung der ersten IEA-Studie Computers in Education (1986–1992) in Deutschland beteiligt.

Ihrem Pioniergeist verpflichtet gründete sie am IPN 1981 die erste fachdidaktische Zeitschrift im Bereich der Informationstechnologien/ Informatik, LOGIN, im Oldenbourg Verlag mit einem internationalen Beirat und unter Beteiligung einschlägiger institutioneller Herausgeber und nahm für eine Dekade die Schriftleitung wahr. 1990 gründete sie eine weitere Zeitschrift, Computer + Unterricht, im Friedrich Verlag, die auf den Einsatz von Informationstechnologien als digitale Medien im Unterricht aller Fächer ausgerichtet ist und die sie seitdem als leitende Mitherausgeberin betreut. Damit hat sie wichtige Wirkungsfelder des Forschungsinstituts in der pädagogischen Praxis geschaffen.

1992 folgte sie einem Ruf an die Universität Dortmund, Institut für Schulentwicklungsforschung auf eine Professur zur Bildungsforschung mit dem Schwerpunkt Informations- und Kommunikationstechnologische Bildung. Ihre Forschungsschwerpunkte sind:
- Medien und Informationstechnologien (IKT) in Bildung, Erziehung und Unterricht,
- Lernen und Lehren mit digitalen Medien in der Schule und Hochschule,
- Schul- und Unterrichtsforschung im Bereich digitaler Medien,
- Schulentwicklung und digitale Medien,
- digitale Medien und Gender und
- digitale Medien und Lehrerbildung.

In diesem Kontext hat sie zahlreiche Forschungs- und Entwicklungsprojekte geleitet. So wurde ein von der Bund-Länder-Kommission und dem Land NRW geförderter Modellversuch zur Entwicklung eines Modells für die Lehrerausbildung im Bereich der Informations- und Kommunikationstechnologischen Bildung in der Sekundarstufe I (1996–1999) durchgeführt, in dem eine Online-Lernplattform (IKARUS) für die Hochschullehre entwickelt und evaluiert wurde, die im Hochschulnetzwerk „Lehrerausbildung und neue Medien" der Bertelsmann Stiftung und Heinz Nixdorf Stiftung an acht Hochschulen zum Einsatz von Blended Learning kam und aus der schließlich die Plattform ews der Universität Dortmund hervorgegangen ist.

Zu den eingeworbenen Drittmittelprojekten gehören die Evaluationen des Großprojekts, die bundesweite Initiative Schulen ans Netz (1998–2000), des SEMIK-Modellversuchs Selbstlernen in der gymnasialen Oberstufe Mathematik (SelMa, 2001–2002), des DGB-Projekts „workshop zukunft" (2002–2005) und der Medienentwicklungsplanung in Dortmund (2007), in denen quantitative und qualitative Methoden zum Einsatz kamen. Die Studien lieferten umfangreiche Befunde zu Einstellungen von Lehrenden und Lernenden gegenüber den digitalen Medien, über Erfahrungen mit dem Einsatz digitaler Medien im Unterricht, erworbenen Kompetenzen, zur Lernkultur sowie zu den hemmenden und fördernden Bedingungen des Medieneinsatzes.

Ihre internationalen Kooperationen führten unter anderem dazu, dass sie 1996 Mitglied des internationalen Ausschusses COMMITT (COmmittee on MultiMedia in Teacher Training) des niederländischen Ministers für Bildung und Erziehung wurde und an einer gemeinsamen Forschungsreise zum Besuch einschlägiger USamerikanischer Einrichtungen zur Nutzung von Informationstechnologien für Bildungszwecke wie dem Peabody College der Vanderbilt University in Nashville, dem Media Lab des MIT in Cambridge, der BBN in Boston und einem Schulzentrum in Houston, Texas teilnahm. COMMITT hat darauf basierend Empfehlungen zur Lehrerbildung publiziert.

Eine mehrjährige Kooperation zwischen dem Beit Berl College in Beit Berl in Israel und der Universität Dortmund hat im Bereich der Informations- und Kommunikationstechnologien zu einem mehrfachen gegenseitigen Austauschbesuch geführt. Renate Schulz-Zander hat 1996 an der Universität ein deutsch-israelisches Symposium „Informatics and Information and Communication Technologies in Teacher Education" und einen deutsch-israelischen Workshop im Rahmen der Interschul '98 in Dortmund veranstaltet.

Sie war als National Research Coordinator verantwortlich für die Durchführung der „Second Information Technology in Education Study – Module 2" (SITES-M2, 2000–2002) der International Association for the Evaluation of Educational Achievement (IEA) in Deutschland. Diese Studie ist die weltweit größte und eine viel beachtete qualitative Studie zur innovativen pädagogischen Nutzung der digitalen Medien in der Schule mit dem Fokus auf Unterrichtsforschung mit Fallstudien in der Primarstufe und den Sekundarstufen. Sie liefert erstmals umfangreiche fallbezogene Datenanalysen unter Einbeziehung aller beteiligten Akteure. Die Befunde wurden auf internationalen Konferenzen referiert, waren Ausgangsbasis für die internationale SITES 2006 und finden sich auch in verschiedenen Beiträgen des International Handbook of Information Technology in Primary and Secondary Education wieder.

Nach einem Zeitraum von fünf Jahren wurde unter ihrer wissenschaftlichen Leitung eine Nachuntersuchung der deutschen SITES-M2, gefördert von der Deutschen Forschungsgemeinschaft (DFG), durchgeführt. Diese Studie erforscht die Schulentwicklungsprozesse der ausgewählten Schulen in Bezug auf die Integration digitaler Medien und die Nachhaltigkeit der pädagogischen Innovationen.

Als kooptiertes Mitglied des PIRLS/IGLU 2006-Konsortiums (Internationale Grundschul-Lese-Untersuchung, 2006–2008) hat sie in die nationale Erweiterungsstudie weitergehende Aspekte zum Einsatz digitaler Medien im Grundschulunterricht im Team mit mehrperspektivischen Methoden, auch im Hinblick auf Lesekompetenz untersucht.

Sie war und ist als Expertin und Gutachterin in zahlreichen nationalen, aber auch internationalen Kommissionen und Beiräten gefragt. In der Nachwuchsförderung hat sie eine Reihe von Promotionen betreut und darüber hinaus von 1996 bis 1999 als Professorin im interuniversitären Graduiertenkolleg „Geschlechterverhältnisse und sozialer Wandel. Handlungsspielräume und Definitionsmacht von Frauen", gefördert von der Deutschen Forschungsgemeinschaft, mitgewirkt.

Die Integration von digitalen Medien in die Lehrerausbildung war und ist ein Anliegen von ihr. Dazu gehören die Leitung eines Zertifikatsstudiengangs, die Entwicklung und Evaluation von Online-Lernsystemen wie etwa die Module „Medien und Informationstechnologien in Erziehung und Bildung – Entwicklung von Lehr- und Lernsoftware für die Lehrerausbildung" (MITEB, 2000–2001) in Kooperation mit Gerd Tulodziecki und Bardo Herzig, Universität Paderborn, und das E-Learning-Projekt: e-teaching plus, das zur videogestützten Unterrichtsanalyse und -bewertung anhand der videografierten Fallstudien aus der deutschen SITES-M2 vor allem in der Lehrerausbildung eingesetzt wird.

Renate Schulz-Zander hat wesentlich dazu beigetragen, dass das Institut für Schulentwicklungsforschung national und international auch in diesem Forschungszweig ein angesehener Kooperationspartner ist. Wir hoffen, dass Renate Schulz-Zander uns noch viele Jahre im Unruhestand als geschätzte Kollegin zur Verfügung steht und wünschen ihr weiterhin viel Erfolg bei ihrer Arbeit.

W. Bos und H. G. Holtappels

Andreas Breiter & Stefan Welling

Integration digitaler Medien in den Schulalltag als Mehrebenenproblem

In der sogenannten Wissensgesellschaft wird von der Schule erwartet, dass Schülerinnen und Schüler dort die instrumentelle, kreative und kritisch-reflexive Nutzung der digitalen Medien erlernen. Daneben wird allgemein davon ausgegangen, dass sich die digitalen Medien besonders gut für die Unterstützung von Selbstlernprozessen und die individuelle Förderung der Schülerinnen und Schüler eignen, beides Aspekte, die in der gegenwärtigen Schulentwicklung von hoher Bedeutung sind (Fleischhauer, 2006; Röll, 2003; Schulz-Zander, 2005).

In den letzten Jahren sind auch in Deutschland erhebliche Anstrengungen unternommen worden, damit die Schulen diese Aufgaben adäquat erfüllen können (Eickelmann & Schulz-Zander, 2006; Herzig & Grafe, 2007). Hinsichtlich des Erfolges bestehen jedoch Zweifel. So weist z.B. Senkbeil (2005, S. 165) auf Basis der in PISA 2003 erhobenen Daten darauf hin, dass der förderliche Einfluss der schulischen Computernutzung auf das Zutrauen in die eigene Kompetenz im Umgang mit Computern (computerbezogene Selbstwirksamkeitserwartung) der Fünfzehnjährigen in Deutschland gering ist. Gleichzeitig sahen nur zehn Prozent der befragten Schülerinnen und Schüler die Schule als wichtige Vermittlungsinstanz für den Erwerb computerbezogener Kenntnisse an (Senkbeil & Drechsel, 2004, S. 181). Und obwohl der regelmäßige Einsatz des Computers in der Schule dazu beiträgt, gerade die Kompetenzen im Umgang mit Computeranwendungen zu verbessern, nutzen laut PISA 2006 nur 31 Prozent der deutschen Schülerinnen und Schüler den Computer regelmäßig im Unterricht (56 Prozent im OECD-Durchschnitt) (Senkbeil & Wittwer, 2007, S. 279, 286).

Die existierenden Untersuchungen zur Nutzung digitaler Medien durch die Lehrkräfte bestätigen diese Daten. Herzig und Grafe schätzen, dass in der Tendenz je nach Schulart zehn bis 30 Prozent der Lehrerinnen und Lehrer die digitalen Medien regelmäßig im Unterricht einsetzen (Herzig & Grafe, 2007, S. 49). Genauere Zahlen liefert eine Untersuchung der Europäischen Kommission. Danach nutzten im Frühjahr 2006 knapp sechs Prozent der Lehrkräfte an deutschen Schulen den Computer in über der Hälfte ihrer Unterrichtsstunden, während 23,2 Prozent das Medium in maximal fünf Prozent ihrer Unterrichtsstunden einsetzten (European Commission, 2006, S. 4). 22 Prozent der Lehrkräfte hatten den Computer sogar noch nicht im Unterricht eingesetzt (European Commission, 2006, S. 3). Gleichzeitig sind die meisten Lehrkräfte privat überdurchschnittlich gut mit digitalen Medien ausgestattet und die meisten nutzen sie auch für ihre Unterrichtsvorbereitung (Gysbers, 2008; mpfs (Medienpädagogischer Forschungsverbund Südwest), 2003). Die Frage nach den Gründen für diese Diskrepanz liegt auf der Hand.

Des Weiteren stellt sich die Frage nach der empirisch überprüfbaren Wirksamkeit des Einsatzes der digitalen Medien in der Schule. Zwar existieren einige Untersuchungen, wonach die digitalen Medien zumindest in geringem Maße zu einer Verbesserung der Schülerleistungen beitragen (siehe z.B. Kulik, 1994; Waxman, Lin & Michko, 2003). Es überwiegen jedoch die Stimmen, dass sich entweder kein derart positiver Zusammenhang nachweisen lässt oder entsprechende Anhaltspunkte inkonsistent sind (Bull, Knezek, Roblyer, Schrum & Thompsen, 2005, S. 218; Condie & Munro, 2007; Kerres, 2001, S. 34f). Scheinbar leichter lässt sich die Frage nach der durch die Medienintegration begünstigten Veränderung der Lern- und Unterrichtskultur beantworten. So kommen Eickelmann und Schulz-Zander auf der Basis der Bilanzierung des SEMIK-Programms (Schulz-Zander & Riegas-Staackmann, 2004, S. 328) sowie den Ergebnisse von Herzig und Grafe (2007) zu dem Schluss, dass sich die schulische Lernkultur dahingehend verändert habe „dass Schülerinnen und Schüler stärker eigenaktiv tätig sind, Informationen recherchieren, oftmals vermehrt zusammenarbeiten und Lehrpersonen mehr individuell beratend und unterstützend agieren. Gleichwohl bleibt lehrergesteuerter Unterricht weiterhin ein fester und aus Sicht aller schulischen Akteure berechtigter Bestandteil des Unterrichts" (Eickelmann & Schulz-Zander, 2008, S. 167). Skeptischer äußern sich Müller, Blömeke und Eichler (2006, S. 643). Demnach lässt sich nur bei wenigen Lehrkräften der für die Verbesserung der Unterrichtsqualität und zur Veränderung der Lernkultur erforderliche Grad der Medienintegration in den eigenen Unterricht beobachten. Im internationalen Kontext bleibt festzuhalten, dass die digitalen Medien von den Lehrkräften primär in einer Art und Weise eingesetzt werden, die bestehende Unterrichtspraxen unterstützt und bewahrt (Cuban, 2001; Hughes, 2005; Rogers & Finlayson, 2004; Tearle, 2003). Die mit dem Medieneinsatz häufig verbundenen Erwartungen einer sich zu Gunsten der Schülerinnen und Schüler verändernden Unterrichtspraxis müssen vor diesem Hintergrund deutlich relativiert werden.

Dieser kurze Überblick zeigt, dass bezüglich der Integration der digitalen Medien in den Schulalltag nach wie vor erheblicher Forschungsbedarf besteht. Im vorliegenden Beitrag versuchen wir etwas zur Klärung der Frage beizutragen, warum schulische Medienintegration sich über weite Strecken relativ langsam entwickelt und die Praxis in den Schulen regelmäßig hinter den mit dem Einsatz der digitalen Medien verbundenen Erwartungen zurückbleibt. Dabei knüpfen wir einerseits an die Governance-Ansätze zur Beschreibung des Schulsystems im Mehrebenenmodell und andererseits an internationale Studien zur Verknüpfung von Schulentwicklung und Medienintegration an.

Medienintegration als Mehrebenenproblem

Die schulische Medienintegration ist ein äußerst komplexer Prozess, der sich über unterschiedliche Ebenen und Handlungssphären von variierender Prominenz erstreckt. Wir verstehen dabei unter Medienintegration die Einbettung von (digitalen) Medien in den schulischen Alltag von Lehrenden und Lernenden. Die Ansichten darüber, wie die Bedeutung verschiedener Bereiche für den Integrationsprozess zu gewichten ist, gehen auseinander. Ertmer (2005) z.B. sieht die pädagogischen Einstellungen der Lehrkräfte als letzte Herausforderung („final frontier") der Medienintegration. Eickelmann und Schulz-Zander (2006, S. 286) identifizieren unter

Bezug auf mehrere Untersuchungen einen Mangel an Computerwissen und computerbezogenen Fertigkeiten sowie fehlende pädagogische Konzepte und ungenügende Vorbereitungszeit als Haupthindernisgründe. Hew und Brush (2007) identifizieren auf Grundlage einer Sekundäranalyse von rund 50 empirischen Studien zur Medienintegration Wissen und Fähigkeiten als eine zentrale Problemdimension der Medienintegration. Daneben identifizieren sie Ressourcen, Institutionen, Einstellungen und Überzeugungen, Bewertung und die Fachkultur als weitere Dimensionen.

Vielen dieser Untersuchungen haftet aber das Manko an, dass sie rationalistisch determiniert sind und den Eindruck vermitteln, Veränderungen ließen sich auf Basis einer simplen Input-Output-Beziehung herbeiführen (Robertson, 2002). Außerdem stehen die identifizierten Faktoren häufig relativ unverbunden nebeneinander und werden nicht oder nur unzureichend zueinander in Bezug gesetzt. Hennessy, Ruthven und Brindley (2005) weisen außerdem darauf hin, dass sich die Forschung schwer tue, die Komplexität der Medienintegration in geeigneter Weise zu fassen. Darüber hinaus basiere ein Großteil der existierenden empirischen Forschung auf groß angelegten Erhebungen, die Informationen über den Umfang der Computernutzung und die Art der verwendeten Anwendungen zur Verfügung stellen, aber nichts über die Art und Eignung dieser Praxen aussagen. Außerdem gebe es auch nur wenige Untersuchungen, die die Medienintegration in durchschnittlichen Schulen anhand alltäglicher Unterrichtsbeispiele untersuchen. Zudem hätten die bisherigen empirischen Analysen zumeist Schülerinnen und Schüler in den Fokus genommen. Die Handlungspraxis der Lehrkräfte sei hingegen kaum untersucht worden.

Um das Problem der Komplexitätsreduktion zu umgehen, betten wir unsere Analyse in zwei miteinander verbundene Mehrebenenmodelle ein. Am Anfang unserer Betrachtung steht ein Drei-Ebenenmodell, das sich an der in der Schulforschung etablierten Unterscheidung zwischen Mikro-, Meso- und Makroebene orientiert und die kommunale, regionale und nationale Ebene der schulischen Bildungslandschaft adressiert. Die damit einhergehenden (neuen) Steuerungsprozesse und -modelle werden unter dem Oberbegriff der Educational Governance diskutiert (Altrichter, Brüsemeister, & Wissinger, 2007). Diese sind u.a. dadurch charakterisiert, dass der Staat Organisationsaufgaben verstärkt den Schulen überlässt und sie mehr Handlungsautonomie erhalten. Gleichzeitig setze der Staat allgemeine Rahmenziele, deren Umsetzung u.a. im Rahmen der nationalen Bildungsberichterstattung überprüft werden (Brüsemeister & Eubel, 2003).

Handlungsdimensionen schulischer Medienintegration

Der zentralen Rolle der Einzelschule tragen wir mit unserem zweiten Modell Rechnung, das die zentralen Handlungsdimensionen der schulischen Medienintegration aus der Mikroperspektive heraus zusammenfasst (siehe Abbildung 1).

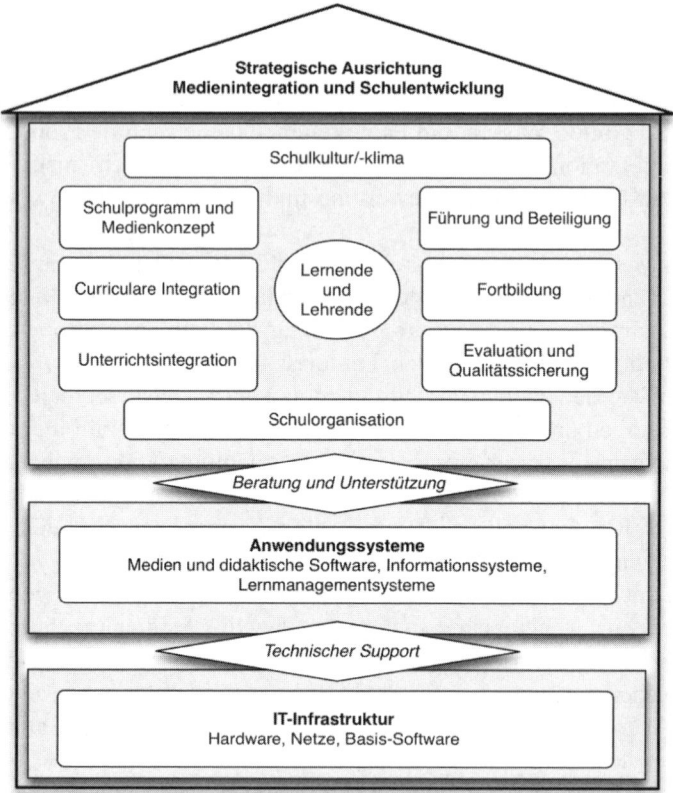

Abbildung 1: Handlungsdimensionen schulischer Medienintegration

Eine wesentliche Grundvoraussetzung für die Arbeit mit digitalen Medien in der Schule ist eine dauerhaft funktionsfähige *IT-Infrastruktur*. Sie reicht von Computern und Peripheriegeräten bis zur Bereitstellung von lokalen Netzen und einer breitbandigen Internetanbindung. Inzwischen besitzen die meisten Schulen eine Basisausstattung, die mindestens einen Computerraum umfasst und in vielen Fällen auch Medienecken in einzelnen Klassenräumen oder Laptop-Klassensätze, die einen flexibleren und spontaneren unterrichtlichen Medieneinsatz zulassen. Auf der Basisinfrastruktur bauen *Anwendungssysteme* auf, die von Lernprogrammen bis zu komplexen virtuellen Lern-/Lehrarrangements reichen können. Mit der steigenden Relevanz von E-Learning für die schulische Praxis nimmt auch die Bedeutung von Lernmanagementsystemen zu. Sie sind auch eine wichtige Voraussetzung für zeit- und ortsunabhängige Lernprozesse, die den Unterricht zunehmend prägen. Die Bedeutung und Komplexität des *technischen Betriebs und Supports* als Absicherung für Lehrkräfte wird oftmals unterschätzt, zumal sich damit erhebliche IT-Folgekosten verbinden (Breiter, Fischer & Stolpmann, 2008). Eine funktionierende IT-Infrastruktur und eine schnelle Fehlerbehebung sind eine notwendige Bedingung für ein störungsfreies Arbeiten der Lehrkräfte vor Ort. Letztlich ist sie nur durch einen professionellen IT-Support zu gewährleisten.

Im Zentrum der Handlungsdimensionen stehen die *Lernenden und Lehrenden*. Während die Erwartungen und Kompetenzen der Schülerinnen und Schüler schon relativ weitgehend untersucht wurden, waren Lehrkräfte seltener Gegenstand der Forschung. Alle Lehrkräfte verfügen über individuell verschiedene Einstellungen gegenüber den Medien. Diese haben einen wichtigen Anteil an der Entscheidung für oder gegen den Medieneinsatz (Ertmer, 2005; Hermans, Tondeur, van Braak & Valcke, 2008). Eickelmann und Schulz-Zander (2008, S. 168) kommen vor dem Hintergrund verschiedener Studien zu dem Schluss, dass die Lehrerinnen und Lehrer dem Einsatz der digitalen Medien generell positiv gegenüber eingestellt seien (Bofinger, 2004; vgl. z.B. Hunneshagen, Schulz-Zander & Weinreich, 2001). Dem gegenüber stehen aber Untersuchungen, die bei Lehramtsstudierenden und Berufsanfängern eine ausgeprägte medienkritische und bewahrpädagogisch orientierte Haltung zu Tage gefördert hat, von der angenommen werden kann, dass sie die Medienintegration einschränkt (Blömeke, 2003; Kommer, 2006). Auch hier besteht demnach noch erheblicher Forschungsbedarf hinsichtlich der Frage, wie die Einstellungen bzw. biografischen Orientierungen der Lehrkräfte entstehen, sich verändern und ihre professionelle Medienaneignung prägen.

So wenig wie die Einstellungen oder Orientierungen lassen sich auch die tief im Lehrbetrieb verankerten unterschiedlichen Fachkulturen kurzfristig verändern. Die Zugehörigkeit zu selbigen prägt auch die Medienpraxis ihrer Angehörigen (Butzin, 2004; Hennessy, Ruthven & Brindley, 2005; Selwyn, 1999). Die Fachkultur steht zudem in enger Verbindung zur *Schulkultur*, die die Medienintegration ebenfalls beeinflusst (Lim, 2002; Tearle, 2003). Unter Anlehnung an Göhlich und Sacher (2005) fassen wir diese als Prozess der Sinnstiftung und Wertorientierung, der die Basis gemeinsamen Handelns in der Schule schafft, auf. Als symbolische Ordnung der Einzelschule wird sie durch symbolische Kämpfe und Aushandlungen der verschiedenen schulischen Akteure in Auseinandersetzung mit den Strukturen des Bildungssystems generiert (Helsper & Busse, 2001). Im Gegensatz dazu sind formale Regeln ein zentraler Bestandteil der *Schulorganisation*. Trotzdem ist sie aufs engste mit der Schulkultur verbunden. So weist z.B. Wenzel darauf hin, dass Organisationen nicht nur als formale Systeme zu begreifen sind, „sondern als lebensweltlich begründete Handlungszusammenhänge mit eigenen unverwechselbaren Kulturen und Subkulturen" (Wenzel, 2008, S. 29). Gleichzeitig sind explizierte formale Regeln ein inhärenter Bestandteil der Organisation Schule, die von allen Organisationsmitgliedern zu respektieren sind (Nohl, 2007).

Insbesondere die *Integration digitaler Medien in den Unterricht* gilt als wesentliches Erfolgskriterium. Die meisten Expertinnen und Experten sind sich einig, dass digitale Medien dabei helfen könnten, Lernprozesse stärker zu individualisieren, Selbstlernen der Schülerinnen und Schüler zu unterstützen und zusätzlich komplexe Sachverhalte zu vereinfachen (Schulz-Zander & Preussler, 2005; Tully, 2004). Dies zieht sich durch alle Fächer, gilt für Projekte und den Ganztagsbereich. Die meisten dokumentierten Unterrichtsformen sind allerdings eher mit Leuchtturmprojekten zu vergleichen, sie sind selten übertragbar und damit nicht alltagstauglich. Erschwerend kommt hinzu, dass durch die gestiegene Output-Orientierung Leistungstests vermehrt eingesetzt werden, in denen kreativer Medieneinsatz keine Berücksichtigung findet und alternative Bewertungsformen wie Portfolios sich noch in der Erprobungsphase befinden.

Maßgeblichen Anteil an der innerschulischen Umsetzung solcher Regeln und am Verlauf dieses Prozesses hat die *Führung und Beteiligung durch die Schulleitung*. Darüber hinaus wird sie in allen existierenden Untersuchungen als Machtpromotor für schulische Innovationen jeglicher Art identifiziert (z.B. Ackermann & Scheunpflug, 2000; Bonsen, von der Ganthen, Iglhaut, & Pfeiffer, 2002; Fullan, 2001). Auf die Medienintegration bezogen, hat sie z.B. entscheidenden Anteil an der Entwicklung einer gemeinsamen Vision, die mit dem Medieneinsatz an der Schule verfolgt wird sowie der Erarbeitung einer Strategie zu ihrer Umsetzung (Flanagan & Jacobsen, 2003; Staples, Pugach & Himes, 2005).

Während die Vision primär im *Schulprogramm* verankert werden sollte, dient vor allem das *Medienkonzept* der strategischen Umsetzung des Integrationsprozesses. Von vielen Schulen existieren gute Medienkonzepte, die eine starke pädagogische Prägung haben. Noch sind sie nicht die Regel und eine Integration der Medienarbeit in *schulinterne Curricula* ist selten zu finden. Darüber hinaus kommt der Schulleitung eine zentrale Rolle bei der Schaffung von für die Medienintegration förderlichen innerschulischen Rahmenbedingungen zu (Breiter, 2000, 2007; Prasse & Scholl, 2001). Dazu gehört u.a. auch die Sicherstellung ausreichender Fortbildungsmöglichkeiten für die Lehrkräfte. Dabei sind die Schulen primär auf die Zusammenarbeit mit den staatlichen Institutionen der *Lehrerfortbildung* sowie geeigneten außerschulischen Fortbildungsanbietern angewiesen. Die unterrichtliche Integration digitaler Medien verlangt von Lehrkräften Kenntnisse und Fähigkeiten, die sie nur eingeschränkt in Studium und Referendariat erwerben. Auch die nächste Lehrergeneration, für die der private Umgang mit digitalen Medien selbstverständlich ist, muss ihre Integration in den Unterricht lernen und erproben. Von besonderem Reiz ist dabei, dass die digitalen Medien in diesem Kontext nicht nur als Fortbildungsgegenstand relevant sind, sondern auch als Medium, wenn neues Wissen beispielsweise auf der Basis von E- oder Blended Learning erworben wird (Reinmann, 2005).

Inwieweit die verschiedenen Aktivitäten in der Einzelschule letztlich zur Verbesserung der Medienintegration beitragen, lässt sich nur im Rahmen der *Qualitätssicherung und -entwicklung* und unter Einsatz geeigneter Evaluationsinstrumente herausfinden. Dabei kommen sowohl die verschiedenen Methoden der Selbstevaluation in Frage (Altrichter, Messner & Posch, 2004) als auch die Evaluation von außen (Bauer, 2007). Auch hier sind digitale Medien und die Medienintegration nicht nur Untersuchungsgegenstand, sondern ermöglichen computergestützte Formen der Selbstevaluation (wie z.B. SEIS; s. Stern, Ebel & Müncher, 2008).

Mehrebenenmodell der schulischen Medienintegration

Insgesamt wird deutlich, dass fast alle der adressierten Handlungsdimensionen über die Sphäre der Einzelschule hinausreichen und auch auf der Meso- und/oder Makroebene verankert sind. Dem tragen wir Rechnung, in dem wir die erläuterten Handlungsdimensionen in ein Mehrebenen-Modell der schulischen Medienintegration überführen.

Aus Sicht einer Medienintegration müssen die beiden Modelle schon deshalb kombiniert werden, da sich durch die spezifischen Eigenschaften des Computers als

Automat, Werkzeug und Medium (vgl. Schelhowe, 1997) eine Überschneidung von inneren und äußeren Schulangelegenheiten und damit Aufgaben auf der lokalen, regionalen und überregionalen Ebene ergeben (Breiter, 2001a; Breiter, Fischer & Stolpmann, 2006). Die Begrenzung der Educational Governance auf die pädagogische Schulentwicklung schließt die Rolle der Kommunen im Sinne regionaler Bildungsverantwortung aus. Die Planung, Organisation und Steuerung der schulischen Voraussetzung für die Arbeit mit digitalen Medien obliegt nicht mehr ausschließlich der Kultusbehörde und ihrer nachgeordneten Dienststellen. Aufgrund des grundgesetzlich verankerten kommunalen Selbstbestimmungsrechts haben auch die Schulträger einen wachsenden Anteil an der erfolgreichen Medienintegration.

Zwischen den dargestellten Ebenen und den jeweiligen Aufgaben existieren unterschiedlich starke interdependente Beziehungen, deren Zusammenspiel für den Verlauf der schulischen Medienintegration von entscheidender Bedeutung ist. In Anlehnung an Kozma (2003) und Owston (2007) erfolgt dieses Zusammenspiel unseres Erachtens über drei Ebenen hinweg.

– Die *Mikroebene* adressiert zum einen die Unterrichtspraxis, die berufsspezifischen Orientierungen und Einstellungen der Lehrkräfte, zum anderen auch die Einzelschule, da wir davon ausgehen, dass die jeweilige Schulkultur, der Schulentwicklungsprozess sowie das schulinterne Medienkonzept von zentraler Relevanz für den Verlauf der Medienintegration sind und in unmittelbarer Beziehung zur Unterrichtspraxis stehen.
– Auf der *Mesoebene* sind die Schulregion, die kommunalen Schulträger und ihre Medienentwicklungsplanung, aber auch Medienzentren und weitere Supporteinrichtungen angesiedelt, die vor allem als die zentralen Säulen des Unterstützungssystems großen Anteil am Verlauf der Medienintegration haben. Auf der anderen Seite steht die staatliche Schulaufsicht mit ihren Führungs-, Kontroll- und Unterstützungsaufgaben, die bisher im Verlauf der Medienintegration eher eine untergeordnete Rolle gespielt hat.
– Die *Makroebene* integriert die Mikro- und die Mesoebene und adressiert insbesondere die bildungspolitischen Ziele und Aktivitäten der Bundesländer bezüglich der Verbesserung der Schulqualität (z.B. durch Schulinspektionen). Dazu zählen die Lehrpläne und Richtlinien auch für die erste und zweite Phase der Lehrerausbildung. Außerdem lassen sich die Einflüsse des bildungspolitischen Diskurses auf Bundesebene sowie durch supranationale Organisationen wie der OECD nicht ignorieren.

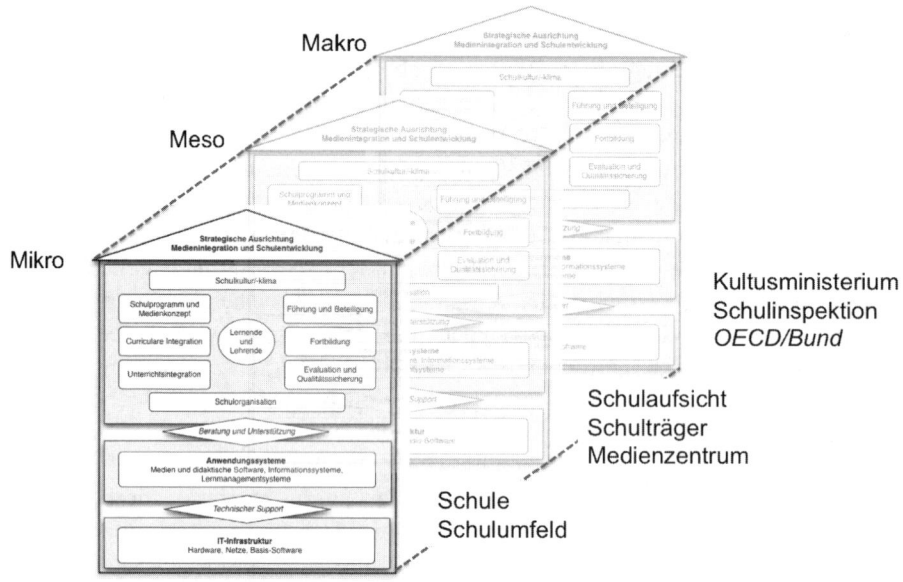

Abbildung 2: Mehrebenenmodell der schulischen Medienintegration

Die technisch-organisatorische Handlungsdimension – Betrieb und Support sowie die Bereitstellung einer angemessen Anwendungslandschaft – konstituiert eine Gemeinschaftsaufgabe von Land und Kommunen unter Berücksichtigung der Bedingungen der eigenständigen Schule. Voraussetzung hierfür ist die Einführung und Durchsetzung von Standards sowohl im Bereich der Hardware als auch bei der Software. Während die Hardwarebeschaffung relativ leicht durch Rahmenverträge organisiert werden kann, muss für die Software ein eigenes Verfahren erst noch entwickelt werden. Ein dritter Bereich ist die Erweiterung der elektronischen Mediendistribution, die ein Zusammenspiel von Medienzentren und Kultusministerien erfordert.

Auf der pädagogisch-organisatorischen Ebene der strategischen Schulentwicklung mit und durch digitale Medien haben wir es mit parallel verlaufenden Diskursen zu tun. Während die Schulentwicklung derzeit von einer verstärkten Output-Orientierung dominiert wird, unterliegt die Medienintegration über weite Strecken einer „Input-Steuerung über umfangreiche Maßnahmen des Bundes und der Länder bezogen auf die IT-Infrastruktur, Curricula und Fortbildung" (Eickelmann & Schulz-Zander, 2006, S. 279). Ein weiterer wichtiger Schritt ist die, in den meisten Bundesländer bzw. in den Kommunen verpflichtende, Erarbeitung von Medienkonzepten durch die Schulen als Planungsgrundlage für die systematische Integration der digitalen Medien in den Unterricht. Auch dabei steht zunehmend die Einzelschule im Fokus der Aktivitäten. Einen Schritt weiter geht die Etablierung schulübergreifender kommunaler Medienentwicklungspläne. Auf Basis der schulischen Medienkonzepte planen die kommunalen Schulträger, die für die Finanzierung der technischen Infrastruktur verantwortlich sind, (meistens) in Kooperation mit den Schulen die Ausstattung letzterer mit digitalen Medien (Rösner, 2005).

Außerdem tragen viele Kommunen einen wesentlichen Teil zur Sicherung der für den Medieneinsatz unverzichtbaren technischen und pädagogischen Supportstrukturen bei. Die technische Ausstattung und die mediendidaktischen und -pädagogischen Zielstellungen sind somit zunehmend miteinander verbunden (Breiter, 2001b; Breiter, Prasse, Stolpmann, Wiedwald, Pust & Kötter, 2003). Gleichzeitig illustriert dieser Handlungsbereich die enge Verquickung der Mikro- und der Mesoebene, wenn z.B. unterschiedliche Akteure die Schulen bei der Planung und Umsetzung der Medienintegration unterstützen. Dabei ist besonders auf die kommunalen Medienzentren zu verweisen, die sich zunehmend zu „regionalen Bildungsdienstleistern" mit einem diversifizierten Angebotsspektrum wandeln. Darüber hinaus wirken sie auch in die Makroebene hinein, wenn sie z.B. die staatlichen Seminare in der zweiten Phase der Lehrerausbildung bspw. durch Blended-Learning-Seminare für Referendare unterstützen.

Die Abstimmung und Verzahnung zwischen den für die Medienintegration relevanten Aktivitäten auf den verschiedenen Ebenen wurde bisher allerdings offensichtlich in ganz unterschiedlicher Weise realisiert und hängt offensichtlich stark vom spezifischen Engagement einzelner Akteure ab, unabhängig davon, auf welcher der drei Ebenen man sich bewegt. Gleichwohl haben natürlich Aktivitäten auf der Makroebene die größte Reichweite. So zeigt z.B. ein Blick in die nationalen Bildungsstandards für die Kernfächer, dass die Nutzung digitaler Medien im Sinne einer umfassenden Medien- und Informationskompetenz (noch) keine Rolle spielt. Eine stärkere Verbindlichkeit durch Curricula ist eine notwendige, wenn auch nicht hinreichende Bedingung für eine unterrichtliche Mediennutzung. So lange andersherum der Grad der Medienintegration aber auch keine oder nur eine marginale Rolle im Rahmen der Schulinspektion spielt (ohne deren Wirkung überzubewerten), kann nicht erwartet werden, dass sich eine Bereitschaft zur Veränderung einstellt.

Fazit

Erst wenn die Mehrzahl der Lehrkräfte die digitalen Medien selbstverständlich und regelmäßig im Unterricht einsetzt und es zu einer nachhaltigen Veränderung der Lern- und Unterrichtskultur zu Gunsten der Schülerinnen und Schüler kommt, kann von einer erfolgreicher Medienintegration gesprochen werden. Davon sind wir derzeit noch weit entfernt. Die Gründe dafür sind vielschichtig und nur ansatzweise geklärt. Bislang sind z.B. viele (staatliche) Initiativen zur besseren Verankerung der digitalen Medien in der Schule in Top-down-Manier entwickelt worden, ohne dass die Lehrkräfte daran signifikant beteiligt wurden. Verschiedene internationale Untersuchungen zeigen, dass viele Lehrkräfte auf solche Ansätze nicht nur mit Verunsicherung, sondern mit Ablehnung reagieren, da sie sich als unempfänglich gegenüber ihren Sichtweisen und den Beschränkungen ihres Arbeitsalltags erweisen und die Lehrkräfte fürchten zumindest einen Teil der Kontrolle über ihre unterrichtliche Handlungspraxis zu verlieren. So kann es nicht verwundern, wenn Lehrkräfte dazu neigen der Technikeinführung zu widerstehen, oder es kommt zu „subtilen Strategien des Unterlaufens" (Brüsemeister & Eubel, 2003, S. 26).

Die Erklärung des Standes der Integration digitaler Medien in den Schulalltag bleibt oftmals an Grenzen des Schulsystems oder disziplinären Grenzen stehen. Entweder werden nicht alle relevanten Akteure einbezogen (so die Ebene der kommunalen Schulträger und Medienzentren) oder die Arbeiten fokussieren auf sehr spezifische Aspekte der Handlungspraxis von Lehrkräften. Mit dem hier vorgestellten integrierten Modell soll ein Analyserahmen geschaffen werden, der einer mehrdimensionale Betrachtung der organisatorischen, pädagogischen und technischen Voraussetzungen für die weitere Durchdringung des Unterrichtsalltags mit und durch digitale Medien erlaubt.

Literatur

Ackermann, H. & Scheunpflug, A. (2000). *Schulleiter-Handbuch: Schulleitung im gesellschaftlichen Umbruch*. München: Oldenbourg.

Altrichter, H., Brüsemeister, T. & Wissinger, J. (Hrsg.). (2007). *Educational Governance. Handlungskoordination und Steuerung im Bildungssystem*. Wiesbaden: VS Verlag für Sozialwissenschaften

Altrichter, H., Messner, E. & Posch, P. (2004). *Schulen evaluieren sich selbst: Ein Leitfaden* (1. Aufl.). Seelze: Kallmeyer.

Bauer, K.-O. (Hrsg.). (2007). *Evaluation an Schulen. Theoretischer Rahmen und Beispiele guter Evaluationspraxis* (1. Aufl.). Weinheim, München: Juventa.

Blömeke, S. (2003). Zukünftige Lehrpersonen und das Medienhandeln von Kindern und Jugendlichen. Eine empirische Studie zu Kenntnissen und Annahmen von Lehramtsstudierenden. *Zeitschrift für Erziehungswissenschaft, 6* (2), 276–291.

Bofinger, J. (2004). *Neue Medien im Fachunterricht. Eine empirische Studie über den Einsatz neuer Medien im Fachunterricht an verschiedenen Schularten in Bayern* (1. Aufl.). Donauwörth: Auer Verlag.

Bonsen, M., von der Ganthen, J., Iglhaut, C. & Pfeiffer, H. (2002). *Die Wirksamkeit von Schulleitung. Empirische Annäherungen an ein Gesamtmodell schulischen Leitungshandelns*. Weinheim, München: Juventa.

Breiter, A. (2000). IT-Management: Planung, Organisation und Steuerung des integrierten Einsatzes digitaler Medien als Schulleitungsaufgabe. In H. Buchen, L. Horster & H.-G. Rolff (Hrsg.), *Schulleitung und Schulentwicklung: Erfahrungen, Konzepte, Strategien* (Neuausg., S. 1–14 (F 18.11)). Stuttgart: Raabe.

Breiter, A. (2001a). Digitale Medien im Schulsystem: Organisatorische Einbettung in Deutschland, den USA und Großbritannien. *Zeitschrift für Erziehungswissenschaft, 4* (4), 625–639.

Breiter, A. (2001b). *IT-Management in Schulen. Pädagogische Hintergründe, Planung, Finanzierung und Betreuung des Informationstechnikeinsatzes*. Neuwied, Kriftel: Luchterhand.

Breiter, A. (2007). Management digitaler Medien als Teil der Schulentwicklung. Neue Herausforderungen für die Schulleitung. In R. Pfundtner (Hrsg.), *Leiten und Verwalten einer Schule* (S. 349–355). Neuwied: Kluwer.

Breiter, A., Fischer, A. & Stolpmann, B.E. (2006). IT-Service-Management – neue Herausforderungen für kommunale Schulträger. In M. Wind & D. Kröger (Hrsg.), *Handbuch IT in der Verwaltung* (S. 254–274). Berlin, Heidelberg: Springer-Verlag.

Breiter, A., Fischer, A. & Stolpmann, B. E. (2008). *Planung, Analyse und Benchmarking der Gesamtausgaben von IT-Systemlösungen für die pädagogische Nutzung neuer Medien in Schulen*. Bonn: Schulen ans Netz e.V.

Breiter, A., Prasse, D. Stolpmann, B. E., Wiedwald, C., Pust, C., & Kötter, W. (2003). Regionales IT-Management als Organisationsentwicklungsprozess. In O. Vorndran & F. Zotta (Hrsg.), *Regionale IT-Planung für Schulen. Materialien zur Entscheiderberatung* (S. 13–67). Gütersloh: Verlag Bertelsmann Stiftung.

Brüsemeister, T. & Eubel, K.-D. (2003). Einleitung: Facetten schulischer Modernisierung. In T. Brüsemeister & K.-D. Eubel (Hrsg.), *Zur Modernisierung der Schule: Leitideen – Konzepte – Akteure. Ein Überblick* (S. 14–33). Bielefeld: Transcript.

Bull, G., Knezek, G., Roblyer, M.D., Schrum, L. & Thompsen, A. (2005). A Proactive Approach to a Research Agenda for Educational Technology. *Journal of Research on Technology in Education, 37* (3), 217–220.

Butzin, S.M. (2004). Using instructional technology in transformed learning environments: An evaluation of Project CHILD. *Journal of Research on Computing in Education, 33* (4), 367–373.

Condie, R. & Munro, B. (2007). *The impact of ICT in schools – a landscape review.* Coventry: Becta.

Cuban, L. (2001). *Oversold and underused. Computers in the classroom* (2nd ed). Cambridge (MA), London: Harvard University Press.

Eickelmann, B. & Schulz-Zander, R. (2006). Schulentwicklung mit digitalen Medien – nationale Entwicklungen und Perspektiven. In W. Bos, H. G. Holtappels, K. Klemm, H. Pfeiffer, H.-G. Rolff & R. Schulz-Zander (Hrsg.), *Jahrbuch der Schulentwicklung: Daten, Beispiele und Perspektiven. Band 14* (S. 277–309). Weinheim, München: Juventa.

Eickelmann, B. & Schulz-Zander, R. (2008). Schuleffektivität, Schulentwicklung und digitale Medien. In W. Bos, H. G. Holtappels, H. Pfeiffer, H.-G. Rolff & R. Schulz-Zander (Hrsg.), *Jahrbuch der Schulentwicklung. Band 15. Daten, Beispiele und Perspektiven* (S. 157–193). Weinheim, München: Juventa.

Ertmer, P.A. (2005). Teacher pedagogical beliefs: The final frontier in our quest for technology integration? *Educational Technology Research and Development, 53* (4), 25–39.

European Commission. (2006). *Use of Computers and the Internet in Schools in Europe 2006: Country Brief Germany.* Verfügbar unter: http://ec.europa.eu/information_society/eeurope/i2010/docs/studies/learnind_countrybriefs_pdf.zip [05.10.2006]

Flanagan, L. & Jacobsen, M. (2003). Technology leadership for the twenty-first century principal. *Journal of Educational Administration, 41* (2), 124–142.

Fleischhauer, A. (2006). Unsichtbare Lernprozesse. Stellenwert des selbstgesteuerten Lernens in der Medienkompetenzdebatte. *Medien und Erziehung, 50* (4), 44–51.

Fullan, M. (2001). *Leading in a culture of change.* San Francisco, CA: Jossey-Bass.

Göhlich, M., & Sacher, W. (2005). Schulkultur. In H. J. Apel (Hrsg.), *Studienbuch Schulpädagogik* (2., überarb. und erw. Aufl., S. 99–115). Bad Heilbrunn: Klinkhardt.

Gysbers, A. (2008). *Lehrer – Medien – Kompetenz. Eine empirische Untersuchung zur medienpädagogischen Kompetenz und Performanz niedersächsischer Lehrkräfte.* Berlin: Vistas.

Helsper, W. & Busse, S. (2001). *Schulkultur und Schulmythos. Gymnasien zwischen elitärer Bildung und höherer Volksschule im Transformationsprozeß.* Opladen: Leske + Budrich.

Hennessy, S., Ruthven, K. & Brindley, S. (2005). Teacher perspectives on integrating ICT into subject teaching: Commitment, constraints, caution, and change. *Journal of Curriculum Studies in Educational Evaluation, 37* (2), 155–192.

Hermans, R., Tondeur, J., van Braak, J. & Valcke, M. (2008). The impact of primary school teachers' educational beliefs on the classroom use of computers. *Computers & Education, 51* (4), 1499–1509.

Herzig, B. & Grafe, S. (2007). *Digitale Medien in der Schule. Standortbestimmung und Handlungsempfehlungen für die Zukunft. Studie zur Nutzung digitaler Medien in allgemein bildenden Schulen in Deutschland.* Bonn: Deutsche Telekom AG.

Hew, K.F. & Brush, T. (2007). Integrating technology into K-12 teaching and learning: current knowledge gaps and recommendations for future research. *Educational Technology Research and Development, 55* (3), 223–252.

Hughes, J. (2005). The role of teacher knowledge and learning experiences in forming technology-integrated pedagogy. *Journal of Technology and Teacher Education, 13* (2), 277–302.

Hunneshagen, H., Schulz-Zander, R. & Weinreich, F. (2001). Stand der Internetarbeit an Schulen. Ergebnisse zu Nutzungsvoraussetzungen, Einstellungen, unterrichtlichem Einsatz und Geschlechterdifferenzen. *Computer + Unterricht* (11), 14–20.

Kerres, M. (2001). *Multimediale und telemediale Lernumgebungen: Konzeption und Entwicklung* (2., vollst. überarb. Aufl., Erstauflage von 1998). München, Wien: R. Oldenbourg Verlag.

Kommer, S. (2006). Zum medialen Habitus von Lehramtsstudierenden. Oder: Warum der Medieneinsatz in der Schule eine so ‚schwere Geburt' ist. In A. Treibel, M. S. Maier, S. Kommer & M. Welzel (Hrsg.), *Gender medienkompetent. Medienbildung in einer heterogenen Gesellschaft* (S. 165–178). Opladen: VS Verlag für Sozialwissenschaften.

Kozma, R.B. (2003). ICT and Educational Change. A Global Phenomenon. In R.B. Kozma (Hrsg.), *Technology, Innovation, and Educational Change. A Global Perspective. A Report of the Second Information Technology in Education Study Module 2* (S. 1–18). Eugene: International Society for Technology in Education (ISTE) Publications.

Kulik, J.A. (1994). Meta-Analytic Studies of Findings on Computer-based Instruction. In E.L. Baker & H.F. O'Neil (Eds.), *Technology Assessment in Education and Training* (pp. 9–34). Hillsdale, NJ: Earlbaum.

Lim, C.P. (2002). A theoretical framework for the study of ICT in schools: A proposal. *British Journal of Educational Technology, 33* (4), 411–421.

mpfs (Medienpädagogischer Forschungsverbund Südwest). (2003). *Lehrer/-Innen und Medien 2003. Nutzung, Einstellungen, Perspektiven.* Baden-Baden: Medienpädagogischer Forschungsverbund Südwest.

Müller, C., Blömeke, S. & Eichler, D. (2006). Unterricht mit digitalen Medien – zwischen Innovation und Tradition? *Zeitschrift für Erziehungswissenschaft, 9* (4), 632–650.

Nohl, A.M. (2007). Kulturelle Vielfalt als Herausforderung für pädagogische Organisationen. *Zeitschrift für Erziehungswissenschaft, 10* (1), 61–74.

Owston, R. (2007). Contextual factors that sustain innovative pedagogical practice using technology: an international study. *Journal of Educational Change, 8* (1), 61–77.

Prasse, D. & Scholl, W. (2001). Wie funktioniert die Interneteinführung an Schulen? Die Rolle der Beteiligten und deren Zusammenarbeit: Ideal- und Problemtypen. In R. Groner & M. Dubi (Hrsg.), *Das Internet und die Schule: bisherige Erfahrungen und Perspektiven für die Zukunft* (1. Aufl., S. 63–84). Bern: Huber.

Reinmann, G. (2005). *Blended Learning in der Lehrerbildung: Grundlagen für die Konzeption innovativer Lernumgebungen* (1. Aufl.). Lengerich: Pabst Science Publishers.

Robertson, J. (2002). The Ambiguous Embrace: Twenty Years of IT (ICT) in UK Primary Schools. *British Journal of Educational Technology, 33* (4), 403–409.

Rogers, L. & Finlayson, H. (2004). Developing successful pedagogy with information and communications technology: How are science teachers meeting the challenge? *Technology, Pedagogy and Education, 13* (3), 287–305.

Röll, F.J. (2003). *Pädagogik der Navigation. Selbstgesteuertes Lernen durch Neue Medien*. München: kopaed.

Rösner, E. (2005). Medienkonzepte und Medienentwicklungspläne. *Computer + Unterricht, 58*, 22–23.

Schelhowe, H. (1997). *Das Medium aus der Maschine. Zur Metamorphose des Computers*. Frankfurt a.M.: Campus.

Schulz-Zander, R. (2005). Veränderung der Lernkultur mit digitalen Medien im Unterricht. In H. Kleber (Hrsg.), *Perspektiven der Medienpädagogik in Wissenschaft und Bildungspraxis* (S. 125–140). München: kopaed.

Schulz-Zander, R. & Preussler, A. (2005). Selbstreguliertes und kooperatives Lernen mit digitalen Medien – Ergebnisse der SITE-Studie und der SelMa-Evaluation. In B. Bachmair, P. Diepold & C. de Witt (Hrsg.), *Jahrbuch Medienpädagogik 4* (S. 213–228). Opladen: VS Verlag für Sozialwissenschaften.

Schulz-Zander, R. & Riegas-Staackmann, A. (2004). Neue Medien im Unterricht – Eine Zwischenbilanz. In H.G. Holtappels, K. Klemm, H. Pfeiffer, H.-G. Rolff & R. Schulz-Zander (Hrsg.), *Jahrbuch der Schulentwicklung: Daten, Beispiele und Perspektiven. Band 13* (S. 291–330). Weinheim, München: Juventa.

Selwyn, N. (1999). Differences in educational computer use: The influences of subject cultures. *The Curriculum Journal, 10* (1), 29–48.

Senkbeil, M. (2005). Die schulische Computernutzung in den Ländern und ihre Wirkungen. In M. Prenzel, J. Baumert, W. Blum, R. Lehmann, D. Leutner, M. Neubrand, R. Pekrun, J. Rost & U. Schiefele (Hrsg.), PISA 2003. *Der zweite Vergleich der Länder in Deutschland – Was wissen und können Jugendliche?* (S. 157–168). Münster, New York, München, Berlin: Waxmann.

Senkbeil, M. & Drechsel, B. (2004). Vertrautheit mit dem Computer. In M. Prenzel, J. Baumert, W. Blum, R. Lehmann, D. Leutner, M. Neubrand, R. Pekrun, H.-G. Rolff, J. Rost & U. Schiefele (Hrsg.), PISA 2003. *Der Bildungsstand der Jugendlichen in Deutschland – Ergebnisse des zweiten internationalen Vergleichs* (S. 177–190). Münster, New York, München, Berlin: Waxmann.

Senkbeil, M. & Wittwer, J. (2007). Die Computervertrautheit von Jugendlichen und Wirkungen der Computernutzung auf den fachlichen Kompetenzerwerb. In P.-K. Deutschland (Hrsg.), PISA 2006. *Die Ergebnisse der dritten internationalen Vergleichsstudie* (S. 278–307): Waxmann.

Staples, A., Pugach, M.C. & Himes, D. (2005). Rethinking the Technology Integration Challenge: Cases from Three Urban Elementary Schools. *Journal of Research on Technology in Education, 37* (3), 285–311.

Stern, C., Ebel, C. & Müncher, A. (Hrsg.). (2008). *Praxisleitfaden zur Einführung des Selbstevaluationsinstruments SEIS in Schulen*. 3. vollständig überarbeitete Auflage. Gütersloh: Bertelsmann Stiftung.

Tearle, P. (2003). ICT implementation: what makes the difference? *British Journal of Educational Technology, 34* (5), 567–583.

Tully, C.J. (Hrsg.). (2004). *Verändertes Lernen in modernen technisierten Welten. Organisierter und informeller Kompetenzerwerb Jugendlicher*. Wiesbaden: VS Verlag für Sozialwissenschaften.

Waxman, H.C., Lin, M.-F. & Michko, G.M. (2003). *A Meta-Analysis of the Effectiveness of Teaching and Learning With Technology on Student Outcomes*. Verfügbar unter: http://www.ncrel.org/tech/effects2/waxman.pdf [24.04.2009]

Wenzel, H. (2008). Vom Antagonismus zur Harmonie? Lehrerprofessionalität im Spiegel schulbezogener Organisationstheorien und neuerer Lehrerforschung. In W. Helsper, S. Busse, M. Hummrich & R.-T. Kramer (Hrsg.), *Pädagogische Professionalität in Organisationen. Neue Verhältnisbestimmungen am Beispiel der Schule* (S. 25–38). Opladen: VS Verlag für Sozialwissenschaften.

Günter Dörr & Johannes Zylka

Medienkompetenz im Einsatz von Computer und Internet im Unterricht – für Lehrerinnen und Lehrer in Grund-, Haupt- und Realschulen

Die neuen Informations- und Kommunikationstechnologien haben gegenwärtig in fast allen Lebensbereichen eine zentrale Bedeutung gewonnen. Glaubt man den verschiedenen Prognosen für die Zukunft, werden noch wesentlich weitreichendere Veränderungen auf uns zukommen (vgl. z.B. Castells, 2001). Diese Entwicklung, die oft mit Schlagwörtern wie Informations- oder Wissensgesellschaft umschrieben wird, stellt auch Anforderungen an das Schulsystem, sind doch dort die Grundlagen zu vermitteln, damit Menschen kompetent und selbstbestimmt in einer stark veränderten durch Medien geprägten Welt handeln können (vgl. Gräsel et al., 2000). Bezüglich der Medienkompetenz bedeutet dies für Schulen konkret sowohl die Bereitstellung hinreichender technischer Zugangsmöglichkeiten als auch die Vermittlung von Kompetenzen zur verantwortlichen und kritischen Nutzung der unterschiedlichsten medialen Angebote.

In der Geräteausstattung wurde in Deutschland in den letzten Jahren ein erheblicher Fortschritt verzeichnet. Eine Bestandsaufnahme des Bundesministeriums für Bildung und Forschung (2004) zeigt für das Jahr 2004 u.a. folgende Ergebnisse: 98% der bundesdeutschen Schulen sind mit Computern für den Unterrichtseinsatz ausgestattet, das von der EU im Rahmen des Aktionsplanes „eLearning" gesetzte Ziel von 15 Schülerinnen und Schüler pro Computer ist 2004 in Deutschland für alle Schulformen erreicht oder unterboten, 86% der Sekundarschulen und 43% der Grundschulen haben ein serverbasiertes Netzwerk realisiert.

Dieser durchaus positiven Entwicklung in der Medienausstattung der Schulen entsprechen leider nicht die computerbezogenen Kenntnisse der Schüler. PISA 2006 zeigt, wie bereits PISA 2000 und PISA 2003, dass deutsche Schüler hier deutliche Defizite aufweisen. So ist Deutschland nach wie vor das OECD-Land mit dem geringsten Anteil an Schülern, die den Computer regelmäßig als Lernwerkzeug im Unterricht einsetzen (vgl. Senkbeil & Wittwer, 2007). „Bedeutsamer als dieser Befund ist jedoch der geringe Stellenwert, den die Schule hierzulande […] beim Erwerb computerbezogener Kenntnisse von fünfzehnjährigen Jugendlichen hat. Deutschland gehört […] zu den Ländern, in denen eine regelmäßige schulische Computernutzung am wenigsten verbreitet ist und in denen der Anteil der Schülerschaft, der der Schule eine wichtige Rolle beim Erwerb computerbezogener Kenntnisse zuschreibt, am geringsten ist" (Senkbeil & Drechsel, 2004, S. 189). Dass gute schulische Ausstattung mit Informations- und Kommunikationsmedien nicht automatisch mit guter Nutzung dieser Medien einhergeht zeigen auch Elsener, Luthiger und Roos (2003) für die Schweiz. Ein Teilergebnis, das für Deutschland insgesamt, wie für einzelne Bundesländer gilt, erscheint für die Schulen als besonders problematisch, nämlich, dass durch den schulischen Computereinsatz der Schereneffekt zwischen Schülern mit geringer häuslicher PC-Ausstattung und Schülern mit komfortabler PC-Ausstattung noch vergrößert wird (vgl. Senkbeil, 2005).

Angesichts dieser Ergebnisse sind erhebliche Probleme im zukünftigen Berufsleben sowie im alltäglichen Handeln zu befürchten. „In den Schulen müssten den Jugendlichen also in sehr viel stärkerem Umfang als bisher sinnvolle Nutzungsmöglichkeiten neuer Medien nahe gebracht und die entsprechenden computerbezogenen Kenntnisse und Lernstrategien vermittelt werden" (Senkbeil & Drechsel, 2004, S. 189).

Auch wenn Erhebungen der vergangenen Jahre teilweise widersprüchliche Ergebnisse im Bereich der Effektivität des Einsatzes von Informations- und Kommunikationstechnologien (IKT) im Unterricht ausweisen, so belegen dennoch eine Reihe jüngerer Untersuchungen, dass durchaus positive Zusammenhänge zwischen der Verwendung IKT im Unterricht und Schülerleistungen sowie Schülermotivation beobachtet werden können. So zeigten Harrison et al. (2002) zum Teil deutliche Zusammenhänge zwischen dem IKT-Einsatz und den Schulleistungen in Englisch und im naturwissenschaftlichen Unterricht in verschiedenen Schulstufen. Nach Cox (1997) wirkt sich der regelmäßige IKT-Einsatz in verschiedenen Fächern positiv auf die Lernmotivation von Schülern aus. Schaumburg und Issing (2002) zeigen eindrucksvoll am Beispiel von Laptops im Unterricht, dass die Integration neuer Medien in den Unterricht in vielen Bereichen die Lehr- und Lernqualität verbessern kann. Auch eine breit angelegte Studie von Hannafin und Keith (vgl. Bertelsmann Stiftung, 1998) belegt, das sich deutlich positive Effekte durch den IKT-Einsatz erzielen lassen.

Diese Zusammenhänge ergeben sich jedoch nicht quasi automatisch durch den Einsatz von IKT im Unterricht, sondern sind an bestimmte Voraussetzungen gebunden. So zeigt sich bei Cox (1997), dass nur der regelmäßige Einsatz von IKT im Unterricht das Selbstvertrauen und die Lernmotivation der Schüler verbesserte. Auch sind die neuen Medien weniger effektiv, wenn sie isoliert in Schulen eingesetzt werden, dagegen umso effektiver, wenn IKT Teil eines allgemeinen Schulentwicklungsprogramms sind (vgl. auch Schaumburg & Issing, 2002, S. 170).

Um die Potenziale der neuen Informations- und Kommunikationsmedien im Unterricht angemessen nutzen zu können, sind demnach *mindestens* die folgenden Voraussetzungen notwendig (vgl. Dörr, 2001):
1. Schulen müssen flächendeckend mit neuen Medien ausgestattet werden.
2. Lehrerinnen und Lehrer müssen flächendeckend medienkompetent werden.
3. Es müssen didaktische Konzepte zum Einsatz der neuen Medien entwickelt werden.
4. Schülerinnen und Schüler müssen Möglichkeiten haben, mit computer- und netzbasierten Lernumgebungen im Unterricht zu arbeiten.

Die erste Voraussetzung kann heute im Wesentlichen als erfüllt gelten (s.o.). Bezüglich der übrigen drei Voraussetzungen gibt es nach wie vor Defizite. Die Kompetenz, die neuen vielfältigen Angebote in ein sinnvolles didaktisches Konzept einzubinden, ist derzeit weder bei den Lehrerinnen und Lehrern in den Schulen noch bei der neuen Lehrergeneration vorhanden, die sich gegenwärtig in der Ausbildung befindet. Für Studierende belegt dies eine Befragung von Baacke, Hugger und Schweins (2000) an den sieben Hochschulen (Humboldt-Universität Berlin,

Universität Bielefeld, Universität Dortmund, Universität Hamburg, Universität Paderborn, Universität Nürnberg-Erlangen, Pädagogische Hochschule Weingarten), die am Projekt „Hochschulnetzwerk und neue Medien" beteiligt waren, nach der sich beispielsweise drei Viertel der Lehramtsstudenten noch nicht optimal vorbereitet fühlen, um neue Medien im Unterricht einsetzen zu können. Dass diese Feststellung nach wie vor aktuell ist, zeigt die Stellungnahme der Landesfachschaft Medienpädagogik Baden-Württemberg, welche im Dezember 2008 eine verbindliche Verankerung der Medienbildung in der ersten Phase der Lehramtsausbildung forderte (vgl. Landesfachschaft Medienpädagogik Baden-Württemberg, 2008).

Wie unten erörtert, zeigen Befragungen bei Lehrkräften ein ähnliches Bild. Ohne diese Kompetenz wird es nicht gelingen, die neuen Medien so in den Unterricht zu integrieren, dass ein didaktischer Mehrwert entsteht, d.h. dass der didaktische Ertrag beim Einsatz neuer Medien größer ist als ohne Medieneinsatz. Wenn dieser didaktische Mehrwert mittelfristig nicht erzielt werden kann, werden die neuen Medien zukünftig auch nur ein Schattendasein in öffentlichen Schulen führen.

Der Medienpädagogische Forschungsverbund Südwest (2004) stellt fest, dass die Lehrerschaft Computer und Internet grundsätzlich aufgeschlossen gegenübersteht. 67 Prozent betonten die Wichtigkeit dieser Medien für den Unterricht, 66 Prozent die große Bedeutung von Computern und Internet für den späteren Berufsalltag ihrer Schülerinnen und Schüler. 60 Prozent sehen in der Schule die Instanz, die Kindern den Umgang mit Computern vermitteln soll, insgesamt schreiben die Lehrkräfte der Schule dabei eine höhere Kompetenz zu als beispielsweise den Eltern.

Lehrerinnen und Lehrer legen Wert auf die eigene Weiterbildung im Multimediabereich. Da sie nicht als Multimedia-Generation aufgewachsen sind, mussten und müssen Sie sich die notwendigen Kompetenzen selbst aneignen. Fortbildungsangebote werden allerdings als nicht ausreichend beklagt.

Lehrerweiterbildung zum Erwerb von Medienkompetenz

In den letzten Jahren gab es in vielen Bundesländern eine Reihe von Lehrerweiterbildungsmaßnahmen mit dem Ziel der Vermittlung von Medienkompetenz. Mit am bekanntesten ist das Programm „Intel® Lehren für die Zukunft – Neue Medien im Unterricht", innerhalb dessen allein seit 2001 in Baden Württemberg 36.000 Lehrkräfte weitergebildet wurden (vgl. Rau, 2002). Allerdings führten diese und andere Weiterbildungen offensichtlich nicht zum gewünschten Einsatz von Computer und Internet im Unterricht, berücksichtigt man die jüngsten PISA-Daten (vgl. Senkbeil 2005; Senkbeil & Drechsel, 2004; Senkbeil & Wittwer, 2007). Die Gründe für das Scheitern von Lehrerweiterbildungsmaßnahmen sind vielfältig (vgl. Dörr, 1999; Wahl, 2005):
- Die meisten Lehrerweiterbildungen richten sich an Lehrkräfte aus verschiedenen Schularten und Schulstufen und werden meist an einem zentralen Ort durchgeführt. Ein Nachteil dieser Fortbildungen besteht darin, dass meist an Hard- und Software geübt wird, die mit der an der eigenen Schule nicht über-

einstimmen, wodurch die Transferleistung wesentlich eingeschränkt wird. Deshalb ist MECI als schulinterne Weiterbildung konzipiert, damit zum einen die während den Fortbildungen verwendete Ausstattung die Gleiche wie im täglichen Unterricht ist und um zum anderen eine bessere Kommunikation und Kooperation zwischen den Kollegen der Schulen zu ermöglichen.

- Die meisten Weiterbildungen orientieren sich aus Kostengründen an einer Kurzzeitpädagogik (Gieseke, 1996), die allerdings aus lernpsychologischer Sicht als nicht effektiv zu bezeichnen ist. Es wäre aus dieser Sicht deshalb sinnvoll, Fortbildungen zeitlich zu strecken und Vor- und Nachbereitungsphasen einzuplanen, um sie effektiver zu gestalten. Bei diesen Bemühungen sollten die Möglichkeiten der neuen Medien nutzbringend eingesetzt werden (vgl. Klimsa, 1993). MECI ist deshalb langfristig (für mindestens ein Schuljahr) ausgelegt und wird durch eine Internetplattform unterstützend begleitet, um häusliche Vor- und Nachbereitungsphasen (v.a. den Kontakt zu Weiterbildnern) zu ermöglichen.
- Bei längerfristigen Weiterbildungen entsteht häufig das Problem, dass zwischen den Präsenzphasen kaum oder kein Kontakt zwischen den Teilnehmern untereinander und zwischen Teilnehmern und Weiterbildnern besteht. Dies wirkt sich auf den Lernerfolg aus eigenen Erfahrungen deutlich negativ aus, können doch beim Auftreten von Schwierigkeiten meist keine zusätzlichen Informationen oder Beratungen eingeholt werden. Um dieses Problem zu vermeiden wird in dieser Weiterbildung eine Internetplattform verwendet, die Kommunikations- und Kontaktmöglichkeiten zwischen den Präsenzphasen sowohl zwischen Teilnehmern und Weiterbildnern als auch zwischen Kollegen von verschiedenen Schulen ermöglicht.

Ziele des Projekts MECI

Im Gegensatz zu Fortbildungen an Standorten, deren Ausstattung sich von der der eigenen Schule oft wesentlich unterscheidet, findet dieses Projekt vor Ort statt mit der an der Schule vorhandenen Hardware, was eine direkte Umsetzung der vermittelten Inhalte im Unterricht ermöglicht. Der Einsatz der Software orientierte sich vor allem an der vorhandenen Schulsoftware, die in der Baden-Württembergischen Musterlösung meist aus MS Office-XP-Anwendungen bestand. Darüber hinaus fanden vor allem frei erwerbbare, kostenlose Open Source Software (für Grafik- und, Soundbearbeitung, interaktive Übungen) Verwendung, um einen späteren problemlosen Einsatz mit Schülerinnen und Schülern zu ermöglichen.[1]

Um weitestgehend an vorhandenes Wissen anzuknüpfen, wurde den teilnehmenden Schulen die Wahl der jeweiligen Fortbildungsinhalte überlassen, die meist schulintern anhand von durch Lehrkräfte ausgefüllte Listen ermittelt werden konnten. Hierbei standen Fortbildner lediglich in einer beratenden Funktion zur Verfügung, um etwaige Unstimmigkeiten vorab klären zu können. Die Anpassung an die von Seiten der Schulen gewünschten Inhalte bedingte die meist regelmäßige Anwesenheit der Fortbildungsteilnehmer.

---

1 Die Schülerinnen und Schüler sollten ohne Zusatzkosten die verwendete Software auch den heimischen Rechner nutzen können.

Die Pädagogische Hochschule Weingarten übernahm die Rolle des Initiators und Kooperationspartners der Schulen bei der Implementierung von Computer und Internet im Unterrichtsalltag, in der Folge leistet sie Support bei auftretenden Problemen.

Die Ziele im Einzelnen:
- Stärkung der Akzeptanz und Kompetenz in Bezug auf den Einsatz neuer Medien:
    - Nutzung moderner Informations- und Kommunikationssysteme bei den Lehrerinnen und Lehrern der beteiligten Schulen.
    - Die Beherrschung von Möglichkeiten, die der Einsatz des Computers im Unterricht bietet.
- Erweiterung der didaktischen Kompetenz bezüglich der Einbeziehung von Computer und Internet in den Unterricht:
    - Erarbeitung und Erprobung von pädagogischen, didaktisch-methodischen Ausbildungskonzeptionen zur Nutzung moderner Medien in Grund-, Haupt-, Real-, und Sonderschulen.
    - Erarbeitung und Erprobung von Unterrichtskonzeptionen zu ausgewählten Lehrplaninhalten und -zielen der verschiedenen Fächer, Klassenstufen und Schularten durch Studierende der Hochschule unter Berücksichtigung der neuen Bildungspläne.
    - Didaktische Beratung und weitere Begleitung nach Abschluss der Fortbildungsmaßnahme über die Internetplattform.
    - Entwicklung und Etablierung neuer Formen des Lehrens und Lernens durch Einbeziehung von Computer und Internet, die selbst gesteuertes Lernen und kooperative Arbeitsverfahren unterstützen.
    - Unterstützung der beteiligten Ausbildungsschulen beim Einsatz neuer Technologien im Unterricht.

Didaktisches Design der Weiterbildung

Um eine für Lehrerweiterbildung optimierte Lernumgebung zu schaffen, eignet sich das folgende didaktische Design als Rahmenmodell, welcher das an Seel (1999) angelehnte Planungsmodell zugrunde gelegt (vgl. Abbildung 1).

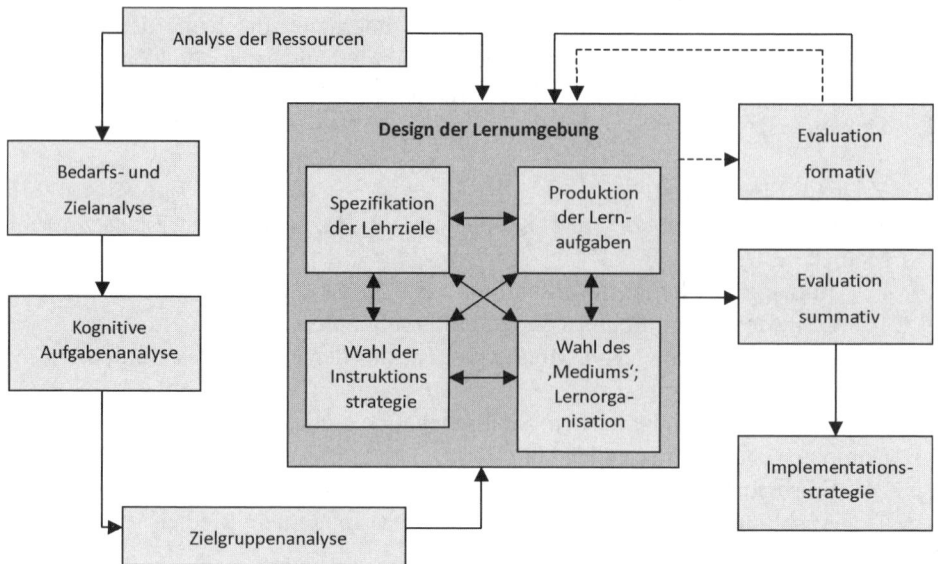

Abbildung 1: Planungsmodell für MECI (verändert nach Seel, 1999)

Das Modell stellt im Wesentlichen die drei Teilbereiche *Analyse, Design* und *Evaluation* dar, auf welche im Folgenden weiter eingegangen wird.

Analyseebene

Die Ebene der Analyse umfasst vier Teilschritte: Zunächst müssen die *Ressourcen* einmal hinsichtlich Computerausstattung seitens der beteiligten Schulen (Hard- und Software, Internetverfügbarkeit) sowie der einzusetzenden Online-Plattform erhoben werden, zum anderen die Ressourcen auf Seiten der Weiterbildner (Anzahl von Fortbildnern und Tutoren und deren Qualifikation sowie finanzielle Ressourcen). Es folgt die Analyse nach dem angestrebten Einsatz im unterrichtlichen Kontext wie z.B. der Verfügbarkeit von Materialien, dem notwendigen Wissen über Hard- und Software, der Kompetenz zur Digitalisierung von Unterrichtsmaterialien, der Handlungskompetenz im Einsatz von Computer und Internet (*Bedarfsanalyse*), sowie den angestrebten *Zielen*, die mit der Lernumgebung erreicht werden sollen (souveräner Umgang mit Software und Internet, zeit- und ortsunabhängige Kommunikation mit Fortbildnern und Kollegen, didaktischer Mehrwert durch Einsatz der Informationstechnologie im Unterricht).

In der *kognitiven Aufgabenanalyse* wird nach den Anforderungen gefragt, die durch die Inhalte der Aufgaben gestellt werden (z.B. Differenzierung, theoretisches Modell des Cognitive Apprenticeship bei der Modularisierung) und nach den notwendigen Voraussetzungen, die für die zu stellenden Aufgaben bezüglich Anwendungssoftware, didaktischen Kenntnissen usw. erforderlich sind (vgl. Collins, Brown & Newmann, 1989).

Zur *Zielgruppenanalyse* gehört die Identifizierung der Erwartungen und des individuellen Bedarfs von Seiten der Teilnehmerinnen und Teilnehmern („needs assessment") sowie deren Lernvoraussetzungen.

Ausgangspunkt für die Planung ist eine Bedarfsermittlung in Form einer Befragung von Lehrerinnen und Lehrern an den beteiligten Schulen (vgl. Dörr & Wild, 2007).

Designebene

Im Anschluss wurde eine Planungsstrategie für das eigentliche *Design der Lernumgebung* entwickelt, die von allen vier genannten Bereichen beeinflusst wird. Bei der Gestaltung des Designs ist zu berücksichtigen, dass alle vier Bereiche der *Lehrziele, Lernaufgabenproduktion, Medien/Lernorganisation, Instruktionsstrategie* sich gegenseitig bedingen und beeinflussen. Ändert man einen der vier Teilbereiche, wirkt sich das auf das Gesamt der Umgebung aus.

Lehrziele

Fußend auf einer empirischen Bedarfsanalyse, die mittels einer Befragung bei Lehrerkräften unterschiedlicher Schulformen durchgeführt wurde, wurden die Lehrziele spezifiziert, die zur Planung der Fortbildungsinhalte führten. Mit Hilfe einer Modularisierung soll auf der Grundlage der meist an den Schulen Baden-Württembergs benutzten Software von Microsoft Office XP/2003 bzw. von Open Source-Angeboten die Fähigkeit entwickelt werden Computer und Internet im unterrichtlichen Kontext in den Fächern und Fächerverbünden einsetzen zu können. Hierbei dient der Computer als didaktisches Medium zur Unterstützung von Lernprozessen und der Vermittlung von Kursinhalten. Die inhaltliche Gliederung des Projektes zeigt Abbildung 2.

Produktion der Lernaufgaben

Bei der Produktion der Lernaufgaben ist zunächst anzuführen, dass *Lerninhalte* in Form der Modellierung eines Prototyps von Lernaufgaben (Voraussetzungen, Aufgaben und Lernmaterialien) und von Transfer-Aufgaben für eigene Unterrichtsbereiche angegangen wurden. Die unterrichtliche Anwendbarkeit sowie der zu erstellenden Materialien stand dabei im Vordergrund. Demonstrationsbeispiele wurden dabei i.d.R. aus dem schulischen Kontext im Sinne situierten Lernens verwendet.

Um eine größtmögliche Passung an die Voraussetzungen und Bedürfnisse der Teilnehmenden zu gewährleisten, wurde die *Modularisierung* der Inhalte im Sinne der Differenzierung durchgeführt, wobei die Einteilung der Module nach Schwierigkeitsgrad in Basis- und Grundmodule (GM), Aufbaumodule (AM) und Werkstattmodule (WM) anzuführen ist. Weiter wurde versucht, anhand von

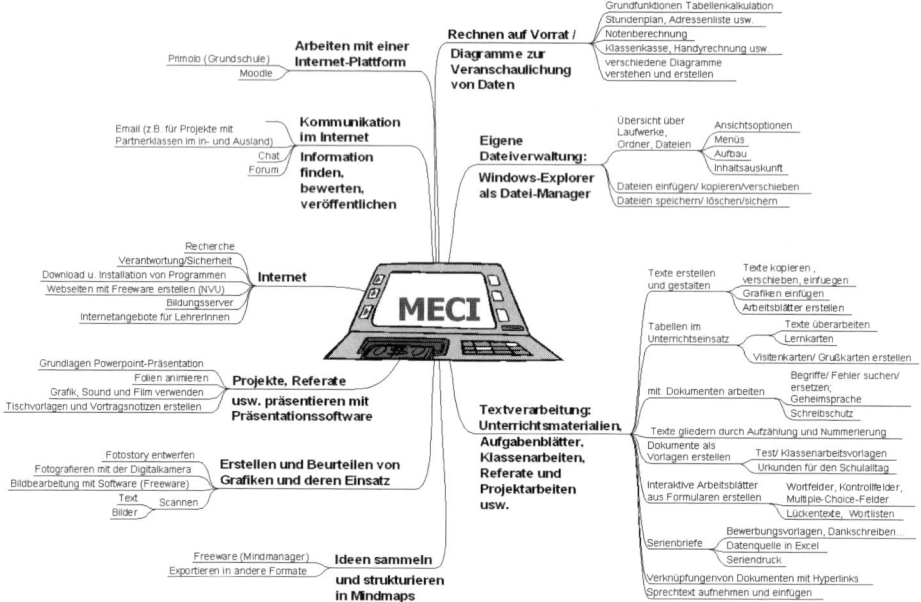

Abbildung 2:   Inhaltliche Gliederung MECI

Advance Organizers (vgl. Wahl, 2005) einen Überblick über die Inhalte des aktuellen Moduls und dessen Einordnung in den Gesamtkontext der Weiterbildung zu geben.

Lernorganisation und Medienwahl

Die Gliederung der Weiterbildung in Präsenztermine und Anwendungsphasen stellt ein wesentliches Merkmal der Weiterbildung dar. Pro Jahr und Schule finden zehn Fortbildungen statt. Die integrierten Werkstatttermine ermöglichen die Festigung und Vertiefung von Inhalten mit zusätzlichem Übungsbedarf. Dem jeweiligen Kollegium steht es frei, welche Bausteine in welcher Reihenfolge gebucht werden, die Voraussetzung für die Teilnahme an einem Baustein ist jeweils in ihrer Beschreibung erwähnt. Die geplante Lernorganisation umfasst die Präsenzphasen an den Schulen und die Lern- und Anwendungsphasen dazwischen. Die Fortbildungen finden im Computerraum der jeweiligen Schule statt, so dass den teilnehmenden Lehrkräften die Hard- und Software schon im Lernprozess zur Verfügung steht, die sie später mit Ihren Schülern im Unterricht einsetzen werden. Im Rahmen der Lehrerweiterbildung werden die Medien Computer, Beamer, Internet und Online-Plattform eingesetzt.

Besonderen Wert wird auf die Komponente des sozialen Kontextes gelegt, in dem Lernen der Zielgruppe stattfindet. Deshalb wird grundsätzlich sowohl in den Präsenzveranstaltungen wie in den Zwischenphasen bei der Bearbeitung der Aufgaben in der Arbeitsform Tandem gearbeitet, was nach den Rückmeldungen bei den teilnehmenden Lehrkräften generell auf Zustimmung stieß.

Die zeitliche Abfolge wird unter Berücksichtigung von Ferienzeiten und „Stresszeiten" durch Halbjahresinformationen, Konferenztermine, Schullandheimaufenthalte usw. in Absprache mit der Schulleitung so festgelegt, dass die Präsenzveranstaltungen in ca. vierwöchigen Abständen durchgeführt werden können. Die Weiterbildung findet über den Zeitraum mindestens eines gesamten Schuljahres unterrichtsbegleitend statt und sollte auf drei Schuljahre verlängert werden können. Diese langfristige Ausrichtung soll gewährleisten, dass erlernte Inhalte parallel zur Weiterbildung unmittelbar von den Lehrkräften angewendet werden können.

Die Plattform, die für die Weiterbildung zur Verfügung steht, bietet im Einzelnen orts- und zeitunabhängig zusätzliche Unterstützungssysteme:
- So sind sämtliche Skripten zu den Fortbildungsveranstaltungen ebenso online zugänglich, wie die darin angesprochenen Materialien (z.B. Vorlagen, Beispielmaterialien, Arbeitsanweisungen und ergänzende Arbeitsaufträge).
- Weiterkann neben der Möglichkeit, während der Vor- oder Nachbearbeitung der Fortbildungen auftauchende Fragen über das angebotene Forum oder über den direkten Kontakt (Personal Message) zum jeweiligen Fortbildungstandem zu klären, auch der Kontakt zu anderen teilnehmenden Schulen und deren Lehrkräften aufgenommen werden.
- Ebenso ist eine Bereitstellung der erarbeiteten Ergebnisse für andere Weiterbildungsteilnehmer wie die Einsicht der von anderen erstellten Ergebnisse denkbar. Diese können sowohl in einem schulinternen Bereich jeder Schule für schulbezogene Dateien, Termine, Fotos und geschützte Daten der Teilnehmerinnen und Teilnehmer, der nur von den angemeldeten Mitgliedern der eigenen Schule eingesehen und genutzt werden kann, wie auch den Teilnehmenden der anderen Weiterbildungsveranstaltungen unabhängig voneinander zur Verfügung gestellt werden.
- Die online verfügbaren Skripte zu den Fortbildungsbausteinen, welche heruntergeladen werden können, spiegeln den Fortbildungsablauf, um eine schnelle Wiedererkennung zu gewährleisten.

Instruktionsstrategie

Als vierter Bereich des Designs der Lernumgebung umfasst die Instruktionsstrategie Teilkomponenten der didaktischen Gestaltung der Lernumgebung in der Bestimmung von Einzeloperationen, z.B. Gestaltung eines Bausteins, Einsatz von Medien sowie den Einsatz von Tutoren sowie die Gestaltung des Zeitbudgets.

Die Kognitionspsychologie geht davon aus, dass Lernen als aktiver Konstruktionsprozess stattfindet und nicht als reine Wissensaufnahme oder als Wissenstransfer vom Lehrenden zum Lernenden funktioniert. Deswegen muss auch eine Lernumgebung nach dem Instruktionsparadigma sich an Individuen bzw. Nutzern ausrichten, die abhängig vom Vorwissen mit individuellen Lernstrategien ihr Wissen konstruieren. Aus diesem Grund spielen in der geplanten Lernumgebung authentische, interessierende Aufgabenstellungen im Sinne situierten Lernens eine wichtige Rolle:
- Dabei sollen sich Lern- und Anwendungssituationen möglichst ähnlich sein, um den Transfer zwischen den Situationen zu ermöglichen;

- Das Arbeiten im sozialen Austausch ermöglicht das Arbeiten in Tandems und in Klassenstufen-Teams während des Lernprozesses und darüber hinaus;
- Berücksichtigung der Bedingungen, unter denen das Gelernte angewendet wird (z.B. Computerräume, Klassengröße, fachspezifische Bereiche);
- Die Lerneinheiten folgen dem Prinzip „vom Einfachen zum Komplexen".

Berücksichtigt man das konstruktivistische Paradigma, ist davon auszugehen, dass die Teilnehmerinnen und Teilnehmer sich ihr Wissen individuell konstruieren, abhängig davon, auf welchem Level der individuellen Vorerfahrungen sie sich befinden. Deshalb muss ein Instruktionsdesign geschaffen werden, das ermöglicht, an einen sehr unterschiedlichen Kenntnisstand hinsichtlich ihrer Computererfahrung anzuknüpfen.

Auch haben sich im Laufe der Lehrtätigkeit bei den Lehrerinnen und Lehrern stabile subjektive Theorien gebildet, die das Lernen neuen Wissens, das für die Lehre im Unterricht relevant sein soll, steuern und die zu verändern einen langwierigen Prozess darstellt (vgl. hierzu insbesondere Wahl, 2005).

Genau die für die Teilnehmenden defizitäre Kompetenz im Einsatz von Computer und Internet bietet hier die Chance, mit Hilfe einer konstruktivistisch orientierten Lernumgebung und in kooperativen Arbeitsformen neue *Lern*erfahrungen zu machen und in der Anwendung neue *Lehr*erfahrungen zu sammeln, die sich vom lehrerzentrierten Unterrichten hin zum „coaching", zum Lernhelfer, verändern kann. Der PC kann hier auch als „Katalysator" (vgl. Lindau-Bank et al., 1998) für eine Veränderung vom lehrergeleiteten zum Unterricht konstruktivistischer Ausrichtung dienen.

Beim didaktischen Design einer Lernumgebung ist auch davon auszugehen, dass soziale Aspekte beim Lernen eine wichtige Rolle spielen. Da in der geplanten Lernumgebung *anwendbares Wissen* erworben werden soll, wird unter diesem Primat für die aktive, handlungsbezogene Erarbeitung des Lernstoffs durch die Teilnehmenden der Cognitive-Apprenticeship-Ansatz berücksichtigt werden (vgl. Collins et al., 1989).

Evaluationsebene

Zur Evaluation der Lehrerweiterbildung wurde ergänzend zu den nach jeder Fortbildungsveranstaltung eingesetzten Fragebögen, die von allen beteiligten Lehrkräften ausgefüllt wurden, nach jeweils 5 und 10 Fortbildungsveranstaltungen ein ergänzender Evaluationsfragebogen erhoben, welcher zur Ergänzung und Validierung der gewonnenen Ergebnisse dient. Im Folgenden wird lediglich eine überblicksartige Darstellung der Ergebnisse angeführt, für eine ausführliche Darstellung der Ergebnisse muss an dieser Stelle auf den Abschlussbericht des Projektes verwiesen werden (vgl. Dörr & Wild, 2007).

Als Gesamtfazit nach drei Jahren kann festgestellt werden, dass dem Ziel, die Medienkompetenz bei Lehrkräften zu verbessern, ein großes Stück näher gekommen werden konnte. Die Teilnehmerinnen und Teilnehmer kennen sich nach der Weiterbildung im Computerraum ihrer Schule aus und sind in der Lage, vom Lehrerplatz aus zu agieren und die lokale Netzstruktur sowie das Internet zu nutzen. In der Evaluation nach fünf und zehn Fortbildungsterminen geben sie an, dass ihr Selbstvertrauen in Bezug auf das Medium Computer deutlich zugenommen hat. Auch in der Zeit nach dem Ende des ersten Weiterbildungsjahres steigt dieser Wert weiter an. Ebenso wurden erlernte Inhalte in Form von Arbeitsblättern im Unterricht eingesetzt und auf der Weiterbildungsplattform in Einzel- oder Partnerarbeit veröffentlicht.

Die bisher durchgeführten Module wurden gemäß den Rückmeldungen sowie den Evaluationsergebnissen überarbeitet und liegen derzeit in überarbeiteter Form vor. Nach Abschluss der dreijährigen Projektphase ist festzuhalten, dass nach wie vor ein großer Bedarf sowie das Interesse an Grundlagen im Einsatz von Computer und Internet vorhanden ist. Der weiterhin große Bedarf ist anhand der Bausteine nachzuvollziehen, die während der Projektphase von den Pilotschulen gebucht wurden: Von insgesamt 65 Fortbildungsmodulen wurden nur *zwölf Aufbaumodule* gewählt, neben acht Werkstattmodulen zum Üben waren alle anderen Grundmodule, in denen Basiswissen vermittelt wird.

Implementationsstrategie

Mit dem Regierungspräsidium Tübingen wurde zum Schuljahr 2007/2008 die Implementierung der Weiterbildung in das reguläre Fortbildungsprogramm der Schulamtsbezirke Ravensburg und Bodenseekreis vereinbart, wobei die Fortbildungshäufigkeit aus Kostengründen von zehn auf sechs Termine reduziert werden musste. Würde die Weiterbildung sich in dieser Zeit als erfolgreiches Angebot etablieren, würde die Zusammenarbeit der Pädagogische Hochschule Weingarten mit dem Regierungspräsidium Tübingen in der vorliegenden Form weitergeführt und ausgeweitet. Dabei würden künftig halbjährliche Workshops mit schulischen wie studentischen Fortbildnern durchgeführt, wobei die vorhandenen Fortbildungsbausteine und die entsprechenden Skripte jeweils dem neuesten Stand angepasst werden müssten.

Dabei hatten die teilnehmenden Schulen die Möglichkeit, ihre Fortbildungsinhalte nach den angebotenen Modulen frei zu wählen, wobei mit neun Aufbaumodulen im Gegensatz zu 26 Grundmodulen auch in diesem Schuljahr sehr häufig Grundmodule gewählt wurden, was erneut belegt, dass nach wie vor nicht von dem Vorhandensein von Grundlagenwissen ausgegangen werden kann.

An dieser Stelle können bei der Durchführung nach der Übernahme durch das Regierungspräsidium die folgenden Auffälligkeiten angeführt werden: Ab dem Schuljahr 2007/2008 wurden die Fortbildungen nicht mehr von einer Fortbildnerin im Tandem mit wechselnden Tutoren durchgeführt, sondern jede Schule wurde von einem anderen Fortbildnertandem betreut. Dies brachte einige Änderungen mit sich:
– Während sich die erste Fortbildnerin, die ebenfalls die Skripte erstellt hatte, meist an deren Struktur hielt, führten die Weiterbildnerinnen und Weiterbildner nun die Fortbildungen wesentlich freier durch, und bezeichneten die Skripte gegenüber den Teilnehmenden eher als „Nachschlagewerk für zu Hause".
– Dies wirkte sich naturgemäß auf die Fortbildungsdauer sowie die vermittelten Inhalte aus.

Die Nutzung der Plattform der PH Weingarten bedingte, dass sowohl die teilnehmenden Lehrkräfte als auch die Fortbildner sich in die Plattform einarbeiten mussten. Das führte in einigen Fällen dazu, dass die Fortbildner die Plattform nicht nutzten, womit auch die jeweiligen Teilnehmer nicht im Umgang mit der Plattform geschult wurden. Dies ist beispielsweise anhand der im Vergleich zu den vorangegangenen Jahren sehr niedrigen Anzahl an User-Uploads nachzuvollziehen.

Die Anzahl der durchgeführten Werkstattmodule ist mit zwei sehr niedrig, was allerdings neben der Teilnahme der Schulen im ersten Jahr, während dessen nach den Erfahrungen aus der Projektphase diese Module eher nicht gewünscht sind, auch auf die fehlenden Informationen durch die Fortbildner zurückzuführen sein könnte.

Weiterhin ist anzumerken, dass die Schulen zum Schuljahr 2008/2009 vollständig wechselten, so dass die im Schuljahr 2007/2008 teilnehmenden Schulen lediglich ein Jahr an die Fortbildung gebunden wurden. Wie oben erwähnt, wäre eine längere Bindung an das Projekt wünschenswert, um der häufig praktizierten und wenig effektiven Kurzzeitpädagogik vorzubeugen.

Nach der einjährigen Durchführung im Rahmen der regulären Lehrerweiterbildungsmaßnahmen muss demnach ein kritisches Fazit gezogen werden: Die Leitung der Fortbildung durch das Regierungspräsidium hat insofern einerseits dazu geführt, dass die ursprüngliche Fortbildungsstruktur aufgrund der Einbindung verschiedener Lehrerfortbildner in leicht abgeänderter Form an den Schulen durchgeführt wurde, andererseits zeigte sie auch auf, dass die Durchführung eines solchen Projektes sehr wohl auf mehrere Schultern verteilt und dass die Organisation desselben ebenso durch eine Lehrkraft neben der Lehrertätigkeit bestritten werden kann.

Literatur

Baacke, D., Hugger, K.U. & Schweins, W. (2000). *Die Bedeutung der neuen Medien bei Lehramtsstudierenden an sieben deutschen Hochschulen.* Unveröffentlichtes Manuskript, Universität Bielefeld.

Bentlage, U. & Hamm, I. (Hrsg.) (2001). *Lehrerausbildung und neue Medien. Erfahrungen und Ergebnisse eines Hochschulnetzwerkes.* Gütersloh: Bertelsmann Stiftung.

Bertelsmann Stiftung (Hrsg.) (1998). *Computer, Internet, Multimedia – Potentiale für Unterricht und Schule.* Gütersloh: Bertelsmann Stiftung.

Bundesministerium für Bildung und Forschung (2004). *IT-Ausstattung der allgemein bildenden und berufsbildenden Schulen in Deutschland. Bestandsaufnahme 2004 und Entwicklung 2001 bis 2004.* Berlin: BMBF.

Castells, C. (2001). *Das Informationszeitalter, Bd. 1: Die Netzwerkgesellschaft.* Opladen: Leske + Budrich.

Collins, A., Brown, J.S. & Newman, S.E. (1989). CognitiveApprentiveship: Teaching the crafts of reading, writing, and mathematics. In L.B. Resnick (Ed.), *Knowing, learning and instruction* (pp. 453–494). Hillsdale, NJ: Erlbaum.

Cox, M. J. (1997). *The effect of information technology on students motivation.* Final report. NCET.

Dörr, G. (1999). Das didaktische Design multimedialer Lernumgebungen in der betrieblichen Weiterbildung. *Unterrichtswissenschaft, 27*(1), 61–77.

Dörr, G. (2001). *Schule der Zukunft unter dem Einfluss der Informations- und Kommunikationstechnologien. Anforderungen an eine Schule der Zukunft.* Beitrag zur virtuellen Konferenz „Strategien für die Netzwerkgesellschaft" vom 7.-23.03.2001. Verfügbar unter: http://www.edupolis.de/konferenz2001/texte/forum4_referenten text3.php [30.05.2009].

Dörr, G. & Wild, S. (2005). *Zwischenbericht über das erste Jahr des Forschungsprojektes „Medienkompetenz im Einsatz von Computer und Internet für Lehrer und Lehrerinnen der Grund-, Haupt-, Real- und Sonderschulen"* (MECI). Weingarten: Pädagogische Hochschule Weingarten.

Dörr, G. & Wild, S. (2007). *Medienkompetenz im Einsatz von Computer und Internet für Lehrer und Lehrerinnen der Grund-, Haupt-, Real- und Sonderschulen (MECI).* Weingarten: Pädagogische Hochschule Weingarten

Elsener, E., Luthiger, H. & Roos, M. (2003). *ICT-Nutzung an „High-Tech-Schulen". Forschungsbericht der Pädagogischen Hochschule Zentralschweiz.* Luzern: PHZ.

Gieseke, W. (1996). Verschiebungen auf dem Weiterbildungsmarkt. Wie die berufliche Weiterbildung immer allgemeiner wird. *Zeitschrift für Pädagogik, 35. Beiheft,* 67–87.

Gräsel, C., Mandl, H., Manhart, P. & Kruppa, K. (2000). Das BLK-Programm „Systematische Einbeziehung der Medien, Informations- und Kommunikationstechnologien in Lehr- und Lernprozesse". *Unterrichtswissenschaft, 28* (2), 127–143.

Harrison, C. et al. (2002). ImpaCT2: *The impact of information and communication technologies on pupil attainment.* ICT in Schools Research and Evaluation Series No. 7; DfES/Becta. Verfügbar unter: http://partners.becta.org.uk/page_ documents/research/ImpaCT2_strand1_report.pdf [03.06.2009].

Klimsa, P. (1993). *Neue Medien und Weiterbildung. Anwendung und Nutzung in Lernprozessen der Weiterbildung.* Weinheim: Deutscher Studien Verlag.

Landesfachschaft Medienpädagogik Baden-Württemberg (2008): *Ludwigsburger Erklärung.* Verfügbar unter: http://www.ph-ludwigsburg.de/8548.html [30.05.2009].

Lindau-Bank, D. & Magenheim, J. (1998): Schule entwickeln – Schulentwicklung und Medienbildung. *Computer + Unterricht, 8,* (32).

Medienpädagogischer Forschungsverbund Südwest (2004). *Lehrer/-innen und Medien 2003: Nutzung, Einstellungen, Perspektiven.* Verfügbar unter: http://www.mpfs.de/fileadmin/Einzelstudien/Lehrerbefragung.pdf [30.05.2009].

Rau, H. (2002). *Intel®Lehren für die Zukunft – Umsetzung in Baden-Württemberg.* http://www.lehrerfortbildung-bw.de/intel/index.htm [30.05.2009].

Schaumburg, H. & Issing, L. J. (2002). *Lernen mit Laptops – Ergebnisse einer Evaluationsstudie.* Gütersloh: Bertelsmann Stiftung.

Seel, N.M. (1999): Instruktionsdesign: Modelle und Anwendungsgebiete. *Unterrichtswissenschaft, 27* (1), 2–11.

Senkbeil, M. (2005). Die schulische Computernutzung in den Ländern und ihre Wirkungen. In PISA-Konsortium Deutschland (Hrsg.), *PISA 2003. Der zweite Vergleich der Länder in Deutschland – Was wissen und können Jugendliche?* (S. 157–167). Münster: Waxmann.

Senkbeil, M. & Drechsel, B. (2004). Vertrautheit mit dem Computer. In PISA-Konsortium Deutschland (Hrsg.), *PISA 2003. Der Bildungsstand der Jugendlichen in Deutschland – Ergebnisse des zweiten internationalen Vergleichs* (S. 177–190). Münster: Waxmann.

Senkbeil, M. & Wittwer, J. (2007). Die Computervertrautheit von Jugendlichen und Wirkungen der Computernutzung auf den fachlichen Kompetenzerwerb. In PISA-Konsortium Deutschland (Hrsg.), *PISA '06. Die Ergebnisse der dritten internationalen Vergleichsstudie* (S. 277–307). Münster: Waxmann.

Wahl, D. (2005). *Lernumgebungen erfolgreich gestalten. Wirksame Wege vom trägen Wissen zum kompetenten Handeln in Erwachsenenbildung, Hochschuldidaktik und Unterricht.* Bad Heilbrunn: Klinkhardt.

Birgit Eickelmann

Individualisieren und Fördern mit digitalen Medien im Unterricht als Beitrag zu einem förderlichen Umgang mit Heterogenität

Der kompetente Umgang mit Informations- und Kommunikationstechnologien[1] hat aufgrund des Wandels von der Informations- zur Wissensgesellschaft (Kubicek, Braczyk, Klumpp, Müller & Neu, 1998; Mandl, Reinmann-Rothmeier & Gräsel, 1998) den Stellenwert einer Kulturtechnik (Schulz-Zander, 1997; Krämer 1998; Senkbeil & Drechsel, 2004; Enquete-Kommission, 2007). Für Schülerinnen und Schüler ohne ausreichenden Zugang zu Computer und Internet wird prognostiziert, dass sie erhebliche Schwierigkeiten haben werden, sich problemlos in den Arbeitsmarkt einzugliedern (Russon, Josefowitz & Edmonds, 1994; Senkbeil & Drechsel, 2004). Der Bildungsbericht 2008 für Deutschland weist darüber hinaus aus, dass die digitalen Medien eine besondere Rolle für die Weiterbildungsteilhabe in Form informellen beruflichen Lernens spielen (Autorengruppe Bildungsberichterstattung, 2008). Von 2003 bis 2007 haben sich demnach die Nutzung von computergestützten Anwendungen wie Selbstlernprogramme und internetbasierter Angebote zum Erhalt und zur Erweiterung beruflicher Kompetenzen verdoppelt (ebd., S. 146). PISA 2003 hat jedoch gezeigt, dass computerbezogene Kompetenzen primär außerschulisch erworben werden. Dies wirkt sich nachteilig auf diejenigen Schülerinnen und Schüler aus, die aufgrund des ökonomischen Status der Familie computerbezogene Kompetenzen in der Schule erwerben müssen. Zillien (2006) kann auf der Grundlage empirischer und für Deutschland repräsentativer Daten zeigen, dass statushöhere Mediennutzer aufgrund von schichtspezifischen Wissens- und Bedeutungsschemata stärker vom Internet profitieren. Sie prognostiziert eine Verfestigung sozialer Ungleichheiten im Sinne eines ‚digital divides'. Die Aufgabe der Schule ist es, diesen Entwicklungen entgegenzuwirken und notwendige Kompetenzen zu vermitteln. Neben „*social rationales*" und „*vocational rationales*" (Voogt, 2008, S. 118) führt Voogt als weitere Begründungen für den Einsatz digitaler Medien in Schule und im Unterricht die pädagogische Ziele, die mit dem Einsatz digitaler Medien verbunden werden können, an. Diese Verbindung greift der nachfolgende Beitrag auf und zeigt am Beispiel des Förderns und Individualisierens von Schülerinnen und Schülern durch den Einsatz digitaler Medien auf der Grundlage empirischer Daten, dass die Verwendung von IKT im Unterricht nicht nur zu einer Verbesserung der Unterrichtsqualität führen kann, sondern auch die Möglichkeiten bietet, die oben beschriebenen Benachteiligungen auszugleichen. Die Fallstudienfolgeuntersuchung (2006–2007) zur deutschen SITES M2 (Second Information Technology in Education Study, Module 2, 1999–

---

[1] Die Begriffe ‚Informations- und Kommunikationstechnologien' (IKT), ‚digitale Medien' und ‚Informationstechnologien' (IT) werden synonym verwendet. Im Handlungsfeld Schule und in einigen Veröffentlichungen wird dafür vielfach der Begriff ‚Neue Medien' verwendet.

2002) gibt Hinweise darauf, dass digitale Medien vor allem dann in Schulen nachhaltig implementiert werden, wenn ihr Einsatz an die pädagogischen Zielsetzungen, wie eine Veränderung der Lernkultur, eine stärkere Schülerzentrierung, einer Verbesserung von Lernergebnissen und einen förderlichen Umgang mit Heterogenität anknüpft (Eickelmann, 2009; Eickelmann, Schulz-Zander & Gerick, 2009).

Individualisieren und Fördern mit digitalen Medien

Die Nutzung digitaler Medien findet seit einigen Jahren neben den klassischen Bedingungsfeldern schulischer Leistungen – wie die Einzelschule, individuelle Merkmale von Schülerinnen und Schülern und dem Einfluss der Familien – als Wirkfaktor auf Lernprozesse Beachtung (vgl. u.a. Wang, Haertel & Walberg, 1993; Helmke, 2004; Schulz-Zander & Riegas-Staackmann, 2004; Helmke & Schrader, 2006; Senkbeil & Wittwer, 2006; Herzig & Grafe, 2006). Im Fokus steht die Förderung fachlicher und überfachlicher Kompetenzen durch den Einsatz digitaler Medien (Eickelmann & Schulz-Zander, 2008). Die Stellschraube zur Förderung des Kompetenzerwerbs liegt auf der Unterrichtsebene, vor allem in einer Veränderung der Lernkultur, wie eine stärkere Schülerorientierung, eine Veränderung der Lehrer- und Schülerrollen (Schulz-Zander & Riegas-Staackmann, 2004). Dazu gehört auch eine Individualisierung des Unterrichts im Hinblick auf Leistungs- und Entwicklungsstände der Lerner, Lerninteressen und Lerntempi. Die besonderen Merkmale digitaler Medien, die hier greifen sind nach Schulz-Zander und Tulodziecki (2007) die Multimedialität (Verarbeitung und Präsentation von Inhalten in unterschiedlicher Codierung und Sinnesmodalität), die Interaktivität (Eingriffs- und Steuerungsmöglichkeiten des Systems durch den Nutzer, Initiierung wechselseitiger Dialoge zwischen Nutzer und System) und die Vernetzung (Bereitstellung und Verwendung verteilten Wissens durch global vernetzte Systeme sowie neue Formen der Kommunikation, Kooperation, Betreuung und Unterstützung). Weiterhin sind Schulen im Hinblick auf die Notwendigkeit des lebenslangen Lernens gefordert, Selbstlernkompetenz und Sozialkompetenz zu fördern und hierfür digitale Medien zu nutzen (vgl. KMK, 1997). In diesem Zusammenhang werden Arbeitsformen des offenen Unterrichts mit einer stärkeren Schülerorientierung empfohlen, um diese überfachlichen Kompetenzen zu stärken. Die spezifischen Merkmale digitaler Medien eröffnen die Möglichkeit, den Erwerb der damit verbundenen Fähigkeiten zu unterstützen. In der Literatur finden sich Forschungen zur Veränderung der Lernkultur mit digitalen Medien. Daran lassen sich Überlegungen zur Förderung überfachlicher Kompetenzen anschließen. Lernen mit digitalen Medien – sowohl mit stationären aber insbesondere mit mobilen Geräten – eröffnet Möglichkeiten zur Umsetzung einer stärkeren Schülerorientierung, eine Individualisierung des Unterrichts mit hohen Anteilen von aktiv-konstruktiver Selbsttätigkeit, Selbstorganisation sowie Selbststeuerung und geringeren instruktionalen Anteilen durch die Lehrperson und damit einhergehend auch eine Veränderung der Lehrer- und Schülerrollen. Dieser Ansatz ermöglicht es, Lerner und Lerngruppen gezielt zu fördern und zu fordern. Eine Analyse empirischer Befunde zur veränderten Lernkultur haben Schulz-Zander und Riegas-Staackmann (2004) durchgeführt; eine Übersicht zu nationalen Befunden haben Herzig und Grafe (2006) zusammengestellt. Es ergibt sich, dass eine Veränderung der Lernkultur dahin gehend stattfindet, dass Schülerinnen und Schüler im Unterricht mit digitalen Medien stärker eigenaktiv tätig sind, Informationen recherchieren, oftmals vermehrt zusammenarbeiten und Lehrpersonen mehr individuell beratend und unterstützend agieren. Gleichwohl bleibt lehrergesteuerter Unterricht weiterhin ein fester und aus Sicht aller schulischen Akteure berechtigter Bestandteil des Unterrichts. Hervorzuheben sind die Befunde der internationalen „Second Information Technology in Education Study – Module 2" (SITES M2) der International Association for the Evaluation of Educational Achievement (IEA), in der Fälle innovativer pädagogischer Praxis unter Nutzung von Informations- und Kommunikationstechnologien in Schulen analysiert wurden (Schulz-Zander, Dalmer, Petzel, Bücher, Beer & Stadermann, 2003; Schulz-Zander, 2005). Diese Studie ging nicht von der Annahme aus, dass jeder Einsatz digitaler Medien im Unterricht zu einer veränderten Lernkultur führt, sondern dass die pädagogische, didaktische Einbindung des Medieneinsatzes eine maßgebliche Rolle spielt. Es zeigt sich, dass in einem beträchtlichen Anteil der Fälle Lehren und Lernen durch den Einsatz digitaler Medien maßgeblich verändert werden kann (vgl. Kozma & McGhee, 2003; Schulz-Zander, Büchter & Dalmer, 2002; Schulz-Zander, 2005). In diesen Fällen waren die Lernenden aktiv, haben selbstständig Informationen recherchiert, Produkte gestaltet, Arbeitsergebnisse präsentiert oder publiziert und häufig mit anderen zusammengearbeitet – sowohl klassenintern, aber auch klassenübergreifend oder mit externen Partnern. In den meisten Fällen haben die Lehrpersonen den Unterricht strukturiert, die Schüleraktivitäten organisiert, die Lernenden bei ihren Aktivitäten beraten sowie den Lernfortschritt begleitet und bewertet. Die nationalen Analysen der zwölf deutschen Fallstudien aus SITES M2 zeigen ähnliche Ergebnisse: Der Unterricht ist schülerorientiert mit hohen Anteilen selbstständigen und kooperativen Lernens; durchgängig sind strukturierende Anteile durch die Lehrpersonen vorhanden (vgl. Büchter, Dalmer & Schulz-Zander, 2002; Schulz-Zander, Büchter & Dalmer, 2002). Müller, Blömeke und Eichler (2006) ermitteln anhand der Analysen videografierter Unterrichtsstunden, dass digitale Medien nicht zwangsläufig zu einer Veränderung der Lernkultur führen. Sie beschreiben für den Einsatz der digitalen Medien drei IKT-Skripts: 1. *lehrerzentriertes IKT-Skript* (in vier der 18 Unterrichtsstunden) mit einem vor allem fragend-entwickelnden Unterricht mit lehrergelenktem Unterrichtsgespräch, einer fehlenden Aufgabendifferenzierung, einer wenig effektiven Zeitnutzung und einem vorwiegend durch die Lehrperson gesteuerten Medieneinsatz; 2. *schüleraktivierendes IKT-Skript* (in fünf der 18 Stunden) und 3. ein *IKT-Mischskript* (in 9 der 18 Stunden). Dem schüleraktivierenden IKT-Skript wird die höchste Unterrichtsqualität beigemessen. Es ist gekennzeichnet durch Aufgaben mit einem hohen kognitiven Anregungsgehalt, einer Leistungsdifferenzierung und einer effizienten Nutzung von Unterrichtszeit. Das IKT-Mischskript zeichnet sich dadurch aus, dass die Lehrpersonen hinsichtlich der Merkmale der Unterrichtsgestaltung und des Medieneinsatzes eine mittlere Position einnehmen, wobei die Unterrichtsqualität unterdurchschnittlich ist. Auch wenn die Ergebnisse nicht repräsentativ sind, liefert die gefundene dreiteilige Typisierung von Unterrichtsskripts wichtige Hinweise für die Reflexion der Wirksamkeit der Integration digitaler Medien im Zusammenhang mit der Diskussion um Unterrichtsqualität und Schuleffektivität. Allerdings führt der Einsatz digitaler Medien ebenfalls nicht zwangsläufig zu einer Verbesserung der Unterrichtsqualität und somit zu der erhofften Förderung des Kompetenzerwerbs (Ilomäki, Lakkala & Lehtinen, 2004; Müller, Blömeke, & Eichler, 2006; Eickelmann & Schulz-Zander, 2008). Eine vornehmlich programmbezogene Nutzung digitaler Medien und die Nutzung von anspruchsvollen Computeranwendungen können – so die Ergebnisse vertiefender PISA-Analysen – die Problemlösefähigkeit und damit den Wissenserwerb unterstützen (Senkbeil & Wittwer, 2007). Als Voraussetzung hierfür wird auf eine geeignete Lernkultur, die im besten Fall eine möglichst selbstgesteuerte und problembezogene Computernutzung bei der Lösung fachbezogener Probleme zulassen sollte, ausgewiesen.

Nach Helmke (2009) ist der Umgang mit Heterogenität grundsätzlich ein wichtiges Merkmal guten Unterrichts, das der Unterschiedlichkeit von Bildungszielen, fachlichen Inhalten und Lernvoraussetzungen Rechnung trägt. Empirische Studien zeigen, dass Differenzierung und Individualisierung im regulären Schulalltag wenig verbreitet sind (Bos, Lankes, Prenzel, Schwippert, Walther & Valtin, 2003; Wischer, 2007; Helmke, 2009). Wenn sie vorhanden ist, richtet sie sich entweder an vornehmlich an leistungsschwächere und langsamere Lerner (Schrader & Helmke, 2008) oder wie in der DESI-Studie der KMK ermittelt an leistungsstarke Lerner (Helmke, Helmke, Schrader, Wagner, Nold & Schröder, 2008). Zur Förderung leistungsstärkerer Schülerinnen und Schüler wird oftmals der Weg des Bereitstellens von Extraaufgaben gewählt, der neben der Förderung dieser Lerner und Schülergruppe den Nebeneffekt hat, dass die Lehrpersonen dadurch freie Kapazitäten für die Arbeit mit schwächeren Schülerinnen und Schüler erwirtschaften (Helmke, 2009). Leistungsdifferenzierte Arbeitsaufträge und differenzierte Gruppenarbeiten werden als aufwendiger und arbeitsintensiver eingeschätzt und vermutlich daher seltener gewählt, da den Lehrpersonen nicht die dazu benötigten zeitlichen Ressourcen und Unterrichtsmaterialien zur Verfügung stehen. Aufgrund der flexiblen Verfügbarkeit von digitalen Medien bieten neben den oben angesprochenen didaktischen Potenzialen computerbasierte Medien hier möglicherweise einen Vorteile: Sie können den Lehrerinnen und Lehrern bei der Individualisierung von Unterricht „in bisher nicht vorhandener Weise assistieren" (Peschke & Hendricks, 2008, S. 3).

Die besonderen Vorteile digitaler Medien für ein individualisieren von Lernen fasst Hendricks (2008) wie folgt zusammen:

1. Durch kooperative Lernformen haben die Lerner einer Gruppe die Möglichkeit, ihre Stärken einzubringen, individuell erarbeitete Lösungsansätze zu diskutieren und Schwächen auszugleichen.
2. Durch Kommunikationstechnologien können themenbezogen oder aus sozialem Interesse hinaus Lernpartner außerhalb der eigenen Lerngruppe einbezogenen werden.
3. Lernprozesse können individueller gestaltet werden, indem lernförderliche Anregungen und zusätzliche Lernangebote einbezogen werden können.
4. Lernwege können durch digitale Medien dokumentiert und nachvollzogen werden.

Als hemmende Gründe, warum diese Wege nicht von Lehrpersonen erkannt und beschritten werden, nennt er mangelnde Kenntnisse über Bildungsmedien und Schwierigkeiten bei der Bewertung von Lernleistungen und didaktisch-methodische Defizite. Auch Helmke (2009) weist warnend darauf hin, dass zahlreiche Studien belegen, dass eine Individualisierung von Unterricht nicht mit einer Förderung von Schülerinnen und Schülern gleichzusetzen sei:

> Die bloße Tatsache, *dass* Individualisierung stattfindet, ist weder gut noch schlecht – je nachdem, wie sie realisiert wird, kann sie dilettantisch oder brillant sein, Gutes oder Schlechtes (oder gar nichts) bewirken (ebd., S. 259).

Entscheidend sei, wie lernförderlich die eingesetzten Unterrichtsmethoden sind, wie der Unterricht auf die Lernvoraussetzungen der abgestimmt ist. Wenig erforscht sei, wie sich die diagnostische Kompetenz der Lehrpersonen und ihre unterrichtlichen Kompetenzen auswirken und ob alle Schülerinnen und Schüler im gleichen Maße von einer Individualisierung des Unterrichts profitieren oder ob es „Gewinner und Verlierer" gibt (ebd., S. 258).

Fallstudienfolgeuntersuchung zur SITES M2

Inwieweit schulische Akteure die Möglichkeiten digitaler Medien zur stärkeren Schülerorientierung und Individualisierung von Unterricht nutzen und einschätzen, untersucht die von der DFG geförderte Studie zur Nachhaltigkeit innovativer Unterrichtspraxis mit digitalen Medien (2006 bis 2007) unter der wissenschaftlichen Leitung von Renate Schulz-Zander. Diese Studie ist als Fallstudien-Folgeuntersuchung zur deutschen SITES M2 konzipiert und fünf Jahre nach der SITES M2 durchgeführt worden. Sie thematisiert umfassend Schulentwicklungsprozesse mit digitalen Medien. An dieser Stelle werden ausgewählte Befunde dieser Studie berichtet, die im Zusammenhang mit den Möglichkeiten zur Individualisierung von Unterricht durch digitale Medien stehen.

Methodisches Design, Stichprobe und Instrumente

Die qualitative und quantitative Folgestudie (Laufzeit: 2006–2007) greift das Methodenrepertoire von SITES M2 (Laufzeit: 1999–2002) auf und erweitert dies um Elemente von Instrumenten anderer Studien und wesentlich um quantitative Erhebungen, vornehmlich einer Lehrerbefragung und Schülerbefragung der Abschlussklassen. Mittels leitfadengestützter Interviews, schriftlicher Befragungen und Analysen von Medienkonzepten und Schulprogrammen wurden in 2006 Daten von Schülerinnen und Schülern, von Lehrpersonen, von IT-/Medienkoordinatoren sowie von Schulleitungen in der Primarstufe und den Sekundarstufen erhoben.

Die beteiligten Schulen gehörten im Jahre 2000 in Deutschland zu den führenden Schulen hinsichtlich der Integration digitaler Medien. In Bezug auf die Form des Computereinsatzes decken die Schulen ein breites Spektrum ab: Sowohl stationäre Computer in Medienecken und Computerräumen als auch mobile Endgeräte wie Handhelds, schülereigene und schuleigene Notebooks und Notebookwagen kommen zum Einsatz. In diesen zwölf Schulen wurde 2000/2001 ausgewählte innovative Unterrichtspraxis unter Nutzung digitaler Medien auf der Mikro-, Meso- und Makroebene erforscht.

Die deutschen SITES-M2-Schulen wurden für die Folgeuntersuchung erneut ausgewählt, da
- diese Schulen mindestens zehn Jahre praktische und konzeptionelle Arbeit im Bereich des Einsatzes von Computer und Internet im Unterricht vorweisen und somit Daten über die langfristige Wirksamkeit digitaler Medien erhoben werden können.
- umfangreiche Kenntnisse über den Entwicklungsstand der Schulen im Jahre 2001 vorliegen, dokumentiert durch Daten und Fallberichte, die eine Anbindung an die zuvor gewonnenen Ergebnisse zur Erforschung von Schulentwicklungsprozessen ermöglichen.
- die ausgewählten deutschen Schulen ein breites Spektrum bezüglich der Schulformen, Einzugsgebiete und Verteilung auf die Bundesländer abdecken, auch wenn die neuen Bundesländer nicht beteiligt waren (vgl. Schulz-Zander et al., 2003).

Für die Folgeuntersuchung standen aufgrund einer Schulschließung nur elf der zwölf Schulen zur Verfügung. Für die Befragungen wurden nach Möglichkeit die im Rahmen von SITES M2 interviewten Personen erneut ausgewählt. Zusätzlich wurden „Innovationslehrpersonen" interviewt, welche die Integration digitaler Medien in den Fallschulen zum Zeitpunkt der Folgeuntersuchung maßgeblich gestalteten, aber an der Befragung im Rahmen der SITES M2 nicht teilgenommen hatten.

Datenerhebung und Datenanalyse

Die schriftliche Erhebung richtete sich an elf Schulleitungen und elf IT-/Medienkoordinatoren, sowie an 680 Lehrpersonen und 930 Schülerinnen und Schüler. Teilgenommen haben alle Koordinatoren, zehn Schulleitungen und 180 Lehrpersonen (Rücklauf 26,5%) sowie 184 Viertklässler, 167 Zehntklässler und 183 Schülerinnen und Schüler der Jahrgangsstufe 12 (Rücklauf: 57,4%). In Bezug auf die schriftliche Befragung der Schulleitungen und technischen Koordinatoren konnte eine Quasi-Längsschnittuntersuchung (zwei Querschnitte) realisiert werden, da Instrumente und Befragungsergebnisse aus SITES M2 zur Verfügung standen. Für die neu eingebundenen standardisierten Lehrer- und Schülerbefragungen wurden Instrumentarien aus anderen Studien adaptiert und eigene Items entwickelt, da in SITES M2 diese beiden Zielgruppen nicht über Fragebögen befragt wurden.

Im Folgenden werden die Ergebnisse der Analysen der Fallstudienfolgeuntersuchung zum Individualisieren und Fördern mit digitalen Medien vorgestellt. Dazu werden qualitative und quantitative Daten berücksichtigt.

Nutzung digitaler Medien in der Stichprobe

Von den Lehrpersonen setzen ungefähr drei Viertel den Computer und das Internet in ihrem Unterricht ein. Dieser Nutzungsanteil entspricht dem für Deutschland im selben Jahr durch die Europäische Kommission (2006) repräsentativ erhobenen

Wert. Die nachfolgenden fallübergreifend ausgewerteten Daten unterliegen somit nicht einer positiven Verzerrung hinsichtlich der Nutzerzahlen, obwohl die befragten Lehrpersonen an Schulen unterrichten, die im Jahr 2001 zu den führenden Schulen im Medienbereich gehörten. In den beteiligten Grundschulen setzen etwas mehr als die Hälfte der Lehrpersonen regelmäßig Computer (52,6%) und jeder Zehnte regelmäßig das Internet ein. In den Sekundarstufen verwendet ein Drittel der Lehrpersonen mindestens einmal wöchentlich Computer im Unterricht. Etwas weniger, nämlich 28 Prozent, nutzen das Internet. Knapp ein Drittel der befragten Schülerinnen und Schüler (31,3%) arbeitet nie mit dem Computer oder dem Internet im Unterricht, etwas mehr als die Hälfte (55,8%) nutzen diese mehrmals im Schuljahr bzw. fast jeden Monat und nur weniger als ein Sechstel (13%) mindestens einmal pro Woche. 80 Prozent der Schülerinnen und Schüler würden gerne viel/etwas mehr mit dem Computer und mehr als 75 Prozent viel/etwas mehr mit dem Internet im Unterricht arbeiten. Das Ergebnis kann so interpretiert werden, dass auch in den (vormals) innovativen Schulen die Einführung digitaler Medien in die Schule längst nicht alle Lehrpersonen und damit nicht alle Schülerinnen und Schüler erreicht hat.

Befunde zum Individualisieren und Fördern mit digitalen Medien

Fast alle Nutzer unter den Lehrpersonen berichten, dass sie digitale Medien zur Informationsrecherche über das Internet nutzen: Nur wenige nutzen dazu lokale Datenträger. Der produktorientierte Einsatz der Medien bezieht sich vor allem auf das Schreiben von Texten, bei mehr als der Hälfte der Nutzer auch auf das Gestalten multimedialer Produkte, aber auch auf die Präsentation von Ergebnissen und Referaten. Fast die Hälfte der Lehrpersonen verwendet mindestens einmal wöchentlich Lern- und Übungssoftware, knapp ein Viertel digitale Lernspiele und deutlich weniger – jeder Zehnte – digitale Lexika und Wörterbücher. Die Angaben beziehen sich nur auf die Grundgesamtheit der Lehrpersonen, die diese Aktivitäten jeweils überhaupt anwenden. Deutlich wird, dass die Lehrpersonen, die innovative pädagogische Aktivitäten durchführen, zu einem großen Anteil digitale Medien unterstützend verwenden. Alle Nutzer unter den Lehrpersonen setzen digitale Medien in offenen Unterrichtsformen ein. Jeweils ca. 80 Prozent der Nutzer lassen mit Hilfe digitaler Medien neue Lerninhalte erarbeiten, üben oder setzen Computer und Internet zur Binnendifferenzierung ein. Mehr als die Hälfte der Lehrpersonen führt Unterrichtsprojekte zum forschenden Lernen durch. In der Primarstufe werden die digitalen Medien besonders zum Üben, zur Binnendifferenzierung und zur Gestaltung offener Unterrichtsformen eingesetzt. Lehrpersonen der Sekundarstufe verwenden digitale Medien in den angeführten Kontexten auch, aber deutlich seltener. Lehrpersonen, die im Unterricht Informationen präsentieren lassen, differenzieren und individualisieren und setzen mehrheitlich digitale Medien unterstützend ein. Insgesamt wird von den schulischen Akteuren den Möglichkeiten zur Binnendifferenzierung mit digitalen Medien ein hoher Stellenwert zugesprochen. Einige Lehrpersonen sehen darin sogar den größten Vorteil digitaler Medien:

> Also, aus meiner Perspektive ist es so, dass die Neuen Medien in besonderer Weise ermöglichen, dass man binnendifferenziert arbeitet. Und dass man individualisiert oder in Gruppen arbeitet. Und das den Lehrern Freiräume

gibt, sich mit den einzelnen Schülern zu beschäftigen. Also, auch im Sinne von Intervention oder von vertiefter Betreuung oder so. (Lehrer, Gymnasium)

Also ich sage mal so, die Differenzierung ist, um es gleich zu sagen, sehr viel größer. Ich habe also viel mehr Möglichkeiten, mich dann auch um bestimmte Schüler zu kümmern. Währenddessen andere schon bereits in bestimmten Bereichen recherchieren können. (Lehrer, Hauptschule)

Rückblickend auf die Erfahrungswerte aus mehreren Schuljahren berichten fast zwei Drittel der Lehrpersonen der Fallschulen, dass sich das selbstständige und eigenverantwortliche Lernen fördern lässt (78,3%) und von den Lernern individuell bevorzugte Lernwege besser berücksichtigt werden (73,8%). Immerhin noch 60 Prozent äußern, dass sie unterschiedliche Fähigkeiten und Leistungslevel besser berücksichtigen können. Die Schülerinnen und Schüler wurden gebeten, die Lehrerrolle im computergestützten Unterricht und im Unterricht ohne digitale Medien zu vergleichen. Die Bewertungen der Schülerinnen und Schüler der verschiedenen Jahrgangsstufen unterscheiden sich auffällig (vgl. Tabelle 1: Einschätzung des computergestützten Unterrichts aus Schülersicht).

Tabelle 1: Einschätzung des computergestützten Unterrichts aus Schülersicht

	trifft zu (in%)		
	Jgst. 4	Jgst. 10	Jgst. 12
Wir machen mehr ohne die/den Lehrer/in als sonst.	21,3	41,9	57,7
Wir sollen öfter Aufgaben ohne die Lehrerin/ den Lehrer lösen als sonst.	30,9	27,7	51,6
Sie/er arbeitet mit uns am Computer zusammen.	22,9	22,4	14,8
Wir bearbeiten alleine Aufgaben und unser/e Lehrer/in unterstützt uns dabei.	59,2	58,5	68,0
Wir arbeiten mit Arbeitsmaterialien, die unser/e Lehrer/in vorher am Computer vorbereitet hat.	29,0	37,4	34,6

Der Anteil derer, die ein größeres Ausmaß an Schülerorientierung erfahren, steigt mit dem Alter der Lerner. Etwas mehr als ein Drittel der Sekundarstufenschülerinnen und -schüler berichtet, dass sie mit Arbeitsmaterialien arbeiten, die ihre Lehrpersonen am Computer vorbereitet haben. Computergestützten Frontalunterricht („die Lehrperson steht oft vor der Klasse und redet") erlebt nur ein Viertel der Schüler der Jahrgangsstufen 4 und 12, aber ein Drittel der Zehntklässler. In der Oberstufe geht der Anteil der Zusammenarbeit mit dem Lehrer am Computer auf 14,8 Prozent zurück. Dies kann ebenfalls dahin gehend interpretiert werden, dass der Stellenwert des selbstständigen Arbeitens zunimmt.

Nahezu alle befragten Lehrpersonen (90,5%) stufen Kenntnisse über digitale Medien als Teil der Allgemeinbildung ein. Mehrheitlich (54,2%) schätzen Lehrpersonen digitale Medien als wertvolles Arbeitsmittel zur Verbesserung der Qualität des Lernens ein. Mehr als die Hälfte der Lehrpersonen sehen Potenziale zur Förderung der Selbstverantwortung und Selbstorganisation von Lernprozessen sowie zur Individualisierung von Lernen und zur stärkeren Schüleraktivierung.

> Pädagogischer Nutzen ist für mich eigentlich, dass das Kind auf jeden Fall immer individualisiert arbeiten kann. Ich sehe es als ganz große Chance, dass man nicht im Gleichschritt mit Anderen arbeiten muss, und dass, gerade in den PC-Stunden, ich verschiedene Angebote setze und die Kinder frei wählen können. Sie wissen, dass immer der E-Mail-Abruf und das E-Mail-Schreiben mit dabei sind. Sie können aber auch mit dem Mathe- oder Deutschprogramm arbeiten oder Dinge, die gerade im Deutschunterricht bearbeitet wurden und als Text erstellt werden sollen, schreiben. (Lehrerin, Grundschule, ehemalige Nicht-IT-Nutzerin)

Tabelle 2: Einstellung der Lehrpersonen gegenüber der Bedeutung digitaler Medien für die Individualisierung von Unterrichts- und Lernprozessen

	wichtig/sehr wichtig (Angaben in%)	
	Primarstufe (N=38)	Sekundarstufe (N=142)
Individualisierung von Lernerfahrungen	57,6	55,3
Stärkere Schüleraktivierung	54,6	56,4
Berücksichtigung unterschiedlicher Leistungsniveaus	61,8	37,6
Bereitstellung von Lern- und Übungsaufgaben	54,6	37,1

Die Tabelle 2 zeigt, welche Bedeutung die befragten Lehrpersonen an den Schulen mit langer Medientradition den digitalen Medien im Hinblick auf die Gestaltung von Unterrichts- und Lernprozessen beimessen. Auffällig ist, dass die Mehrzahl der Lehrpersonen einen Mehrwert der digitalen Medien in der Individualisierung von Lernerfahrungen und einer stärkeren Schüleraktivierung sieht. Weiterhin erscheinen in den Grundschulen die Berücksichtigung unterschiedlicher Leistungsniveaus und die Bereitstellung von Lern- und Übungsaufgaben als bedeutsam.

Die fallübergreifenden Analysen der qualitativen Daten gibt Hinweise darauf, dass die Art wie digitale Medien zu Förderzwecken eingesetzt werden mit dem Alter der jeweiligen Schülergruppe zusammenhängt. So werden Lernprogramme und Online-Programme eher in der Primarstufe und den unteren Jahrgangsstufen der Sekundarstufe I eingesetzt. Je älter die Schülerinnen und Schüler sind, desto mehr spielt der Einsatz des Internets und der von Productivity Tools eine Rolle. Insgesamt wird den digitalen Medien ein positives Potenzial zur Individualisierung von Unterricht und Differenzierung zugesprochen.

Förderung leistungsstarker und leistungsschwächerer Lerner

Die Gruppen, die nach Ansicht vieler Lehrer am stärksten vom Einsatz der Digitalen Medien profitieren können, sind also sowohl die lernstarken als auch die lernschwachen Schüler:

> Auf jeden Fall gibt es für die gut begabten Schüler immer Zusatzmaterial ohne Ende, wenn sie am PC arbeiten können und für die Schwachen ist es immer eine gute Trainingsmöglichkeit. (Innovationslehrerin Grundschule, Klassenlehrerin einer vierten Klasse)

Die Lernstarken haben die Möglichkeit, zügiger Aufgaben und Probleme zu bearbeiten. Sie können zusätzliche oder vertiefende Aufgaben auswählen:

> Und den Guten, denen gibt man halt Zusatzaufgaben, die dann nicht in dem Buch drinstehen. [...] Die beschäftigt man dann halt durch zusätzliche Aufgaben. Da habe ich auch einen Pool zusammengestellt. Das kann man dann wie einen Hypertext so anklicken, dann hat man Aufgaben für die. (Computerkoordinator, Gymnasium)

> Ich finde es auf jeden Fall sehr vorteilhaft zu differenzieren. Damit meine ich, dass Kinder, die mit ihrer Arbeit bereits fertig sind, sich an den Computer setzen dürfen und entsprechend ihrem Vermögen Aufgaben wählen. (Klassenlehrerin einer ersten Klasse)

Beachtet werden muss dabei, dass sich die Schere zwischen Lernstarken und Lernschwachen durch den Einsatz digitaler Medien vergrößern kann, was aber durchaus von den Akteuren nicht nachteilig bewertet wird:

> Wenn es um Zusatzanforderungen und höhere Kompetenzen geht, geht die Schere schneller auseinander als früher. Das heißt, dass die höher Begabten oder Hochbegabten den anderen noch schneller davonlaufen. Was aber jetzt nicht negativ zu bewerten ist. Das kann man als Beleg dafür nehmen, dass die individuellen Möglichkeiten [mit digitalen Medien] besser ausgeschöpft werden können als sonst. (Schulleiter, Gesamtschule)

Lernschwächere Schülerinnen und Schüler können durch zusätzliches Übungsmaterial gefördert werden und durch geeignete Übungssoftware mit Rückmeldefunktionen. Weiterhin ermöglichen digitale Medien, den Schülerinnen und Schülern in ihrem eigenen Tempo zu lernen und sich mit anderen auszutauschen. Hier liegen Möglichkeiten zur Förderung der schwächeren, unsicheren und langsameren Lerner:

> Wer auf jeden Fall profitiert, das sind Leute die beispielsweise langsamer sind. Die auch manchmal unsicher sind. Die dann aber auch für sich das Gefühl haben, sie können sich die Zeit nehmen, die sie brauchen. Weil sie auch zu Hause weitermachen können. Gerade die, die ihr Lerntempo selber bestimmen können. Dann kombiniert damit, dass durchaus über die Sachen untereinander gesprochen wird. Das findet statt. Und da findet auch durchaus schon ein sehr ordentlicher Transfer statt zwischen den Schülern. Also, die profitieren allemal. (Lehrer, Gesamtschule)

Auch wird die Erhöhung der Lernmotivation als Mittler zur Lernleistung positiv eingeschätzt:

> Also, es gibt Kinder, die erheblich mehr Hilfe brauchen dabei wie bei jedem anderen Unterricht. Und es ist immer ein Problem denen die zu geben, weil auch da Zeit wieder eine Rolle spielt. Also, ich habe mindestens einen sehr leistungsschwachen Schüler, wo also durchaus angedacht war, ob der nicht eigentlich ein Integrationskind sein müsste. [...] Aber wie so oft auch da spielen wahrscheinlich Kosten wieder eine Rolle. Ist halt so knapp über dem Grenzbereich und ich muss irgendwie damit leben. Ich habe keine Ressourcen zur Verfügung, um ihn irgendwie besonders zu fördern eigentlich.

> Und für diesen Schüler ist natürlich immer entscheidend, möglichst viel Hilfe zu kriegen, ob der nun mit einem Buch arbeitet oder mit dem Internet oder mit anderen Sachen. Da ist er allerdings sehr motiviert. Also, Computer motiviert diesen Schüler nun wiederum sehr. Mehr als die anderen, die leistungsstärkeren, die vielleicht sowieso einen zu Hause haben möglicherweise, für die das gar nicht im Vergleich dann so attraktiv ist. (Lehrer, Grundschule)

Als besondere Fördermöglichkeit wird in den Interviews an mehreren Stellen die Förderung von lese-rechtschreib-schwachen Kindern sowohl in der Grundschule als auch in der Sekundarstufe angesprochen:

> Was ich richtig gut finde ist, dass die Kinder, die sehr schreibschwach sind, mit der Tastatur ziemlich gut klar kommen und die sich relativ schnell auf der Tastatur zurecht finden und dann zu besseren Ergebnissen kommen als wenn sie handschriftlich schreiben. Solche Kinder erhalten sozusagen eine Lese-Rechtschreib-Förderung. Sie erfahren plötzlich, dass sie das, was sie über die Tastatur eingeben, lesen können. Das ist ein unendliches Glücksgefühl. (Lehrerin, Grundschule, ehemalige Nicht-IT-Nutzerin, Niedersachsen)

> Besonders profitieren davon die Schüler, die zum Beispiel unter dieser Rechtschreibschwäche leiden. Diese Lese- und Rechtschreibschwäche geht häufig einher mit einem ganz katastrophalen Schriftbild. Darunter leiden sie. Sie haben eine Schreibhemmung. Sie trauen sich kaum etwas aufzuschreiben, weil sie immer nur zurückgemeldet bekommen haben, das ist unleserlich, das ist voller Fehler. Die empfinden den Computer als unglaubliche Stütze. Nicht nur wegen des Rechtschreibprogramms, das ja auch Grenzen hat. Sondern auch, weil es erst mal sofort schöner aussieht. (Schulleiterin, Hauptschule, NRW)

Die besondere Förderung unterschiedlicher Schülergruppen wird jedoch insgesamt kontrovers eingeschätzt: Jeweils die Hälfte der Lehrpersonen hält eine Förderung schwächerer Schülerinnen und Schüler durch Computer und Internet gegeben bzw. nicht gegeben. Dagegen bejahen nahezu drei Viertel (73,2%) eine Förderung leistungsstarker Lerner durch die Nutzung digitaler Medien. Immerhin nahezu zwei Fünftel (36,9%) schätzen ein, dass Kinder und Jugendliche mit Migrationshintergrund besser gefördert werden, wenn digitale Medien im Unterricht eingesetzt werden; hingegen stimmen etwas weniger als zwei Drittel (63,1%) dem nicht zu.

Allerdings hängt das Förderpotenzial nach Ansicht verschiedener Lehrpersonen nicht zwingend mit dem Einsatz digitaler Medien zusammen, sondern vielmehr mit der didaktischen Einbindung und den unterrichtsbezogenen Kompetenzen der Lehrpersonen überhaupt:

> Weil die einfach davon profitieren, dass es die Lehrer mit besonderen Interessen sind, die in solche [Laptop-]Klassen reingehen. Und das nutzen sie für sich. Und die würden in einem anders ausgerichteten Reformkonzept auch am meisten profitieren. Das hat nichts mit den Rechnern zu tun – das hat etwas mit ihnen und ihrer Haltung zu der Schule und ihrer Intelligenz zu tun. Das ist also aus meiner Sicht relativ banal. (Innovationslehrer, Gymnasium, Hamburg)

Das Leistungsmittelfeld lässt sich in Bezug auf die Leistungsdifferenzierung durch digitale Medien eher weniger erreichen: Lerner im mittleren Leistungsbereich werden als die Gruppe angesehen, die am wenigsten durch den Medieneinsatz profitieren kann, da hier weder besondere Stärken gefördert noch spezielle Defizite ausgeglichen werden können.

Diskussion

Die rasante Entwicklung im Technologiebereich prägen die letzten beiden Jahrzehnte. Sie haben Einfluss auf die Wirtschaft, die Wissenschaft aber auch auf den Bildungsbereich. Insbesondere der Bildungsbereich hat die Aufgabe, die Menschen, vor allem junge Menschen, auf das Leben in einer solchen sich ständig verändernden Gesellschaft vorzubereiten. Informations- und Kommunikationstechnologien können für Menschen mit Zugang zu digitalen Medien und Kompetenzen im Umgang damit den Zugang zu Wissen und Bildung erleichtern. Die dazu benötigten Kompetenzen sind zum einen lebenslange Lernprozesse, die im Idealfall auf ein Grundgerüst an Kompetenzen und Kenntnisse aus der Schulzeit aufbauen können. Die Fallstudienfolgeuntersuchung zur deutschen SITES M2 hat gezeigt, dass die befragten Lehrpersonen vor allem dann dazu geneigt sind, digitale Medien im Unterricht einzusetzen, wenn sie Möglichkeiten zur Verbesserung des Lernens erkennen. Ein wichtiger Punkt ist für sie das Potenzial digitaler Medien zum Individualisieren und Fördern von Lernern und Lernergruppen. Mit dem Einsatz von IKT im Unterricht wird von ihnen eine Qualitätsverbesserung von Unterricht im Sinne eines veränderten Umgangs mit Heterogenität angestrebt. Eine Veränderung des Unterrichts ergibt sich aber ebenso wenig automatisch wie die Erschließung des didaktischen Potenzials digitaler Medien zur Individualisierung von Unterricht. Die Befunde der Fallstudienfolgeuntersuchung zur SITES M2 geben Hinweise darauf, dass von den Lehrpersonen, die digitale Medien im Unterricht nutzen, vor allem Fördermöglichkeiten für lernschwächere als auch für leistungsstärkere Lerner erkannt werden. Die Möglichkeiten zur Förderung der Schülerinnen und Schüler und die Unterstützung bei der Binnendifferenzierung von Unterricht durch den Einsatz digitaler Medien motivieren die befragten Lehrpersonen besonders, diese im Unterricht einzusetzen. Diese Analysen stehen im Einklang mit der Bilanz von Dede (2008), der rückblickend auf die Diskussion der Nutzung digitaler Medien in Lehr-/Lernkontexte seit Beginn der 1980er Jahre unter Einbezug verschiedener Lerntheorien feststellt, dass das besondere Potenzial von Informations- und Kommunikationstechnologien in den Möglichkeiten zur Individualisierung von Lernprozessen liegt, da digitale Medienangebote gleichzeitig verschiedene alternativ wählbare Lernwege und -medien anbieten können, aus denen die Lerner auswählen können.

Dieser Ansatz könnte zu einer breiteren Nutzung digitaler Medien in deutschen Schulen führen. Dies bedingt eine entsprechende Lehreraus- und Fortbildung. Andererseits bieten die dargestellten Befunde, einen Ansatz, die Nutzung digitaler Medien zu verbreiten und an das internationale Niveau der Computernutzung in Schulen anzuschließen. Im gleichen Maße wie sich eine Veränderung der Unterrichtsqualität und eine Sensibilisierung des Umgangs mit Heterogenität ergeben kann, könnte eine häufigere schulische Nutzung digitaler Medien allen Kindern und Jugendlichen – auch im Ausgleich zu familiär bedingter Disparitäten – Zugang zu digitalen Medien und ihrer bildungswirksamen Nutzung verschaffen.

Literatur

Autorengruppe Bildungsberichterstattung im Auftrag der Ständigen Konferenz der Kultusminister der Länder in der Bundesrepublik Deutschland und des Bundesministeriums für Bildung und Forschung. (2008). *Bildung in Deutschland. Ein indikatorengestützter Bericht mit einer Analyse zu Übergängen im Anschluss an den Sekundarbereich I.* Bielefeld: W. Bertelsmann Verlag.

Bos, W., Lankes, E.-M., Prenzel, M., Schwippert, K., Walther, G. & Valtin, R. (Hrsg.). (2003). *Erste Ergebnisse aus IGLU. Schülerleistungen am Ende der vierten Jahrgangsstufe im internationalen Vergleich.* Münster: Waxmann.

Büchter, A., Dalmer, R. & Schulz-Zander, R. (2002). Innovative schulische Unterrichtspraxis mit neuen Medien. Nationale Ergebnisse der internationalen IEA-Studie SITES M2. In H.-G. Rolff, H. G. Holtappels, K. Klemm, H. Pfeiffer & R. Schulz-Zander (Hrsg.), *Jahrbuch für Schulentwicklung. Band 12.* (S. 163–197). Weinheim: Juventa.

Dede, C. (2008). Theoretical perspectives influencing the use of information technology in teaching and learning. In J. Voogt & G. Knezek (Hrsg.), *International Handbook of Information Technology* (S. 43–62). New York: Springer.

Eickelmann, B. (2008). *Digitale Medien in Schule und Unterricht erfolgreich implementieren. Eine empirische Analyse aus Sicht der Schulentwicklungsforschung.* Münster: Waxmann.

Eickelmann, B. & Schulz-Zander, R. (2008). Schuleffektivität, Schulentwicklung und digitale Medien. In W. Bos, H. G. Holtappels, H. Pfeiffer, H.-G. Rolff & R. Schulz-Zander (Hrsg.), *Jahrbuch der Schulentwicklung. Band 15.* (S. 157–194). Weinheim: Juventa.

Eickelmann, B., Schulz-Zander, R. & Gerick, J. (2009). Erfolgreich Computer und Internet in Grundschulen integrieren – eine empirische Analyse aus Sicht der Schulentwicklungsforschung. In C. Röhner, M. Hopf, C. Henrichwark (Hrsg.), *Europäisierung der Bildung – Konsequenzen und Herausforderungen für die Grundschulpädagogik, Jahrbuch Grundschulforschung. Band 13.* Wiesbaden: VS Verlag für Sozialwissenschaften.

Enquete-Kommission. (2007). *„Kultur in Deutschland". Schlussbericht.* Deutscher Bundestag: Drucksache 16/7000.

Europäische Kommission. (2006). *Benchmarking access and use of ICT in European schools 2006. Final report from head teacher and classroom teacher surveys in 27 European countries.* Lissabon: European Commission.

Helmke, A. (2004). *Unterrichtsqualität: Erfassen, Bewerten, Verbessern* (3. Aufl.). Seelze: Kallmeyer.

Helmke, A. (2009). *Unterrichtsqualität und Lehrerprofessionalisierung. Diagnose, Evaluation und Verbesserung des Unterrichts.* Seelze: Kallmeyer.

Helmke, A. & Schrader, F.-W. (2006). Determinanten der Schulleistung. In D. H. Rost (Hrsg.), *Handwörterbuch Pädagogische Psychologie* (S. 83–94). Weinheim: Beltz PVU.

Helmke, A., Helmke, T., Schrader, F.-W., Wagner, W., Nold, G. & Schröder, K. (2008). Alltagspraxis des Englischunterrichts. In DESI-Kosortium, *Unterricht und*

Kompetenzerwerb in Deutsch und Englisch. Ergebnisse der DESI-Studie (S. 382–397). Weinheim: Beltz.

Hendricks, W. (2008). Fördern mit digitalen Medien. Lernen in einer heterogenen Gesellschaft unterstützen. *Computer + Unterricht, 73,* 6–11.

Herzig, B. & Grafe, S. (2006). *Digitale Medien in der Schule. Standortbestimmung und Handlungsfelder für die Zukunft. Studie zur Nutzung digitaler Medien in allgemeinbildenden Schulen in Deutschland.* Bonn: Deutsche Telekom.

Ilomäki, L., Lakkala, M. & Lehtinen, E. (2004). A case study of ICT adoption within a teacher community at a Finnish lower secondary school. *Education, Communication & Information, 4* (1), S. 53–69.

KMK (Ständige Konferenz der Kultusminister der Länder in der Bundesrepublik Deutschland). (1997). *Neue Medien und Telekommunikation im Bildungswesen.* Bonn: KMK.

Kozma, R. B. & McGhee, R. (2003). ICT and Innovative Classroom Practices. In R. B. Kozma (Ed.), *Technology, innovation, and educational change. A global perspective. Report of the Second Information Technology in Education Study Module 2* (pp. 43–80). Washington D. C.: ISTE.

Krämer, S. (1998). *Medien, Computer, Realität. Wirklichkeitsvorstellung und Neue Medien.* Frankfurt a. M.: Suhrkamp.

Kubicek, H., Braczyk, H. J., Klumpp, D., Müller, G., & Neu, W. R. (1998). *Lernort Multimedia. Jahrbuch Telekommunikation und Gesellschaft 1998.* Heidelberg: R. V. Decker.

Mandl, H., Reinmann-Rothmeier, G. & Gräsel, C. (1998). *Gutachten zur Vorbereitung des Programms „Systematische Einbeziehung von Medien, Informations- und Kommunikationstechnologien in Lehr- und Lernprozesse". Materialien zur Bildungsplanung und zur Forschungsförderung, Heft 66.* Bonn: Bund-Länder-Kommission für Bildungsplanung und Forschungsförderung.

Müller, C., Blömeke, S. & Eichler, D. (2006). Unterricht mit digitalen Medien – zwischen Innovation und Tradition? Eine empirische Studie zum Lehrerhandeln im Medienzusammenhang. *Zeitschrift für Erziehungswissenschaft, 9* (4), 632–650.

Peschke, R. & Hendricks, W. (2008). Individuell fördern. *Computer + Unterricht*, Heft 73.

Russon, A. E., Josefowitz, N. & Edmonds, C. V. (1994). Making computer instruction accessible: Familiar analogies for female novices. *Computers in Human Behavior, 10* (2), 175–187.

Schrader, F.-W. & Helmke, A. (2008). Unter der Lupe: Wie in deutschen Klassenzimmern differenziert wird. Klexer. *Magazin für die Grundschule, 20,* 3–5.

Schulz-Zander, R. (1997). Medienkompetenz – Anforderungen an schulisches Lernen. In Deutscher Bundestag (Hrsg.), *Medienkompetenz im Informationszeitalter. Enquete-Kommission „Zukunft der Medien in Wirtschaft und Gesellschaft; Deutschlands Weg in die Informationsgesellschaft"* (S. 99–110). Deutscher Bundestag: ZV Zeitungs-Verlag.

Schulz-Zander, R. (2005). Innovativer Unterricht mit Informationstechnologien – Ergebnisse der SITES M2. In H. G. Holtappels & K. Höhmann (Hrsg.), *Schulentwicklung und Schulwirksamkeit* (S. 264–275). Weinheim: Juventa.

Schulz-Zander, R., Büchter, A. & Dalmer, R. (2002). The role of ICT as a promotor of students' cooperation. *Journal of Computer Assisted Learning, 18* (4), 438–448.

Schulz-Zander, R. & Riegas-Staackmann, A. (2004). Neue Medien im Unterricht. Eine Zwischenbilanz. In H. G. Holtappels, K. Klemm, H. Pfeiffer, H.-G. Rolff & R. Schulz-Zander (Hrsg.), *Jahrbuch der Schulentwicklung. Band 13.* (S. 291–330). Weinheim: Juventa.

Schulz-Zander, R., Dalmer, R., Petzel, T., Bücher, A., Beer, D. & Stadermann, M. (2003). *Innovative Praktiken mit Neuen Medien im Schulunterricht und Organsiation. Nationale Ergebnisse der internationalen IEA-Studie SITES M2.* Verfügbar unter www.sitesm2.de [07.05.2009].

Schulz-Zander, R. und Tulodziecki, G. (2007). *Veränderung von Unterricht mit Hilfe der neuen, digitalen Medien.* Stuttgart: Landesinstitut für Schulentwicklung des Landes Baden-Württemberg. Verfügbar unter: http://www.elearning-bw.de [08.05.2009].

Schulz-Zander, R. & Tulodziecki, G. (2009). Pädagogische Grundlagen für das Online-Lernen. In J. L. Issing & P. Klimsa (Hrsg.), *Online-Lernen. Handbuch für Wissenschaft und Praxis* (S. 35–46). München: Oldenbourg.

Senkbeil, M. & Drechsel, B. (2004). Vertrautheit mit dem Computer. In M. Prenzel, J. Baumert, W. Blum, R. Lehmann, D. Leutner, Neubrand & R. Pekrun (Hrsg.), *Der Bildungsstand der Jugendlichen in Deutschland – Ergebnisse des zweiten internationalen Vergleichts* (S. 177–190). Münster: Waxmann.

Senkbeil, M. & Wittwer, J. (2006). Beeinflusst der Computer die Entwicklung mathematischer Kompetenzen? In M. Prenzel, J. Baumert, W. Blum, R. Lehmann, D. Leutner, Neubrand & R. Pekrun (Hrsg.), *PISA 2003. Untersuchungen zur Kompetenzentwicklung im Verlauf eines Schuljahres* (S. 139–160). Münster: Waxmann.

Senkbeil, M. & Wittwer, J. (2007). Die Computervertrautheit von Jugendlichen und Wirkunken der Computernutzung auf den fachlichen Kompetenzerwerb. In M. Prenzel, C. Artelt, J. Baumert, W. Blum, M. Hammann, E. Klieme & R. Pekrun (Hrsg.), *PISA 2006. Die Ergebnisse der dritten internationalen Vergleichsstudie* (S. 277–307). Münster: Waxmann.

Voogt, J. (2008). IT and curriculum processes: dilemmas and challenges. In J. Voogt & G. Knezek (Hrsg.), *International Handbook of Information Technology* (S. 117–132). New York: Springer.

Wischer, B. (2007). Wie sollen LehrerInnen mit Heterogenität umgehen? Über „programmatische Fallen" im aktuellen Reformdiskurs. *Die Deutsche Schule*, 99 (4), 422–433.

Zillien, N. (2006). *Digitale Ungleichheit. Neue Technologie und alte Ungleichheiten in der Informations- und Wissensgesellschaft.* Wiesbaden: VS Verlag für Sozialwissenschaften.

Alf Gunnar Eritsland

Closing the gap
The computer as mediator of writing development

This article discusses the potential of digital support in the teaching of writing. Some of the potential stems from closing the gap between oral communication and the practice of writing, and between writing in everyday-settings and educational contexts. Collaborative writing at the computer is presented as facilitating conversation between peers and supporting the development of text constructing competences. Reflecting on the educational implications the article concludes that new writing practices on the computer will enhance writing education only when consciously integrated in the learning environment.

An ongoing transition

Researchers recognise that our writing practices have been changing due to the implementation of digital applications. Great importance is generally associated with the use of computers in the teaching of writing. It is therefore interesting to have a closer look at its potential effects on children's writing development.

Early in the history of digital writing, through the introduction of word processing, clear effects on the practice of writing were discovered. Obvious changes were brought about by the fact that the computer made it easier to produce and revise drafts, and to make versions of the text visible on the screen (Hansen, 1994). The mixing of graphical texts with other visual images diminished the gap between different media interfaces (Bolter, 1998).

What seemed to differentiate writing practices even more, however, was the introduction of computer networking. Hypertext is known to have encouraged multiple enclosed readings. It has been argued that some identity markers seem to be invisible on screen, leading potentially to egalitarian communication among people who could not see each other's race, gender or class. Further research showed, however, that the network communication could reify hierarchical relations among writers just as face-to-face conversation (Kolko, Nakamura & Rodman, 2000).

When we communicate digitally, we adjust not only to the levels of the partners' media competence, but also to the thresholds of the technology itself. For instance, we have to learn how to explore and utilize the soft- and hardware of digital networks, which deliver tools for conversation and community building in cyberspace. We need to learn new codes and to adjust our writing practices to new evolving audiences. The computer and the mobile phone become powerful multi-faceted tools for combined vocal, pictorial and graphic interaction. By using these appliances, and the connected digital writing genres, the users develop their literacy in new ways.

How profound these ongoing changes in writing practices are, may be illustrated by the new "discourse communities" (Berger & Luckman, 1967) on the internet. When utilized, discourse patterns may be established as cultural artefacts, for instance as norms of digital writing genres.

> These artefacts are developed not at academic tables, but rather in the flow of social events – with the same rewards of peer status and the same issues of group identity – as much as any activity in which children can find opportunities for play, teasing, boasting, and sharing. (Rafoth & Rubin, 1988, p. 19)

Artefacts of the discourse communities will normally be obscure to partners involved, but through collaboration and reflection, they may be given conscious attention, as they become objects of negotiation. This is what happens when young people develop digital cultures of written communication, discussing genre norms for instance in their digital writing practice. Because the screen may show a fast reflection of our thoughts, because texts are so easy to change, delete, copy, move, or integrate with other texts and media expressions, partners in digital writing practices tend to frequently share thoughts, discuss and experiment in their text construction and thus contribute to their own writing development (Sjøhelle, 2007).

Participating in these communities has the potential of altering social life, leading participants to internalise new genre patterns based on privately acquired writing competences. Certainly these practices and competences, often falling within new norms, rules and styles, influence young writers' capacity to formulate messages and to project their own identity. We reconstruct ourselves as literate within the context of these computer based discourse communities (Otnes, 2007).

ICT and writing in school

Application like blogging, Face book, Wiki and Twitter seem to expand social writing communities also incorporating knowledge building. Writing in these contexts is getting academic attention because it encourages a mixture of private and public written exchange, and because its power to alter writing in educational settings. Educational research has showed that anonymity of digitally equipped learning environments might encourage participation from otherwise reticent students. These writing practices are seen not merely as individual finalised efforts, but as intertextual and social, always collaborative, and to some degree in transition (Johnson-Eilola, 2004). How do these changes in the communication practices affect young people's writing development, and how may it affect objectives in our writing education?

A research overview by Wysocki (2008) concerning the connection between educational use of the computer and the ongoing change in writing practices draws a hesitant conclusion, "it depends". However, the overview is not denying that digital media, not least the powerful combination of text, pictures and film, are already playing a formative role in writing education (Schwebs & Otnes, 2001; Sjøhelle, 2004). Children extend, correct, and restructure their texts more willingly on the computer than they do in hand writing (Russel & Plati, 2001). It is also argued that these digital writing practices lead to a change in children's literacy, apparent even when they write by hand (Trageton, 2003).

The use of digital media is altering the priorities and strategies of writing education. One example is the trend, significant in our Norwegian setting, of making students work together in constructing, responding, revising and commenting on texts, stimulating them to use complex competences developed in their daily writing practices outside school (Eritsland, 2005, 2008).

In the last decades the theory and instructional methods of process-oriented writing has been given much attention in the teaching of writing both in the US and in Europe (Hoel, 2000). This perspective and method has increased the integration of ICT in writing education.

As a result, we see curriculum makers and teachers focus on students as producers, not consumers, and the teacher as reader, not controller. Consequently, a growing number of schools in Norway classrooms are furnished with digital equipment, possibly placing couples or triads of students at the computer. The aim is that students from early levels on might form a response community and a socio-cultural learning environment (Trageton, 2003; Ottestad, 2008; Kunnskaps-departementet, 2006). In such an environment, students may take more control of their writing development. This fosters a new balance between teacher and learner and puts greater emphasis on the teacher's conscious support and scaffolding with the aim of enhancing student motivation (Bolter, 1998).

To have a deeper understanding of students' writing development, the teacher must get to know children's writing strategies and competences. This also implies an understanding of obstacles built into our school contexts hampering the teaching of writing in a digital learning environment.

Writing, dialogue and learning

Through the earlier dominant visions of the lonely author as a genius taking sighns from above, a vision descended from the romantic epoque in 18th century (Gere, 1988), people and educators constituted the impression that writing is an utterly lonely activity. Since the mid nineteen eighties, however, the focus has shifted radically. Researchers as well as teachers have been focussing on the social and cultural aspects of writing.

The concept of writing was dramatically widened by the theories of Mikhail Bakhtin. One of his main perspectives was that construction of meaning, notably text construction, is based on interaction through dialogue (in a broad meaning). This dialogue is starting long before we write and is going on long after. As writers we therefore are influenced not only by personal characteristics, but by our social, cultural and historic contexts (Newell, 2006). This research perspective, named Dialogism, is seen as a most relevant epistemological approach to writing, giving attention to the interdependancy between social dialogue and thought (Dysthe, 2007).

In this article I will argue, in line with Russel (1991), that learning from writing occurs "not so much from helping students find links between the content and their personal experiences as from scaffolding meta cognitive processes, presumably in the service of developing self-regulation of learning strategies" (Russel, 1991, pp. 51–52). The focus will be on how knowledge about writing and text can be acquired through collaborative writing at the computer.

In the Norwegian educational system "To be able to express oneself through writing" and "To be able to utilize digital equipment" (Kunnskapsdepartementet, 2006) are two of five "basic competencies" formulated as core elements in the new general curriculum (level 1 to 12). In the plan for mother tongue education, the challenge of writing in the "knowledge society" is described primarily as a consequence of the digital revolution:

> Writing is increasing in our society, not least through the development of media of digital communication, and the demand of mastering written performances in different genres are also increasing. Writing is a way of developing ideas and thoughts, but also means of communication and a method for learning. (Kunnskapsdepartementet, 2006, author's translation)

Collaborative writing at the computer

How is collaboration at the computer effecting writing development among students? Baker (2001) analysed students' work in collaborative inquiry projects, involving hypermedia presentations as they engaged in a variety of writing activities during language and arts classes. Often the students revised hypermedia products they had completed and presented earlier. One apparent reason for the recursive activity the students displayed was the public nature of composing on the computer, the fact that the drafts were open for others to read.

When we write in collaboration, we negotiate and discuss in order to develop a common text based on different contributions. These negotiations are based on, but also stimulating by, the participants' awareness of genre and style (Robinson, 2004). In educational settings, this awareness might be a starting point for metalingual instruction and learning.

Rafos & Rubin (1986) point out that different patterns of communication we involve in are normally not obvious to us as individual writers, but when these aspects and trends are established in the negotiation of creative discourses, they become objects for observation, reflection and learning.

In collaborative writing, negotiation is an aspect of the planning process. The participants engage in common planning of for instance narrative or logical structure, writing style, the persons involved, and the text as a whole. We often see that students openly talk about the writing process, explore the subject, search for relevant references, and control facts. In developing the text, they interact in shaping loose ideas into suggestions and textual elements, developing their text in compliance with genre norms and expectations from the audience. These processes of cooperation and reflection are normally not carried out by using advanced concepts "downloaded" from the teacher's instruction or from textbooks, but with words and phrases from their colloquial language. Researchers have found that influence from daily language enhances the quality of the written text. This has been explained as a result of the constructive involving focus of the peer conversations (Daiute & Dalton, 1992; Matre, 2000).

Research on writing and talking has given new insights contradicting the established idea of a clear dichotomy. Biber (1988) showed that we not only apply oral styles in the way we write, we also use written styles when we talk, notably in formal settings. With few clear differences between these two modalities, we should mention them as dimensions distributed along the different oral and written genres. Complexity in language is more related to context and genres than to oral or written modalities. This conclusion is relevant when we analyse the interrelated influence between talking and writing among children.

The most obvious development in digital writing practice is "social networking" based on the multiple applications of the computer or the mobile phone. The writing used in these communication channels is affected by our oral practice, incorporating patterns and style characteristics of day-to-day talking. More precisely, writing in these digital contexts seems to be adjusted to the speed and modality of daily talking. The mixture of audio-visual media and written texts develop characteristics in common with social events like club gatherings. "Turn taking" (Sacks, 1995) is for instance normally an aspect of oral language, utilizing signals marking start and end of lines, messages or phrases. Interestingly enough, researchers have observed that writing practices on the internet tend to compensate for the lack of physical gestures with digital markers (symbols, small pictures), at the end of "my turn of interaction". An example:

Sam: Meet me at the movies, 8?

Beth: No way! LOL [Laughing Out Loud]

Sam: Okay – I'll go by myself then! ☺

Beth: CUL8R!

Otnes (2007) has analysed chats on the internet where teacher students discussed novels and short stories. She shows that these conversations were informal, spontaneous and context oriented, but at the same time, they documented what was written. The conversations showed many examples of analytic reasoning, where students developed concepts like "motive", "parallel action" and "personal perspective". Otnes puts emphasis on the fact that chatting seems to demand more attention to the communication by the user:

> Talking on the net demands […] a greater consciousness of communication generally, and structure of talking and mechanisms of cohesion specifically to avoid collapse. Of this reason we often find metacommunicational comments in the digital chats. (Otnes, 2009, p. 67)

Attitudes toward writing are clearly evolving among young people due to the relevance of daily writing in their private life. The closeness between oral communication and writing on the computer gives relevance to students talking in the learning context, notably in their writing education. This also builds on the constructivist notion that knowledge is not a package brought to us, but something we construct within our patterns of understanding and in cooperation with each other (Fosnot, 1996).

A project on collaborative writing

Collaborative writing is defined as two or more people writing a common text (synchronous and asynchronous), and is held to be highly relevant as a method for enhancing writing competence. Baker (2000) found that students, even when they wrote on single computers, spontaneously gave each other more support, advice, comments and suggestions than they did in individual hand writing sessions. They often read their texts to each other. This development in learning style was seen as a result of the individual text being exposed openly in the classroom. This openness also gave the students chance to cooperate and co-write, to revise and present the text as a common product. On the other hand, some groups of students in Baker's study seemed to lack the element of exploring their own writing style because of the pressure from the "writing community" building up in the classroom. Many seemed to focus more on the surface of the text (graphic, style, spelling, punctuation, printing) than on the possible lack of structure and coherence.

As we have seen, researchers report on their findings about the effects of computers in writing education, and great expectations are held by both teachers and policy makers. However, these effects are multifaceted and complex, and we should therefore be cautiously aware of possible misconceptions as we interpret the findings. With this in mind, I will now present observations of students writing on the computer and reflect on their writing development.

In the project *Collaborative writing*, I observed and filming pairs of students' talking give an opportunity to look into the writer's conceptual "black box". Knowledge about the writer's strategies is only partly accessible through normal classroom conversation and reading of students' handwritten papers. When they talked while writing on the computer, I could get a closer view of students' linguistic competence, their concepts on writing and language, and not least, their potential for further development. Based on knowledge like this, the teacher could develop her methods within the teaching of writing.

Talking while writing on the computer seemed to establish a context for developing attention toward language and text. The students commented on and explored problems discovered during the writing session. In some instances they managed to reflect on advanced aspects on the text constructing process like coherence, suspense development and narrative structure.

Analysing peer conversations supporting the writing process, the study showed that students aged 13 managed to explore different aspects of the text and reflect on the writing process. They talked about the physical part of the writing, the problems with the keyboard and the printer, about adapting the text to an ill-defined or unknown audience, about the topic of their story, the characters (names, age, looks, environment), and about narrative structures: "What should happen next?"; "How do we make it exciting?" (Eritsland, 2008).

Here I present some parts of my project concentrating on elements of the analysis that are most relevant to the topic in question, the role of the computer as mentor of writing development.

Developing text structure

When Crinon & Legros (2002) notes that children using computers in the writing process make more changes and additions in the textual macrostructure, most of the additions were inventions rather than direct copies of found texts. Working in this way, students would discuss text binding.

In my study, two girls worked on adjusting the coherence of their evolving text. They were striving with the connection between two paragraphs. One of the girls discovered the problem, and tried to explain to the other what she had found:

O: Look here, we have written "they" up there, but down here "them"

G: We can also write "we"

O: No, it must be "they", because that's what it says in the other part of the text. We need not say that it was those in the other car who found him. It is much better ... It will be a better story [...] We need not tell what is said in the other part of the text." (Eritsland, 2008)

The concept of narrative structure seems to be easier to grasp when writing on the computer, caused by the flexibility of the word processor. The interwoven dialogues between author and reader in the collaborative writing sessions also seemed to foster structural learning. Writing narrative structures as a pre-requisite may build an intersubjective space where the partners' representation of the reader plays an important role. Students in these settings exploit intellectual reasoning needed to attain a tuning of reflective and metacognitive skills fostering a genuine interdependency during the tasks.

Stimulating audience awareness

Mediating texts on the internet to a broader audience can enhance potentials in young people's writing communication, and thereby expand their understanding of text and writing in general (Dale, 1997). The interests and competencies of the audience might be discussed explicitly. Fisher (1994) describes three girls who wrote together giving much attention to the reader. They discussed thoroughly if the reader would find the story interesting or plausible. The girls, age 13, were sophisticated in their discussion and reflected on a high level about storyteller position and consciousness about the reader. The explanation for this is probably that the writing gave them common practical challenges, not abstract writing theories and concepts.

Taking part in collaborative writing sessions and in digital writing communities seem to sharpen student writers' awareness of their audience.

In my study the students told in their logs that when writing and getting a fast and frequent response from the partner, they felt it easier to distance themselves from their own feelings and reactions, and to focus on the audience. Two students, G & O, discussed the audience. O says that one needs not to say all when one wants tension to be built. She is conscious about what the reader might understand and what reference therefore must be clear. O does not know how to make it clear for the reader what in the former sentence is referred to by the word "somebody":

> O: I do not know whether one understands who "somebody" is. "Somebody had got…". There are so many people.

G. and O. talk relatively concentrated. Rather than changing subject, they shift between different perspectives of the same topic. They also come back to the same topic over again later in the conversation. In this way they develop such a demanding topic as text connection or coherence.

Using repeated elements

In their first study of collaborative writing on the computer, Daiute & Dalton (1992) found that repetitions were surprisingly frequent in conversations among weak writers working with stronger ones. The researchers pointed out that this aspect of the writing dialogue resembles the traditional master-and-learner dyad, with the master repeating to support an explanation.

In my study, I found that the use of repetitions is related to the use of the computer as a collaborative writing tool because it so flexibly and openly supports the use of day-to-day talk containing many exploratory elements. Repetition showed different social and meaning-shaping functions, for instance as a sign of engagement, an endorsement of ideas and general reassuring support among peers. Exploitation of repetition as a communicative element seemed to strengthen students' ability to work together constructing texts.

Facing the problem of spelling

We normally expect students to be aware of spelling control as a part of the revising process. From my former experience and observation it seems obvious that students writing on the computer gives the teacher an opportunity to develop a "mulitvoiced" response to the writing of the students, being able to respond not only on the text itself, but also to the oral based planning process. This is a radical shift from the long tradition of the teacher being mainly a controller of the students' spelling ability.

In my study one of the findings was that many groups did not talk about the spelling at all. Others talked a lot about spelling and were surprisingly sensitive about their mistakes. Interestingly, it was not those who made most mistakes who showed sensitivity in this part of the writing task. Three boys developed a certain attention toward their spelling. Correcting each other all the time it seemed as if they struggled with basic spelling, and as a consequence their self-esteem developed in a negative direction during the writing session. Their negative attitude toward their spelling ability, being not in compliance with the number of mistakes in their text, made the boys complain: "We can't make it, we write mistakes all the time"; "We make mistakes even in talking" (Eritsland, 2008, p. 35; *My translation*). Their sensitive reaction may be a consequence based on their attention toward the teacher and her correcting role, may be built on negative writing experiences. It may also be based on the students' use of and attention toward the automatic spell chequer on the computer.

Developing ownership and pride

The feeling of control and ownership toward the text seem to be a driving force for students' motivation to write. Collaborative writing could be seen as a counterforce for development of individual ownership of the text. In some cases, this is a possible outcome. Daiute & Dalton (1992) reported that conflicts based on dominant students taking control over the group in the writing process tended to destroy the common feeling of pride connected to owning the text.

In my study, from what they said and wrote in the logbooks, the collaboration gave the students a feeling of ownership and control of their writing. Although they searched, groped and hesitated, they often succeeded in exploring concepts that were advanced for their level (Hertzberg & Roe, 1999). For some of the students, apparently diversionary foci also gave them reasons to reflect on the expressive power of graphics, colour, pictures and writing style as textual features.

Educational implications

By exploiting digital equipment on the computer and the internet, writing education not only prepare for participating in future writing communities, but also has the potential to break down biases and other obstacles for student's development as writers.

Although digital equipment should not be the centre of attention in writing classes, we on the other hand should not underestimate how motivational these tools and applications are, notably for boys. Although writing on the computer give new learning opportunities, it also puts new burdens and opportunities on the teacher's shoulder, for instance to scaffold students with special needs. The teacher should be able to support all students, for instance when they write collaboratively on the computer. Here are some remarks on what this teacher support may include:
- Describe possible methods and rules concerning digital information collection
- Scaffold the students' capability of correcting, revising the text by using applications on the computer.
- Describe ways of organising writing on the computer, how to establish group norms that can stimulate dialogue and make the writing effective.
- Show how students can utilize computer applications to make the graphical form nice and interesting
- Support student to make them experience the sense of ownership and the feeling of pride in their writing process and the text.
- Inspire students to develop and control cognitive conflicts, so they are kept on a safe level, being productive in the writing process
- Give tasks that utilize the digital equipment, for instance by demanding more than can be collected from text books.
- Make tasks that play on knowledge student have from digital writing experiences and from different areas of daily life, also incorporating specialised

knowledge and factual engagement on different fields, giving room to discussion, interpretation and negotiation by the students.

Conclusion

The computer has made the writing process and construction of texts a common enterprise across time and space. Students at different levels learn new ways of shaping and organizing texts, developing new genres and establishing writing communities on the internet.

The cultural features associated with these writing practices indicates that well-implemented digital media may develop the teaching of writing in a profound way, giving rise to a closer connection between daily life and school. Observing and analysing promising but also challenging aspects of children's digitally mediated writing should be an objective for further educational research.

The impact of digital technology on writing development stems not only from the use of technology in school, but also from children's experiences of multi-faceted media technology outside school and new requirements for writing skills after school. The challenge for schools is to keep track of new writing technology. If students use a wider spectrum of writing competences outside school than inside, this will be inconsistent with the school's obligation to enhance literacy development for all students.

The "knowledge society" has become a central concept in the discourse of educational reforms throughout the world. Writing as a tool of expressing oneself and learning subject content by use of digital equipment are described as main characteristics of this knowledge society. Accordingly these competences are established as main objectives in recent curriculum reforms.

Dialogue between peers at the computer may foster writing as a basic competence. By showing the texts as an object for collaboration, reflection, assessment and scaffolding, the computer constitutes a productive context for literacy development. In this way writing on the computer may narrow the gap between learning to write inside and outside school.

References

Baker, E.A. (2000). Audience awareness in a technology-rich elementary classroom. *Journal of literacy Research, 32,* 395–419
Bauman, Z. (2000). *Savnet fellesskap*. Oslo: Cappelen.
Biber, D. (1988). *Variation cross speech and writig*. Cambridge: Cambridge University Press.
Bolter, J. D. (1998). Hypertext and the question of visual literacy. In D. Reinking, C.M. McKenna, D.L. Labbo & D.R. Kieffer (Eds.), *Handbook of literacy and the technology: Transformations in a post-typographic world* (pp. 3–14). New York: Lawrence Erlbaum Associates.
Britton, J.N., Burgess, T., Martin, N., McLeod & Rosen, H., (1975). *The development of writing abilities* (pp. 11–18). London: Macmillan.

Crinon, J. & Legros, D. (2002). The semantic effect of consulting a textual database on rewriting. *Learning and Instruction*, 12, 605–626.
Dale, H. (1997). *Co-authoring in the classroom, creating an environment for effective collaboration*. Paper at national council of teacher education, Illinois.
Daiute, C. & Dalton, B. (1992). *Collaboration between children learning to write: Can novices be masters?* Berkeley: University of California.
Dysthe, O. (1997). Skriving sett i lys av dialogisme. Teoretisk bakgrunn og konsekvenser for undervisning. In L.S. Evensen & T.L. Hoel, *Skriveteorier og skrivepraksis*. Oslo: LNU/Cappelen Akademiske Forlag.
Eritsland, A.G. (2005). *Skriveopplæring, Ei innføring*. Oslo: Samlaget.
Eritsland, A.G. (2008). *Samskriving, Ny veg i skriveopplæringa*. Oslo: Samlaget.
Faigley, L. (1992). *Fragments of rationality*. Pittsburg: University of Pittsburg.
Fisher, E. (1994). Joint composition at the computer: Learning to talk about writing. *Computers and composition*, 11, 251–261.
Fosnot, C. T. (Ed.). (1996). *Constructivism. Theory, perspectives, and practice*. New York: Teachers College Press.
Gere, A. R. (1988). *Writing groups. History, theory and implication*. Carbonville: Southern Illinois University Press.
Hansen, H. M. (1994). *Computeren som skriveredskab*. Köbenhavn: Nyt Nordisk Forlag.
Hertzberg, F. & Roe, A. (1999). *Literacy and reflection on form*. Stavanger: Paper given at the 11th European Conference on Reading, Stavanger, Norway.
Hoel, T. L. (2000). *Skrive og samtale. Responsgrupper som læringsfellesskap*, Oslo: Gyldendal Akademisk.
Johnson-Eilola, J. (2004). Reading and writing in hypertext: Vertigo and euphoria. In A.F. Wysocki, J. Johnson-Eilola, C. Selfe & G. Sirc (Eds.), *Writing new media: Theory and applications for expanding the teaching of composition* (pp. 199–235). Logan: Utah State University Press.
Kolko, B., Nakamura, L. & Rodman, G. (Eds.). (2000). *Race in cyberspace*. New York: Routledge.
Kunnskapsdepartementet (2006). *Læreplanen Kunnskapsløftet (LK06)*. http://www.udir.no/grep/Grunnleggende-ferdigheter/?visning=3 [06.06.2009].
Matre, S., (2000). *Samtalar mellom barn: om utforsking, formidling og leik i dialogar*. Oslo: Samlaget.
Newell, G.E. (2006). Writing to learn. How alternative Theories of School Writing Account for Student Performance. In C.A. MacArthur, S. Graham & J. Fitzgerald (Eds.), *Handbook of Writing Research*, New York: The Guilford Press.
Otnes, H. (2007). *Følge med og følge opp: verbalspråklig lyttemarkering i synkrone nettsamtaler*. Dr. avhandling. Trondheim: NTNU.
Otnes, H. (2009). Digitale tekstskaping – kva er målet? – Kompetansemålet, delmål, vurderingskriterier, kjennetegn. In O.K. Haugaløkken, L.S. Evensen, F. Hertzberg & H. Otnes (Eds.), *Tekstvurdering som didaktisk utfordring*. Oslo: Universitetsforlaget.
Ottestad, G. (2008). *Visjoner og realiteter – Bruk av IKT i matematikk og naturfag på åttende trinn*. IEA SITES 2006. Norsk rapport, Forsknings- og kompetansenettverk for IT i Utdanning. Oslo: Oslo University.
Rafoth, B. & Rubin, D.L. (1986). Social cognitive ability as a predicator of the quality of expository and persuasive writing among college freshman. *Research in the Teaching of English*, 20 (1), 9–22.
Robinson, M. (2004). *Thinking, talking, writing: A Study of Metalinguistic Awareness of Written Language in Secondary School*, Doc. Thesis. Birmingham: University of Birmingham.
Russel, D. (1991). *Writing in the academic disciplines, 1870–1990: A curricular history*. Carbondale: Southern Illinois University Press.

Russel, M. & Plati, T. (2001). *Effects of computer versus paper administration of a state mandated writing assessment.* Columbia: Teachers College Record.

Sacks, H. (1995). *Lectures on conversation.* Oxford: Blackwell.

Schwebs, T, & Otnes, H. (2001). *Tekst.no. Strukturer og sjangrer i digitale medier.* Oslo: LNU/Cappelen

Sjøhelle, D.K. (2004). *Skjermtekst.* In I. Moslet & P.H. Bjørkeng (Eds.): *Norskdidaktikk. Tekstnær og elevnær undervisning.* Oslo: Universitetsforlaget.

Sjøhelle, D.K. (2007). *Læringsfellesskap og profesjonsutvikling: språklig kommunikasjon på e-forum i desentralisert lærerutdanning, Dr. avhandling.* Trondheim: Høgskolen i Sør-Trøndelag.

Trageton, A. (2003). *Å skrive seg til lesing.* Oslo: Universitetsforlaget.

Wegerif, R. & Mercer, N. (1997). A dialogical framework for researching peer talk. In R. Wegerif & P. Schrimshaw, P. (Eds.): *Computers and talk in the primary classroom.* (pp. 49–64). Clevedon, UK: Multilingual Matters Ltd.

Wysocki, A.F. (2008). Seeing the Screen: Research Into Visual and Digital Writing Practices. In C. Bazerman (Ed.), *Handbook of research on writing. History, society, school, individual, text.* (pp. 599–611). New York: Lawrence Erlbaum Associates.

Heike Hunneshagen

Brücken bauen – Übergang von der Schule zur Hochschule

Zum Studienwahlverhalten von jungen Frauen und Männern am Beispiel der Schülerinnen- und Schülerprojekte der Ruhr-Universität Bochum

In der aktuellen Ausbildungs- und Arbeitsmarktsituation bleibt Berufsbildung in erster Linie eine wichtige Herausforderung für Jugendliche aber auch für alle Institutionen, die junge Frauen und Männer in ihrer Entwicklung unterstützen wollen.

In der Schule werden bereits die Weichen für die spätere Berufslaufbahn gestellt. Für Mädchen und Jungen findet eine starke Einengung der Ausbildungs- und Studienmöglichkeiten statt. Hinzu kommt, dass in der Bundesrepublik das hohe Bildungsniveau von Mädchen deutlich seltener in innovative natur- oder ingenieurwissenschaftliche Berufsbereiche führt als in anderen Ländern. Hoppe und Nyssen (2006) sprechen bezogen auf den schulischen Bereich von der Aufteilung in spezielle „Reviere": Obwohl Mädchen durchaus in der Mathematik mit Spitzenleistungen aufwarten können und Jungen Pädagogik als Leistungskurs wählen, gelingt es der Schule in der Gesamtheit seltener, die geschlechtspezifische Fächerwahl aufzubrechen. Die Leistungsstudien IGLU (Internationale Grundschul-Leseuntersuchung) und PISA (Programme for International Student Assessment) belegen, dass eine Trennlinie zwischen den Geschlechtern verläuft und zwar aufgeteilt in die weibliche Domäne Sprache und die männliche Domäne Naturwissenschaften. So dominieren Mädchen bei der Leistungskurswahl in den sprachlichen Fächern sowie im Fach Pädagogik, während Jungen die mathematischen und naturwissenschaftlichen Fächer bevorzugen. Diese Tendenz setzt sich bei der Wahl der Studiengänge fort.

Häufig wird gefragt, wie Frauen für ein Studium in den ingenieur- und naturwissenschaftlichen Fächern gewonnen werden können, da hier besonders gute Berufsperspektiven bestehen.

Um mehr Frauen für die MINT-Bereiche (Mathematik, Informatik, Naturwissenschaften und Technik) zu gewinnen, hat das Bundesministerium für Bildung und Forschung einen nationalen Pakt aufgelegt, der unter anderem das Ziel hat, den Anteil von Studienanfängerinnen in naturwissenschaftlich-technischen Fächern mindestens auf europäisches Niveau zu steigern; das würde eine durchschnittliche Steigerung um fünf Prozentpunkte bedeuten.

Zusammengefasst kristallisieren sich innerhalb dieses Themenbereiches bezogen auf das Studienwahlverhalten insbesondere zwei Problemlagen heraus:

1. junge Frauen konzentrieren sich auf geistes- und gesellschaftswissenschaftliche Fächer, während sich
2. junge Männer überwiegend für die ingenieur- und naturwissenschaftlichen Fächer entscheiden.

Die Hochschulen gehen auf diese Situation ein, indem sie Projekte für Schülerinnen im MINT-Bereich anbieten. Diese Projekte sind häufig monoedukativ ausgerichtet. Seltener gibt es das Pendant für Jungen in den geistes- und gesellschaftswissenschaftlichen Fächern. Eine Ausnahme stellt das Projekt „Jungs in Philosophie, Pädagogik, Philologie und Psychologie" (JIPPPP) an der Ruhr-Universität Bochum dar.

Die Hochschulen reagieren auch darauf, dass die Wahlen für bestimmte Fächer bereits frühzeitig fallen. So bilden häufig bereits schon Schülerinnen der Sekundarstufe I die Zielgruppe, die von den Hochschulen eingeladen werden, um Ingenieur- und Naturwissenschaften kennenzulernen. Hiermit ist das Ziel verbunden, den Schülerinnen möglichst frühzeitig Alternativen aufzuzeigen, um Schwerpunktsetzungen im Schulunterricht (z.B. Wahlpflichtunterricht, Leistungskurswahlen, AGs) zu beeinflussen.

Unstrittig ist, dass keine angeborenen Fähigkeits- und Interessenunterschiede zwischen den Geschlechtern die Studienfach- oder Berufswahl bedingen. Vielmehr werden für die geschlechterdifferente Berufswahl schulische und außerschulische Sozialisationseinflüsse benannt.

Im Folgenden werden zunächst die außerschulischen und schulischen Sozialisationseinflüsse beleuchtet, um anschließend den Übergang von der Schule zur Hochschule näher zu betrachten: Am Beispiel der Ruhr-Universität Bochum wird aufgezeigt, welche Maßnahmen einer Hochschule zur Verfügung stehen, um die Einengung bei der Studienwahl von Schülerinnen und Schülern aufzubrechen. Das Resümee zeigt, inwieweit diese Projekte erfolgreich verlaufen.

Interessenbildung und Sozialisation

Außerschulische Sozialisationseinflüsse

Frühkindliche Entwicklung: Bettina Lander führte bereits 1995 aus, dass der Grundstein für weibliche Technikdistanz und männliche Technikkompetenz schon in der frühkindlichen, außerschulischen Sozialisation gelegt wird. Mit der Geburt würden unbewusst unterschiedliche Erwartungen an Mädchen und Jungen gestellt. Demzufolge scheinen sich Eltern abhängig vom Geschlecht des Kindes unterschiedlich zu verhalten (vgl. Keppler, 2003). Die Ansicht der Eltern bzw. der Erzieherinnen und (sofern vorhanden) Erzieher im Kindergartenalltag und ihre Erziehungsziele – sowie ein entsprechendes Verhalten – beeinflussen die Einstellung heranwachsender Kinder zur Technik ganz wesentlich. Die Differenzen in der Erziehung von Mädchen und Jungen bilden u.a. die Basis für die Zuordnung der Technik zur männlichen Lebenswelt und der daraus resultierenden Technikdistanz von Schülerinnen. Verschiedene Faktoren spielen dabei eine Rolle:

Im Kindergartenalter stellt das Spiel sowohl für Mädchen als auch für Jungen die wichtigste soziale Aktivität dar. So werden beispielsweise bei der Wahl des Spielzeugs oft geschlechtypische Zuordnungen getroffen. Jungen erhalten häufiger als Mädchen technisches Spielzeug und werden eher ermuntert sich damit zu beschäftigen. Gerade sogenannte Konstruktionsspielzeuge, deren Bauanleitungen die Montage von Fahrzeugen o.ä. beschreiben, tragen zur Schulung des Abstraktionsvermögens und der räumlichen Vorstellung bei. Mädchen hingegen favorisieren Puppen und Haushaltsgegenstände (Einsiedler, 1999). Ein zusätzlicher Unterschied in der frühkindlichen Sozialisation liegt darin, dass technische Medien und Geräte von den Heranwachsenden oftmals als männlich besetzt erlebt werden. Technischer Hausrat (z.B. Videogerät oder Computer) wird häufig vom Vater angeschafft, bedient und gegebenenfalls repariert. Zudem werden technische Begabungen eher Jungen als Mädchen zugeschrieben (Kreienbaum & Metz-Göckel, 1992).

Festgestellt werden kann, dass bereits im frühkindlichen Alter eine geschlechtsspezifische Sozialisation stattfindet. Bei Jungen wird das Interesse an Technik eher geweckt und gefördert, während Mädchen zwar nicht von der Technik ferngehalten, aber auch nicht unbedingt zu einer Auseinandersetzung ermuntert werden.

Phase der Adoleszenz: Der Adoleszenz wird eine hohe Bedeutung im Prozess der Identitätsbildung zugesprochen. Insbesondere die Stabilisierung der Geschlechtsidentität gilt als eine wichtige Aufgabe während der Adoleszenz. Flaake (1990) verweist darauf, dass diese Stabilisierung für Mädchen mit der Verinnerlichung kultureller Weiblichkeitsnormen verbunden ist.

Verschiedene Studien verdeutlichen (z.B. TIMSS III, PISA) einen Zusammenhang von mathematisch-naturwissenschaftlichen Leistungen und deren Übergang in ein positives (Jungen) bzw. negatives (Mädchen) Selbstkonzept in diesen Bereichen. Dies hat ein geringeres Interesse an diesen Fachdisziplinen zur Folge und erfolgt in einer Zeit, in der schulische Schwerpunkte gesetzt werden, die wiederum die Grundlage für eine Berufs- bzw. Studienwahlentscheidung bilden. Aufgrund der Zuschreibung von technisch-naturwissenschaftlichen Kompetenzen zur männlichen Lebenswelt ziehen sich Mädchen (z.T. unbewusst) aus dieser Domäne zurück. Vergleichbare Erfahrungen machen Jungen im pädagogischen und sprachlichen Bereich. Die Entscheidung über Wahlpflichtfächer setzt in der Schule ein, während sich die Heranwachsenden im schwierigen Prozess der Identitätsbildung befinden. Dieser Sachverhalt hat natürlich Konsequenzen für den Unterricht. Auf diese Aspekte wird im nächsten Abschnitt für den Sekundarbereich noch einmal eingegangen, da sich die Phase der Adoleszenz nicht trennscharf vom Sekundarbereich darstellen lässt.

Im Erwachsenenalter kommt der Geschlechtszugehörigkeit für die Identität eines Menschen eine untergeordnetere Rolle zu als in der Kindheit und Jugend. Hier haben aber bereits Festlegungen stattgefunden, die eine weniger geschlechtstypische Wahl unmöglich machen. So stellt beispielsweise die Wahl eines Mathematikstudiums eine größere Hürde dar, wenn in der Schule nicht Mathematik als Leistungskurs gewählt wurde (Blossfeld, Bos, Hannover, Lenzen, Müller-Böling, Prenzel & Wößmann, 2009).

Schulische Sozialisationseinflüsse

Geschlechterdifferenzen in der Primarstufe: In den Grundschulen, in denen in der Regel alle Kinder gemeinsam unterrichtet werden, sind rund 49% der Schülerinnen und Schüler Jungen. Im Schuljahr 2002/2003 wurden fast genauso viele Mädchen wie Jungen fristgemäß eingeschult (85,9% Mädchen und 86,1% Jungen). Die Daten des Statistischen Bundesamtes weisen darauf hin, dass Mädchen etwas früher eingeschult werden als Jungen und bei der verspäteten Einschulung Jungen eindeutig überrepräsentiert sind. Im Durchschnitt wurden fast 6% der Jungen, aber nur 3,5% der Mädchen verspätet eingeschult (vgl. Statistisches Bundesamt, 2008, Blossfeld et al., 2009).

Laut den Untersuchungen IGLU und TIMSS lässt sich in Bezug auf inhaltliche Fähigkeiten feststellen, dass Mädchen höhere Kompetenzwerte im Lesen erreichen und Jungen bessere Ergebnisse in Mathematik und Naturwissenschaften aufweisen (Bos, Hornberg, Arnold, Faust, Fried, Lankes, Schwippert & Valtin, 2007 sowie Bos, Bonsen, Baumert, Prenzel & Walther, 2008).

Die IGLU-Studie belegt, dass beim Übergang von der Primarschule zu weiterführenden Schulen Jungen eine höhere Lesekompetenz erreichen müssen, damit ihre Lehrerinnen und Lehrer für sie eine Empfehlung für das Gymnasium aussprechen. Mädchen haben eine 1,25-fach höhere Chance die Gymnasialpräferenz durch die Lehrpersonen ausgesprochen zu bekommen als Jungen (Bos et al., 2007).

Sowohl in Kindertageseinrichtungen (3,2% Männer im Bundesdurchschnitt) als auch in der Primarstufe (11% Männer im Bundesdurchschnitt) sind Frauen als Erzieherinnen bzw. Lehrerinnen in der deutlichen Überzahl. Dass das nicht so sein muss, wird mit Blick auf Luxemburg deutlich, wo männliche Lehrpersonen immerhin zu 45% im Primarschulbereich tätig sind. Für die Möglichkeit der Identifikation der Jungen mit männlichen Rollenvorbildern stellt dies eine nicht unerhebliche Zahl dar (vgl. ebd.).

Geschlechterdifferenzen im Sekundarbereich: Die Bildungsbeteiligung der Mädchen belegt, dass ihre Zukunftschancen für weiterführende Schulabschlüsse im Durchschnitt besser sind als die von Jungen. Aber auch im Sekundarbereich zeichnet sich ab, dass Jungen in der Lesekompetenz relativ schwache Leistungen im Vergleich zu Mädchen aufweisen. Ergebnisse aus PISA 2006 verdeutlichen, dass der Abstand zwischen Mädchen und Jungen in der Lesekompetenz in der Bundesrepublik mehr als ein Schuljahr beträgt. Der Aktionsrat Bildung (Blossfeld et al., 2009) beurteilt dieses Ergebnis als alarmierend, da die Lesekompetenz eine Schlüsselkompetenz für die erfolgreiche Partizipation auf dem Arbeitsmarkt und in der Gesellschaft insgesamt darstellt.

In den mathematisch-naturwissenschaftlichen Fächern sind hingegen nennenswerte Unterschiede zuungunsten der Mädchen ermittelt worden. Insbesondere bei motivationsrelevanten Merkmalen wie dem Selbstkonzept, dem inhaltlichen Interesse oder der Überzeugung von der eigenen Wirksamkeit sind deutliche Differenzen erkennbar. Selbst bei gleicher Kompetenz trauen sich Schülerinnen in der Mathematik weniger zu als Schüler. Auch in den naturwissenschaftlichen Fächern finden sich bei den Jungen bessere motivationale Voraussetzungen für das Lernen als bei den Mädchen (Blossfeld et al., 2009). Ergebnisse aus PISA 2006 verdeutlichen, dass Mädchen seltener als Jungen erwarten, einen Beruf aus dem MINT-

Bereich zu wählen. In Bezug auf den akademischen Bereich gilt das besonders für die Informatik- und Ingenieurberufe.

Die Vermutung, dass sich durch die Einführung der Koedukation in den 1960er Jahren vorhandene (fachspezifische) Interessen zwischen den Geschlechtern mit der Zeit auflösen würden, hat sich als falsch erwiesen. Trotz des koedukativen Unterrichts hält sich die Distanz von Jungen im sprachlich/pädagogischen und von Mädchen in technischen Bereichen. Auch der Anteil von Studentinnen in ingenieur- und naturwissenschaftlichen Studiengängen ist seit Jahren anhaltend gering. Ein Großteil der Schülerinnen absolviert laut Schulz-Zander (1992) lediglich das mathematisch-technisch-naturwissenschaftliche Pflichtprogramm (vgl. auch Schulz-Zander, 2002). Das Fach Biologie hingegen wird häufiger von Mädchen als Jungen gewählt. Kann diese Präferenz darin begründet sein, dass die Biologie mit ihren Teilbereichen Pflanzen-, Tier- und Menschenkunde einen ganzheitlichen Ansatz bietet und somit eher an Lerninteressen von Mädchen anknüpft? Trotz der traditionellen Leistungskurs- und Berufswahlen von Mädchen haben Schülerinnen ihre Klassenkameraden hinsichtlich der formalen Schulabschlüsse überholt. Sie sind an Haupt- und Sonderschulen unterrepräsentiert und machen häufiger als Jungen das Abitur. Mädchen sind die „Gewinnerinnen der Bildungsoffensive" (Nissen, Keddi & Pfeil, 2003).

Geschlechterdifferenzen in der Hochschule: In den Studiengängen zeichnen sich deutliche geschlechtsspezifische Disparitäten ab. Obwohl es sich bei rund der Hälfte der Erstimmatrikulierten um Frauen handelt, variiert ihr Anteil deutlich zwischen den Fächergruppen. Sprach- und Kulturwissenschaften werden zu 75% von Frauen gewählt. Relativ ausgeglichen stellt sich das Geschlechterverhältnis in den Rechts-, Wirtschafts- und Sozialwissenschaften dar, in denen der Frauenanteil 53% beträgt. Demgegenüber stehen die mathematisch-naturwissenschaftlichen (41% Frauenanteil) sowie die ingenieurwissenschaftlichen Fächer (22% Frauenanteil) (Statistisches Bundesamt, vorläufige Ergebnisse WS 2008/2009).[1]

Im Hinblick auf den prognostizierten zunehmenden Bedarf an Fachpersonal im natur- und ingenieurwissenschaftlichen Bereich fördern neben den Fachverbänden (z.B. Verband Deutscher Ingenieure – VDI) auch die Hochschulen seit einigen Jahren verstärkt die Gewinnung weiblichen Nachwuchses.

---

1 Zudem nimmt der Anteil von Frauen mit steigendem Qualifikationsniveau ab: Im Jahre 2004 betrug der Anteil der Absolventinnen fast die Hälfte der Studienberechtigten (49%), während er bei den Promotionen 39% betrug und bei den Habilitationen 23%. Eine Kehrtwende scheint sich bei den Juniorprofessuren abzuzeichnen, die einen alternativen Qualifizierungsweg zum Erwerb einer Professur darstellen: Hier liegt der Frauenanteil bei 31%. Möglicherweise ist die Juniorprofessur ein erfolgreicher Baustein, um Frauen zu einem relativ frühen Zeitpunkt die Entscheidung für eine wissenschaftliche Laufbahn zu ermöglichen, sie in diesem System zu halten und ein „Herausfallen" zu vermeiden.

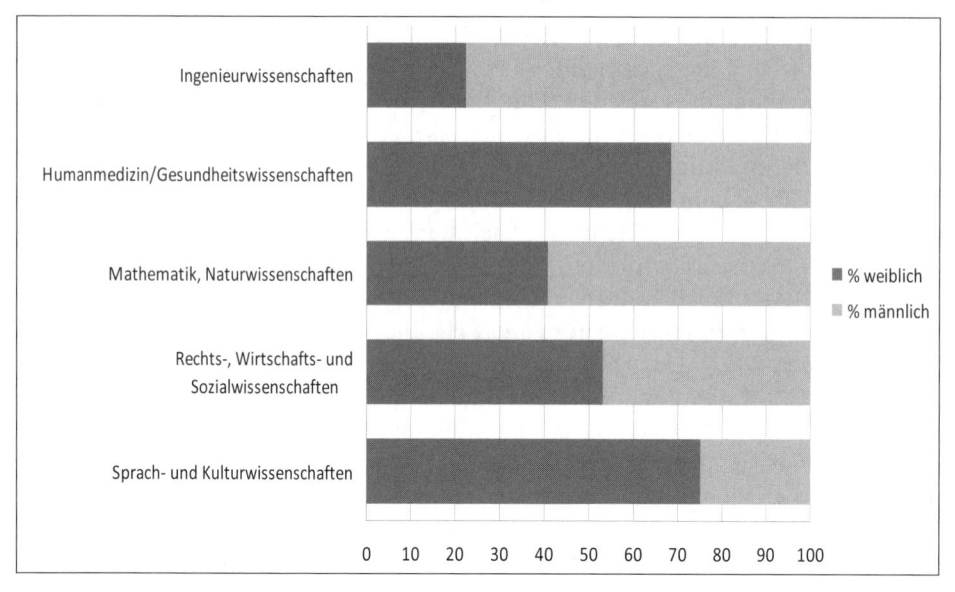

Abbildung 1: Erstimmatrikulation nach Geschlecht, Statistisches Bundesamt, vorläufige Ergebnisse für das WS 2008/2009. Grafik: Eigene Erstellung

Übergang von der Schule zur Hochschule am Beispiel der Ruhr-Universität Bochum

Die Ruhr-Universität Bochum (RUB) hat sich zum Ziel gesetzt, den Übergang von der Schule zur Hochschule aktiv zu gestalten. Die RUB wurde 1965 als erste neue Universität der BRD eröffnet und ist heute eine der 10 größten deutschen Universitäten (über 30.000 Studierende und 4.800 Beschäftigte). Sie gilt als eine forschungsstarke Universität mit vielen Fachrichtungen und gehört mit ihrer Research School zu den „exzellenten" deutschen Universitäten.[2]

So studierten im Wintersemester 2007/2008 insgesamt 801 Frauen, aber 3.559 Männern in den ingenieurwissenschaftlichen Fakultäten der RUB. Auch in den Naturwissenschaften sind mehr männliche Studierende vertreten (2.200 Frauen und 2.793 Männer). Einen höheren Frauenanteil weisen die medizinische Fakultät (1.216 Frauen und 781 Männer) und die Geistes- und Gesellschaftswissenschaften auf (11.085 Frauen und 9.170 Männer) (vgl. Abbildung 2).

---

2 In der ersten Runde der Exzellenzinitiative des Bundes und der Länder erhält die RUB den Zuschlag für eine campusweite Research School. Ziel dieses Konzepts ist, Nachwuchswissenschaftler/inne/n eine „Promotion mit Mehrwert" zu ermöglichen. Wissenschaftler/innen fast aller Fakultäten arbeiten hier eng zusammen und betreuen die Promovierenden über Fächergrenzen hinweg.

[Chart: Studierende nach Fächergruppen und Geschlecht
- Geisteswissenschaften: weiblich 11085, männlich 9170
- Ingenieurwissenschaften: weiblich 801, männlich 3559
- Naturwissenschaften: weiblich 2200, männlich 2793
- Medizin: weiblich 1216, männlich 781]

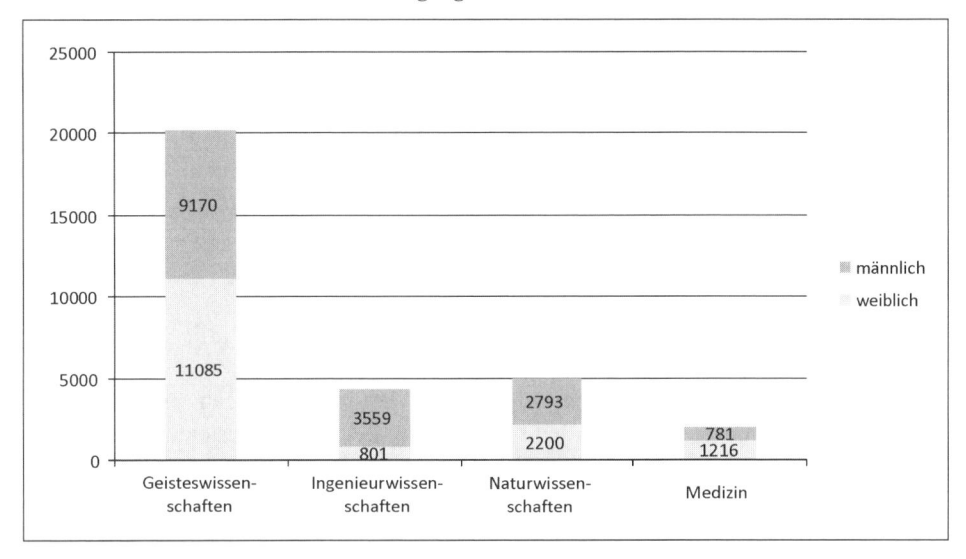

Abbildung 2: Studierende an der Ruhr-Universität Bochum nach Fächergruppen und Geschlecht WS 2007/2008, Quelle: Hochschulstatistik der Ruhr-Universität Bochum (2009).

Das Ziel einer Reihe gleichstellungspolitischer Maßnahmen der RUB ist die Erhöhung des Frauenanteils in den Natur- und Ingenieurwissenschaften. Durch ein mehrstufiges Konzept informiert, motiviert und fördert die RUB junge Frauen von der Studienwahl über das Studium und die Berufsorientierung bis zur Professur in den Natur- und Ingenieurwissenschaften. Zudem erhalten auch junge Männer an der RUB die Chance sich bereits vor der Studienwahl über die geisteswissenschaftlichen Fächer zu informieren.

Im Rahmen dieses Beitrages sollen zwei Bausteine vorgestellt werden, die den Fokus auf den Übergang von der Schule zur Hochschule und das unterschiedliche Studienfachwahlverhalten von Frauen und Männern bei der (Erst-)Immatrikulation richten:
1. Mit den 2002 eingerichteten MINT-Schülerinnenprojekten[3] werden insbesondere Schülerinnen der Sekundarstufe I und II angesprochen.
2. Analog dazu wurde 2006 das sogenannte JIPPPP-Projekt (Jungs in Philosophie, Pädagogik, Philologie und Psychologie) in den geisteswissenschaftlichen Fakultäten entwickelt. Es richtet sich an Schüler der Sekundarstufe I und II.

---

3   Im klassischen Sinne steht MINT für Mathematik, Informatik, Naturwissenschaften und Technik. Aufgrund des fachspezifischen Angebotes steht das „I" in MINT an der Ruhr-Universität Bochum jedoch für Ingenieurwissenschaften.

Ziele beider Projekte sind
- zunächst Schülerinnen und Schüler zu informieren;
- den Horizont von Mädchen und Jungen zu erweitern und ihnen zu ermöglichen, in zum Teil eher für sie untypischen Bereichen Erfahrungen und Kenntnisse zu sammeln;
- geschlechtsspezifische Studienwahlentscheidungen aufzubrechen;
- ihnen den Übergang von der Schule zur Hochschule zu erleichtern, insbesondere
  - durch den Abbau von Schwellenängsten
  - den Abgleich des Wissens- und Qualifikationsstandes mit den Studienanforderungen
  - sowie durch Reflexion der eigenen Erwartungshaltungen auf der Basis individueller Erfahrungen den Übergang an der RUB zu erleichtern;
- Studienfachwechsel oder gar Studienabbrüche zu vermieden.

Je besser dies gelingt, desto eher dürften die Studierenden den Übergang von der Schule zur Hochschule als eine gelungene Übergangsphase und weniger als einen Bruch in ihrer Biografie erleben.

MINT-Schülerinnenprojekte

Den ersten Baustein an der RUB für den Übergang Schule – Hochschule bilden die MINT-Projekte für Mädchen. Sie bieten Schülerinnen ab der 8. Klasse Beratung und Informationen über Studienmöglichkeiten in allen Fächern der Ingenieur- und Naturwissenschaften mit dem Ziel, die Studien- und Berufswahl in diesen Bereichen zu unterstützen. Der Zielgedanke von MINT ist es, Frauen in „Zukunftsberufen" auszubilden, d.h. das Interesse von Schülerinnen an Ingenieur- und Naturwissenschaften zu wecken bzw. zu verstärken und ihnen Mut zu machen, ihre Entscheidung vor einem fundierten Erfahrungshintergrund zu treffen. Zudem wird der Übergang von der Schule zur Hochschule erleichtert.

Im Rahmen der MINT-Schülerinnenprojekte werden insbesondere drei Angebotsformen durchgeführt: Bei dem Girls' Day (Sekundarstufe I) und der fakultätsübergreifenden Sommerprojektwoche (Sekundarstufe II) bekommen die Schülerinnen einen praktischen Einblick in die Studienfächer. Das Schul-Mentoring hilft den Schülerinnen, Kontakte zu Studentinnen zu knüpfen und von deren Erfahrungen im Studienalltag zu profitieren.

Im Gegensatz zu den fakultätsspezifischen Angeboten[4] bietet MINT-Projekte an, die fakultätsübergreifend organisiert werden. Für diese Form der Veranstaltung spricht eine Untersuchung, die Kosuch 2004 durchgeführt hat: Ein zentrales Ergebnis ist, dass fakultätsübergreifende Projekttage von den Schülerinnen mit 59%

---

4 Die ingenieur- und naturwissenschaftlichen Fakultäten der RUB verfügen über langjährige Erfahrungen bei der Durchführung von Schülerinnenprojekten: So organisiert beispielsweise die Fakultät für Elektrotechnik und Informationstechnik seit fast 15 (!) Jahren eine Schülerinnenwoche in den Herbstferien. Auch in anderen I- und N-Fakultäten der RUB gibt es seit vielen Jahren vergleichbare Angebote speziell für Mädchen (weitere Informationen unter http://www.ruhr-uni-bochum.de/angebote/schueler)

am stärksten, Tage einzelner Studienrichtungen mit 23% am wenigsten nachgefragt werden.

Seit der Gründung von MINT 2002 haben rund 2.500 Schülerinnen der Sekundarstufe I und II an Projekten teilgenommen. Im Rahmen der MINT-Schülerinnenprojekte ist ein enges Netzwerk zwischen nordrhein-westfälischen Schulen und der RUB entstanden. Dieses Netzwerk trägt unter anderem dazu bei, dass die zeitlich feststehenden Projekte wie der Girls' Day und die fakultätsübergreifende MINT-Sommerprojektwoche mittlerweile in den Schulen so weit bekannt geworden sind, dass bereits vor der Bewerbung der Veranstaltungen eine Vielzahl von Anmeldungen vorliegen. Innerhalb der RUB wird MINT regelmäßig von den I- und N-Fakultäten zur Unterstützung bei der Durchführung oder Entwicklung von Fakultätsangeboten (Didaktische und/oder Gender-Beratung, Öffentlichkeitsarbeit, Abschlussmoderationen etc.) nachgefragt.

Durch die MINT-Schülerinnenprojekte erhält die RUB nicht nur besonders motivierte und gut informierte Studentinnen, sondern kann die für die parametrisierte Mittelverteilung entscheidende Abbrecherinnen- und Abbrecherquote verhindern. Darüber hinaus wird die Öffentlichkeitsarbeit intensiviert. Diesem Aspekt kommt vor dem Hintergrund der Einführung von Studiengebühren eine neue Bedeutung zu (steigender Wettbewerb unter den Hochschulen).

MINT in der Lehrerausbildung

Im Rahmen des RUB-Wettbewerbs „lehrreich" wurde das von MINT in Kooperation mit den naturwissenschaftlichen Fakultäten initiierte Projekt „Mädchen im naturwissenschaftlichen Unterricht" in 2009 ausgezeichnet: Die Förderung von Mädchen in natur- und ingenieurwissenschaftlichen Fächern sollte im Idealfall sowohl innerhalb als auch außerhalb der Schule erfolgen. Außerhalb der Schule bietet die RUB Schülerinnenprojektwochen an. Für die Förderung innerhalb der Schule will sie angehende Lehrerinnen und Lehrer auf dem Gebiet schulen. Das geplante Modul, das im Wintersemester 2009/2010 startet, soll die Studierenden für geschlechtsspezifische Aspekte sensibilisieren und Möglichkeiten aufzeigen, wie Mädchen in der Schule für natur- und ingenieurwissenschaftliche Fächer interessiert werden können. Ihr erworbenes Wissen können die Studierenden bei Unterrichtsbeobachtungen an ausgewählten Schulen, als Mentorinnen und Mentoren im Programm MINT oder als Betreuerinnen und Betreuer von Schülerinnenprojekten an der RUB in die Praxis umsetzen. Die erarbeiteten Prinzipien zur Überwindung geschlechtsspezifischer Diskriminierung lassen sich auch auf andere Lernsituationen, z.B. Jungen im Sprachunterricht, übertragen.

Evaluation der MINT-Projekte

Für die Jahre 2002–2006 wurde im Rahmen der MINT-Projekte mit Unterstützung des Rektorats eine Befragung aller ehemaligen Teilnehmerinnen (1.021 Personen) durchgeführt. Der Rücklauf der Fragebögen betrug 397. Einige Ergebnisse werden nachfolgend vorgestellt.

Die meisten Schülerinnen (59%) kommen aus einer Schule, die ihren Angaben zufolge keinen spezifischen Schwerpunkt aufweist. 17% der Mädchen sind auf einer naturwissenschaftlich und 15% auf einer sprachlich ausgerichteten Schule.

Diese Daten verdeutlichen die Notwendigkeit auch Kontakte zu Schulen zu pflegen, die kein explizit naturwissenschaftliches Profil haben (s. Abbildung 3).

Ausrichtung der Schule nach Fächern (in Prozent)

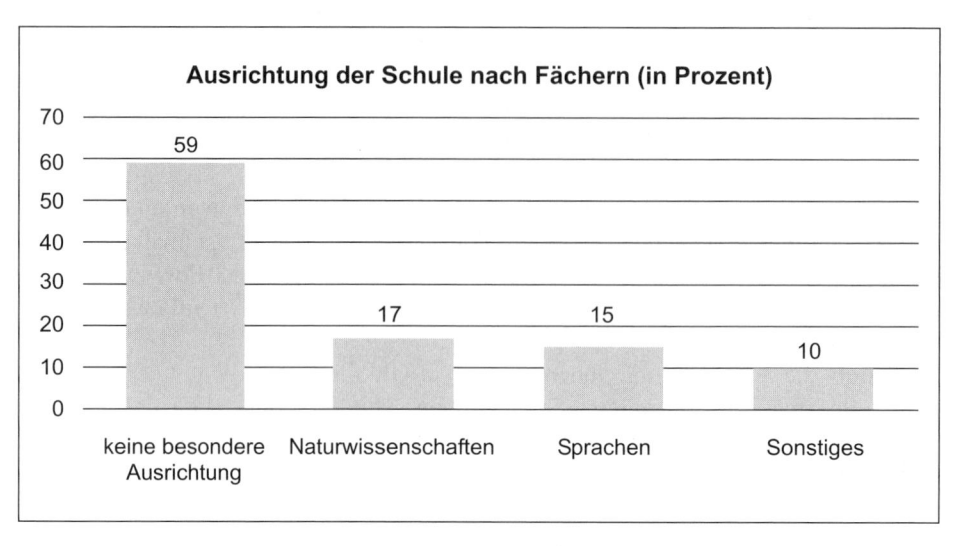

- keine besondere Ausrichtung: 59
- Naturwissenschaften: 17
- Sprachen: 15
- Sonstiges: 10

Abbildung 3: Ausrichtung der Schulen nach Fächern. MINT-Evaluation 2009 (Hunneshagen, in Vorbereitung). Grafik: Eigene Erstellung.

Am häufigsten genannte Lieblingsfächer der MINT-Teilnehmerinnen (in Prozent)

- Mathematik: 24
- Biologie: 16
- English: 14

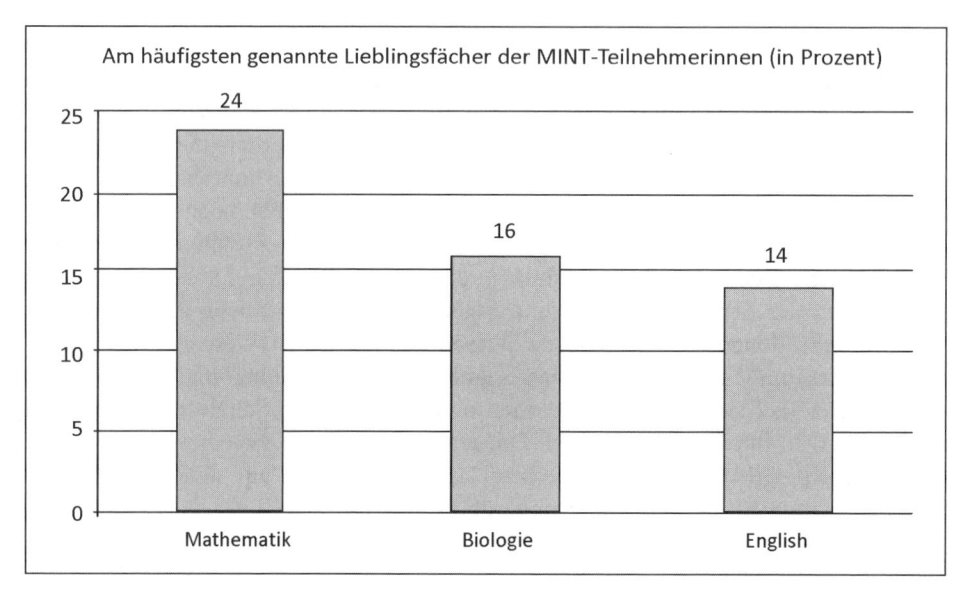

Abbildung 4: Lieblingsfächer der MINT-Teilnehmerinnen. MINT-Evaluation 2009 (Hunneshagen, in Vorbereitung). Grafik: Eigene Erstellung.

Aus Abbildung 4 geht hervor, dass der Großteil der ehemaligen MINT-Schülerinnen ihre Präferenzen eindeutig im naturwissenschaftlichen Bereich sehen: Die drei am häufigsten genannten Lieblingsfächer sind Mathematik (24%), Biologie (16%) und Englisch (14%). Damit werden im Rahmen dieses Projektes

Schülerinnen gezielt in ihren Vorlieben angesprochen und gestärkt. Es ist zu vermuten, dass Schülerinnen nach der Teilnahme einer MINT-Veranstaltung, in der sie sich ausschließlich unter Gleichgesinnten bewegen, in ihren Interessen gestärkt in die Schulen zurückgehen.

MINT bietet Veranstaltungen für Schülerinnen der Sekundarstufe I und II an. Während Veranstaltungen für jüngere Schülerinnen dazu beitragen können, die Leistungskurswahl in der Oberstufe dahingehend zu unterstützen, dass sie ihren Potenzialen entspricht und nicht zwingend im Bereich der klassischen „Mädchenfächer" liegen muss, dient das Angebot für die Sekundarstufe II der Unterstützung einer geeigneten Studienfachwahl und in der Anbindung der zukünftigen Studentinnen an ein (RUB-)Hochschulstudium. In der Befragung aller ehemaligen Teilnehmerinnen von MINT liegt der Altersmedian bei 17 Jahren (s. Abbildung 5) und damit zeitlich nah an der Allgemeinen Hochschulreife. Gerade Mädchen in diesem Alter sind eine spannende Zielgruppe für die RUB, weil sie kurz vor der Entscheidung für oder gegen ein Studium stehen.

Alter der MINT-Teilnehmerinnen (in Prozent)

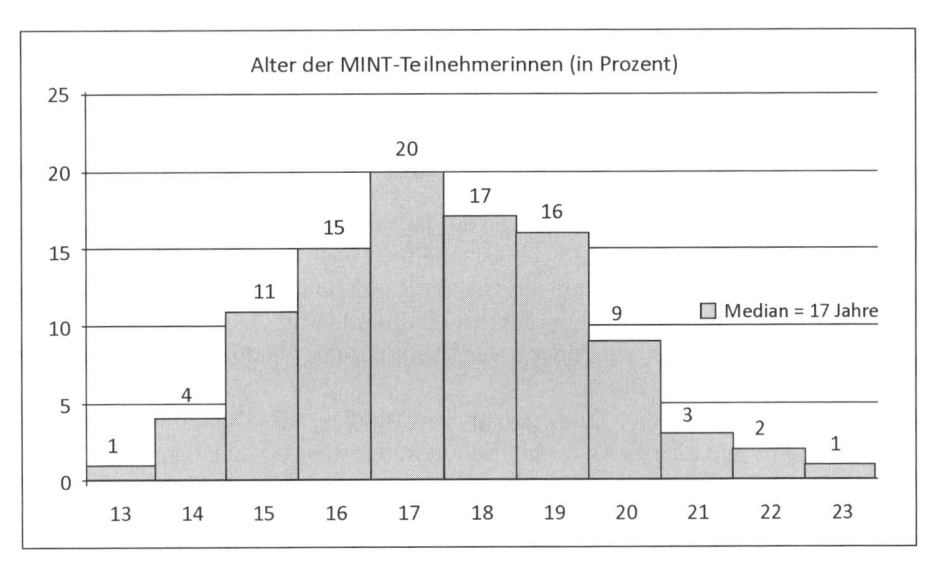

Alter	13	14	15	16	17	18	19	20	21	22	23
Prozent	1	4	11	15	20	17	16	9	3	2	1

Median = 17 Jahre

Abbildung 5: Alter der MINT-Teilnehmerinnen. MINT-Evaluation 2009, (Hunneshagen, in Vorbereitung). Grafik: Eigene Erstellung.

Von den Befragten gaben rund 60 Prozent Leistungskurse an. Von diesen Schülerinnen wählte ein Viertel beide Leistungskurse aus dem MINT-Fächerspektrum (Biologie, Chemie, Erdkunde, Mathematik, Physik), 48 Prozent wählten ein MINT-Fach sowie ein anderes Fach. 26 Prozent wählten kein MINT-Fach als Leistungskurs. Damit nehmen erwartungsgemäß überwiegend Schülerinnen, die sich für die MINT Fächer interessieren, an den Schülerinnenprojekten der RUB teil. Aber immerhin auch rund ein Viertel, die (noch) keine LK-Wahl zugunsten des MINT-Fächerspektrums getroffen haben.

```
                LK-Wahl der MINT-Teilnehmerinnen
                differenziert nach MINT-Fächern **
                          (in Prozent)

         26%                   25%

                                          ■ nur MINT-Fächer
                                          ■ ein MINT-Fach
                                          ■ kein MINT-fach

                          49%
```

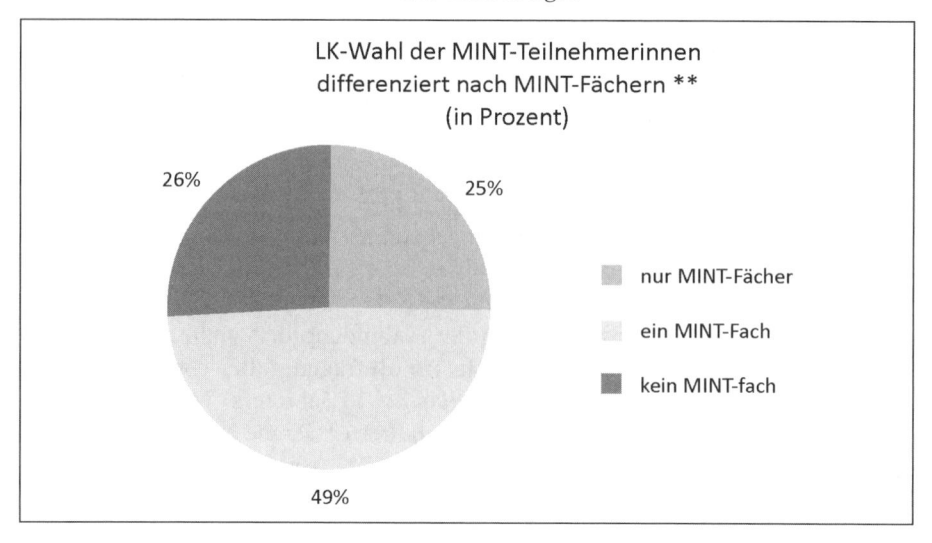

Abbildung 6: LK-Wahl der MINT-Teilnehmerinnen. MINT-Evaluation 2009, (Hunneshagen, in Vorbereitung). Grafik: Eigene Erstellung.

Jungs in Philosophie, Pädagogik, Philologie und Psychologie – das Projekt JIPPPP

Für Jungen ergeben sich beim Übergang von der Schule zur Hochschule vergleichbare Probleme wie für Mädchen: Auch sie verfügen über unzureichende Vorkenntnisse und falsche Erwartungshaltungen bei der Aufnahme eines Studiums. Daraus resultiert, dass sich die Entscheidung für ein Studium häufig als instabil erweist mit der Folge eines Fächerwechsels oder sogar Abbruch des Studiums (vgl. Autorengruppe Bildungsberichterstattung, 2008).

Hinzu kommt, dass die Studienwahl von Jungen oft ähnlich geschlechtsstereotyp verläuft wie die der Mädchen. Schon in der Schule wählen Jungen oft die als jungentypisch bezeichneten Fächer Mathematik, Physik und Sport als ihre Lieblingsfächer. Andere Fächer wie Sprachen oder Kunst werden als Mädchen-Fächer beiseite geschoben. Diese Vorbehalte werden unter anderem über Elternhäuser und Peergroups an den Einzelnen herangetragen und bilden ein Erwartungsmuster, zu dem sich der Junge verhalten muss (vgl. Budde, Scholand & Faulstich-Wieland, 2009). Auch bei der Betrachtung der Berufswahlentscheidungen wird deutlich, welche Einschränkungen für Schüler hier zum Tragen kommen: Jungen möchten oft Ingenieur, Chemiker oder KFZ-Mechatroniker werden. Diese Berufe sind ihnen bekannter und vertrauter und erfahren als „typisch" männliche Berufe eine breite gesellschaftliche Akzeptanz, anders als Grundschullehrer, Erziehungswissenschaftler oder Psychologe. Der Ausbildungsmarkt befindet sich in einer Veränderung – neue Berufe in den Bereichen Wissenschaft und Dienstleistungen entstehen und traditionelle Berufe verlieren an Gewicht. Dabei haben Jungen mehr Berufswahlchancen als sie bisher wahrnehmen (Budde, 2008). Um eine Begabung oder ein Interesse an diesen Fächern nicht frühzeitig zu verdrängen, ist ein neues Bild dieser Fächer notwendig. So sollten Jungen männliche Vorbilder erleben können, die z.B. Pädagogik oder Sprachen studieren. Sie müssen erfahren, welche Berufsmöglichkeiten mit diesen Studienfächern verbunden sind und sollten die Möglichkeit erhalten, diese Fächer kennenzulernen.

Aufgrund der geschilderten Problematik beim Übergang von der Schule zur Hochschule sowie der unterschiedlichen Berufs- und Lebensplanungen von Mädchen und Jungen wurde das MINT-Konzept erweitert, so dass auch Jungen spezifische Angebote an der RUB erhalten. Dabei stehen insbesondere die Fakultäten im Vordergrund, die traditionellerweise einen geringen Anteil von männlichen Studierenden aufweisen:
- In der Fakultät für Philosophie, Pädagogik und Publizistik der RUB studieren fast doppelt so viele Frauen wie Männer (männlich: 459 – weiblich: 828)
- In der Fakultät für Philologie sind die Zahlen noch gravierender (männlich: 1817 – weiblich: 4310)
- In der Fakultät für Psychologie studieren fast dreimal so viele Frauen wie Männer (männlich: 224 – weiblich: 663) (RUB, Dezernat 1, URL: http://www.uv.ruhr-uni-bochum.de/dezernat1/statistik)

Die genannten Zahlen vom Wintersemester 2007/2008 belegen die unterschiedlichen Studienwahlpräferenzen von jungen Männern und Frauen.

Ziel der JIPPPP-Schülerprojekte ist die Förderung junger Männer in den geisteswissenschaftlichen Fakultäten, die einen niedrigen Anteil männlicher Studierender aufweisen. Den Jungen werden die Fakultäten vorgestellt, die nicht in das etablierte Berufsrollenbild von Schülern passen und die sie seltener wählen. Ihnen soll Gelegenheit gegeben werden, diese Fächer kennen zu lernen. Ziel ist, dass sie sich nicht von überholten gesellschaftlichen Vorstellungen oder (eigenen) Barrieren einschränken lassen, sondern ihre Berufs- und Lebensentscheidungen ihren Interessen und Begabungen entsprechend treffen, unabhängig davon, was einen „richtigen Jungen" ausmacht. Aufgrund mangelnder personeller und finanzieller Ressourcen läuft dieses Projekt zurzeit in eingeschränktem Maße. Ein Ausbau ab 2010 wird angestrebt.

Bausteine: Um diese Ziele zu realisieren, werden folgenden Bausteine bei JIPPPP-Projekte für Jungs umgesetzt:
- die Beratung von Schülern in Bezug auf Studien- und Karriereperspektiven in den genannten geisteswissenschaftlichen Fächern.
- die Konzeption und Durchführung von Veranstaltungsangeboten und Projekten für Schüler, zum Beispiel einem Boys' Day oder einzelner Hochschultage mit Veranstaltungen und Führungen in entsprechenden Fakultäten/Bereichen speziell für die Zielgruppe.

Neben den fachlichen Angeboten der Fakultäten ist in Kooperation mit den Psychologinnen und Psychologen der Studienberatungsstelle ein Workshop geplant, in dem traditionelle männliche Rollenbilder hinterfragt werden und Jungen z.B. darüber diskutieren können, wie sich Beruf und Familie vereinbaren lassen und welche unterschiedlichen Rollen- und Lebensmodelle für Jungen bzw. Männer existieren. Dieser Workshop wird bereits seit Jahren erfolgreich im Rahmen der MINT-Schülerinnenprojekte durchgeführt, hier natürlich bezogen auf den weiblichen Lebenskontext.

Bei allen Angeboten der Fakultäten sollen die Jungen von männlichen Studierenden der geisteswissenschaftlichen Fakultäten betreut werden, die ihnen für ihre Fragen zur Verfügung stehen und ihnen als „lebendige" männliche Vorbilder dienen. Auch im Rahmen des Veranstaltungsangebotes scheint es sinnvoll, männliche Lehrende zu gewinnen.

Auf die intensive Betreuung der Schüler durch die Studenten wird besonders viel Wert gelegt, da sie einen wesentlichen Schlüssel darstellt, um mögliche Hemmschwellen vor den geisteswissenschaftlichen Studiengängen abzubauen. Die Schüler erhalten über den Kontakt zu den männlichen Studierenden die Möglichkeit der Identifikation: Vieles erscheint nicht mehr so kompliziert, wenn ein Student, der kaum älter ist als der Schüler selbst, Positives zu berichten weiß. Die Schüler erleben in der Gemeinschaft mit den Studenten, dass Geisteswissenschaften durchaus interessante Fächer für Jungen sein können.[5]

Im Jahr 2006 wurde die RUB für diese Projektidee als einzige wissenschaftliche Einrichtung mit einem Preis im Wettbewerb „Fort-Schritte wagen!" des Bundesfamilienministeriums ausgezeichnet.

Resümee

Abschließend stellt sich die Frage, ob sowohl die Schülerinnenprojekte in den Ingenieur- und Naturwissenschaften als auch die Schülerprojekte in den Geistes- und Gesellschaftswissenschaften sinnvolle Instrumente sind, um das Studienwahlverhalten zu beeinflussen. Auf ein gravierendes Problem im Prozess der Berufswahlorientierung wurde im Rahmen dieses Aufsatzes hingewiesen: Offenbar werden bereits in der frühkindlichen Entwicklung entscheidende geschlechtsspezifische Präferenzen herausgebildet. Die weitere schulische und außerschulische Situation scheint diese Entwicklung noch zu verstärken. Inwieweit kann eine Hochschule vor diesem Hintergrund überhaupt geeignete Maßnahmen treffen, um eine Änderung herbeizuführen? Schließlich entwickelten sich die jungen Frauen und Männer über Jahre hinweg in eine bestimmte Richtung und teilen sich in geisteswissenschaftliche bzw. technisch/naturwissenschaftliche „Reviere" auf.

Die Hochschulen reagieren darauf, indem sie immer jüngere Schülerinnen und Schüler einladen. So richten sich die Veranstaltungen Girls' und Boys' Day an der RUB an Schülerinnen und Schüler der Sekundarstufe I, die noch relativ weit weg von der Immatrikulation sind. Dazu kommen Projekte wie die Kinder-Uni, in deren Rahmen bereits Grundschülerinnen und -schüler eingeladen werden. Zudem erhalten Schülerinnen und Schüler der Oberstufe in mehrtägigen Projekten die Möglichkeit, verschiedene Fächer kennenzulernen.

Trotz solcher Einwände kann dennoch resümiert werden, dass Schülerinnen- und Schülerprojekte an Hochschulen ein wichtiges Instrument darstellen, das Studienwahlverhalten zu beeinflussen. Sie ermöglichen:

---

5 Die gleichen Voraussetzungen gelten auch für die MINT-Schülerinnenprojekte der RUB. Auch hier werden die Teilnehmerinnen von Mentorinnen (weiblichen Studierenden) betreut, begleitet und unterstützt.

- Eine Studienwahlentscheidung vor einem fundierten Erfahrungshintergrund.
- Die Stärkung der Interessen der Schülerinnen und Schüler, die intensiv mit einer Gruppe ähnlich motivierter Mitschülerinnen und Mitschüler zusammenarbeiten.
- Die Senkung von Schwellenängsten vor dem Übergang von der Schule zur Universität.
- Den Abgleich des eigenen Wissens- und Qualifikationsstandes mit den Studienanforderungen.
- Und nicht zuletzt: Die Verringerung von Studienfachwechseln oder gar Abbrüchen des Studiums.

Schülerinnen- und Schülerprojekte helfen somit, mehr Klarheit über die Berufs- und letztlich auch die individuelle Lebensplanung zu erhalten.

Literatur

Autorengruppe Bildungsberichterstattung im Auftrag der Ständigen Konferenz der Kultusminister der Länder in der Bundesrepublik Deutschland und des Bundesministeriums für Bildung und Forschung (Hrsg.) (2008). *Bildung in Deutschland 2008. Ein indikatorengestützter Bericht mit einer Analyse zu Übergängen im Anschluss an den Sekundarbereich I.* Bielefeld: W. Bertelsmann Verlag.

Blossfeld, H.-P., Bos, W., Hannover, B., Lenzen, D., Müller-Böling, D., Prenzel, M. & Wößmann, L. (2009). Geschlechterdifferenzen im Bildungssystem. In Verein der Bayerischen Wirtschaft e.V. (Hrsg.), *Jahresgutachten 2009 des Aktionsrats Bildung.* Wiesbaden: VS Verlag für Sozialwissenschaften.

Blossfeld, H.-P., Bos, W., Hannover, B., Lenzen, D., Müller-Böling, D., Prenzel, M. & Wößmann, L. (2009). Geschlechterdifferenzen im Bildungssystem – Die Bundesländer im Vergleich. Verein der Bayerischen Wirtschaft e.V. (Hrsg.), *Daten und Fakten zum Jahresgutachten 2009 des Aktionsrats Bildung.* Wiesbaden: VS Verlag für Sozialwissenschaften.

Bos, W., Hornberg, S., Arnold, K.-H., Faust, G., Fried, L., Lankes, E.-M., Schwippert, K. & Valtin, R. (Hrsg.). (2007). *IGLU 2006. Lesekompetenzen von Grundschulkindern in Deutschland im internationalen Vergleich.* Münster: Waxmann.

Bos, W., Bonsen, M., Baumert, J., Prenzel, M. & Walther, G. (Hrsg.) (2008). *TIMSS 2007. Mathematische und naturwissenschaftliche Kompetenzen von Grundschulkindern in Deutschland im internationalen Vergleich.* Münster: Waxmann.

Budde, J. (2008). Bundesministerium für Bildung und Forschung (Hrsg.): *Bildungs(miss)-erfolge von Jungen und Berufswahlverhalten bei Jungen.* Bonn: BMBF.

Budde, J., Scholand, B. & Faulstich-Wieland, H (2009). *Geschlechtergerechtigkeit in der Schule: Eine Studie zu Chancen, Blockaden und Perspektiven einer gender-sensiblen Schulkultur.* Weinheim: Juventa.

Einsiedler, W. (1999). *Das Spiel der Kinder. Zur Pädagogik und Psychologie des Kinderspiels.* Bad Heilbrunn: Klinkhardt.

Flaake, K. (1990). Geschlechterverhältnisse, geschlechtsspezifische Identität und Adoleszenz. *Zeitschrift für Sozialisationsforschung und Erziehungssoziologie, 1,* 7.

Hochschulstatistik der Ruhr-Universität Bochum (2009), Dezernat 1, Verfügbar unter: http://www.uv.ruhr-uni-bochum.de/dezernat1/statistik [05.2009].

Hoppe, H. & Nyssen, E. (2006). Ist das Geschlecht für das schulische Lernen noch relevant. Neuere empirische Untersuchungen zu den Geschlechterverhältnissen in der Schule. In A. Fritz, R. Klupsch-Sahlmann & G. Ricken, G. (Hrsg.), *Handbuch Kindheit und Schule. Neue Kindheit, neues Lernen, neuer Unterricht* (S. 158–170). Weinheim: Beltz.

Horstkemper, M. (1995). Mädchen und Frauen im Bildungswesen. In W. Böttcher & K. Klemm (Hrsg.), Bildung in Zahlen. *Statistisches Handbuch zu Daten und Trends im Bildungsbereich* (S. 188–216). Weinheim: Juventa.

Hunneshagen, H., Schulz-Zander, R. & Weinreich, F. (2001). Stand der Internetarbeit an Schulen. Ergebnisse zu Nutzungsvoraussetzungen, Einstellungen, unterrichtlichem Einsatz und Geschlechterdifferenzen. *Computer und Unterricht, 41*, 14–20.

Hunneshagen, H. (2005). *Innovationen in Schulen.* Münster: Waxmann.

Hunneshagen, H. (in Vorbereitung). *Evaluation der MINT-Schülerinnenprojekte an der Ruhr-Universität Bochum.* Reihe Schülerinnen und Schüler an der Uni.

Keppler, A. (2003). Bindung und geschlechtsspezifische Entwicklung. *Monatszeitschrift für Kinderheilkunde, 6,* 601–607.

Koch, G. & Winker, G. (2003). Genderforschung im geschlechterdifferenten Feld der Technik. Perspektiven für die Gewinnung von Gestaltungskompetenz. In: Eble, K. & Welker, M. (Hrsg.), *Mädchen machen Medien.* Stuttgarter Beiträge zur Medienwirtschaft, Ausgabe 8.

Kosuch, R. (2004). *Sommerhochschulen für Schülerinnen in Naturwissenschaft und Technik: Wirksamkeit und Verbreitung.* Aachen: Shaker.

Kreienbaum, A. & Metz-Göckel, S. (1992). *Koedukation und Technikkompetenz von Mädchen. Der heimliche Lehrplan der Geschlechtererziehung und wie man ihn ändert.* München: Juventa.

Lander, B. (1995). Computerinteresse und Geschlecht. Fördert eine techniknahe Sozialisation das Interesse an Computern? *Zeitschrift für Frauenforschung, 4,* 40–50.

Nissen, U., Keddi, B. & Pfeil, P. (2003). *Berufsfindungsprozesse von Mädchen und jungen Frauen. Erklärungsansätze und empirische Befunde.* Opladen: VS Verlag.

Schulz-Zander, R. (1992). Für die Gleichstellung von Mädchen und jungen Frauen in der Informationstechnischen Bildung. Empfehlungen einer IPN-Curriculum-Konferenz. In E. Glumper (Hrsg.), *Mädchenbildung – Frauenbildung. Beiträge der Frauenforschung für die LehrerInnenbildung* (S. 210–220). Klinkardt: Bad Heilbrunn.

Schulz-Zander, R. (2002). Geschlechter und neue Medien in der Schule. In: Schäfer, E., Fritzsche, B. & Nagode, C. (Hrsg.), *Geschlechterverhältnisse im sozialen Wandel. Interdisziplinäre Analysen zu Geschlecht und Modernisierung.* Opladen: Leske + Budrich.

Statistisches Bundesamt (2009). *Studierende an Hochschulen Wintersemester 2008/2009 – Vorbericht.* Fachserie 11. Reihe 4.1. Studierende und Studienanfänger/-innen nach Ländern, Hochschularten und Fächergruppen – vorläufige Ergebnisse – Verfügbar unter: https://www-ec.destatis.de/csp/shop/sfg/bpm.html.cms.cBroker.cls?cmspath=struktur,vollanzeige.csp&ID=1023717 [01.05.2009].

Ludwig J. Issing & Thomas Seidel

Integration von Laptops in den Unterricht mit implementierungsfördenden Maßnahmen

In Maine (USA) hat 2002 die Regierung um den damaligen Governor Angus King beschlossen, flächendeckend Laptops an Schulen zu nutzen. Der Bundesstaat wollte seine Wirtschaftsstruktur verbessern, Impulse setzen. Jeder Schüler (zunächst alle 7. und 8. Klassen) im Bundesstaat sollte einen Laptop erhalten. Es kam zum ersten Laptop-Projekt in den USA in einer solchen Größenordnung. Darauf folgten in den USA weitere sehr große Laptopprojekte auf der Ebene von ganzen Bundesstaaten (Missouri, Michigan), aber auch viele Projekte auf der Ebene von School Districts. 2008 wurde beschlossen, dass bis 2012 50 Prozent aller Schüler in den USA einen eigenen Laptop bekommen sollen (Greavis Group, Hayes Connection, 2006). Andere Länder, wie z.B. Großbritannien, verzeichneten gerade in 2008 und Anfang 2009 einen großen Zuwachs an Laptopklassen. Zudem sind Laptops in den letzten Monaten deutlich im Anschaffungspreis gesunken, was deren schnelle Ausbreitung unterstützt. Gerade auch die preiswerten, kleinen Netbooks sollen zukünftig noch stärker in den Schulen zu finden sein. In den USA wurden die Laptopprojekte von breit angelegten Lehrerfortbildungsprojekten begleitet.

In Deutschland verläuft die Verbreitung von Laptopklassen eher unstrukturiert. Obwohl hierzulande die Einrichtung von Laptopklassen nicht von großen Initiativen getrieben wird, gibt es erhebliche Zuwachsraten. So gab es 2008 eine Verdoppelung der IBook-Laptopklassen in Berlin auf insgesamt über 40. In der Regel geht in Deutschland die Initiative zur Einrichtung von Laptopklassen von den Schulen aus. Dabei sind die Lehrkräfte und die Schulleitungen weitgehend auf sich gestellt. Keine pädagogische Begleitung, keine spezielle Fortbildung, meist nur geringe finanzielle Unterstützung, so dass die Eltern die Laptops selber bezahlen müssen – und jede Schule muss selbst den technischen Support organisieren.

In amerikanischen Studien zum Laptopeinsatz, aber auch in einigen deutschen Studien, werden der Mehrwert und die raschen Unterrichtsveränderungen durch den Laptopeinsatz in den Klassen deutlich hervorgehoben. Weniger deutlich wurde bisher beschrieben, welche dauerhaften Effekte beobachtet werden, wenn der Neuigkeitseffekt nach einigen Jahren der Routine weicht. Im Vergleich mit anderen Ländern scheint es in Deutschland keine flankierenden Angebote (weder staatliche Programme noch Hilfen auf Länderebene) zur Einführung von Laptopklassen zu geben. „Es bedarf offensichtlich implementationsfördernder Rahmenbedingungen, um technische Innovationen wirksam einzuführen", schrieb Schulz-Zander (2001) und bezog dies auf die Neuen Medien im Allgemeinen. Was sind aber fördernde Rahmenbedingungen, um Laptopprojekte erfolgreich zu implementieren?

Hierzu haben wir eine empirische Untersuchung durchgeführt. Deren Ziel war es, Veränderungen in der Laptopnutzung nach 4 bis 8 Jahren der Nutzung zu dokumentieren, sowie implementationsfördernde Maßnahmen zu ermitteln und zu bewerten. Dazu wurden zwei erfahrene Laptopschulen untersucht: das Evangelisch Stiftische Gymnasium (ESG) in Gütersloh und das Lyceé Aline Mayrisch in Luxemburg (LAML). Aufbauend auf zur Verfügung stehenden Daten vorangegangener Untersuchungen (1. Messpunkt[1]) an diesen beiden Schulen, wurde jeweils ein zweiter Messpunkt[2] mit einem Online-Fragebogen gesetzt, der zu den identischen Fragen der ersten Messung weitere Aspekte enthielt. Unsere Datensätze waren relativ umfangreich: Es wurden insgesamt 282 Datensätze von laptopnutzenden Lehrern und 578 Datensätze von Eltern in drei Erhebungswellen, sowie 1734 Datensätze von laptopnutzenden Schülern in vier Erhebungen ausgewertet. Uns interessierte ein Vergleich der Einstellungen dieser drei beteiligten Gruppen. Weiterhin wurden in der Untersuchung 34 Unterrichtsstunden mit Laptopnutzung auf Video aufgezeichnet, entsprechend des Kodierungsschemas kodiert und statistisch ausgewertet. Als dritte Erhebungsmethode haben wir einen Workshop mit Vertretern der Schüler, Eltern, Lehrer sowie der Schulleitung durchgeführt.

Mehrwert der Laptopnutzung im Unterricht

Viele Untersuchungen kommen zu dem Ergebnis, dass die Ausstattung mit persönlich zugeordneten Laptops[3] bei gleichzeitiger Veränderung der Unterrichtsgestaltung auf der Basis konstruktivistischer Modelle zu positiven Lerneffekten und Verhaltensmustern führt. Mit stationären Computern, die an deutschen Schulen zudem üblicherweise in Computerräumen untergebracht sind, ist die nötige Integrationstiefe in den Unterricht nicht zu erreichen (Pelgrum, 2001; Aviram & Richardson, 2004; Schaumburg, Prasse, Tschackert & Blömeke, 2007). In Übereinstimmung mit der Fachliteratur können wir aufgrund unserer Untersuchungsergebnisse folgende Veränderungen der Unterrichtsorganisation, der Kooperationen und der Handlungsmuster hervorheben:

1. In Laptopklassen steigt die Einsatzhäufigkeit des Computers im Unterricht gegenüber Klassen, denen lediglich einzelne Computer in den Klassenräumen oder Computerpools zur Verfügung stehen (Schaumburg & Issing, 2002; Silvernail & Harris, 2003). Während anfänglich die Aufgaben so gestellt wurden, dass die Schüler ganze Stunden an ihrem Laptop arbeiteten (ähnlich wie in einem Computerlabor) und so der Laptop die Stunde dominierte, werden mit zunehmender Nutzung die Laptops auch für kürzere Nutzungsphasen (eher als Lern-Tools) eingesetzt. Der Laptop wird dann besser in die Phasenstruktur der Stunde eingebaut, die Integration der Rechner in den Unterricht gestaltet sich harmonischer.
2. Schüler erreichen eine hohe Kompetenz im Umgang mit dem Computer. Sie erzielten Schreibgeschwindigkeiten von bis zu 250 Anschlägen pro Minute und wurden äußerst vertraut mit den Office-Programmen. Sie finden den Unterricht mit Laptops interessanter und sind motivierter (Warschauer, 2006). Nach

---

1 1. Messpunkt, ESG 1998–2001 und LAML 2002/2003
2 2. Messpunkt LAML 2006 und ESG 2007
3 In der amerikanischen Literatur hat sich der Begriff „one-to-one-laptop projects" durchgesetzt.

mehrjähriger Nutzung schwindet zwar der Neuigkeitseffekt der Begeisterung, aber es wird bei der Aufgabenbearbeitung mit dem Laptop auf der Schülerseite subjektiv eine höhere Effektivität festgestellt. Die Lehrkräfte und Schüler nehmen ihre Interaktionen mehr auf einer Augenhöhe wahr (Fairman, 2004).
3. Kooperative Lernformen nehmen zu (Fairman, 2004; Rockman et al., 1998; Kozma, 2003), wobei der Anteil der Projektarbeit überproportional wächst (Warschauer, 2006; Lei, Conway & Zhao, 2008; Schulz-Zander & Riegas-Staackmann, 2004). Durch Team- oder Partnerarbeit werden Problemlösekompetenzen sowie gemeinsames Erarbeiten gefördert.
4. Dadurch, dass jeder Schüler an dem Erarbeitungsprozess an seinem Rechner parallel zu den Mitschülern teilnimmt, ist die Schüler-Aktivität pro Stunde sehr hoch (vgl. auch Penuel, 2006).
5. Die regelmäßigen Ergebnispräsentationen in der Lerngruppe regen zur gemeinsamen Reflexion und Diskussion an, wodurch Kompetenzen im Bereich des Präsentierens und Argumentierens gefördert werden. Zusätzlich macht es die Leistungsbewertung durch die Lehrkraft transparenter.

Die Medienkompetenz ist eine Schlüsselkompetenz, die die Fähigkeiten zur Nutzung, Auswahl, Gestaltung und die kritisch reflektierte Bewertung der Medien beinhaltet (Groeben & Hurrelmann, 2002; Hunneshagen, 2005). Sie wird durch den regelmäßigen Laptopeinsatz stark gefördert. Einige neuere Untersuchungen belegen, dass sich noch weitere Kompetenzen durch das Lernen am Computer erreichen lassen (Schlagwort: „New Literacies". Lei, Conway & Zhao, 2008; Warschauer, 2006). Konkret lassen sich in der Literatur folgende „neuen Kompetenzen" finden:

Die Lesekompetenz steigt bezogen auf die Lesegeschwindigkeit und das „sinnentnehmende Lesen" (Lei, Conway & Zhao, 2008; Warschauer, 2006). Immer häufiger werden Quellen ausschließlich am Bildschirm gelesen, wobei dies von den Schülern nicht als Nachteil empfunden wird. Computerprogramme bieten hier die Möglichkeit, Informationen zu markieren, zu verlinken oder zu kopieren und in Textverarbeitungsprogrammen weiter zu verarbeiten (Schaumburg & Seidel, 2008). Verglichen mit dem Lernen ohne Computernutzung steigt die Qualität der verfassten Texte vor allem durch leichtes Editieren der Texte am Rechner, aber auch durch hilfreiche Werkzeuge bei der Informationssuche und -strukturierung oder für den Schreibprozess selbst. Selbstverständlich wird die Rechtschreibkorrektur, genauso wie Mindtools, zum Strukturieren der Gedanken genutzt. Gerade beim kollaborativen Arbeiten in Kleingruppen werden immer häufiger frei verfügbare Werkzeuge aus dem Internet verwandt („Scaffolding Tools" oder Web 2.0; Warschauer, 2006). Der Unterricht mit gesteigerter Lese- und Schreibkompetenz zusammen mit der Recherchekompetenz führt hin zu einer Verbesserung der Techniken des wissenschaftlichen Arbeitens („academic achievement", vgl. Lei, Conway & Zhao, 2008, S. 162).

Durch den Laptopeinsatz wird der schülerzentrierte Unterricht mit häufig selbstgesteuertem Lernen gefördert. Er gibt dem Lehrer die Möglichkeit, schon während des Erarbeitungsprozesses dem Schüler formatives Feedback zu geben. Intensive Lernförderung ist durch das individuelle Lehrerfeedback, eine leistungsdifferenzierende Aufgabenformulierung oder auch durch softwaregesteuertes Üben möglich.

In unserer Untersuchung sahen insbesondere die Eltern einen sehr großen Nutzen in der Vorbereitung auf die Anforderungen und Arbeitsweisen in der Ausbildung, im Beruf und im Leben allgemein. In der internationalen Literatur wird dieser Nutzen für die Zukunft als eines der Hauptargumente dargestellt (Aviram & Richardson, 2004, Penuel, 2006). Für Lehrer, besonders aber bei Schülern in unserer Untersuchung war dieses Argument allerdings nur von mittelmäßiger Bedeutung. Durch den Laptopeinsatz in der Schule werden die sozioökonomischen Zugangsbedingungen zu ICT nivelliert (Lei, Conway & Zhao, 2008, S. 162). Gerade auch in Deutschland, wo die Rechner überproportional viel im privaten Umfeld genutzt werden, könnte eine stärkere Nutzung von Laptops in der Schule und – insbesondere die Möglichkeit zur Mitnahme des Laptops nach Hause – zu einer besseren Chancengleichheit führen (Senkbeil & Wittwer, 2007).

Unterrichten mit Laptops

Noch zu Beginn dieses Jahrzehnts wurde aus den angloamerikanischen Ländern berichtet, dass nur etwa 30 Prozent der Lehrer regelmäßig mehrmals pro Woche die Rechner nutzen (Becker, 2000). Heute hingegen ist die Integration der Rechner in diesen Ländern deutlich vorangeschritten. Nach einer Studie (Harris, 2008) setzten in den USA im Jahr 2007 37 Prozent der Lehrer täglich die Computer in ihren Klassen ein. 50 Prozent der Lehrer sagten, Computer im Klassenzimmer hätten ihren Unterricht komplett verändert, und 80 Prozent der Lehrer schätzten den Computer als besonders wichtig ein, um erfolgreich zu unterrichten.

In Deutschland ist die Nutzung deutlich geringer. In den in unsere Untersuchung einbezogenen zwei Oberschulen werden die Laptops im Unterricht bereits routiniert genutzt: Am Lyceé Aline Mayrisch (Luxemburg) wird der Rechner zwei- bis dreimal pro Woche eingesetzt, am Evangelisch Stiftischen Gymnasium hingegen werden die Laptops in den Laptopklassen drei bis vier Stunden täglich genutzt, was sicherlich ein Ausnahmewert an deutschen Schulen ist. Die Erfahrungen an den beiden untersuchten Schulen bestätigen: Die Laptops bieten die Möglichkeit, eine Veränderung hin zu einer neuen Lernkultur zu bewirken. Diese Veränderung wird vom Lehrer gesteuert und hängt von dessen Kompetenzen und von seinem Willen ab, die Veränderung durchzusetzen. Hingegen eine Fachabhängigkeit wurde nicht, eine Abhängigkeit vom Alter wurde nur in geringem Maße gefunden. Hinzu kommen aber eine Reihe weiterer Faktoren.

Der Computereinsatz ermöglicht eine stärkere Eigenaktivität der Lernenden, selbstständige Informationsgewinnung, Kommunikation und Zusammenarbeit der Lernenden. Der Lehrende, mit stärkerer beratender Rolle, überwacht den Lernfortschritt der Schüler. Der Unterricht stellt dann ein Spannungsfeld zwischen individualisiertem und kooperativem bzw. kollaborativem Lernen einerseits und zwischen Konstruktion und Instruktion andererseits dar. Es wird angenommen, dass auf diesem Weg ein Zugewinn an Unterrichtsqualität erreicht werden kann (Schulz-Zander, 2005; Mandl, Reinmann-Rothmeier & Gräsel 1998; Schaumburg

& Issing 2002; Kozma 2003; Schulz-Zander & Riegas-Staackmann 2004). Die Auswertung unserer Hospitationsaufzeichnungen gibt Einblick in die Art der Nutzung der Laptops und zeigt, dass ein solcher Wandel langsam einsetzt und man aber nicht von einer automatischen Umstellung der Lernkultur ausgehen kann, nur weil Laptops genutzt werden.

In 20[4] von 34 beobachteten und auf Video aufgezeichneten Stunden sollten die Schüler selbstständig Inhalte erarbeiten. In nahezu allen 20 Fällen wurde die Kommunikation mit dem Nachbarn zugelassen. Dadurch erhöhte sich die Basislautstärke in der Klasse – je nach Lehrer mehr oder weniger stark. Die Gespräche mit dem Nachbarn erschienen in der Mehrzahl der Beobachtungen ergiebig und zur Erreichung des Lernziels förderlich. In 11 Stunden wurden Gruppen gebildet, um die Aufgaben gemeinsam zu bearbeiten.

Die Lehrer gaben digitale Arbeitsbögen (meist in Word) aus, auf denen genaue Arbeitsanweisungen notiert waren (16-mal) oder schrieben die Aufgaben zum Abschreiben an die Tafel (3-mal). Generell wurden genaue Zeitvorgaben zur Bearbeitung vorgegeben und dann auch eingehalten. Die digitalen Arbeitsanweisungen waren so gestellt, dass direkt in die Aufgabenstellung als digitales Arbeitsblatt durch den Schüler hineingearbeitet wurde (9) oder die Schüler zur Bearbeitung weitere leere Dokumente wie Word, Powerpoint oder Mindmanager öffnen mussten (4). In Einzelfällen wurden Inhalte mit anderen Programmen produziert, jedoch immer digital. In 14 Stunden wurden Inhalte im Internet recherchiert. Dies waren häufig auch kleine Ergänzungen parallel zur Erarbeitung. Eine ausdrückliche Rechercheaufgabe mit anschließender Darstellung der Ergebnisse als Unterrichtsmethode gab es in 5 Stunden. Individuelles Üben mit Feedback über eine Software wurde in 3 Stunden durchgeführt. In 2 weiteren Fällen war das Üben bestimmter Sachverhalte zu beobachten, jedoch nicht mit unmittelbarem Feedback über eine Software. Die Projektmethode wurde in 7 Stunden durchgeführt. Ergebnispräsentationen (14) gab es teilweise als freiwillige Powerpointvorträge (2) und als Gruppenarbeitsergebnis (3). 7 Mal wurden Worddokumente und 2 Mal Audiofiles als Ergebnis präsentiert. Ein Tafelbild oder eine komplexe Beschreibung wurden in 4 Stunden erstellt. Einen eigenen Rechner hatten Lehrer nur in 3 der 34 hospitierten Stunden genutzt, einen OH-Projektor nur ein Lehrer.

Eine beliebte computerunterstützte Variante der Schülerpräsentation ist die Methode „Textvorstellung mit Beamer". Sie wurde 14 Mal innerhalb der 34 Stunden angewandt. Der Lehrer nimmt hierbei in der Regel einen Platz im hinteren Teil des Klassenraums inmitten der zuhörenden Schüler ein. Ein Schüler oder ein Schüler der Schülergruppe zeigt seinen Text am Beamer und liest ihn vor. Der Lehrer verbessert oder moderiert die Verbesserung, wobei er die Verbesserungsvorschläge der Mitschüler wertet. Der gezeigte Text wird gemeinsam optimiert und steht dann für die richtige Lösung. Alle Schüler korrigieren ihre eigenen Arbeiten nach diesem Text. Der Lehrer sammelt die Dokumente der Schüler nicht mehr zur Korrektur ein. Häufig wird diese Methode in den Fremdsprachen zur Hausaufgabenkontrolle sowie zur Kontrolle der weiteren Aufgaben, z.B. Übersetzungen,

---

4 Häufig gab es pro Stunde eine große Selbstlernsequenz. Aber auch mehrere Sequenzen der Laptopnutzung waren zu beobachten. Somit konnte es zu Mehrfachnennungen kommen. Auch wurde in diesem Artikel auf die Nennung einiger Einzelfälle verzichtet.

herangezogen. Diese Darstellung der Auswertung der Videohospitationen zeigt eine Vielzahl pragmatischer Ansätze, die auf althergebrachten Unterrichtsformen ohne Rechner aufbauen, sich jedoch die Vorzüge der Technologie zunutze machen.

Um zu erheben wie sich in den letzten Jahren der Unterricht mit dem Laptop verändert hat, wurden in unserer Studie in mehreren Erhebungswellen dieselben Fragen gestellt. Der Vergleich der Mittelwerte (Abbildung 1) der Ergebnisse zu den beiden Erhebungszeitpunkten zeigt, dass das Schreiben nach wie vor eine immense Bedeutung im Unterricht hat. Das Recherchieren von Informationen im Internet ist höchstsignifikant (p= .000) gestiegen, während das Suchen von Informationen von einer CD deutlich abgenommen hat. In den untersuchten Schulen hat die Nutzung des Internet in den letzten Jahren deutlich zugenommen.

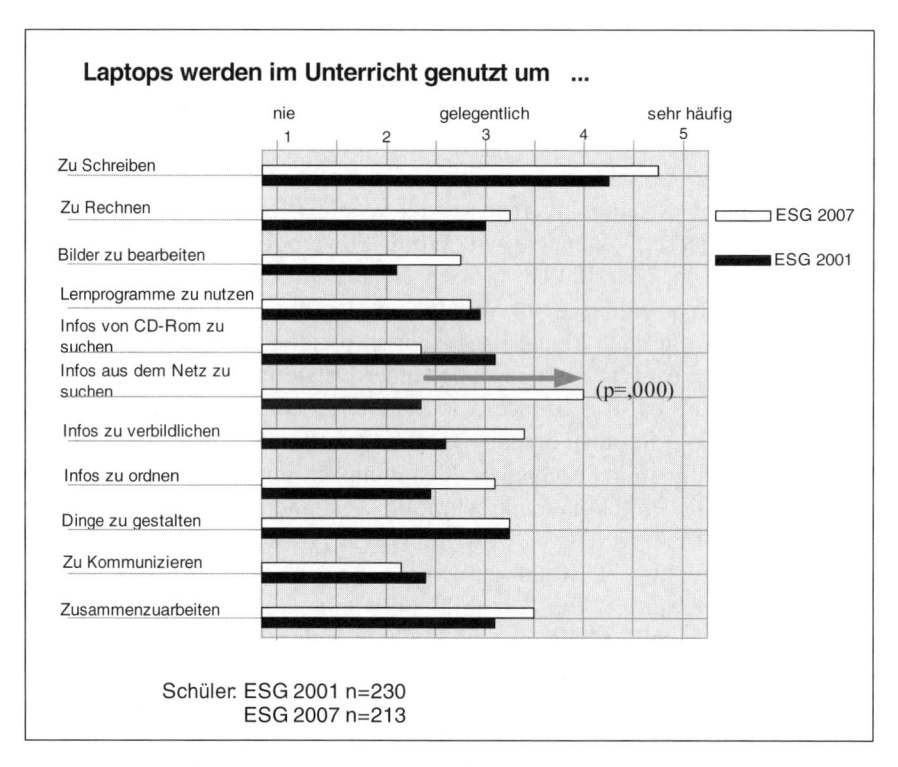

Abbildung 1: Art der Laptop-Nutzung im Jahr 2001 und 2007 am Evangelisch Stiftischen Gymnasium (Befragung von Schülern 2001: 7. bis 9. Klassen; 2007: 8. und 10. Klassen)

In den Laptopklassen ist das Recherchieren im Internet meist eng verbunden mit dem Arbeiten mit Office-Programmen, was zu einer Dominanz von Textverarbeitung, Internetrecherche und Nutzung von Präsentationssoftware führt (vgl. auch Bofinger, 2007; S. 102). Die Wahl der Programme an den beiden Schulen ist nur sehr wenig von den Fächern abhängig (vgl. Abbildung 2, s. auch Nilson & Weaver, 2005, S. 1).

Softwarenutzung in den Fächern

%-Anzahl der Schüler, die berichteten, dass im Fach X die Software eingesetzt wird

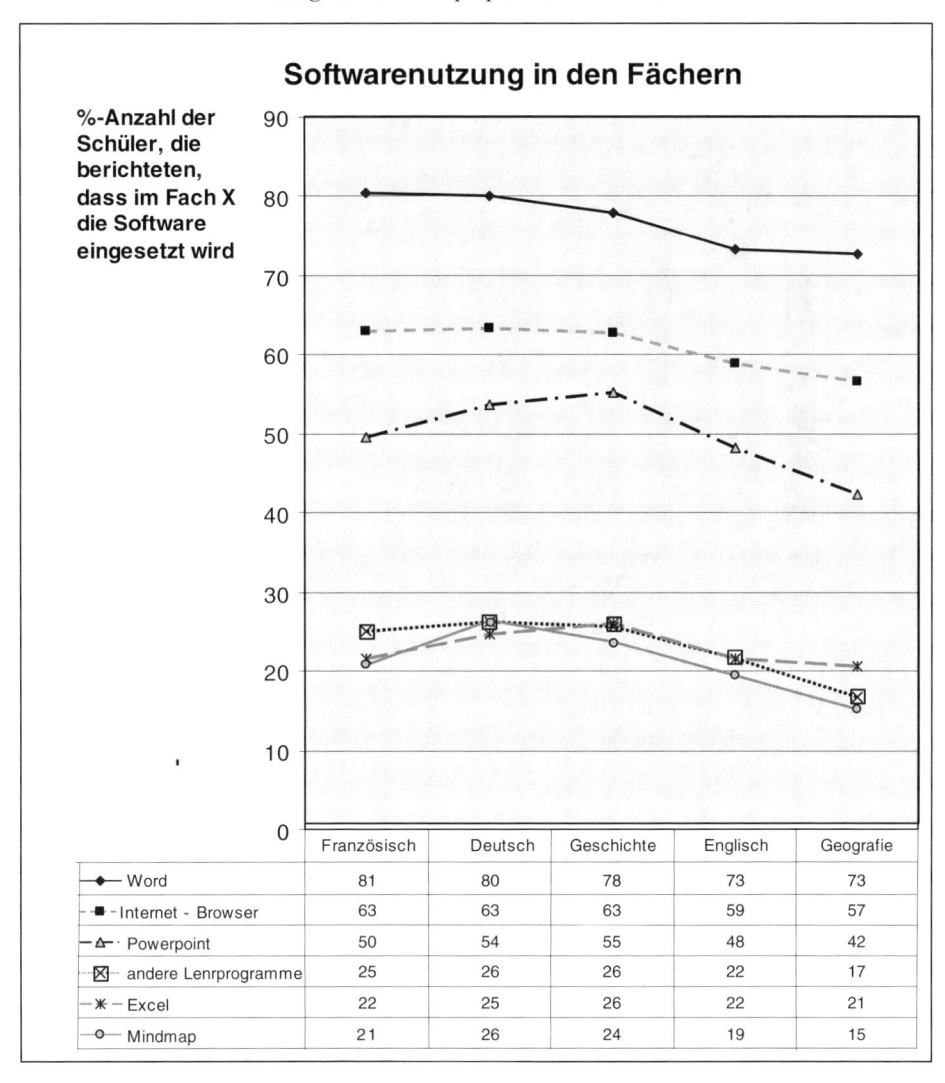

	Französisch	Deutsch	Geschichte	Englisch	Geografie
Word	81	80	78	73	73
Internet - Browser	63	63	63	59	57
Powerpoint	50	54	55	48	42
andere Lenrprogramme	25	26	26	22	17
Excel	22	25	26	22	21
Mindmap	21	26	24	19	15

Abbildung 2: Softwarenutzung in einzelnen Fächern an den beiden untersuchten Schulen. Prozentanteile der Schüler, die berichteten, dass im Fach X die Software eingesetzt wird. n=1504. Schüler 8. bis 13. Klasse. Sek 1: 62%, Sek 2: 28%.

Während die (subjektiven) Vorbereitungszeiten der Lehrkräfte für den Unterricht recht stabil bleiben, sinkt der (subjektive) Aufwand für Durchführung und Nachbereitung vom ersten zum vierten Jahr der Laptopnutzung. Der Arbeitsaufwand ist am ESG nach neun Jahren Laptop-Nutzung noch geringer (Abbildung 3).

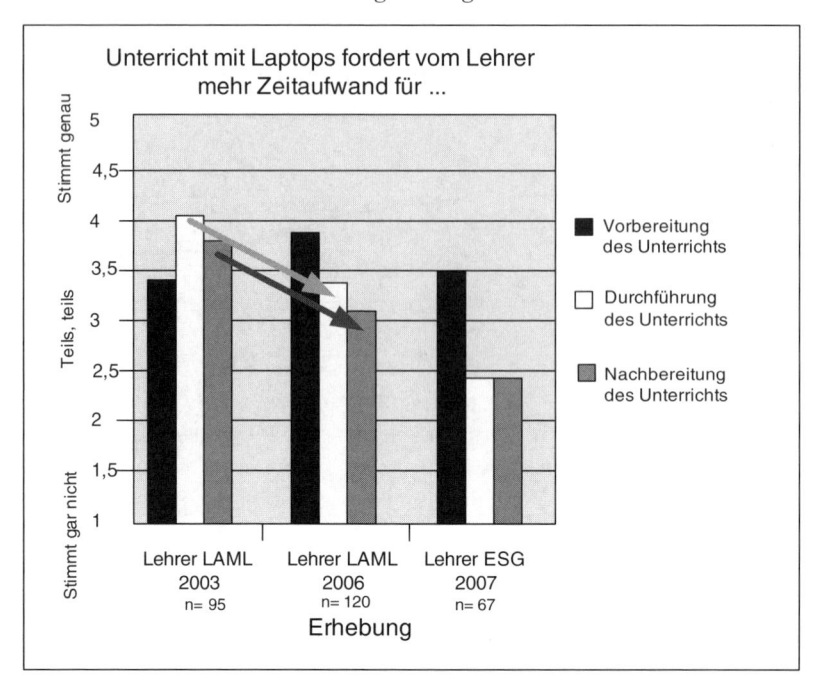

Abbildung 3: Unterricht mit Laptops fordert vom Lehrer mehr Zeitaufwand für Vergleich der Mittelwerte der Befragungsergebnisse von 2003 und 2006 am LAML (Luxemburg) und 2007 am GSG (Gütersloh)

Die Befürchtungen der Lehrkräfte von disziplinarischen Problemen durch den Laptopeinsatz (z.B. Zerstörung, fahrlässiges Agieren mit den Geräten, Ablenkung durch die Technologie) sind am LAML vom 2. zum 4. Jahr der Laptopnutzung signifikant zurückgegangen. Der Vergleichswert am ESG zeigt, dass disziplinarische Probleme bei Computereinsatz auf Dauer eher ein geringes Problem sind. Während sich in den ersten Jahren des Laptopeinsatzes die Lehrkräfte in die Einsatzorganisation, Durchführung und Nachbereitung des Unterrichts mit Laptops, sowie Support und Ausbau von Schulinfrastruktur (z.B. feste Installation der Beamer) zunehmend eingearbeitet zu haben scheinen, gibt es bei der Einschätzung der pädagogischen Ziele in der ersten Zeit kaum Veränderungen. Die Veränderungen im Unterricht verlaufen an beiden Schulen deutlich langsamer als die organisatorischen Veränderungen.

Implementationsförderung als Voraussetzung für Laptopklassen

Amerikanische Berichte zum Thema „Scheitern von Laptopschulen" sagen zweierlei aus: Einerseits entwickeln immer mehr School Districts (Schulträger) in den USA Laptopprojekte. Andererseits gibt es ernst zu nehmende Berichte, dass einzelne Schulen die intensive Nutzung der Rechner nicht durchhalten konnten. Dies lag meist daran, dass der nötige „Change Process" nicht gelang. Die Gefahr des Scheiterns existiert und verdeutlicht, wie ernst der nötige „Change Process" genommen werden muss. Nilson und Weaver glauben, dass aufgrund der guten technischen Unterstützung und umfangreicher Lehrerfortbildung die Anzahl der Schulen in den USA, die diesen Veränderungsprozess nicht schafft, eher gering ist (Nilson & Weaver, 2005, S. 1ff.).

Während in Australien, Kanada oder den USA meist eine ganze Schule auf Laptopnutzung umgestellt wird, findet in Deutschland in der Regel eine langsamere Durchdringung statt. Hierbei wird zunächst mit einer Laptopklasse gestartet (z.B. einer 7. Klasse). Gelangt diese nach einem Schuljahr in die nächste Klassenstufe, hat die Schule eine 8. Klasse als Laptopklasse und eröffnet wieder eine 7. Klasse. Bei weiterer Fortschreibung wird ein ganzer Zug zum Laptopzug, z.B. ein Zug an einem vierzügigen Gymnasium. Es gibt somit Laptopklassen neben Klassen ohne Laptops. Diese Situation kann zu Problemen führen. Von den Lehrern werden unterschiedliche Prioritäten in Bezug auf die Verbreitung und Anwendung der Rechner in der Schule, sowie auf den Einfluss auf das Schulprofil gesetzt. Dahinter stehen als Antrieb häufig Prestige- bzw. Machtgewinn oder drohender Machtverlust. Weitet sich das Laptopprojekt aus, kann bei Kollegen, die bislang im Unterricht noch keine Laptops einsetzen die Angst entstehen, sie könnten zum Laptopeinsatz verpflichtet werden. Eine Gruppenbildung im Kollegium von Befürwortern und Gegnern ist häufig das Resultat. Aufgabe der Schulleitung ist es, einer solchen Entwicklung entgegenzuwirken, zu vermitteln und den Einsatz und Ausbau der Laptopnutzung behutsam zu fördern.

Gerade im deutschen Schulsystem mit einer vergleichsweise wenig autonomen Schulleitung mit geringen Machtbefugnissen für die Führung, wird es für die Schule schwierig, die Last der Laptopeinführung allein zu schultern. Die Gefahr des Scheiterns von Laptopprojekten scheint in Deutschland deutlich größer zu sein, als in Staaten mit zentral gesteuerten implementationsfördernden Rahmenbedingungen und mehr Machtbefugnissen der Schulleitung. Hinzu kommen die Unsicherheiten, die der momentane Wandel der Schule generell mit sich bringt. Von entscheidender Bedeutung für eine Reform der Unterrichtspraxis in Richtung Laptopnutzung scheinen die schon vor Projektbeginn bestehenden Überzeugungen der Lehrkräfte zum Lehren und Lernen und ihre Kompetenzen im Umgang mit dem Rechner zu sein. Häufig ist zuerst ein organisatorischer Wandel nötig, um die Lehrer zu motivieren und zur Verbesserung ihres Unterrichts mit Laptops anzuregen (Fullan, 2007). Hierfür sind technische und administrative Unterstützung für die Lehrer sowie eine aktive Schulleitung, die Visionen für den Einsatz neuer Medien in der Schule entwickelt, sehr wichtig (Law, Pelgrum & Plomp, 2008; Schaumburg et al., 2007). Es ist seitens der Schulleitung als Steuerungsgremium darauf zu achten, dass alle Parteien in die Veränderungsprozesse involviert werden, ein gemeinsames Zielbild haben und sich gemeinsam für dessen Erreichung engagieren (Fullan, 2007).

In den von uns untersuchten beiden Schulen wurden im Rahmen der Untersuchung moderierte Workshops durchgeführt. Ziel der Workshops war es, mit den unterschiedlichen Perspektiven der Rollenvertreter retrospektiv wichtige Eckpunkte im Verlauf der Laptopnutzung der Schule zu dokumentieren und dadurch ein Bild darüber zu gewinnen, was zu bestimmten Zeitpunkten der Entwicklung wichtige Schritte waren.

Vor dem Start als Laptopschule entwickelte die Schulleitung Visionen und Strategien zur Umsetzung der Laptopnutzung an der Schule. Daraus bewährten sich drei Konzepte: Ein *finanzielles Konzept*, ein *technisches Konzept* und ein *inhaltliches Konzept* aus pädagogischer Sicht in Verschränkung mit den schulspezifischen Zielen aus dem Schulprogramm. Für diese Konzepte mussten die Kollegen und die Eltern gewonnen werden, z.B. über die Schulkonferenz. Lehrer sollten über Fortbildungen Sicherheit erhalten und sich in die Lage versetzt fühlen, die Laptops gewinnbringend und sicher nutzen zu können. Öffentlichkeit und Eltern sind wichtige Stakeholder. Über einen Laptopeinführungstag und das sich daraus ergebende Schulprogramm wurde verdeutlicht, dass die Schule hinter der Idee steht. Präsentationen der Laptoparbeit, z.B. in Präsentationsrunden für Eltern, schafften Transparenz. Da die Eltern die Rechner bezahlen sollten, wurde ein Puffer angelegt („Solidar-Euro" oder durch Geldeinnahmen bei Veranstaltungen in der Schule), um finanziell schwache Familien nicht auszuschließen. Mit Start des Projektes musste ein technischer Support organisiert sein. Weiterhin wurde aus den Erfahrungen der beiden Schulen dringend empfohlen, die Beamer fest in den Räumen zu installieren und die Schüler einen 10-Finger-Schreibkurs absolvieren zu lassen.

Günstig ist es, wenn der Schulleiter hierbei im Selbstverständnis des *Transformational Leader* handelt (Hofmann, 2002). *Transformational Leader* ist ein in Anlehnung an erfolgreiches Führen in der Wirtschaft entwickeltes Modell. Der Schulleiter versucht, das Kollegium anzuregen, die von ihnen gemeinsam gesteckten Ziele zu erreichen, sich dabei weiterzuentwickeln und den Unterricht zu verbessern. Dazu gibt er Visionen vor und führt Innovationen ein – letztendlich, um Schulwirksamkeit und Schulqualität zu steigern. Neu ist dabei die Berücksichtigung der Schule in ihren sozialen Netzwerken, die Schulkultur und eine starke Einbeziehung der Eltern. Der Schulleiter übernimmt dabei folgende Aufgaben:
- Unterstützung bei der Schaffung einer Infrastruktur
- Unterstützung bei der Rollenbeschreibung und Arbeitszuweisung
- Unterstützung/Vertreten der Idee nach innen – gegenüber anderen Lehrern und Schülern sowie nach außen – gegenüber den Eltern, der Kommune und der Schulverwaltung.
- Bildung einer Laptoplehrer-Steuerungsgruppe in der Schule

Die Steuerungsgruppe koordiniert alle Maßnahmen, die die Gesamtkonferenz zum Erreichen der Ziele für die Laptopnutzung gesetzt hat. Sie erstellt einen zeitlich abgestimmten Projektplan, der die Umsetzung der festgelegten Ziele sichert. Außerdem gewährleistet sie Transparenz und klare Kommunikationswege. Klar verfolgtes Ziel der Laptop-Steuerungsgruppe ist es, die Nutzung des Laptops in der Schule auszuweiten und Kollegen, die bislang die Laptops noch nicht genutzt haben, dafür zu gewinnen, die Rechner in ihrem Unterricht einzusetzen. Hierzu werden Fortbildungen organisiert und einzelnen Lehrern wird bei der Unterrichtsvorbereitung geholfen. Wichtig erscheint neben den bereits aufgeführten Maßnahmen in den Bereichen Organisationsentwicklung, Personalentwicklung und Unterrichtsentwicklung, auch im Bereich der Kommunikationsentwicklung und der Verbesserung der Schulkultur sowie des Schulklimas Maßnahmen zu ergreifen, die die Implementierung der neuen Technologie unterstützen (Schulz-Zander, 2001).

Weitere Gremien wie Fachgruppen oder Gruppen auf Klassen- oder Jahrgangsebene sollten die Computernutzung in ihre Arbeit mit einbeziehen. Gelingt dies nicht und wird in diesen Gremien der Laptop nicht auch zum Thema gemacht, droht eine „Marginalisierung der Laptopnutzung". Wegen des hohen Aufwands, gerade in den ersten Jahren der Nutzung, wird das Thema „Laptopnutzung" aus Zeitmangel, da andere Themen für den Lehrer subjektiv wichtiger erscheinen, zunehmend marginalisiert. Man sucht nach Wegen, wie der Rechner nicht eingesetzt werden muss. In einen solchen Prozess sollte die Schulleitung eingreifen und in den Gremien präsent sein, um einer Marginalisierung entgegenzuwirken. Nur wenn für alle Lehrer deutlich ist, dass die Laptopnutzung ein wesentlicher Bestandteil der Schule und einer neuen Lernkultur ist, werden Lehrkräfte, die sich der Laptopnutzung entziehen wollen, kein Schlupfloch finden, die Rechnerverwendung in Unterricht zu umgehen.

Ausblick

Nach acht Jahren, also deutlich nach der Implementierungsphase finden sich am Evangelisch Stiftischen Gymnasium u.a. folgende Veränderungen. Das Laptop-Curriculum ist erstellt und der Laptop ist in der Schule ein normales Arbeitsgerät. Die Arbeit der Steuerungsgruppe ist eingespielt – mehr als die Hälfte der Lehrer nutzt regelmäßig den Laptop im Unterricht. In einigen 8. und 9. Klassen in den Hauptfächern Deutsch und Englisch nutzen die Schüler keine Hefter mehr, alles ist digital abgelegt. Klassenarbeiten werden in den Fächern Deutsch, Englisch und Mathe in einigen Klassen auf dem Laptop geschrieben. Nach vier bis neun Jahren der Laptopnutzung sahen es einige Lehrer als notwendig an, sich stärker mit dem Thema E-Learning auseinanderzusetzen. Es entstand der Wunsch nach einer E-Learning-Plattform, die den Unterricht mit den Laptops ergänzen könnte.

Die Schüler arbeiten viel selbstständig mit dem Laptop, jedoch blieben konstruktivistische Unterrichtsszenarien bislang eher die Ausnahme. Die gefundenen Unterrichtsstile sind von den Lehrern selbst entwickelte Abwandlungen der klassischen Unterrichtsmethoden. Es gibt einige Studien, die Unterrichtsmethoden für die Laptopnutzung erhoben haben. Es sind auch neue Methoden für den Unterricht mit Laptops entwickelt worden. Die Methoden sind aber noch zu wenig in der Lehreraus- und -fortbildung angekommen. Ebenso gibt es zwar Studien zur Implementierung von neuen Technologien in Schulen, doch Schulberatung und implementierungsfördende Maßnahmen werden in Deutschland zu wenig angeboten. Perspektivisch könnten diese Versäumnisse zu einer hohen Quote gescheiterter Laptop-Schulen führen.

Die Nutzung der preiswerten Netbooks in der Schule hat in den letzten Jahren deutlich zugenommen. Aufgrund der Kürze der Zeit seit der Einführung der Netbooks liegen noch keine fundierten Forschungsergebnisse vor. Wenn man jedoch davon ausgeht, dass der Hauptmehrwert die Veränderung der Lernkultur, das effektive Schreiben und Recherchieren ist, so scheint es zunächst unbedenklich, dass die Netbooks weniger leistungsstark sind als die klassischen Laptops. Es ist zu begrüßen, dass das Gewicht neuer Geräte deutlich geringer ist und der Preis eine weitere Verbreitung ermöglicht.

Die zunehmende Handlichkeit der Computer wird die Integration in den Unterricht erleichtern, jedoch ist eine übertriebene Verkleinerung der Geräte kontraproduktiv. Das effektive Schreiben und Lesen am Bildschirm wird durch geschrumpfte Tastatur und Bildschirm empfindlich gestört. Sinnvoll für die Schule erscheint eine Größe von 12 (im Grundschulbereich) bis 17 Zoll und eine Normaltastatur. Ein Platzproblem auf den Tischen, auch bei den „großen Laptops", gab es an den erfahrenen Laptopschulen nur selten, da meist entweder mit dem Rechner oder dem Hefter gearbeitet wurde.

Unsere Untersuchung unterstreicht das große Potenzial der Computernutzung – insbesondere der Laptopnutzung im Unterricht zur Realisierung einer neuen Lernkultur. Sie zeigt aber auch, dass die Integration des Laptops in den Unterricht mit großen zusätzlichen Anstrengungen für die Lehrkräfte verbunden ist und dass dieser Prozess dringend durch implementationsfördernde Maßnahmen begleitet werden sollte.

Literatur

Aviram, A. & Richardson, J. (2004). *Upon What Does the Turtle Stand? Rethinking Education for the Digital Age.* Dordecht: Kluwer Academic Publishers.

Becker, H.J. (2000). *Findings from the teaching, learning and computing survey: Is Larry Cuban right?* Verfügbar unter: http://www.crito.uci.edu/tlc/findings/ccsso.pdf [18.06.09].

Bofinger, J. (2007). *Digitale Medien im Fachunterricht. Schulische Medienarbeit auf dem Prüfstand.* Donauwörth: Auer.

Fairman, J. (2004). *Trading roles: Teachers and students learn with technology. Maine Learning Technology Initiative. Research Report #3.* University of Southern Maine: Maine Education Policy Research Institute. Verfügbar unter: http://www.usm.maine.edu/cepare/pdf/mlti/MLTI%20Phase%20One%20Evaluation%20Report%203.pdf [18.06.09].

Fullan, M. (2007). *The new meaning of educational change* (4th ed.). New York: Teachers College Press.

Greavis Group, Hayes Connection. (2006). America's Digital Schools 2006 – A Five-Year Forecast. Verfügbar unter: http://www.ads2006.net/ads2006/pdf/ADS2006KF.pdf [18.06.09].

Groeben, N. & Hurrelmann, B. (Hrsg.) (2002). *Medienkompetenz. Bedingungen, Dimensionen, Funktionen.* Weinheim: Juventa.

Harris, J. (2008). One size doesn't fit all. *Learning and Leading with Technology*, 35 (5), 18–23.

Hofmann, B. (2002). *Die Bedeutung des Schulleiters für eine gute Schule und seine Handlungsmöglichkeiten für Schulverbesserungen.* Berlin: Logos.

Hunneshagen, H. (2005). *Innovationen in Schulen.* Münster: Waxmann.

Kozma, R.B. (Hrsg.). (2003). *Technology, Innovation, and Educational Change: A Global Perspective. A Report of the Second Information Technologie in Education Study.* Eugene (USA): International Association for Evlauation of Educational Achivement (IEA).

Law, N., Pelgrum, W. J. & Plomp, T. (Hrsg.) (2008). *Pedagogy and ICT use in schools around the world: Findings from the IEA SITES 2006 study*. Hong Kong: CERC-Springer.

Lei, J., Conway, P. & Zhao, Y. (2008). *The digital pencil: one-to-one computing for children*. New York: Lawrence Erlbaum Associates (LEA).

Livingstone, P. (2006). *1-to-1 Learning: Laptop Programs That Work*. Eugene: International Society for Technology in Education (ISTE).

Mandl, H., Reinmann-Rothmeier, G. & Gräsel, C. (1998). *Gutachten zur Vorbereitung des Programms „Systematische Einbeziehung von Medien, Informations- und Kommunikationstechnologien in Lehr- und Lernprozesse"*. Bonn: Bund-Länder-Kommission für Bildungsplanung und Forschungsförderung (BLK).

Nilson, L. & Weaver, B. (Hrsg.). (2005). *Enhancing Learning with Laptops in the classrooms. New Directions for Teaching and Learning Nr. 101*. San Francisco: Jossey-Bass.

Pelgrum, W. (2001). Obstacles to the integration of ICT in education: results from a worldwide educational assessment. *Computers & Education, 37*, 163–178.

Penuel, W. (2006). Implementation and effects of one-to-one computing initiatives: A research synthesis. *Journal of Research on Technologie in Education, 38*, 329–348.

Rockman et al. (Independent Research Organization) (1998). *Powerful tools for schooling: Second year study of the laptop program. A project for Anytime Anywhere Learning by Microsoft Corporation & Notebooks for Schools by Toshiba American Information Systems* (Projektbericht). San Francisco, CA. Verfügbar unter: http://www.microsoft.com/education/download/aal/research2.rtf [18.06.09].

Schaumburg, H. & Seidel, T (2008). Online-Lernen in der Schule. In L. J. Issing & P. Klimsa (Hrsg.), *Online-Lernen – Handbuch für das Lernen mit dem Internet* (S. 359–366). München: Oldenbourg-Verlag.

Schaumburg, H. & Issing, L.J. (2002). *Lernen mit Laptops*. Gütersloh: Bertelsmann Stiftung.

Schaumburg, H., Prasse, D., Tschackert, K. & Blömeke, S. (2007). *Lernen in Notebook-Klassen*. Bonn: Schulen ans Netz. Verfügbar unter: http://itworks.schulen-ans-netz.de/dokus/n21evaluationsbericht.pdf [18.06.09].

Schaumburg, H., Prasse, D., Tschackert, K. & Blömeke, S. (2008). Neuer Unterricht mit neuen Medien? Ergebnisse einer Videostudie zum Einsatz mobiler Computer im Unterricht. In E.-M. Lankes (Hrsg.), *Pädagogische Professionalität als Gegenstand empirischer Forschung* (S. 198–199). Münster: Waxmann.

Schulz-Zander, R. (2001). Neue Medien als Bestandteil von Schulentwicklung. In S. Aufenanger, R. Schulz-Zander & D. Spanhel (Hrsg.), *Jahrbuch der Medienpädagogik* (S. 263–281). Opladen: Leske + Budrich.

Schulz-Zander, R. & Riegas-Staackmann, A. (2004). Neue Medien im Unterricht – Eine Zwischenbilanz. In H. G. Holtappels, K. Klemm, H. Pfeiffer, H.-G. Rolff & R. Schulz-Zander (Hrsg.), *Jahrbuch der Schulentwicklung, Bd. 13* (S. 291–330). Weinheim: Juventa.

Schulz-Zander, R. (2005). Innovativer Unterricht mit Informationstechnologien – Ergebnisse der SITES M2. In H. G. Holtappels & K. Höhmann (Hrsg.), *Schulentwicklung und Schulwirksamkeit* (S. 264–276). Weinheim: Juventa.

Senkbeil, M. & Wittwer, J. (2007). Die Computervertrautheit von Jugendlichen und Wirkungen der Computernutzung auf den fachlichen Kompetenzerwerb. In Pisa-Konsortium Deutschland (Hrsg.), *PISA 2006. Die Ergebnisse der dritten internationalen Vergleichsstudie* (S. 278–307). Münster: Waxmann.

Silvernail, D.L. & Harris, W.J. (2003). *The Maine Learning Technology Initiative: Teacher, Student, and School Perspectives. Mid-Year Evaluation Report*. University of Southern Maine: Maine Education Policy Research Institute. Verfügbar unter:

http://www.usm.maine.edu/cepare/pdf/mlti/MLTI%20Phase%20One%20Evaluation%20Report%201.pdf [18.06.09].

Warschauer, M. (2006). *Laptops and Literacy: Learning in the Wireless Classroom.* Columbia University, New York: Teachers College Press.

Nitza Katz-Bernstein

Voraussetzungen für die Nutzung digitaler Medien
Entwicklungspsychologische und didaktische Überlegungen für Kinder mit Förderbedarf im Bereich Sprache und Lernen

> Unter der gegenwärtigen theoretischen Perspektive bedeutet das Erlernen des Gebrauchs sprachlicher Symbole, dass man lernt, das Interesse und die Aufmerksamkeit eines anderen intentionalen Akteurs zu steuern, mit dem man intersubjektiv interagiert. Das heißt, das sprachliche Kommunikation nichts anderes ist als eine Manifestation und Ausweitung […] bereits bestehender Fertigkeiten des Kindes zu Interaktionen gemeinsamer Aufmerksamkeit und kulturellem Lernen. (Tomasello, 2006)

Soll die Heranführung zur Nutzung von digitalen Medien im schulischen Rahmen erfolgen, so stellt sich die Frage, welche Kompetenzen erworben und welche Bedingungen beachtet werden müssen, damit sich auch Kinder mit Förderbedarf im Bereich Sprache und Lernen, aber auch im sozial-emotionalen Bereich, sinnvoll und erfolgreich daran beteiligen können.

Dieser Beitrag versteht sich als Brückenschlag zwischen der Realität der Integration solcher Kinder und der Tatsache, dass die Heranführung an die digitalen Medien in diesem Kontext zu wenig Berücksichtigung gefunden zu haben scheint (Schwier, 2005). Es wird hier daher über die basalen Bedürfnisse dieser Kinder nachgedacht, um die Voraussetzungen dazu gezielt schaffen zu können. Solche Voraussetzungen sollen, einer entwicklungspsychologischen Position zum Erwerb von Sprach- und Symbolisierungsfähigkeit entlang, auf drei Aspekte fokussiert, aufgezeigt und didaktische Konsequenzen zur erfolgreichen Nutzung solcher Medien bei Kindern mit sonderpädagogischem Förderbedarf gezogen werden. Es handelt sich dabei um grundlegende Überlegungen, die für solche Kinder in verschiedenen Kontexten zutreffen; sei es in der Förderschule oder aber im gemeinsamen Unterricht. Dabei werden als Grundlage die Prinzipien des Konstruktivismus durch die sozial-konstituierende, interaktive Position erweitert und ergänzt (Wygotsky, 1978, Bruner, 1987, Tomasello, 2006, vgl. dazu Oerter, 1999, S. 149). Diese ergänzenden Betrachtungen sollen eine zusammenhängende theoretisch-didaktische Dimension darstellen und praxisbezogene Kriterien aufzeigen, um auch Kinder mit Sprach- und Lernbeeinträchtigungen im Umgang mit digitalen Medien partizipieren zu lassen. Dazu werden die drei Aspekte der Fachperson-Kind-Interaktion, der kognitiven Voraussetzungen und der sozialen Partizipation betrachtet. Die wichtigen, jedoch eher segmentierenden, quantifizierenden Erhebungen bedürfen immer wieder eines theoretischen Rückhalts, um ihre Evidenz nicht zu verfehlen und um brauchbare und sinnvolle Schlüsse für die Praxis zu ziehen.

Diese Position stellt nicht nur das Kind und seine sich entwickelnden Kompetenzen in den Blick, sondern die gesamte Dynamik der Interaktion zwischen einem sozial kompetenten Erwachsenen und dem Kind mit der Absicht zur Vermittlung von sprachlich-symbolischen Werkzeugen, die kulturell und sozial die Voraussetzung bilden, um an dieser teilhaben zu können. Der kompetente Erwachsene geht „proximal" vor, das heißt im Sinne von Wygotsky (1978), dass er die Zone der nächsten Entwicklung des Kindes anstrebt, sie erwartet, unterstellt und unterstützt. Mit wachsender internalisierter Selbstständigkeit des Handelns nimmt der Erwachsene sich zurück, wobei die Zone sich abwechselnd in zwei Richtungen bewegt: in die Zone freier, experimenteller Bewegung und in eine Zone geförderter Handlung (vgl. Valsinger, 1987 zitiert nach Oerter, 1999, S. 148).

Einige Grundsätze der sozial-konstituierenden Wissenschaftsposition zum Erwerb von sozialen, kommunikativen, sprachlichen und weiteren Handlungskompetenzen, die diesem Beitrag zugrunde liegen, werden nun vorangestellt:
- Interaktive (überindividuelle) Strukturen gelten als genetische Voraussetzung und daher auch als Format der sprachlichen und mentalen Entwicklung,
- Der Erwerb von kommunikativen Strukturen basiert auf Erfahrungen von Interaktionen und deren Qualität,
- Lernen gilt als „kollektiv dialogisch" in einem sozialen Kontext,
- Das Erleben von eigenen sowie das Verstehen von fremden Intentionen und deren mögliche synergetische oder behindernde Verbindung bildet die mental-kognitive Basis,
- Das Lernen schreitet voran von einem subjektiven Handlungs- und Gegenstandsbezug hin zu einer sozialen Generalisierung, Objektivierung und Abstraktion,
- Die soziale Entwicklung schreitet von der relativen Abhängigkeit von einer Referenzperson voran zur sozialen Triangulierung und stellt naturwüchsig entsprechende sprachlich-linguistische Anforderungen als Entwicklungsaufgaben,
- Mentale Repräsentationen sind strikt sprachgebunden, sowohl für deren Konstitution, für deren Abrufbarkeit, um mit ihnen abstrakt zu handeln als auch über sie zu kommunizieren.

Diese Prämisse erlaubt eine didaktische Übertragung auf die Situation von Kindern, die im schulischen Kontext von einem „kompetenten Erwachsenen" – einer Lehrperson, an die nachhaltige Nutzung von Medien herangeführt werden. Die Lehrperson führt den Gegenstandsbezug in Lern- und Spielhandlungen von der subjektiven Valenz hin zur objektiven Valenz von Gegenständen, die durch gemeinsame Handlungen entstehen. Diese erlaubten Handlungsfreiheiten werden erst durch die damit erworbene abstrakte Valenz der Gegenstände ermöglicht. In der Folge werden Abstraktionsprozesse beschrieben, die als pädagogische Heranführung zur Nutzung von Medien betrachtet werden können.

Anders als Lerntheorien, die sich auf ein lineares Lernen am Modell konzentrieren und als Reiz-Reaktions-System verstanden werden oder kognitivistische Theorien, die die eingehende Entwicklung von kognitiven Kompetenzen der Abstraktion in den Fokus nehmen, beruht die Metapher des Lernens der sozial-konstituierenden, interaktiven Position auf einem ständigen Prozess eines „Scaffoldings", eines Unterstützungssystems (Bruner, 1987), das ko-konstruktiv und dynamisch als gegenseitiger Anpassungsprozess verläuft. Dieses System basiert zunächst auf einer sozialen Asymmetrie der Vermittlung von kulturellen „Skills" und bewegt sich hin zu einer erstrebten angepassten Symmetrie, Synergie und sozialen Optimierung von gezielten Interaktionen (Wygotsky, 1978, Karpov, 2006, Oerter, 1999, Tomasello, 2006). Zunächst werden die „Skills" durch einen erwachsenen Mentor eingeführt und unterstützt, vom sich identifizierenden Kind als „sozialer Agent" allmählich übernommen und internalisiert, bis sie schließlich Interaktionen und Ko-Konstruktionen mit gleichaltrigen Peers führen, die konstituierend sind für Abstraktionsprozesse (Andresen, 2002, Oerter, 1999, 2001). Diese Vorgänge sollen hier konkretisiert und erläutert werden. Dazu werden entwicklungspsychologische, linguistische sowie aktuelle Spieltheorien miteinbezogen. Damit ist auch die Bedeutung der Beherrschung von Medien als pädagogisches Ziel der sozialen Partizipation, die in sonderpädagogischen Fördereinrichtungen und integrativen Beschulungsformen angepeilt werden, angesprochen (vgl. dazu Schulz-Zander & Tulodziecki, 2009).

Keine andere Gruppe bedarf soviel nähere Betrachtung beim Lern- und Bildungsprozess wie die heterogene Gruppe von lernschwachen Kindern, im Spezifischen solche, die sprachliche und sozial-emotionale Defizite und Verzögerungen aufweisen. Diese sind bei der Individualisierung und Differenzierung der zu vermittelnden Kompetenzen darauf angewiesen – besonders solche komplexerer Art wie Online-Lernen – dass ein abgestimmter pädagogisch-didaktischer Zugang sie in der Zone ihrer effektiven nächsten Entwicklung abholt. Erst der Nachvollzug der nötigen Entwicklungsschritte der Abstraktion, sowohl eingebunden in einem theoretischen Rahmen als auch als ganz konkrete pädagogisch-didaktische Praxis, ermöglicht der pädagogischen Fachperson die Kinder im Allgemeinen und solche mit Förderbedarf im Spezifischen, an einer effizienten und erstrebten Nutzung von Medien jeglicher Art heranzuführen, sie zu unterstützen und zu begleiten.

Kinder mit Förderbedarf Lernen und deren Lehrpersonen sind mit erschwerten Bedingungen konfrontiert. Um ihre Partizipation an kulturellen Errungenschaften im Sinne einer „Individualisierung" zu ermöglichen und zu sichern, muss über basale Formen des Lernens nachgedacht und an diese angeknüpft werden. In diesem Beitrag sollen drei basale Aspekte des Lernens betrachtet werden, die als Voraussetzung und Grundlage für selbständiges, abstraktes, kooperatives und sozialverantwortbares Online-Lernen (Schulz-Zander & Tulodziecki, 2009) dienen. Daraus werden im Folgenden didaktische Konsequenzen zusammengefasst:
a) die Qualität der Interaktion mit einer Referenzperson – *interaktiver Aspekt*,
b) die dazu notwendigen symbolischen, sozial-kognitiven Prozesse der Abstraktion – *kognitiver Aspekt*,
c) die Fähigkeit zur Kooperation, Kommunikation und Beteiligung an gemeinsamen Handlungen in einem Klassenverbund – *sozialer Aspekt*.

Interaktion mit der Referenzperson

> In contrast to physical characteristics of objects, their social meanings cannot be discovered by infants themselves. Therefore […] mediation of these object-centered actions becomes a must for their successful performance. (Karpov, 2006, S. 93)

> Die Befunde […] zeigen, dass gerade in den Fällen von forschenden Lernens die Lehrperson den Lernprozess im hohen Masse strukturiert: Sie präsentiert

Inhalte, begleitet die Lernenden, überwacht deren Lernfortschritte und steht ihnen beratend zur Seite. (Schulz-Zander & Tulodziecki, 2009, S. 42)

Die *erste Frage* bezüglich der Voraussetzungen und des pädagogisch-didaktischen Umgangs zur gelungenen Verwendung von Medien bei Kindern mit sonderpädagogischen Förderbedarf lautet:

Welche individuelle Begleitung, Beachtung und Unterstützung braucht ein Kind, damit es eine wachsende Aufmerksamkeit, Nachhaltigkeit und Selbstständigkeit in Umgang mit Medien (der „Gegenstandbezug" nach Oerter, 1999, S. 19ff.) und den damit verbundenen Aufgaben erreichen kann?

Oder anders gefragt: Wie könnte ein „individualisiertes Lernen" als didaktischer Grundsatz des Online-Lernens (Schulz-Zander & Tulodziecki, 2009, S. 41) bei Kindern mit Förderbedarf konkret aussehen? Um diese Frage gebührend zu beantworten, soll bei den frühen Grundlagen des Lernens, Wahrnehmens und Handelns angesetzt werden.

Im ersten Jahr ihrer Entwicklung sind Bezugspersonen und Säuglinge damit beschäftigt, eine verbindliche dyadische Konstellation zu schaffen, die den Rahmen für den Erwerb von symbolischen, kommunikativen und sprachlichen Kompetenzen bildet. Erst in diesem Rahmen kann sich die mentale Kompetenz des menschlichen Verstehens von Intentionalität und Kausalität entwickeln und der Umgang mit den damit verbundenen Gegenständen und Instrumenten nachvollzogen und erlernt werden (Tomasello, 2006). Das Kernstück bildet der erkundende Blick der Intentionalität von Handlungen über die konkrete, offensichtliche Realität hinaus sowie die gemeinsam gerichtete Aufmerksamkeit, oder der referentielle, trianguläre Blickkontakt (Bruner, 1987, Tomasello, 2006).

Das Stillen von Grundbedürfnissen des Kindes nach Nahrungsaufnahme, Pflege und sonstigen Alltagsverrichtungen, nach Bruner (1987) sogenannt „Formate", werden durch eine „intuitive elterliche Didaktik" (Papousek, 1994) genutzt, um zugunsten von Schulung und Bildung einen Aufmerksamkeitsbogen für menschliche Interaktionen zu erstellen. Die besagten Formate werden durch ritualisierte, sequenzierte, prosodisch-sprachliche und kontingente Begleitung geformt. Sie lassen durch ihren immer wiederkehrenden Charakter für den Säugling die Absichten und die strukturelle Beschaffenheit erkennen und bekommen einen Script-Charakter. Diese Scripts lassen sich dann als repräsentierte Interaktionen mit Sinn, Zweck, Ursache und Wirkung erlernen und generalisieren lassen. Die Sprache mit ihrer Semantik wird dabei als Abkömmling von sinnvollen, selbsterfahrenden Interaktionen verstanden, die für das Kind einen Selbstbezug der gemeinsamen, sozial sinnvollen Erfahrung konstituiert. Das macht die Motivation zum Erlernen von Sprache und sprachlichen Formen sowie lexikalischen und grammatischen Fertigkeiten plausibel (vgl. Tomasello, 2006).

Welche „intuitive didaktische elterliche Kompetenzen" (Papousek, 1994) kommen in solchen Situationen zum Tragen und ermöglichen einen Lernprozess? Einige sollen hier genannt werden (modifiziert nach Rutter & Garmezy, 1983):

- Einstimmen auf emotionale Lage und Umstimmung in positiver Richtung
- Lenkung durch Austausch mimischer und vokaler affektiver Botschaften
- Fördern von Kommunikationsvielfalt
- Vermitteln von Sicherheit, Reduktion von Fremdheit

- Angebote von Spiel- und Erfahrungsimpulsen und -möglichkeiten
- Sprachliche Begleitung von Handlungen
- Kognitive Strukturierung von Situationen
- Aushandeln von Grenzen in der Kommunikation.

Laut Karpov (2006) sind diese immer bezogen auf die gemeinsame Handlung des kulturellen Lernens.

Diese qualitative Dimension der Lernunterstützung ist jedem, der jemals Kinder unterrichtet hat bekannt und nicht dem Kleinkindalter vorbehalten. Sie bleibt basal für jeglichen Lernprozess, bei dem komplexere Problemlösungen selbstständig verfolgt werden sollen. Erst die fortwährende Einbindung des Kindes in einen gemeinsamen Aufmerksamkeitsbogen und der zeitlich-räumlich markierte, deklarierte, auf einen intendierte Sachverhalt gerichtete Handlungsrahmen, der eine motivationale Kontinuität ermöglicht, erlaubt es, Lernprozesse statt finden zu lassen. Modellhaft werden solche Kontinuitätserfahrungen als generalisiertes Lern-Handlungsmuster internalisiert und dienen bei wachsender Selbstständigkeit zur eigenen Findung einer selbst initiierten und aufrechterhaltenden Arbeitshaltung. Je unerfahrener, ungeschulter, unselbstständiger, verzögerter und resignierter das Kind, umso intensiver, kontinuierlicher und geduldiger muss sich die kompetente Lehrperson als Referenzperson um die Aufrechterhaltung der Aufmerksamkeit des Kindes beim Lernvorhaben kümmern. Der trianguläre Bogen Kind-Bezugsperson-Unterrichtsgegenstand, muss vom erwachsenen Fachpersonal über Störungen, Ablenkungen und Frustrationen hinaus didaktisch geschickt, dem Kind angepasst und mit dem nötigen „pädagogischen Optimismus" und der Unterstellung eines erfolgreichen Lerneffekts aufrecht erhalten werden. Im therapeutischen Bereich ist die Effektivität einer optimistischen Unterstellung bekannt und durch Studien belegt (vgl. dazu Katz-Bernstein, Subellok, Bahrfeck, Plenzke & Weidt-Goldschmidt, 2002).

Während eines jeglichen Lernprozesses vollzieht sich im Sinne einer Anpassung an die erworbenen Kompetenzen des Kindes ein „Wippeneffekt" (Hausendorf & Quasthoff, 1996). Je kompetenter und selbstständiger das Kind, umso mehr kann und soll der Unterstützungseffekt abnehmen, um das Kind den eigenen „Motor" der Interaktion finden zu lassen und ihm diesen zu überlassen. Dazu werden drei handlungsregulierende Schritte erkennbar, um dem „unerfahrenen Mitglied der Gesellschaft" die sukzessive Übernahme der nötigen Skills zu ermöglichen:
1. Bezugsperson führt Objekt ein – Interesse des Kindes für das Objekt wird etabliert,
2. Bezugsperson sichert Handlungstriangulierung – Handlung wird vermittelt, unterstützt und gefördert,
3. Kind übernimmt Handlungstriangulierung – Handlung wird vom Kind initiiert, Bezugsperson oder andere Akteure mit einbezogen. (Tomasello, 2006)

Auf diese Weise kann sich das Kind durch Modelllernen, Imitation und Rollenumkehr als „sozialer Akteur" erkennen und die Übernahme der dazu nötigen Skills von einer Fremdmotivation zu einer eigenen werden lassen (vgl. Holodynski, 1999). Wertmaßstäbe, Ethik und kommunikativ-soziale Regeln, die die Interaktionen regeln, werden als eigene übernommen (Karpov, 2006). Bei Kindern mit sonderpädagogischem Förderbedarf müssen solche Vorgänge oft über „Durststrecken" der Abhängigkeit, Passivität, gestörte Verläufe und Ohnmacht des Kindes hinweg aufrecht erhalten werden.

Für den schulischen Kontext des Online-Lernens würde es, optimalerweise, konkret bedeuten dass...
- zunächst eine verbindliche, kontinuierliche, rituell-markierte Lernsituation, möglichst durch eine konstante personelle Begleitung, etabliert wird,
- die Unterweisung der nötigen Skills dem Selbständigkeitsgrad des Kindes fortwährend angepasst wird, damit die allmähliche Übernahme der Skills durch das Kind als „sozialer Akteur" erfolgen kann,
- eine Balance zwischen Skill-Trainings und freien Experimentieren gewährleistet werden kann.

Zentral ist dabei jedoch die „Ressourcenorientierung" (vgl. Katz-Bernstein, 2008) oder die „pädagogische optimistische Unterstellung" (Katz-Bernstein et al., 2002), die u.a. aus Wygotskys Theorie die „Zone des nächsten Entwicklungsschritts" abgeleitet ist: Wenn es der pädagogischen Bezugsperson gelungen ist angepasstkleinschrittig die Anforderung an die persönlichen Fähigkeiten und Möglichkeiten zu dosieren, so zeigt sie einen Entwicklungsoptimismus, der dem Kind vermittelt, fähig zu sein, dieser Anforderung nachkommen zu können. Damit wird eine motivationale Schleife errichtet, die beide beteiligten Kräfte zum Durchhalten bei Hürden und Versagensängsten anspornt.

Symbolisierung und Aneignung von sprachlich-semantischen Feldern – die Erzeugung einer Meta-Ebene zur Handlung

> In contrast of preschoolers' learning, learning at school deals with the acquisition by students of scientific, theoretical knowledge, which is presented to students in the form of concepts, rules, and laws. Therefore, symbolic thoughts is not just important but a must for children's successful learning at school. (Karpov, 2006, S. 168)

> Beim Lernen mit Online-Angeboten (stellen sich) immer wieder folgende Fragen: Erzeugen die Informationen und Darstellungen ein realistisches Bild der Wirklichkeit? (Schulz-Zander & Tulodziecki, 2009, S. 38)

Die *zweite Frage,* die hier gestellt wird, lautet:

Welche sind die notwendigen mentalen, sozial-kognitiven Prozesse der Abstraktion, die eine Beteiligung von medial unterstütztem Unterricht ermöglichen?

Angeschlossen an die vorgehend erläuterten repräsentierten Handlungen, die wie oben gezeigt interaktiv und von kompetenten sozialen Akteuren unterstützt und erworben werden konnten, werden nun, bei ausreichender Kapazität von angeborenen kognitiven Voraussetzungen (anders bei Kindern mit tiefgreifenden Entwicklungsstörungen aus dem autistischen Spektrum sowie Kindern mit kognitiven Abweichungen), unterschiedliche Abstraktionsstufen durchlaufen. Die wachsende mentale Entwicklung erlaubt nun immer mehr Operationen, die sich von „konkret" zu „abstrakt" und von „analog" zu „digital" vollziehen.

Folgende sozial kognitive Abstraktionsstufen, die wiederum handelnd-interaktional erworben werden, können genannt werden:
- *Aktionale Repräsentationen* – Entstehen in der Interaktion mit den Bezugspersonen.
- *Ikonische Repräsentationen* – Entstehen durch die Vorstellung der Interaktionen Einordnung der Handlung in Zeit- und Raumbezüge.
- *Symbolische Repräsentationen* – Entstehen durch symbolische Simulation sowie Rollentausch. Erwerb von unterschiedlichen Perspektiven zum gleichen Sachverhalt.
- *Sprachliche Repräsentation* – „Mentalisierung": Loslösung von konkreten Handlungen und Personen, Wissen um und Verstehen von eigener und fremder Intentionalität, deren Unterschiedlichkeit, sowie deren kommunikative Vermittlung durch sprachlich-narrative, explikative und aushandelnde Metaebene. (Mod. n. Oerter, 1999, 2001, Fonagy, 1996, vgl. auch Katz-Bernstein, 2002, 2003, Tomasello, 2006)

Erst nach dem Erwerb dieser Abstraktionsstufen, von den kognitiven Voraussetzungen ausgehend, kann die nächste Dimension der symbolischen Repräsentation und Abstraktion der Wirklichkeit in ihrer Vielfalt an Lernmöglichkeiten des Online-Lernens selbstständig und sinnvoll genutzt werden.

Dieser lange Weg führt vom Vorschulalter und Primarschulalter hin zu der Erzeugung und dem Erwerb einer mentalen und symbolischen Ebene der Fiktivität, über die abstrakt kommuniziert werden kann, sowie deren Unterscheidung vom realen und sozialen Kontext. Die „Fähigkeit des Überstiegs" zwischen der realen und fiktiven Ebene (Lempp, 1992), wächst mit dem Erwerb von sprachlichen, semantisch-lexikalischen und grammatischen Kompetenzen, die ihrerseits wiederum zweierlei ermöglichen:
a) Modifikationen und Optimierung von Handlungen durch Simulationen und Spiel mit Optionen und Wahrscheinlichkeiten,
b) Deren soziale Öffnung für gemeinsame Handlungen durch Etablierung einer sprachlichen Metaebene, die Aushandlungen und Reflektion über die Handlung ermöglicht. (Andresen, 2002, 2008)

Im Vorschulalter beginnt das Kind nicht nur Gesten und kurze Handlungssequenzen zu imitieren, sondern fortlaufende Interaktionen und deren Folgehandlungen im Symbolspiel zu inszenieren (Oerter, 1999, Zollinger, 1995, Andresen, 2002, 2008). Dabei bleiben die simulierten, fiktiv erzeugten Handlungen zunächst thematisch und von der Handlungsorganisation her nahe an der Realität der Kinder; Arzt und Patient, Mama und Baby, Garagen-Besitzer und Autos, Lehrer und Schüler. Im Symbol- und Parallelspiel erwirbt das Kind „Scripts", wie man sozial agiert und interagiert, wann, wo, mit welchen Aufgaben, Zweck und Sinn und in welchen Rollen.

Wygotsky (1978, S. 264) sagt dazu: „Das Kind erlangt die Fähigkeit eine Idee darzustellen, vom Gedanken zur Situation und nicht wie bisher von der Situation zum Gedanken zu gelangen."

Damit wird betont, dass sich in dieser Phase der Übergang von einem kontextuell-deiktischen (zeigend, hinweisenden) Bezug zu einem konkreten Realitätsbezug, bis hin zu der Welt des Denkens in Begriffen und Zeichen vollzieht, die eine Annäherung an eine stabile Konstruktion einer sozialen Realität ermöglicht.

Dazu werden Gegenstände und deren funktionaler Gebrauch umgedeutet, von ihrem subjektiven, explorativen Bezug losgelöst und erhalten einen neuen symbolischen Bezug, der eine erste Generalisierung als soziales Instrument, abhängig von Handlung, Rolle und Kontext, erlaubt. Ein weiterer Rollentausch im eigenen Symbolspiel erzeugt die Fähigkeit zu einem Perspektivenwechsel und lässt eine gesamte Handlung aus unterschiedlichen Positionen erfassen.

Dabei geschieht folgendes:
- Ereignisse werden durch *sprachliche Begrifflichkeiten* und Redewendungen geformt
- Ereignisse erhalten *Zeitdimensionen*
- Ereignisse erhalten *Selbstbezug*
- Ereignisse werden mit *sozialen Bewertungen* verknüpft (Nelson, 2006, S. 81).

Die Leitfragen, die dabei für das Kind entstehen, „What is?" und „What if?", zwingen es sprachliche Mittel zu erwerben, die seine narrative Kompetenzen kognitiv, sprachlich und kommunikativ erweitern (Engel, 2005).

Eine zweite, „magische" Dimension des Symbolspiels ermöglicht jedoch noch Weiteres: die Erzeugung von Fiktivität. Durch die Fiktion kann eine Verdichtung und Generalisierung von Ereignissen, die im sozialen Kontext erlebt werden und emotional besetzt sind, erfolgen und durch Manipulation, Rollenwechsel, Überzeichnung und Erweiterung der Möglichkeiten eine Kompensation und Verarbeitung hervorrufen. Der fiktive Charakter der Handlungen ermöglicht eine motivationale Adaptierung des Kindes, indem eine real erlebte Inkompetenz und inferiore Asymmetrie als unterlegener Akteur durch einen imaginären Rollentausch, Modifikation, Überspitzung und Übertreibung auf eine lustvolle Art des Handlungserwerbs vollzogen wird. Das Kind wird zu einem „Regisseur", der die Handlung, deren Verlauf und die Rollenverteilung der Kompetenz und Inkompetenz umzutauschen und zu bestimmen vermag. Ereignisse, die über ein Script hinaus gehen und aufregend oder beunruhigend sind, können als abstrakte, generalisierte Rollen vereinfacht und dadurch als verdichtete, soziale Kräftespiele erfasst werden („Superman" und unterlegene Akteure, König und Diener, Krieger und Gefangene, usw.). Dies ist eine kompensatorische Art von Spielhandlungen, die dem Kind Mut und Verheißung von Gewinn durch Reifung und Leistung versprechen. Auf diesem Weg kann es sich von der Abhängigkeit einer sozial kompetenten Referenzperson befreien und bei einem geglücktem Verlauf der sozialen Entwicklung zu einem sich kompetent erlebenden, eigengestaltenden und eigenregulierenden sozialen Akteur werden (Oerter, 1999, Andresen, 2002, Katz-Bernstein, 2007).

Oerter (2001) gibt dem Fiktionsspiel noch weitere, psychosoziale Bezüge:
> Letztlich gibt es nur zwei Möglichkeiten für das Kind, den enormen sozialen Druck zu begegnen: das Spiel und die Negation [...] Man kann daher annehmen, dass das Kind um diese Zeit zwischen fremder und eigener Intention unterscheiden lernt und durch Verweigerung diese Trennung aufrechtzuerhalten sucht. (Oerter, 2001, S. 105)

Dieses Spiel bleibt jedoch nicht in der Negation und im Selbstbezug stehen, sondern wird wieder sozial angebunden: Das Kind strebt nach einer Optimierung der eigenen sozialen Rolle in einer Zeitachse einer Weiterentwicklung und legt den Grundstein für eine autobiografische Bewusstheit (Markowitsch & Welzer, 2005, Nelson, 2006).

Werden nun die mentalen *Fähigkeiten zur Abstraktion* verfolgt, die durch diese Spiele, Rollenspiele, Metaebene und ihre Wechselwirkung entstehen, so können drei Valenzen des Gegenstandbezuges von der Subjektivität zur Objektivität hin zur abstrakten Handlung beschrieben werden. Oerter (1999), basiert vorwiegend auf Wygotsky (1978) und Elkonin (1980), benennt drei Stufen der Gegenstandbezüge, die dadurch erworben werden und aufeinander aufbauen:

– *Subjektive Valenz*: Sie entsteht gegenüber einem Gegenstand, wenn der Akteur diesen voll an sich bindet und damit eine subjektive Perspektive seines Gebrauchs zu explorieren vermag (Oerter, 1999, S. 26f.)
– *Objektive Valenz*: Sie entsteht durch den abgestimmten Gebrauch eines Gegenstandes mit weiteren sozialen Akteuren, oft auch unabhängig von dem subjektiven Bezug zum Gegenstand. Dies braucht einen Akt der Aushandlung und der Verständigung, eine Erzeugung einer Metaebene, die je komplexer sie wird, umso mehr von sprachlichen Kompetenzen abhängt. (ebd. 1999, S. 31f., vgl. auch Andresen, 2008, S. 67f.)
– *Abstrakte Valenz*: Dazu zeigt Oerter in seiner Theorie des Gegenstandbezugs zwei Wege zu einer in unserer Kultur unentbehrlichen Voraussetzung der Partizipation auf. Zum Einen: Wenn der Gegenstandsbezug und seine Handlungsmöglichkeit weiter voranschreiten, so kann sich der Gegenstand als die Vereinigung aller Handlungsmöglichkeiten repräsentieren (beispielsweise in Form von Geld), die weitere Handlungsfreiheiten bieten. Zum Zweiten: Der umgekehrte Weg zur Bildung abstrakter Valenz ist die Vereinigung aller Gegenstände zu einem Handlungstypus (wie „die Arbeit" oder „die Leistung"). Durch diese können alle Gegenstände hergestellt, durch Tausch oder aber durch Umtausch mittels der weiteren abstrakten Valenz „Geld" erworben werden. (ebd. 1999, S. 37f.)

Es wird ersichtlich, wie sehr solche kognitiven Fähigkeiten den Umgang mit Begriffen wie „Geld", „Zeit", „Raum", oder „Arbeit", „Moral", „Leistung", „Gerechtigkeit" usw., die zum fortschreitenden Online-Lernen unerlässlich sind, den Erwerb und die Erprobung solcher voraussetzenden sozial-kognitiven Vorläuferkompetenzen der Abstraktion bedürfen. Diese sozial-kognitive „Überstiegsfähigkeit" wird durch Teilleistungs- und Wahrnehmungsstörungen sowie durch spezifische oder sekundär-bedingte Sprachstörungen, bzw. -verzögerungen erschwert und negativ potenziert. Durch ihre wechselwirkende Art können sich auch mentale, kognitive und soziale Defizite und Retardierungen ausprägend auswirken und das Lernen, je komplexer es gestaltet ist, erschweren und behindern (vgl. Lempp, 1992). Daher wird die strikte Trennung zwischen Lern-, Sprach- und Verhaltensdefiziten bei Kindern mit Lern-Förderbedarf nur schwer aufrecht erhalten werden können. Eine geschulte Fachkraft vermag den Stand der nötigen erworbenen kognitiven Kompetenz feststellen, um das Niveau der gestellten Aufgaben beim Online-Lernen „approximal" anzusiedeln.

Von der Dyade zur Handlung hin zur sozialen Triangulierung

> Classroom learning requires that children be able to work as a group, which implies that they are able to coordinate their actions of their classmates. (Karpov, 2006, S. 169)

> Kommunikationsorientierung ist dadurch charakterisiert, dass der Lernprozess in Kommunikation mit anderen erfolgt und sich die Kommunikationsfähigkeit weiterentwickeln kann. (Schulz-Zander & Tulodziecki, 2009, S. 38)

Die *dritte Frage*, die hier aufgegriffen wird, lautet:
Welche Voraussetzungen sind notwendig, damit das Online-Lernen im Sinne einer Kooperation, Kommunikation und sozialen Verantwortung erfolgen kann?

Wie schon oben gezeigt, führt der Weg der Symbolisierung zu einer kognitiven Entwicklung, die eigene Erfahrungen der Macht und Kontrolle von Handlungen ermöglicht. Das Vorschulkind, das beim parallelen Symbolspiel eine übersteigerte, noch „illusionäre" Macht und Kontrolle über ganze Abhandlungen ausübt und das selbständige Handeln, als sozialer Akteur, unabhängig von der Referenzperson, „schmackhaft" erfährt, muss jedoch einen weiteren Entwicklungsschritt leisten; die soziale Öffnung seines Spiels für fremde Ideen, die durch Austausch und Aushandlung reguliert werden können. Das Kind entdeckt, dass Gleichaltrige Ähnliches leisten können wie es selbst, über manche Gegenstände oder Ideen verfügen, die es selber nicht hat. Durch die unterschiedlichen Rollen beim Symbolspiel hat das Kind die kognitive Fähigkeit erworben, Sachverhalte aus unterschiedlichen Positionen zu erfahren. Es hat erlebt, dass Menschen in Interaktionen unterschiedliche Ziele und Absichten verfolgen können, die einander ergänzen, erweitern, oder aber stören. Durch Rollenspiele im Vorschulalter entdeckt es Empathie und sozialen Perspektivenwechsel (Bretherton, 1984, Karpov, 2006, Pellegrini, 1984). Es muss sich dazu jedoch als eigenwirksamen, sozialen Akteur erleben können.

Erst dann fühlt sich das Kind sozial kompetent, sich Peers zuzuwenden und sie in seine fiktive Welt mit einzubeziehen, was es jedoch nur zum Teil kontrollieren kann (Karpov, 2006). Diese werden dennoch attraktiv; als „soziale Novizen" und erneuernde soziale Agenten vermögen sie seine eigene Selbstständigkeit gegenüber Referenzpersonen zu steigern und durch Erfolgs-, Solidaritätserfahrungen und Bestätigung an realer Macht zu gewinnen. Andererseits setzt das Kind sich der Konkurrenz und der Bewertung von Gleichaltrigen aus. Es gilt, sich sozial zwischen Anpassung und Konformität zu bewegen: Wagnis einer individuellen Meinung zu haben, Wagnis eigene Leistungen darzustellen, gepaart mit der Zuversicht, sich bei Angriffen, Ausgrenzung und Verletzungen (verbal) zur Wehr setzen zu können. Das heranwachsende Kind wird nun seine ganze Lernlust und Motivation aus diesem Zusammenspiel zwischen solidarisierenden und konkurrierenden Effekten schöpfen, die von den Interaktionen mit Gleichaltrigen ausgehen.

Das hinreichend gut sozialisierte Schulkind kennt auch die von ihm erwarteten Rollen und Scripts, die von Kontext zu Kontext sehr unterschiedlich sind. Erst diese Rollenflexibilität ermöglicht ihm, sich in unterschiedlichen Wirklichkeiten zu

Recht zu finden und adäquate Lösungen für die ihm gestellten Probleme zu finden. Das verbale Aushandeln, Erklären, Informieren und sich Verständigen bekommt dabei einen zentralen Stellenwert. Die narrativen und diskursiven Kompetenzen werden immer wichtiger um zu kooperieren, teilzunehmen und um sozial zu partizipieren (Quasthoff & Katz-Bernstein, 2007). Das fiktive Spiel und die sich in Interaktionen kontinuierlich elaborierende Überstiegsfähigkeit zur Meta- und Verständigungsebene, die die fiktive Handlung benennt, beschreibt und über sie mittels sprachlicher Abstraktion kommuniziert, bildet die Voraussetzung (Andresen, 2005, 2008).

Das Interessante an diesen aktuellen Theorien zur Sprachentwicklung ist, dass sie dabei die Sprache nicht nur aus der linguistisch-kognitiven Perspektive betrachten, sondern auch als eine kulturelle Errungenschaft sehen, die zugleich aus strikter sozialer Entwicklungsmotivation schöpft:

> Entscheidend ist […], dass […] die Kinder aus der Welt des *Faktischen* in die Welt des *Fiktiven* (wechseln). Erst […] die *Überschreitung des realen Kontextes* macht es notwendig die Grenzen explizit zu markieren […] und (diese sind) von Bedeutung für die Etablierung des Sprachsystems. (Andresen, 2005, S. 164, vgl. auch Bretherton, 1984, Karpov, 2006).

Andresen sieht dabei einen direkten Bezug zwischen der Fähigkeit zur Etablierung einer fiktiven und einer parallelen Metaebene sowie der sich dabei entwickelnden Rollenspielkompetenz, die sich durch Aushandeln und Erklärungen zu entwickeln vermag und zwischen dem Erwerb von narrativen, Übersatz-mäßigen sprachlichen Kompetenzen und stellt damit einen direkten Bezug zum Schriftspracherwerb her (Andresen, 2008).

Wie aus den Erläuterungen klar geworden sein sollte, sind kognitive Abstraktionsprozessen und der sozial-kommunikative Kompetenzen miteinander eng verbunden.

Andresen beschreibt in ihren Untersuchungen eindrücklich, wie aus parallelen Symbolspielen im Vorschulalter allmählich Rollenspiele entstehen und wie aus der Verhandlungs-Meta-Ebene durch die Verbindung von zwei simulierten, symbolisierten eigen-erzeugten Spielwelten die erworbene Fähigkeit zur Kooperation durch Kommunikation entsteht. Diese sind auch verantwortlich für die narrativen explikativen Kompetenzen und letztlich für den Erwerb der Schriftlichkeit und für das abstrakte Handeln mit anderen (Andresen, 2002, S. 200, vgl. Pellegrini, 1984). Sie schließt sich hier Wygotskys Theorien und anderen Theorien der „Theory of Mind (ToM)" an und erweitert sie, ähnlich wie Oerter (1999) sowie Karpov (2006), um einen Handlungsaspekt mit Gleichaltrigen in pädagogischen, institutionalisierten Kontexten.

Oerter beschreibt, wie die Motivation und Volution aus dem Symbol- und Rollenspiel entstehen und das Kind sowohl zu einem selbstständigen, selbstbestimmten und entscheidungsfähigen Wesen macht, als auch zu einem sozial kommunizierenden (Oerter, 2001). Er schreibt auch: „Da man den Internalisierungsvorgang am besten als gemeinsame Konstruktionsleistung (Ko-Konstruktion) erklären kann, wird dieser Vorgang zum entscheidenden Prozess der Sozialisation und der Übernahme des kulturellen Wissens." (Oerter, 1999, S. 149)

Diese Position des Gegenstandbezugs als kulturelle Ko-Konstruktion und als Kommunikation, die sozial-verankerte, abstrakte Operationen ermöglicht, stellt die Ebene, die der Nutzung von Medien entspricht, dar. Wenn demnach Schulz-Zander und Tulodziecki „wünschenswerte Merkmale von Lern- und Lehrprozesse für Online-Lernen" aufzeigen (2009, S. 40), so decken sich diese mit den hier vorgestellten Vorstufen, die dazu erworben werden müssen.

Als Zusammenfassung soll nun eine Systematik des Vorgangs der *Interaktionsentwicklung* festgehalten werden:
– Parallele Symbolspiele.
– Gegenseitiges Beobachten, Nachahmungen.
– Sporadische Kontaktaufnahme, gemeinsame Nutzung von Gegenständen,
– Verbindung von Sequenzen, durch Metaebene ausgehandelt.
– Gemeinsame Inszenierungen, durch Metaebene geplant und abgestimmt.
– Abstrakte Operationen vornehmen, sie kommunizieren können (nach Oerter, 1999, Andresen, 2005, vgl. auch Nelson, 2006, S. 80).

Kinder mit sonderpädagogischem Förderbedarf im gemeinsamen Unterricht sind selten in ihrer sozialen Kommunikations-, Kooperations-, Konkurrenzfähigkeit und eigener Gestaltung von sozialen Peer-Beziehungen soweit, dass sie altersgemäße Effekte der Konkurrenz und Solidarität im Umgang mit Medien voll nutzen können. Hier muss überlegt werden, wie solche Effekte eingeführt, nachgeholt und unterstützt werden können, ob im Rahmen von Förderschulen (vgl. dazu Schwier, 2005) oder in Regelschulen integriert.

Das Online-Lernen kann zur Entwicklung einer kommunikativen Kompetenz einiges beitragen:
– Aufgaben in Kleingruppen, gezielte Verteilung von Zuständigkeiten,
– Erstellung von gemeinsamen Ideenpools für Problemlösungen und deren Aushandlung,
– Aufwertung von individuellen Ideen und Intentionen und deren kreative Einbindung als Teil der Aufgabe,
– Nutzung der besonderen kommunikativen Möglichkeiten der Medien als Lernanlass für den Erwerb von kooperierenden Arbeitsformen
und vieles mehr.

So gesehen, können neue didaktische Ideen gerade durch die Nutzung von Medien entstehen, die eine soziale Teilhabe ermöglichen, auch unter erschwerten Bedingungen.

Didaktische Implikationen und Ausblick

Kinder mit sonderpädagogischem Förderbedarf benötigen unterschiedliche Unterstützungsarten, um partizipieren zu können. Kinder mit Sinnesschädigungen und/oder -beeinträchtigungen bedürfen oft rehabilitativer Unterstützung in Form von mechanischen und kommunikativen Medien, um Körperfunktionen zu kompensieren: Lesehilfen für sehbeeinträchtigte, Visualisierungen für hörgeschädigte, Sprechhilfen der Unterstützten Kommunikation für nicht-sprechende, körperbehinderte Kinder usw. In diesem Beitrag wurde jedoch nicht der rehabilitative, körperfunktionskompensierende Einsatz thematisiert, sondern die mögliche Unterstützung der Kompetenzen aufgezeigt, die als Voraussetzungen für den Einsatz von Medien zu Lernzwecken im Unterricht für Kinder mit Förderbedarf im Bereich Sprache, Lernen oder sozial-emotionale Entwicklung gelten. Diese sollen die Partizipation und Teilhabe im Sinne der ICF (International Classification of Functioning) am Schulunterricht ermöglichen (vgl. auch Schwier, 2005).

Im Folgenden sollen die hier aufgezeigten drei Dimensionen der Unterstützung, die entlang der obigen Theorien systematisiert wurden, nochmals angesprochen werden, um die dafür impliziten didaktischen Überlegungen zusammenfassend zu skizzieren.

Wie oben aufgezeigt gilt es, je nach Entwicklung und Förderbedarf, in den hier aufgezeigten voraussetzenden Dimensionen für das Online-Lernen bei Kindern mit sprachlichen, Lern- und Verhaltensdefiziten und -auffälligkeiten adäquate Unterstützungen bereit zu stellen, um die erwünschte gesellschaftliche Partizipation in dieser neuen Lerndimension so weit wie möglich zu ermöglichen.

Bei der ersten Ebene, die den Bezug einer Referenzperson anspricht, geht es um eine enge Unterstützung und Begleitung durch eine optimal gezielt geschulte sonderpädagogische Fachkraft, die die Vorstufen der Unterstützung kennt und an den notwendigen Entwicklungsstufen anzusetzen vermag. Wie auch Schulz-Zander und Tulodziecki (2009), gestützt auf empirische Befunde, betonen, ist eine Hilfe durch die Lehrperson erforderlich (vgl. dazu auch Schulz-Zander & Preussler, 2005). Einige basale Qualitäten der Unterstützung die zur individuellen Hilfe hinführen können, werden genannt:

- Vermittlung von Handlungsrahmen, Struktur und eingegrenztem Spielraum
- Rituale und Markierungen von Übergängen
- Proximales Vorgehen (Passung an Entwicklungsstand)
- Wecken von Neugier und Erkundungsbereitschaft
- Spannungserzeugung, Humor, Dramatisierung, narrative Einbindung
- Responsivität und Unterstützung für kindliche Impulse und Inputs
- Eingabe von ergänzenden Impulsen (im Sinne einer Ko-Konstruktion)
- Ausweitung der Frustrationstoleranz durch Dosierung und Unterstreichung von Teilerfolgen
- Positive Entwicklungs-Unterstellung
- Sprachliche Begleitung, Deutung und Absichtsinterpretationen von Handlungen
- Förderung von Eigeninitiative und Eigenwirksamkeit
- Vorgänge vom Konkreten zum Abstrakten unterstützen
- Gemeinsames Aushandeln von Grenzen und Entscheidungen
- Störung, Verweigerung und Widerstand spielerisch und humorvoll begegnen, überbrücken (mod. u. erweitert n. Katz-Bernstein, 2002, basiert auf Dornes, 1997, 2000, Oerter, 1999, Stern, 1995, u.a.).

Auf der zweiten Ebene, die der sozial-kognitiven Kompetenzen der Symbolisierung und der Bildung einer Metaebene, kann ebenfalls Unterstützung erfahren werden, ggf. durch gesonderte Förderstunden oder im therapeutischen Kontext. Wichtig ist dabei, dass der besondere Lernbedarf ermittelt und erfasst wird und dass gezielt-aufbauend, im Sinne einer Differenzierung, vorgegangen wird. Dazu braucht es geschulte Fachkräfte, die Kenntnisse über diagnostische und förderdiagnostische Vorgehensweisen besitzen. An manchen Regelschulen ist es nicht möglich, weder für die betroffenen Kinder noch für die pädagogische Fachperson, sowohl den Lernstoff als auch die Differenzierung der einzelnen Kinder zu gewährleisten. Schon bei der Herstellung eines kommunikativen Aufmerksamkeitsbogens, Handlungsrahmens und einer Aufrechterhaltung des Selbstbezugs des Kindes während der Handlung wird deutlich, dass es um die Vermittlung von „sozialen Skills" geht. Diese bedürfen beim Kind einer symbolisch-sprachlichen, mentalen Umsetzung, die in ihrem Verlauf kaum übersprungen werden kann. Oft erlauben Wahrnehmungsstörungen in einem bestimmten Bereich, sei es auditiv oder visuell, dem Kind nicht, gestellte Aufgaben adäquat zu lösen. Mit gezielten Fördermaßnahmen haben solche Kinder vermehrt die Chance, diese zu überwinden, zu kompensieren oder auszugleichen und lernen mit Freude und Lernlust den Umgang mit Medien.

Auf der dritten Ebene, die der Kommunikation, Kooperation und sozialen Triangulierung, ist zu vermerken, dass Sozialisationsprozesse in einem institutionalisierten, pädagogischen Kontext fortlaufend, naturwüchsig zur sozial-kognitiven, interaktiven und kommunikativen Entwicklung implizit geschehen. Explizit sollen diese verfolgt, betont, gepflegt und rituell verankert werden. Ausgrenzung vorbeugend, soll Rückständigkeit durch Aufwertung von Ressourcen als Erziehungsaufgabe gefördert und kompensiert werden: Es sind die genuinen Aufgaben jeglicher Erziehungspersonen in einem integrativen, gemeinsamen Unterricht, die als selbstverständlich erwartet werden, jedoch im Umgang mit verhaltensauffälligen Kindern, die den alltäglichen Unterricht erschweren und belasten, nicht einfach umzusetzen sind. Als andere Gefahr sei hier noch zu erwähnen, dass „stille" Kinder mit sogenannten internalisierten, sozial-gehemmten Eigenschaften bzw. solche mit Wahrnehmungsstörungen, die eher „still-verträumt" wirken, oft genau deswegen in einer Gemeinschaft größerer lebhafter und lerngieriger Kinderscharen untergehen (Katz-Bernstein, 2007). Dazu braucht eine Fachkraft oft auch eine kooperierende, geschulte Person, oft sogar differenziert nach Förderbedarfsbereichen, die auch solche Kinder im Blick behalten und die nötige, gezielte Unterstützung bieten, um den Anschluss und die Teilhabe der Kinder an der Klassengemeinschaft nicht zu verpassen.

Wenn die Mediennutzung „auf der Basis sachbezogener, sozialer und ethischer Urteilsfähigkeit", ausgehend vom „Erkennen und Aufarbeiten von Medieneinflüssen", oder „Durchschauen und Beurteilen von rechtlichen, ökonomischen und institutionellen Bedingungen [...] im gesellschaftlichen Zusammenhang" geschehen soll (Schulz-Zander & Tulodziecki, 2009, S. 44f.), so sollen die sozialen, pädagogischen und didaktischen Voraussetzungen dazu ermöglicht werden. Nicht immer wird es möglich sein, allen Kindern mit Förderbedarf dazu zu verhelfen, solche abstrakten Kompetenzen zu erwerben und sich diese selbstständig anzueignen. Dennoch ist es unerlässlich, diese Kinder an die angestrebten Kompetenzen heranzuführen, so dass diese eine Chance im Sinne einer gesellschaftlichen Teilhabe erhalten. Nur auf diese Art können Medien ihrem eigentlichen didaktisch beabsichtigten und angedachten Zweck der Einführung und des Einsatzes – auch im ethisch-vertretbaren Sinn der Chancengleichheit – im schulischen Kontext dienen.

Literatur

Andresen, H. (2002). *Interaktion, Sprache und Spiel. Zur Funktion des Rollenspiels für die Sprachentwicklung im Vorschulalter.* Tübingen: Narr.
Andresen, H. (2005). *Vom Sprechen zum Schreiben. Sprachentwicklung zwischen dem vierten und siebten Lebensjahr.* Stuttgart: Klett Cotta.
Andresen, H. (2008). Sprachentwicklung im Vorschulalter und Schriftspracherwerb. In Panagiotopoulou, A., Carle, U (Hrsg.): *Sprachentwicklung und Schriftspracherwerb.* (S. 64–70). Hohengehren: Schneider.
Bretherton, I. (1984) (Ed.). Representing the social world in symbolic play: Reality und Phantasy. In I. Bretherton (Ed.), *Symbolic play: The development of social understanding* (pp. 3–41). Orlando, FL: Academic Press.
Bruner, J. (1987). *Wie das Kind sprechen lernt.* Bern: Huber.
Dornes, M. (1997). *Die frühe Kindheit. Entwicklungspsychologie der ersten Lebensjahre.* Frankfurt a. M.: Fischer.
Dornes, M. (2000). *Das Gefühlleben des Kindes.* Frankfurt a. M.: Fischer.
Elkonin, D. (1980). *Psychologie des Spiels.* Köln: Pahl-Rugenstein.
Engel, S. (2005). The narrative worlds of what is and what if. *Cognitive Development, 20,* 514–525.
Fonagy, P. (1996). Die Bedeutung der Entwicklung metakognitiver Kontrolle der mentalen Repräsentation für die Betreuung und die Entwicklung des Säuglings. *Psyche, 514,* 349–368.
Hausendorf, H & Quasthoff, U. (1996). *Sprachentwicklung und Interaktion. Eine linguistische Studie zum Erwerb der Diskursfähigkeit.* Opladen: Westdeutsche Verlag.
Holodynski, M. (1999). Handlungsregulation und Emotionsdifferenzierung. In Friedlmeier & W. Holodynski, M (Hrsg.), *Emotionale Entwicklung – Funktion, Regulation und soziokultureller Kontext von Emotionen.* (S. 30–51) Heidelberg, Berlin: Spektrum.
Karpov, Y.V. (2006): *The neo-Vygotskian approach to child development.* N. Y.: Cambridge University Press.
Katz-Bernstein, N. (2002). Frühe „Intuitive elterliche Didaktik" als Grundlage für das spätere Lernverhalten des Kindes? – Lerntherapie im Licht von neuen Erkenntnissen der Säuglingsforschung. In Metzger, A. (Hrsg.): *Lerntherapie. Wege aus der Lernblockade – Ein Konzept.* (2. Aufl.) (S. 65–80) Bern: Haupt.
Katz-Bernstein, N. (2003). Therapie aus pädagogisch-psychologischer Sicht. In Grohnfeldt, M. (Hrsg.): *Lehrbuch der Sprachheilpädagogik und Logopädie. Beratung, Therapie und Rehabilitation.* Bd. 4, (S. 66–90) Stuttgart: Kohlhammer.
Katz-Bernstein, N. (2007). *Selektiver Mutismus im Kindesalter. Integrative Zugänge für Diagnostik und Therapie.* (2. Aufl.) Stuttgart: Reinhardt.
Katz-Bernstein, N. (2008). Beziehungsgestaltung in der Psychotherapie von Kindern und Jugendlichen. In M. Hermer & B. Röhrle (Hrsg.), *Handbuch der therapeutischen Beziehung.* Bd. 2. (S. 1551–1591). Tübingen: DGVT.
Katz-Bernstein, N., Subellok, K., Bahrfeck, K., Plenzke, U. & Weidt-Goldschmidt, B. (2002). Die doppelte Dimension der Kommunikation in der Sprachtherapie. *Die Sprachheilarbeit, 6,* 247–256.
Lempp, R. (1992). *Vom Verlust der Fähigkeit, sich selbst zu betrachten. Eine entwicklungspsychologische Erklärung der Schizophrenie und des Autismus.* Bern, Göttingen, Toronto: Huber.
Markowitsch, H. J. & Welzer, H. (2005). *Das autobiographische Gedächtnis. Hirnorganische Grundlagen und biosoziale Entwicklung.* Stuttgart: Klett Cotta.
Nelson, K. (2006). Über Erinnerung reden: Ein soziokultureller Zugang zur Entwicklung des autobiographischen Gedächtnisses. In Welzer, H. & Markowitsch, H. J. (Hrsg.),

Warum Menschen sich erinnern können. Fortschritte in der interdisziplinären Gedächtnisforschung. (S. 78–94). Stuttgart: Klett Cotta.

Oerter, R. (1999). *Psychologie des Spiels. Ein Handlungsorientierter Ansatz.* Weinheim, Basel: Beltz.

Oerter, R. (2001). Zur Entwicklung von Willenshandlungen. In Petzold, G.H. (Hrsg.), *Wille und Wollen. Psychologische Modelle und Konzepte.* (S. 98–117). Göttingen: Vandenhoeck & Ruprecht.

Papousek, M. (1994). *Vom ersten Schrei zum ersten Wort. Anfänge der Sprachentwicklung in der vorsprachlichen Kommunikation.* Bern: Huber

Pellegrini, A.D. (1984). The Effect of Dramatic Play on Children's Generation of Cohesive Text. *Discorce Process, 7,* 57–67.

Quasthoff, U. & Katz-Bernstein, N. (2007). Diskursfähigkeiten. In Grohnfeldt, M. (Hrsg.), *Lexikon der Sprachtherapie* (S. 72–75). Stuttgart: Kohlhammer,

Rutter, M. & Garmezy, N. (1983). Developmental Psychpathology. In Hetherington E.M. & Mussen P.H. (series ed.): *Handbook of Child Psychology, Vol. 4: Socialisation, Personality, and Social Development* (S. 775–911). New York: Wiley.

Schulz-Zander, R. & Preussler, A. (2005). Selbstreguliertes und kooperatives Lernen mit digitalen Medien – Ergebnisse der SITE-Studie und der SelMa-Evaluation. In B. Bachmair, P. Diepold & C. de Witt (Hrsg.), *Jahrbuch Medienpädagogik 4* (S. 211–228). Wiesbaden: VS Verlag für Sozialwissenschaften.

Schulz-Zander, R. & Tulodziecki, G. (2009). Pädagogische Grundlagen für das Onlinelernen. In Issing, L.J. & Klisma, P (Hrsg.): *Online-Lernen* (S. 35–45). München: Oldenbourg.

Schwier, B. (2005). Der Stellenwert neuer Informations- und Kommunikationstechnologien in der Fachliteratur der Lernbehindertenpädagogik. Eine Untersuchung publizierter Hochschulschriften, Monographien und Sammelwerke von 1984 bis 2003. *Sonderpädagogik, 35* (4), 204–219.

Stern, D.N. (1995). Die Repräsentation von Beziehungsmustern. Entwicklungspsychologische Betrachtungen. In Petzold, H. (Hrsg.), *Die Kraft liebevoller Blicke. Psychotherapie und Säuglingsforschung* (S. 193–218). Bd. 2. Paderborn: Junfermann.

Tomasello, M. (2006). *Die kulturelle Entwicklung des menschlichen Denkens.* Frankfurt a. M.: Suhrkamp.

Valsinger, J. (1987). *Culture and development of children's action.* New York: Wiley.

Wygotsky, L.S. (1978). *Mind in society: The development of higher psychological processes.* Cambridge MA: Harvard University Press.

Zollinger, B. (1995). *Die Entdeckung der Sprache.* Bern: Haupt.

Johannes Magenheim

Web-2.0-Technologien als Themen der informatischen Bildung
Beiträge des Informatikunterrichts zur Förderung von Medienkompetenz

In diesem Kapitel der Festschrift soll versucht werden, den möglichen Beitrag des Informatikunterrichts zur informatischen Bildung und zum Erwerb von Medienkompetenz zu analysieren. Es soll am Beispiel der Auseinandersetzung mit Web-2.0-Technologien im Informatikunterricht gezeigt werden, wie Inhalte und Methoden informatischer Bildung den produktiven, reflektierten und kritischen Umgang von Schülerinnen und Schülern[1] mit digitalen Medien fördern können. Dazu ist es zunächst erforderlich, in knapper Form die Bedeutung von Web-2.0-Technologien für verschiedene Bereiche der Gesellschaft zu erörtern, um daraus einerseits die Bedeutung dieser Technologien für die Entwicklung von Medienkompetenz und von informatischen Basiskompetenzen herzuleiten. Weiterhin können aus diesem Diskurs Kriterien für den Umgang mit der Thematik in den verschiedenen Unterrichtsfächern und für die Gestaltung des Informatikunterrichts abgeleitet werden. Abschließend soll die Rolle informatischer Bildung beim Lernen mit digitalen Medien in den Unterrichtsfächern verdeutlicht, und in diesem Zusammenhang das Verhältnis von informatischer Bildung und Medienkompetenz beschrieben werden.

Charakteristika des Web 2.0

Komplexität und Allgegenwärtigkeit

Das Internet und insbesondere das aktuell viel zitierte Web 2.0 können als soziotechnische Informatiksysteme begriffen werden. Informatiksysteme bilden eine Einheit von Software, Hardware und assoziiertem sozialem Handlungssystem von Personen, die mit dem technischen Teil des Systems und in dessen Kontext miteinander interagieren (Magenheim, 2008). Informatiksysteme und mit ihnen verbundene Anwendungen und Dienste haben mittlerweile fast alle gesellschaftlichen Bereiche durchdrungen. In der Informatik spricht man von ‚ubiquitous computing' und meint damit nicht nur die allgegenwärtige Präsenz von Informatiksystemen, sondern auch die Unsichtbarkeit und Unüberschaubarkeit dieser Systeme. Mit dem Kriterium der Unsichtbarkeit werden Informationstechniken belegt, die wie z.B. RFID (Radio Frequency Identification) mittels Funketiketten Informationen übertragen, ohne dass die Nutzer der mit dieser Technik ausgestatteten Gegenstände

---

[1] Im weiteren Text wird zwecks besserer Lesbarkeit die männliche Form Schüler gleichwertig für Schülerinnen und Schüler verwendet.

dies unmittelbar wahrnehmen. Ein wichtiger Einsatzbereich dieser Technik könnten künftig automatisierte Kassensysteme in Supermärkten sein, wo die Funketiketten an den Waren im Einkaufskorb des Kunden ihre Preise im Vorbeifahren an die Kasse melden und so eine automatisierte Rechnungserstellung ermöglichen (PoS, Point of Sale). Der Begriff der Unüberschaubarkeit bezieht sich auf vernetzte Informatiksysteme, die aufgrund ihrer Komplexität und ihrer wechselseitigen Abhängigkeit selbst von Fachleuten in ihrer Gänze und im Detail kaum durchschaut werden können (Broy & Endres, 2009). Auch hierfür kann die RFID-Technik ein Beispiel liefern. Da die Lebenszeit der Funketiketten mit dem Passieren des Kassensystems nicht enden muss, können weiter kommunikationsfähige Funkchips in vielfältigen gewollten oder ungewollten Einsatzszenarien ein kaum mehr kontrollierbares Eigenleben führen und gravierende Datenschutzprobleme verursachen (Polenz, 2008).

Vernetzung

Zu diesen nur schwer überschaubaren Systemen gehört auch das Netz der Netze, das Internet. Es besteht neben einer technischen Infrastruktur aus Knotenrechnern und Datenleitungen auf softwaretechnischer Ebene vor allem aus den Protokollen und Diensten. Neben Protokollen und Diensten zum Versand von E-Mails, zum Chatten und zum Austausch von Dateien ermöglichte vor allem das HTTP-Protokoll und der damit verbundene WWW-Dienst den Siegeszug des Internet. Das World Wide Web stand künftig schlechthin als Synonym für das Internet. Mittlerweile hat sich dieses traditionelle Internet, nun als Web 1.0 bezeichnet, durch eine Reihe weiterer Dienste hin zum Web 2.0 gewandelt (Magenheim, 2007).

Der verbreitete Einsatz von XML und der damit geschaffenen Möglichkeit, problembezogene flexibel definierbare Mark-Up-Sprachen für webbasierte multimediale Applikationen zu definieren, die konsequente Nutzung und Verfeinerung des Client-Server-Prinzips sowie die Verwendungen von Techniken wie AJAX, die die schnelle und flexible Darstellung von aufgerufenen Webseiten im Browser ermöglichten, waren wesentliche Bausteine für die Weiterentwicklung des Internet hin zu einer Infrastruktur, die man nun als Web 2.0 bezeichnet. Hinzu kam die Integration des Konzepts der Peer-to-Peer-Vernetzung ins Internet. Es verschaffte sich mit den zunächst illegalen Musiktauschbörsen, wie z.B. Napster, Akzeptanz im Web und erwies sich als mächtiges Instrument zur selbst gesteuerten, koordinierten und massenhaften Partizipation von Usern mit gleichen Interessen und Aktivitäten.

Mobilität

Ein wesentliches Charakteristikum der Vernetzung im Web 2.0 ist die Mobilität der Endgeräte. Durch eine weitgehend flächendeckende Funkvernetzung wird es möglich, dass mobile Endgeräte, wie Laptops, PDAs oder multifunktionale Handys nicht nur zu Hause und am Arbeitsplatz, sondern auch an beliebigen Orten mit Funkverbindung eingesetzt werden können. Diese mobilen Kommunikationsmöglichkeiten eröffnen vielfältige Nutzungsszenarien von unterschiedlichsten Kommunikationsdiensten über ein breites multimediales Informationsangebot bis hin zu mobilen Lernangeboten. Damit wird eine Tendenz zur Variabilität von Lern-

und Arbeitsorten gefördert und die Trennung von Privatheit und Öffentlichkeit, von Freizeit und Unterhaltung, von Lernen und Arbeiten tendenziell aufgehoben. Auf diese Weise gewinnen auch informelle und nicht formale Lernprozesse außerhalb klassischer Bildungseinrichtungen sowie die Integration von Problemlösen, Lernen und Arbeiten in der Berufswelt eine stärkere Bedeutung (Bachmair, Pachler & Cook, 2009).

Semantik

Im Web 2.0 eröffnen sich durch den Einsatz von semantischen Klassifikationsverfahren mittels Metadaten, wie Taxonomien oder Ontologien, für Autoren die Möglichkeit, ihre Dokumente mit Schlagworten präziser zu beschreiben und dadurch für die potenziellen Leser bei einer Suchanfrage qualitativ bessere Ergebnisse zu erhalten als dies bei klassischen Suchmaschinen der Fall war. Hierbei versteht man unter einer Taxonomie eine hierarchische Klassifikation von Begriffen analog einer Baumstruktur, die das Einordnen von Inhalten in diese Struktur ermöglicht und damit ihre semantische Bedeutung erschließt. Ontologien besitzen darüber hinaus u.a. eine formale Beschreibung der zu klassifizierenden Begriffe sowie Regeln über deren Zusammenhang, so dass sie Rückschlüsse über Beziehungen zwischen Begriffen zulassen. Mit Hilfe von automatisierten semantischen Analysen von Textdokumenten und ähnlichen Techniken wird versucht, die Dokumente nach inhaltlichen Gesichtspunkten zu bewerten und auf diese Weise Prozesse des Wissensmanagements qualitativ weiter zu verbessern (Maier, Hädrich & Peinl, 2009). Die verbreitete Anwendung dieser Techniken charakterisiert ebenfalls die Transformation des traditionellen Internet hin zum ‚Semantic Web' als einem wesentlichen Aspekt des Web 2.0.

Expertengruppen können im Semantic Web bei der Generierung von Taxonomien bzw. Ontologien durch eine in der Wissensdomäne aktive Gemeinschaft von Interessierten ersetzt oder ergänzt werden, die in der Regel relevante Inhalte (User Generated Content) erzeugen oder mit Links auf relevante Quellen im Web verweisen. Diese Techniken werden mit den Begriffen ‚Folksonomy' und ‚Social Tagging' charakterisiert. Im Gegensatz zu einer Taxonomie mit hierarchisch angeordneten wohl definierten Begriffen, bilden ‚Folksonomies' eine unsystematische Begriffsanordnung mit uneinheitlicher Nomenklatur, die durch einen Prozess des kollaborativen Indexierens entstehen (Tagging). Ein einfaches Beispiel für die Verwendung von Tags ist die Klassifizierung von Bildern in Online-Portalen wie Flickr.

Trotz dieser Fragmentierung von kollektiv erzeugten Tags und der Unschärfe von Begriffen bei Homographen, also Wörtern mit gleicher Schreibweise aber unterschiedlicher Bedeutung, liefern Folksonomies in der Praxis brauchbare Suchergebnisse nach Dokumenten (Halpin, Robu & Shepherd, 2007). Zu klären wäre, ähnlich wie etwa bei kollektiv erzeugten Lexika (Wikipedia), wie das Problem der Qualitätssicherung von gefundenen Beiträgen gelöst werden kann (Alby, 2007).

Vom Lesen zum kooperativen Gestalten

Mittels der Techniken des Semantic Web und mit Hilfe von Verfahren, die das Eingeben von Text und beliebigen Medienobjekten in öffentliche oder nur für bestimmte Gruppen über Webschnittstellen zugängliche ‚Arbeitsbereiche' (shared workspaces) ermöglichen, wird neben dem kooperativen Lesen von Dokumenten nun auch das kooperative Schreiben bzw. Generieren von webbasierten Dokumenten wesentlich erleichtert. Wikis sind z.B. derartige Webseiten, die von Usern geändert werden können. Auf diese Weise wird kooperatives Schreiben im Web ermöglicht. Ein Wiki kann lediglich für Mitglieder einer geschlossenen Benutzergruppe zugänglich gemacht werden, z.B. einer räumlich verteilten Autorengruppe, die eine gemeinsame Publikation erzeugen will, oder weltweit für alle User zum Lesen und Schreiben offen stehen. Ein Blog, als Abkürzung für Weblog, ist auf den ersten Blick nichts anderes als eine regelmäßig aktualisierte, themenspezifische Webseite mit chronologisch sortierten Beiträgen. Im Unterschied zum Publizieren auf traditionellen Homepages oder zu Diskussionen in Newsgroups und Foren besitzen Blogs durch ihre wechselseitige Referenzierung und dem damit verbundenen Entstehen einer Blogosphäre eine andere publizistische Qualität. Blogs in einer themenspezifischen Blogosphäre referenzieren sich nicht nur wechselseitig, sondern binden auch aktuelle Medien (Zeitungen, Magazine, Fernsehsender, ...) und deren Websites ein und werden von diesen wiederum auch jeweils aktuell referenziert, so dass sie einen gewissen politischen und ökonomischen Einfluss gewinnen können. Diese Entwicklung belegen nicht nur die gut genutzten Blogs der Online-Ausgaben verschiedener Zeitungen, sondern auch die wachsende Bedeutung von Blogs, Videoportalen wie Youtube oder Microblogging-Diensten wie Twitter, die z.B. während der politischen Auseinandersetzungen nach der Wahl im Iran im Juni 2009 wichtige und z.T. ausschließliche Informationsquellen für die traditionelle mediale Berichterstattung waren. Das Einbeziehen der ‚Intelligenz der Massen' (Wisdom of the Crowds) beim kooperativen Lesen findet somit seine Ergänzung durch kooperatives Schreiben und Annotieren im Netz (Surowiecki, 2004). Wikis und Blogs sind die Webapplikationen, die prototypisch diese Konzepte des Web 2.0 repräsentieren.

‚Kollektive Intelligenz'

In einer Blogosphäre verbundene Blogs können zum Entstehen sogenannter ‚viraler Effekte' beitragen, indem die durch die Blogs entstehenden sozialen Netzwerke zur Verbreitung von Informationen mit exponentiell wachsender Geschwindigkeit genutzt werden. Dies verleiht ihnen z.T. eine publizistisch wirksame Funktion mit Einfluss auf die öffentliche und veröffentlichte Meinung. So werden diese webbasierten Medien mit traditionellen Medien (z.B. Fernsehen) gekoppelt, um politische Meinungsbildung zu fördern, wie etwa jüngst im US-amerikanischen Wahlkampf bei der gemeinsamen Kandidatenbefragung von YouTube und CNN geschehen. Wikipedia als kollektiv erzeugte, freie Enzyklopädie oder Linux als leistungsfähiges, kollektiv entwickeltes Betriebssystem zeugen von der kreativen Schaffenskraft einer ‚kollektiven Intelligenz'. Diese kollektive Intelligenz ist nicht nur auf das Generieren von ‚Open Content'-Dokumenten oder ‚Open Source'-Software beschränkt. Auch der ökonomische Einfluss dieser meinungsbildenden, sozialen Netzwerke im Netz wächst. Der Begriff Wikinomics beschreibt diese Entwicklung, bei der Blogs von Unternehmen zunehmend für Marketingzwecke, etwa zum Testen von Produktqualität, genutzt werden. Auch das Bereitstellen und der Absatz eines extrem diversifizierten Warensortiments, des ‚Long Tail', durch unterschiedlichste Anbieter, bei dem auch kleinste Bestellmengen und ausgefallenste Nachfragewünsche von Kunden mittels Internetorder bedient werden können, wird mit diesem Begriff charakterisiert (Tapscott & Williams, 2007).

Social Software

Ein wesentliches Element der ‚Community Building Software' oder ‚Social Software' ist neben den klassischen Kommunikationsdiensten, wie E-Mail, Chat oder Newsgroups der RSS-Feed. Im Gegensatz zu Hyperlinks in HTML, die auf eine andere Seite verweisen, können durch RSS Veränderungen in Blogs und anderen Websites im eigenen Browser, z.B. via dynamischer Lesezeichen, angezeigt und auf diese Weise Informationen aggregiert werden anstatt sie zu verlinken. Nutzer erhalten dadurch jeweils aktuelle externe Informationen in einem Browser oder spezifischen Seitenbetrachtern (Viewer) angezeigt. Auf diese Weise lassen sich auch aktuelle Informationen in personalisierte, browserbasierte Lern- und Arbeitsumgebungen, sogenannte PLEs (Personal Learning Environment), einbinden (Attwell, 2007). Mit dieser Methode können User von Blogs auch Bookmarklisten und Termine publizieren bzw. austauschen (Social Bookmarking). Publizieren, kooperatives Annotieren bzw. Referenzieren oder Tagging ist im Web 2.0 natürlich nicht auf Textdokumente beschränkt. Mit Podcasts können Audio- und Videoformate verbreitet werden. Websites, die diese Dienste anbieten, erfreuen sich, wie Zugriffszahlen belegen (Spiegel, 2006), weltweit eines großen Interesses und gelangen zu beträchtlichem Marktwert (z.B. Flickr, YouTube). Instant Messaging, Micro Blogging und Voice-over-IP-Dienste besitzen eine bedeutende gemeinschaftsbildende Funktion (z.B. ICQ, Twitter, Skype, ...). Die Aktualität der über sie verbreiteten Nachrichten ist z.T. höher, als die der über traditionelle Kanäle, wie Nachrichtenagenturen, verbreiteten Mitteilungen (z.B. Flugzeugabsturz im Hudson River, Bundespräsidentenwahl 2009) (Wiegold, 2009). Traditionelle Chats und Foren werden im Web 2.0 durch Begegnungen in virtuellen Welten ergänzt (z.B. Second Life) oder durch Netzwerk bildende soziale Software erweitert (z.B. XING, Facebook, studiVZ, ...). Schließlich können Webservices definiert werden, die als im Web zur Verfügung gestellte Dienste über geeignete Schnittstellen, den API's (Application Programming Interface), webbasierte Informationen in eigene Applikationen als ‚Mashups' integrieren (z.B. Google API). Auf diese Weise können mittels Widgets und Gadgets neue Formen von personalisierten, webbasierten Unterhaltungs-, Lern-, und Arbeitsumgebungen erzeugt werden (Alby, 2007). Widgets und Gadgets sind kleine, in Browser oder andere grafische Benutzungsoberflächen eingebundene, meist grafische Präsentationen und Ergebnisanzeigen von Webservices oder kleinen, sonst nicht selbstständig lauffähigen Programmen.

Konzepte zur Medienkompetenz und zur Medienkritik

Oft im Gegensatz zu ihren Lehrern und Eltern sind Schüler heutzutage in dieser durch das Web 2.0 geprägten digitalen Medienwelt zu Hause und kennen sich mit seinen Diensten und Begriffen, die oft durch Jugendsprache geprägt sind, bestens aus. Sie haben weniger durch Lernprozesse in der Schule, viel häufiger durch eigene Aktivitäten in ihrer Freizeit auf spielerisch-natürliche Weise Erfahrungen im Umgang mit diesen Angeboten des Internet gesammelt und haben sie als etwas Selbstverständliches, als integralen Bestand ihrer Alltagswelt, in ihr Leben eingebunden. Schüler sind in diese Medienwelt hineingeboren und im Umgang mit den Angeboten des Web 2.0 als ‚Digital Natives' vertraut, während Erwachsene als ‚Digital Immigrants' sich Erfahrungen bei der Nutzung dieser Medien oft erst mühsam erwerben müssen. Medienbildung stellt sich in diesem Kontext u.a. die Aufgabe, die Nutzer von digitalen Medien davor zu bewahren, zu kritiklosen Konsumenten in dieser Medienwelt, zu ‚Digital Naives' zu mutieren und einer digitalen Spaltung der Gesellschaft entgegenzuwirken. Einer Spaltung in Jene, die über Zugang und Nutzungswissen beim Gebrauch dieser Medien verfügen und solchen Jugendlichen, denen sich mangels Kenntnissen oder Verfügbarkeit ein Zugang zu diesen Medien verschließt. Damit kommt der Medienbildung auch eine wichtige sozial-politische Funktion zu, indem sie dem Prozess der digitalen Spaltung der Gesellschaft entgegenwirkt und auf vielen unterschiedlichen Ebenen Prozesse der ‚Digital Inclusion' fördert (Schwidrowski & Stechert, 2009).

Hierzu gibt es in der Medienbildung eine Reihe von unterschiedlichen Ansätzen. Dieser Beitrag bietet nicht den Rahmen, um sich in auch nur annähernd angemessener Weise mit verschiedenen Konzepten zur Medienkompetenz und zur Medienkritik sowie mit kritischen Einwänden zum Kompetenzbegriff auseinanderzusetzen. Hier wären u.a. Ansätze von Baacke, Tulodziecki, Spanhel, Schorb und Aufenanger zu diskutieren (Albrecht et al., 2009). Um aber den Beitrag von informatischer Bildung zur Medienbildung, insbesondere zur Förderung von Medienkompetenz, bei der Auseinandersetzung mit Diensten des Web 2.0 einschätzen zu können, soll hier in knapper Form ein begrifflicher Bezugsrahmen definiert werden.

In Anlehnung an Tulodziecki (2008) können als wichtige Aufgaben der Medienbildung angesehen werden: *‚Auswählen und Nutzen von Medienangeboten', ‚Eigenes Gestalten und Verbreiten von Medienbeiträgen', ‚Verstehen und Bewerten von Mediengestaltungen', ‚Erkennen und Aufarbeiten von Medieneinflüssen'* sowie *‚Durchschauen und Beurteilen von Bedingungen der Medienproduktion und Medienverbreitung'*. In Ergänzung zu diesem Konzept sollen in diesem Beitrag die von Aufenanger (2006) postulierten Komponenten von Medienkompetenz und Medienkritik herangezogen werden: *Handlungskomponente sowie kognitive, ethische, ästhetische, affektive, soziale Komponente.*

Mit Hilfe dieser Kategorien, die im Bereich der Medienbildung einerseits zwar kontrovers diskutiert werden, andererseits aber doch in zahlreichen Veröffentlichungen als brauchbare Dimensionen zur Charakterisierung von medienbezogenen Lernprozessen angesehen werden, soll im Folgenden versucht werden, die medienpädagogische und -didaktische Bedeutung des Lernens über das Web

2.0 und mit seinen Diensten zu bewerten. Da das Web 2.0 und eine Vielzahl anderer Informatiksysteme wegen ihrer medialen Eigenschaften auch als digitale Medien angesehen werden können, erscheint eine kritische Bewertung ihrer Bedeutung für den Wissenserwerb in formalen und informellen Lernprozessen mit Kategorien der Medienpädagogik durchaus legitim. Später sollen dann Kategorien der informatischen Bildung und des informatischen Kompetenzerwerbs zur Beurteilung von informatikbezogenen Lernprozessen mit dem Web 2.0 herangezogen werden, um auch eine Beurteilung aus dieser Perspektive zu ermöglichen. Ein Vergleich beider Argumentationslinien soll schließlich zum besseren Verständnis des Zusammenhangs von informatischer Bildung und Medienkompetenz beitragen.

Web 2.0 als Thema in verschiedenen Unterrichtsfächern

Angesichts der eingangs charakterisierten ‚Allgegenwärtigkeit' der digitalen Medien kann sich Medienbildung nicht auf den schulischen Bereich beschränken, sondern hat auch wichtige Betätigungsfelder auf verschiedenen Gebieten der außerschulischen Bildung. Eine wichtige Brückenfunktion zwischen schulischer und außerschulischer Bildung nehmen dabei seit langem schulbezogene Projekte ein, die mittels digitaler Medien eine Öffnung von Schule und ihrer Lernorte hin zum kommunalen Umfeld ermöglichen (Magenheim & Opitz, 1998). Derartige Projekte zur integrativen fächer- und schulübergreifenden Medienbildung können unter Nutzung der medialen Funktionen des Web 2.0 wichtige Impulse für den Erwerb von Medienkompetenzen bieten (Whyley & Westwood, 2005). So eröffnet z.B. das größte kollaborative ‚Mobile Learning' Projekt Großbritanniens an Schulen in Wolverhampton Schülern und deren Eltern die Möglichkeit zum ‚anywhere, anytime learning' mittels Laptops und mobiler Endgeräte sowie mit Techniken des Web2.0, wie z.B. Blogs, Podcasts und Videocasts in fast allen schulischen Fachgebieten und in fächerverbindenden, überschulischen Projekten (Learning2go, 2009).

Die medialen Funktionen des Web 2.0 werden auch im traditionellen schulischen Unterricht genutzt. Im Sinne einer in die traditionellen Schulfächer eingebundenen integrativen Medienbildung, nach der laut Lehrplänen medienbezogene Lernprozesse in den meisten Bundesländern in den schulischen Unterricht integriert werden sollen, gibt es eine Fülle von Unterrichtsbeispielen, in denen versucht wird, Dienste des Web 2.0 zu thematisieren und deren mediale Funktionen im Unterricht zu nutzen. Charakteristisch für derartige Ansätze ist es, dass interaktive digitale Medien, sowohl im mediendidaktischen Sinne zur Erschließung fachlicher Inhalte und Methoden des jeweiligen Unterrichtsfaches genutzt werden, als auch gleichzeitig versucht wird, Zielsetzungen im Sinne des Erwerbs von Medienkompetenz zu realisieren. Hierfür seien einige Beispiele und deren mediendidaktische und medienerzieherischen Intentionen genannt (vgl. Tabelle 2).[2]

---

2 Eine Reihe von guten Unterrichtsbeispielen befinden sich z.B. in verschiedenen Ausgaben der Zeitschrift *Computer + Unterricht* der Jahrgänge (2006–2009). Gründerin und Herausgeberin der Zeitschrift: Renate Schulz-Zander

Tabelle 2: Unterrichtsprojekte mit Bezug zum Web 2.0 in der Medienbildung

Fach[3]	Webdienstapplikation	Mediendidaktischer Aspekt im Fach	Aspekte der Medienbildung
alle	Wiki als Lernplattform	Kooperatives Schreiben im Web	Wandel von Kooperations- und Interaktionsstrukturen
D, Soz	Netzbasierte Computerspiele	Umgang mit interaktiven Medien	Reflexion eigenen Rollenverhaltens
E, FS	Podcasts	Kommunikation in einer Fremdsprache	Medienproduktion
E, Geo	Chat, Blog, Wiki	Interkulturelle medienvermittelte Kommunikation, authentisches Lernen	Nutzung digitaler Kommunikationsmedien
alle	LMS, CMS	Verbreiten von Lernmaterial, Lernorganisation, themenbezogene Kommunikation	Nutzen der Funktionen einer Lernplattform
alle	PDA, Handys	Zugang zu Lerninhalten	Medienproduktion
D, Soz	Soziale Netzwerke, virt. Gemeinschaften	Umgang mit interaktiven Medien Virtuellen Welten	Soziale – virtuelle Identität; gesellsch. Wandel d. Medien
alle	E-Portfolio	mediale Unterstützung von Lernprozessen	
NW	Fernexperimente, Simulationen	Interaktive mediale Unterstützung von fachspezifischen Lernprozessen	Medienevaluation (reales – virtuelles Experiment)
Soz	SchülerVZ u.a.	Datenschutz	Medienkritik
Ku	Virtuelle Museen	Virtuelle Erkundung von Kunstwerken	Medienreflexion
Ku, Inf	Webseitengestaltung	Softwareergonomie Visuelle Kommunikation	Ästhetische Komponente Medienverstehen

Ohne auf repräsentative, empirisch gesicherte Erkenntnisse über die Unterrichtspraxis in derartigen Projekten zurückgreifen zu können, lässt sich aufgrund von Einzelergebnissen die Hypothese aufstellen, dass informatische Grundkonzepte der angewandten digitalen Medien im Unterricht oft ausgeklammert bleiben, informatisches Konzeptwissen kaum oder eher am Rande vermittelt wird.

Informatische Bildung und informatische Kompetenzen

Informatische Bildung findet in der Schule vor allem im Unterrichtsfach Informatik, meist als Wahl- oder Wahlpflichtfach in den Sekundarstufen I und II statt. Daneben gibt es unterschiedliche organisatorische Formen informationstechnischer Grundbildung (ITG), die ähnlich wie die Medienbildung in die Fächer integriert ist. Im Mittelpunkt von Lernprozessen in der ITG stehen u.a. *‚Anwendungen kennen lernen‘, ‚Grundstrukturen und Funktionen von Informatiksystemen untersuchen‘*

---

[3] Fächerabkürzungen: D: Deutsch, E: Englisch, FS: Fremdsprachen, Geo: Geografie, NW: Naturwissenschaften, Soz: Sozialkunde, Ku: Kunst, Inf: Informatik.

sowie ‚*Auswirkungen reflektieren und beurteilen*'. Derartige Konzepte, die sich primär auf die fachgerechte Nutzung von Informatiksystemen in unterschiedlichen Anwendungskontexten konzentrieren, sind auch in internationalen Curricula zur informatischen Grundbildung anzutreffen (ACM, 2004).

Dagegen ist das ‚*Gestalten von Informatiksystemen*' im Wesentlichen dem Informatikunterricht vorbehalten (GI, 1999). Hier geht es auch um die Vermittlung eines grundlegenden konzeptionellen Verständnisses der technischen Seite von Informatiksystemen, die für eine effiziente Nutzung und eine fundierte Bewertung ihrer Funktionalität und ihrer gesellschaftlichen Auswirkungen erforderlich ist. Von besonderer Bedeutung ist die Vermittlung der Einsicht, dass Informatiksysteme in unterschiedlicher Weise gestaltbar sind, und dazu erforderliche Designentscheidungen nicht nur technischen Sachzwängen unterliegen, sondern z. T. auch von ökonomischen oder evtl. sogar politischen Interessen abhängig sind. Die Lehrpläne verschiedener Bundesländer und internationale Curricula geben daher der Analyse und dem eigenen Gestalten von Informatiksystemen mittels Modellierung und Programmierung im Informatikunterricht einen breiteren Raum (UNESCO/ IFIP, 2000). Gegenstandsbereich sind dabei jeweils verschiedene Aspekte *soziotechnischer Informatiksysteme*. Zur Software dieser Informatiksysteme zählt hierbei insbesondere auch die grafische Benutzungsoberfläche (GUI – Graphical User Interface), während der Hardware auch elektronische und mechanische Bauteile zur Steuerung peripherer technischer Prozesse (Embedded Systems) und zur Kommunikation mit anderen Informatiksystemen (Vernetzung) zugeordnet werden können (Magenheim, 2008). In diesem Sinne sind auch Dienste des Web 2.0 als *sozio-technische Informatiksysteme* anzusehen. Eine Auseinandersetzung mit dieser Thematik im Informatikunterricht, z.B. mit dem Konzept der Webservices (Protokolle, Datenstrukturen, Algorithmen), erfüllt auch die fachdidaktischen Kriterien einer fundamentalen informatischen Idee: Verankerung in verschiedenen Teildisziplinen der Fachwissenschaft Informatik (*Horizontalkriterium*), sukzessive Vertiefung des Gegenstandsbereichs im Sinne eines Spiralcurriculums für verschiedene Altersgruppen (*Vertikalkriterium*), längere Zeit von Relevanz für das Fach (*Zeitkriterium*), hohe Bedeutung für die Zielgruppe (*Sinnkriterium*), Bezüge zur aktuellen Forschung (*Zielkriterium*) etc. (Schwill, 1993).

Gerade der zwingend erforderliche Zielgruppenbezug bei der Planung von Informatikunterricht und der Beschreibung der zu vermittelnden Kompetenzen macht es schwierig, generelle Aussagen zum informatischen Kompetenzerwerb im Allgemeinen und im Zusammenhang mit Themen des Web 2.0 im Speziellen zu treffen. Es werden deshalb im Folgenden informatische Kompetenzen beschrieben, die als erweiterte Standards am Ende eines mehrjährigen spiraligen Lernprozesses in der informationstechnischen Grundbildung bzw. danach im Fach Informatik von Schülern erworben werden sollten.[4] Das Konzept orientiert sich sowohl an den Informatikbildungsstandards für die Sek I (GI, 2008) als auch an internationalen Curricula zur Computer Science Education und dem Kompetenzkonzept des DFG-Forschungsprojekts MoKoM (Nelles, Rhode & Stechert, 2009).

---

4   Leider besteht nur in wenigen Bundesländern aufgrund der mangelnden Verankerung des Faches in der Sek I die Möglichkeit, ein über mehrere Jahrgangsstufen und zwischen Sek I und Sek II abgestimmtes Curriculum zu entwickeln.

Da das Verstehen und Gestalten von Informatiksystemen als eine zentrale Aufgabenstellung von Informatikunterricht anzusehen ist, werden die dazu erforderlichen Kompetenzen aus der Struktur *der sozio-technischen Informatiksysteme*, dem zur ihrer Gestaltung notwendigen Softtwareentwicklungsprozess und ihrer Funktionsweise in einem gegebenen Anwendungskontext hergeleitet. Das Kompetenzmodell wurde auf internationalen Konferenzen zur CSE (Computer Science Education) von einem sachverständigen Publikum kontrovers diskutiert (Magenheim, 2005) und innerhalb des Forschungsprojekts MoKoM im Zuge von Experteninterviews einer kritischen Bewertung und Modifikation unterzogen. In Anlehnung an dieses Kompetenzmodell können die folgenden Kompetenzdimensionen beschrieben werden: *Anwendungskompetenz* (I1): Informatiksystem in einer Applikationsdomäne anwenden können; *Informatisches Systemverständnis* (I2): (Konzept)wissen über Informatiksysteme, Innen- und Außensicht auf das System verstehen; *Modellierungskompetenz* (I3): Fähigkeit sozio-technische Informatiksysteme selbst zu gestalten; *Sozial-kommunikative Kompetenz* (I4): Kommunikative u. kooperative Nutzung von Informatiksystemen zur Systemgestaltung im Team, Technisch vermittelte und zwischenmenschliche Kommunikation im Team und mit Auftraggebern; *Motivationale, emphatisch-reflexive Kompetenz* (I5): Motivation und individuelle Betroffenheit im Umgang mit Informatiksystemen analysieren können; *Ästhetische Kompetenz* (I6): Gestalten von grafischen Benutzungsoberflächen, Webseiten, Präsentation des Systems; *Evaluative Kompetenz* (I7): Informatiksystem in technischer Sicht und in Bezug auf seine tatsächlichen und potenziellen gesellschaftlichen Auswirkungen bewerten können.

Die in den Informatik-Bildungsstandards definierten *Inhaltsbereiche* ‚Information und Daten', ‚Algorithmen', ‚Sprachen und Automaten', ‚Informatiksysteme', ‚Informatik, Mensch und Gesellschaft' sind als informatische Konzepte vor allem in den Kompetenzbereichen I2 und I3 erforderlich. Die *Prozessbereiche* sind im Wesentlichen assoziiert mit I3 (Modellieren und Implementieren), I3, I4, I7 (Begründen und Bewerten), I2, I3 (Strukturieren und Vernetzen), I4 (Kommunizieren und Kooperieren), I6, I7 (Darstellen und Interpretieren).

Das Web 2.0 als Thema zum Erwerb informatischer Kompetenzen

Die Dienste und Applikationen des Internet und des Web 2.0 besitzen einen Doppelcharakter. Sie können einerseits als sozio-technische Informatiksysteme und andererseits als interaktive digitale Medien mit spezifischen medialen Funktionen angesehen werden, wie sie Informatiksystemen oft zu eigen sind (Schelhowe, 2006). In diesem Abschnitt soll anhand einiger Beispiele gezeigt werden, wie einzelne Aspekte des Web 2.0 im Sinne der oben beschriebenen informatischen Kompetenzen erarbeitet werden können und dabei zugleich auch der Erwerb von Medienkompetenzen gefördert werden kann.

Im Unterschied zu Web-2.0-Unterrichtsprojekten im Bereich der Medienbildung und der ITG sollten Informatikprojekte Web-2.0-Technologien nicht nur auf der Anwendungsebene thematisieren, sondern versuchen, stärker die informatischen Konzepte im oben beschriebenen Sinne zu erkennen, um auf dieser

Basis zu einem besseren Konzeptwissen und damit zu einer qualifizierten Anwendung und Bewertung der Applikation bzw. des Dienstes in verschiedenen Kontexten zu kommen. Dabei sollten innerhalb eines Unterrichtsprojekts verschiedene Kompetenzkomponenten gefördert werden. Im Folgenden werden einige Beispiele benannt, die diese Anforderungen erfüllen, wobei die Zuordnung zu den Kompetenzen jeweils die meist angesprochenen Komponenten berücksichtigt und nicht immer überschneidungsfrei ist (vgl. Tabelle 3).[5]

Tabelle 3: Unterrichtsprojekte mit Bezug zum Web 2.0 im Informatikunterricht

	Web 2.0 Dienst / Applikation	Applikationskontext	Kompetenzkomponenten
1	Repository, Ticket-System, Wiki, Blog, Micro-Blogging	Nutzung der medialen Funktionen der Applikationen zur Softwareentwicklung	I1, I3, I4
2	RFID	Warenwirtschaftssystem, Logistiksysteme, PoS-Systeme (Technik – Datenschutz)	I2, I3, I5, I7
3	Sicherheit und Privatheit	Web 2.0 Planspiel[6], Datenspuren im Web 2.0	I2, I5, I7
4	Mobile Computing	Programmierung von Applikationen für das Handy, API-Nutzung, Programmiersprachen	I2, I3, I4, I6
5	Semantic Web, Folksonomies	Webbasierte Bilder- und Videogalerie, (Flickr), Social Tagging, Social Bookmarking,	I1, I2, I3, I6
6	Mash ups, Widgets	Gestalten einer PLE mit Web-Sevices, Entwickeln eigener Dienste	I2, I3, I6, I7
7	AJAX, Dynamische Webseiten, Client-Server Konzept	Entwickeln eines webbasierten Computerspiels; Gestalten dynamischer, interaktiver Webseiten	I2, I3, I6, I7
8	Pod-, Videocasts, Streaming Video	Produktion von Pod- und Videocasts, Streaming Server, Komprimierung, Protokolle	I2, I3, I5, I6
9	Shared Workspaces, LMS, CMS Social und Content awareness	Customizing eines LMS (z. B Moodle); z.B. Rechtemanagement, Kommunikationsabläufe	I1 – I7
10	Information Retrieval, Qualitätssicherung	Actors-Artefacts-Networks, Dienstesynergien, Entwickeln eines Ratingsystems für Dokumente	I2, I3, I7

Beispiel 1 bezieht sich auf die Nutzung von Web-2.0-Applikationen im Rahmen eines Softwareentwicklungsprojekts im Informatikunterricht. Hier steht die fachspezifische Nutzung des Web 2.0 im Vordergrund, wobei, ähnlich wie bei den o.g.

---

5   Eine Reihe von guten Unterrichtsbeispielen zum Thema Web 2.0 im Informatikunterricht befinden sich z.B. in verschiedenen Ausgaben der Zeitschrift *LOGIN* der Jahrgänge (2006–2009). Gründerin und von 1980 bis 1990 Schriftleiterin der Zeitschrift LOG IN: Renate Schulz-Zander.
6   Siehe: http://lernarchiv.bildung.hessen.de/sek_i/informatik/themen/Planspiel_Web_2.zip [26.05.09]

medienpädagogischen Projekten, primär die medialen Funktionen der Web-2.0-Dienste genutzt werden. Im Sinne der Förderung von Medienkompetenzen, sollte aber auch der Einfluss dieser Medien auf Arbeits- und Kommunikationsstrukturen in der Gruppe erörtert werden.

Die weiteren Beispiele verlangen einen tieferen Einstieg in die technologischen Grundlagen von Informatiksystemen und Web-2.0-Diensten. Leider können sie im Rahmen dieses Beitrags nicht detailliert beschrieben werden. Im Sinne einer systemorientierten Didaktik der Informatik sind aber softwaretechnische Designentscheidungen und technische Funktionen der zu modellierenden und zu gestaltenden Systeme in den Unterrichtsprojekten stets auch im Hinblick auf ihren Anwendungskontext und die möglichen sozialen und gesellschaftlichen Auswirkungen zu diskutieren. Die genannten Beispielprojekte sind in der Regel didaktisch-methodisch skalierbar, d.h. sie können im Anspruchsniveau auf die Lernvoraussetzungen der jeweiligen Schülergruppen der Sekundarstufen I und II angepasst werden. So kann man beispielsweise die Unterrichtsprojekte 4 und 8 sowohl für Anfängergruppen gestalten, in dem z.B. kleine Eigenproduktionen mit geeigneten Tools von den Schülern selbst entwickelt werden. Andererseits sind diese Themen im Unterricht auch anspruchsvoller umzusetzen, in dem z.B. mit Hilfe von Open Source Produkten ein eigener Videoserver mit Datenbank implementiert wird und zugehörige Datenstrukturen, Architekturen, Protokolle und Komprimierungsalgorithmen thematisiert werden. Derartige Projekte sind sehr anspruchsvoll und können nur mit fortgeschrittenen Lerngruppen der Sekundarstufe II erfolgreich umgesetzt werden. Die in einem auf diese Weise organisierten Informatikunterricht zu vermittelnde Informatikkompetenzen richten sich an unterschiedliche Zielgruppen. Zum einen sollen sie Schüler ansprechen, die ein Interesse an einem vertieften technischen Verständnis digitaler Medien haben und ihre in der Medienbildung oder Grundbildung erworbenen Kenntnisse vernetzen und vertiefen wollen. Zum anderen könnten hier auch Schüler angesprochen werden, bei denen sich das schulische Interesse für digitale Medien, technische Systeme und Informatiksysteme später in einer entsprechenden Berufslaufbahn niederschlägt. Hier kommt dem Informatikunterricht ebenfalls eine wichtige Funktion im allgemeinbildenden Schulwesen zu (GI, MNU, VDI, 2008).

Beitrag des Informatikunterrichts zur Medienkompetenz

Als Fazit der obigen Ausführungen bleibt festzuhalten, dass der Erwerb informatischer Kompetenzen in verschiedenen schulischen Lernbereichen und im Unterrichtsfach Informatik auch der Förderung verschiedener Komponenten der Medienkompetenz dient.

Zwischen beiden Kompetenzdimensionen besteht eine hohe Affinität, wenn es um Lernprozesse in Bezug auf digitale Medien geht. Dies ist in verschiedenen Ansätzen zur informatischen Bildung immer wieder betont worden und das gilt auch für das Thema Web 2.0, insbesondere dann, wenn seine Applikationen und Dienste hinsichtlich ihrer Eigenschaften als digitale Medien betrachtet werden. In der nachfolgenden Tabelle 4 wird abschließend eine wechselseitige Zuordnung beider Kompetenzkonzepte versucht, die jedoch keineswegs in der Lage ist, die einzelnen Komponenten vollständig zu erfassen und auch nicht überschneidungsfrei sein kann. Die zur Förderung der einzelnen Komponenten der informatischen Kompetenz gewählten Unterrichtsthemen sollten einen exemplarischen Charakter besitzen und im Sinne eines Spiralcurriculums zu einer inhaltlichen Vernetzung der Themenbereiche führen.

Tabelle 4: Mögliche Affinität von informatischen Kompetenzen und Medienkompetenz

Komponente informatischer Kompetenz	Affine Komponente von Medienkompetenz
Anwendungskompetenz (I1) Informatiksystem in einer Applikationsdomäne anwenden	*Handlungskomponente A* (M1) Auswählen und Nutzen von Medienangeboten, Interaktiver Umgang mit Medien
Informatisches Systemverständnis (I2) (Konzept)wissen über Informatiksysteme, Innen- und Außensicht auf das System	*Kognitive Komponente* (M2) Verstehen von Mediengestaltungen, spezifische Formen neuer Medien wahrnehmen und verstehen
Modellierungskompetenz (I3) Fähigkeit sozio-technische Informatiksysteme selbst zu gestalten,	*Handlungskomponente B* (M3) Eigenes Gestalten und Verbreiten von Medienbeiträgen
Sozial-kommunikative Kompetenz (I4) Kommunikative u. kooperative Nutzung von Informatiksystemen zur Systemgestaltung im Team, Techn. vermittelte und F2F-Kommunikation im Team und mit Auftraggebern	*Soziale Komponente* (M4) Veränderungen von sozialen Kommunikationsformen, sozialen Beziehungen durch Nutzung digitaler Medien
Motivationale, emphatisch-reflexive Kompetenz (I5) Motivation und individuelle Betroffenheit im Umgang mit Informatiksystemen analysieren	*Affektive Komponente* (M5) Reflexion des eigenen Umgangs mit Medien und möglich Einflüssen auf eigene Einstellungen und Verhalten
Ästhetische Kompetenz (I6) Gestalten von grafischen Benutzungsoberflächen, Webseiten, Präsentation des Systems (des eigenen Produkts), Softwareergonomie	*Ästhetische Komponente* (M6) Medien nach ästhetischen Gesichtspunkten gestalten und bewerten
Evaluative Kompetenz (I7) Informatiksystem in technischer Sicht und in Bezug auf seine tatsächlichen und potenziellen gesellschaftlichen Auswirkungen bewerten	*Ethische Komponente* (M7) Bewertungen von Mediengestaltungen; Erkennen und Aufarbeiten von Medieneinflüssen; Ethisch-moralische, ideologiekritische Bewertung von Medien

Ferner ist anzumerken, dass es auch Themengebiete gibt, in denen sich informatische Bildung und Medienbildung deutlich unterscheiden und mit sehr unterschiedlichen Methoden operieren, etwa, wenn es primär um mediale Funktionen tradierter Medien geht, wie bei der Filmanalyse in der Medienbildung oder um die Entwicklung von ‚Embedded Systems' als Einheit von Hard- und Software, von Aktoren und Sensoren im eher technisch orientierten Informatikunterricht. Dennoch erscheint das Web 2.0 ein Themenbereich zu sein, in dem Schüler je nach unterrichtlicher Schwerpunktsetzung sowohl informatische Kompetenzen als auch Medienkompetenzen erwerben können und in dem angeeignete informatische

Kenntnisse zu einem vertieften Verständnis der Funktions- und Wirkungsweise digitaler Medien beitragen können.

Literatur

ACM (2004). Task Force of the Pre-College Committee of the Education Board of the ACM (Eds.), *ACM Model High School Computer Science Curriculum* [Online]. Verfügbar unter: http://www.csta.acm.org/Curriculum/sub/ACMK12CSModel.html [26.5.2009].

Albrecht, E., Bounin, I., Carle, H., Lochner, A., Reinhold, C., Schaller, M. & Schnell, C. (Online-Redaktion) (2009). *Medienkompetenz. Mediaculture online* [Online]. Verfügbar unter: http://www.mediaculture-online.de/Medienkompetenz.356.0.html [24.6.2009].

Alby, T. (2007). *Web 2.0, Konzepte, Anwendungen, Technologien*. München: Hanser.

Attwell, G. (2007). The Personal Learning Environments – the future of eLearning? *eLearning Papers* [Online], (2) 1. Verfügbar unter: http://www.elearning europa.info/files/media/media11561.pdf [26.5.2009].

Aufenanger, S. (2006). Medienkritik. *Computer + Unterricht, 64*, 6–16.

Bachmair, B., Pachler, N. & Cook, J. (2009). Mobile phones as cultural resources for learning – an analysis of mobile expertise, structures and emerging cultural practices. *MedienPädagogik. www.medienpaed.com. Zeitschrift für Theorie und Praxis der Medienbildung* [Online]. Verfügbar unter: www.medienpaed. com/2009/bachmair0903.pdf [24.6.2009].

Broy, M. & Endres, A. (2009). Informatik überall, jederzeit und für alle. *Informatik Spektrum, 32* (2), 153–162.

GI. (1999). *Informatische Bildung und Medienerziehung. Empfehlung der Gesellschaft für Informatik e.V. erarbeitet von einem Arbeitskreis des Fachausschusses 7.3 „Informatische Bildung in Schulen"* [Online].Verfügbar unter http://www. gi-ev.de/fileadmin/gliederungen/fb-iad/fa-ibs/Empfehlungen/InfBildungMedien.pdf [23.5.2009].

GI. (2008). *Grundsätze und Standards für die Informatik in der Schule, Bildungsstandards Informatik für die Sekundarstufe I, Empfehlungen der Gesellschaft für Informatik e. V. erarbeitet vom Arbeitskreis Bildungsstandards. Beilage zu LOG IN, 28* (150/151).

GI, MNU, VDI. (2008). *Gemeinsame Erklärung zum MINT-Unterricht* [Online]. Verfügbar unter: http://www.gi-ev.de/fileadmin/redaktion/Praesidiumsbeschluesse/ Vorblatt-PP080627.pdf [26.5.2009].

Halpin, H., Robu, V. & Shepherd, H. (2007). The complex dynamics of collaborative tagging. *Proceedings of the 16th international Conference on World Wide Web*. Banff, Alberta, Canada, May 08 – 12, ACM, New York, NY [Online], 2007, 211–220. Verfügbar unter: http://doi.acm.org/10.1145/1242572.1242602 [24.6.2009].

Learning2go. (2009). *Wolverhampton LA Mobile Learning* [Online]. Verfügbar unter: http://www.learning2go.org/ [26.5.2009].

Magenheim, J. (2005). Towards a Competence Model for Educational Standards of Informatics. *Proceedings of the 8th IFIP World Conference on Computers in Education, University of Stellenbosch, Cape Town (SA), 4–7 July 2005*. Documents /452.pdf. Verfügbar unter: http://ddi.uni-paderborn.de/fileadmin/Informatik/AG-DDI/Veroeffentlichungen/Paper/2005/towards_a_competence_model_for_education al_standards_of_informatics.pdf [24.6.2009].

Magenheim, J. (2007). Von Xanadu zum Web 2.0. Kooperatives Lesen und Schreiben im Netz als zentrale Elemente des E-Learning. In J. Schäfer & S. Schubert (Hrsg.),

E-Learning und Literatur – Informatiksysteme im Literaturunterricht, MUK 166/167, 2007(45–60) Siegen.

Magenheim, J. (2008). Systemorientierte Didaktik der Informatik. Sozio-technische Informatiksysteme als Unterrichtsgegenstand? In U. Kortenkamp, H. G. Weigand & T. Weth (Hrsg.), *Informatische Ideen im Mathematikunterricht.* (S. 17–36) Hildesheim: Franzbecker.

Magenheim, J. & Opitz, G. (1998). LocalNetFuldatal – ein Bürgernetz macht Schule. Schulprofilbildung durch Kooperation mit externen Partnern. *Computer + Unterricht, 8* (32), 38–42.

Maier, R., Hädrich, T. & Peinl, R. (2009). *Enterprise Knowledge Infrastructures.* Berlin: Springer.

Nelles, W., Rhode, T. & Stechert, P. (2009). Entwicklung eines Kompetenzrahmenmodells – Informatisches Modellieren und Systemverständnis. *Informatik Spektrum, 32,* (4).

Polenz, S. (2008). *RFID-Techniken und Datenschutzrecht – Perspektiven der Regulierung.* Dissertation TU Chemnitz [Online]. Verfügbar unter: http://archiv.tu-chemnitz.de/pub/2008/0039/data/Dissertation.pdf [24.6.2009].

Schelhowe, H. (2006). Medienpädagogik und Informatik: Zur Notwendigkeit einer Neubestimmung der Rolle digitaler Medien in Bildungsprozessen. *Medienpädagogik. www.medienpaed.com* [Online]. Verfügbar unter: http://www.medien paed.com/05-2/schelhowe05-2.pdf [26.5.2009].

Schwidrowski, K. & Stechert, P. (2009). Digital Inclusion by Fostering Informatics Competencies. In S. Røsvik (Hrsg.): *9th IFIP World Conference on Computers in Education – WCCE 2009*, Bento Goncalves (Brasilien).

Schwill, A. (1993). Fundamentale Ideen der Informatik. *Zentralblatt für Didaktik der Mathematik*, 25 (1), 20–31.

Spiegel (2006). *YOUTUBE-Kauf. Googles risikoreichste Investition* [Online]. Verfügbar unter: http://www.spiegel.de/wirtschaft/0,1518,441686,00.html [24.6.2009].

Surowiecki, J. (2004). *The Wisdom of Crowds: Why the Many are Smarter than the Few and How Collective Wisdom Shapes Business,Economics, Societies and Nations.* London: Abacus.

Tapscott, D. & Williams, A. (2007). *Wikinomics, How Mass Collaboration Changes Everything.* London: Penguin.

Tulodziecki, G. (2008). *Medienbildung – welche Kompetenzen Schülerinnen und Schüler im Medienbereich erwerben und welche Standards sie erreichen sollen* [Online]. Verfügbar unter: http://www.pedocs.de/volltexte/2008/79/pdf/Standards_Medien bildung.pdf [26.5.2009].

UNESCO/IFIP. (2000). *Curriculum – Information and Communication Technology in Secondary Education* [Online]. Verfügbar unter: http://wwwedu.ge.ch/cptic/prospective/projets/unesco/en/welcome.html [26.5.2009].

Whyley, D. & Westwood, T. (2005). Placing the learner at the heart of the system. A city wide approach to the personalised learning agenda. *Proceedings of the 8th IFIP World Conference on Computers in Education, University of Stellenbosch, Cape Town (SA), 4–7 July 2005.*

Wiegold, T. (2009). Twitter – Schneller als der Präsident. *Focus-Online* 23.05.09 [Online]. Verfügbar unter: http://www.focus.de/politik/deutschland/wahlen-2009/bundespraesident/twitter-schneller-als-der-praesident_aid_401834.html [26.5.2009].

Sigrid Metz-Göckel

Von welchen Jungen und welchen Mädchen reden wir?
Zum ‚boy turn' in der Geschlechterdebatte und Neujustierung der Geschlechterrelationen

‚Jungendiskurs' und die Positionierung der Geschlechter

Die aktuelle Debatte zur schulischen Benachteiligung oder zum Schulversagen von Jungen, besser bestimmter Gruppen von Jungen, repräsentiert einen „boy turn" (Wöllmann, 2009) der bildungspolitischen und schulpädagogischen Aufmerksamkeit. Was sich bereits in den 1990er Jahren abzeichnete, aber erst mit der Veröffentlichung der PISA-Befunde eine breite (schulische) Öffentlichkeit erreicht hat, steht nun häufig in spektakulärer Weise auf der bildungspolitischen Agenda. Jungen sind zum Problemgeschlecht geworden (Metz-Göckel, 2002).[1] In der Tat veröffentlichten die Testleistungen in den Kompetenzen des Lesens, der Mathematik und naturwissenschaftlichen Grundbildung auf aggregierter Datenebene erhebliche Differenzen zwischen den fünfzehnjährigen Schülern und Schülerinnen. Diese Daten weisen im internationalen Vergleich eine große Übereinstimmung in der Lesekompetenz zugunsten der Mädchen und in der Mathematik zugunsten der Jungen auf. Jedoch zeigen die Befunde innerhalb der Bundesrepublik wie in anderen Ländern auch viele länderspezifische Unterschiede, die auf weitere Einflussfaktoren hindeuten. Ein markanter Befund für Deutschland ist, dass ca. 20 Prozent der Schülerinnen und Schüler, vorwiegend männliche Jugendliche aus Migrantenfamilien, mit ihren Leistungen das Schulziel zum Erhebungszeitpunkt nicht erreichen. Darüber hinaus sind Jungen häufiger als Mädchen in den Haupt- und Sonderschulen vertreten und demnach das schlechter schulangepasste Geschlecht. Die Ergebnisse haben sich in 2006 nur geringfügig geändert. Somit ist es nicht mehr gerechtfertigt, von einem allgemeinen Bildungsdefizit oder einer Bildungsbenachteiligung der Mädchen zu sprechen.

Als lediglich Männer einer privilegierten sozialen Schicht zur höheren Bildung zugelassen waren, entfiel generell der Vergleich mit Frauen, aber auch mit Männern anderer sozialer Herkunft. Seit der Debatte zu Chancengleichheit und Bildung als Bürgerrecht richtet sich die Aufmerksamkeit auf das heranwachsende Individuum und die Förderung seiner Potenziale, unbeschadet des Geschlechts, der sozialen Herkunft und ethnischen Zugehörigkeit und hat die Erwartungen an die Bildungsbereitschaft des Einzelnen gesteigert. Die erfolgreiche Integration der jungen Frauengeneration in das höhere Bildungssystem macht inzwischen den ständigen Vergleich zwischen den Geschlechtern möglich. Eine Auswirkung dieser

---

1 PISA: Programme for International Student Assessment. Dabei handelt es sich nicht um Schulleistungen, sondern um ein eigens konstruiertes Messinstrument für die drei Kompetenzbereiche Lesen, Mathematik und naturwissenschaftliche Grundbildung.

konkurrierenden Vergleiche ist die erstmalige öffentliche Konzentration auf Jungen in ihrer Geschlechtszugehörigkeit.

Noch vor 30 Jahren wäre ein solcher Perspektivwechsel unvorstellbar gewesen. Deutet er doch darauf hin, dass sich in den Geschlechterrelationen einiges verschoben hat. Dass sich Jungen durch ‚erfolgreiche' Mädchen bedroht fühlen können, ist nur eine mögliche Reaktion und selbstverständlich nicht für alle Jungen zutreffend. Eine mögliche Verunsicherung und Bedrohung betrifft aber vor allem Jungen aus den unteren Sozialschichten und nichtdeutscher Herkunft, so eine Annahme.

Forschungsbefunden zufolge bestehen in den kognitiven Fähigkeiten keine Geschlechterunterschiede (mehr) (Rustemeyer, 2002) und auch in den Lernstrategien und im Lernverhalten sind sie minimal (Ziegler & Dresel, 2006). Deshalb ist nicht von intellektuellen, sondern von sozio-kulturellen Einflussfaktoren auf Geschlechterdifferenzierungen und das schulische Verhalten von Jungen und Mädchen auszugehen.

Die aktuelle bildungspolitische Aufmerksamkeit bietet sich daher für eine geschlechtertheoretische Reflexion geradezu an, da sie ein glänzendes Beispiel dafür ist, wie die ‚sozialen Geschlechter' und Geschlechterdifferenzen durch die Schule und medial konstruiert werden. Die aktuelle Aufmerksamkeitsverlagerung zugunsten der Jungen hat positive wie negative Seiten.

– Positiv ist, dass sie den Blick frei gibt für unterschiedliche Jungenbilder und viele soziale Geschlechter, die in der Schule miteinander auskommen müssen (Kampshoff, 2000). Der irritierenden Behauptung, dass es viele Geschlechter gibt, liegt die Beobachtung zugrunde, dass sich das biologische Geschlecht nur in sozialen Erscheinungsformen realisiert und je nach Zuordnungskriterien zwei, drei, sechs oder 24 und mehr Geschlechter analytisch unterschieden werden können (Lorber, 2003, S. 141 ff.). Die Grundschule, in der noch alle Kinder versammelt sind, scheint weniger Probleme mit den heterogenen Schülerinnen und Schülern zu haben als die weiteren Schulen, die bereits selektierte Kinder und Jugendliche unterrichten. Mit steigendem Lebensalter der Schülerinnen und Schüler kommen allerdings die Pubertät mit ihrer Identitätsfindung und andere Geschlechterdimensionen ins Spiel.
– Zur negativen Seite der Debatte über die Benachteiligung von Jungen gehört, dass einzelne Forschungsbefunde generalisiert werden und die Aufmerksamkeit für Geschlechterfragen lediglich punktuell ist. Wird bereits von einer Benachteiligung der Jungen gesprochen, wenn Mädchen ihre Bildungsdefizite aufholen, entspricht dies einem Verständnis der Geschlechterbeziehungen, wonach Jungen immer besser gebildet sein sollten als Mädchen (Metz-Göckel, 1998). Bei einer prinzipiellen Gleichbefähigung von Jungen und Mädchen müsste es aber selbstverständlich sein, dass ein Teil der Jungen sowohl besser als auch schlechter in der Schule abschneidet als ein Teil der Mädchen, je nachdem welche weiteren Variablen ins Spiel kommen.

Interessanter wäre daher die Frage, wie ‚Auffassungen' über Geschlechterunterschiede zustande kommen und worauf Geschlechterdifferenzierungen zurückzuführen sind. Dabei sollten nicht nur die relativen Anteile von Jungen und Mädchen an den Schulstufen berücksichtigt werden, sondern auch die Umsetzung der schulischen Abschlüsse auf dem Arbeitsmarkt und für den weiteren Lebensverlauf, die sich nach wie vor zwischen den Geschlechtern unterscheiden (Knapp & Metz-Göckel, 1999).

In Australien, Kanada und England hat die wissenschaftliche und populäre Diskussion zur Jungenthematik bereits sehr früh eingesetzt. Wöllmann (2009) hat unterschiedliche Gruppen und Sichtweisen auf Jungen in seinem Überblick über die internationale Jungenforschung wie folgt strukturiert:

– *Jungen als Opfer* (poor boys): Diese Sichtweise beruht auf natürlichen, biologischen Geschlechterunterschieden. Sie findet sich in der BRD nur noch in der populärwissenschaftlichen Literatur.
– *Jungen sind anders als Mädchen und wollen es auch sein* (boys will be boys): Diese Sichtweise grenzt sich von feministischen Vorstellungen ab, die sich auf eine Angleichung der Geschlechter richten. Sie findet sich teils in der Literatur zur Jungenarbeit (Zimmermann, 1998; Winter, 2008).
– *Failing schools*. Diese Sichtweise kritisiert die Ignoranz der Schulen gegenüber den Bedürfnissen der Jungen und macht die Mädchen- und Frauenorientierung für das Versagen der Jungen verantwortlich (kritisch dazu: Koch-Priewe, 2005).
– *Gewaltbereite Jugendliche* (problem boys). Diese Sicht gliedert einige Jungen als spezielle Gruppe aus und hat breite Resonanz in der erziehungs- und populärwissenschaftlichen Literatur gefunden.
– *Die benachteiligten Problem-Jun*gen (boys at risk). In dieser ‚sozialpädagogischen' Sicht sind auffällige Jungen ein seit langem bekanntes Phänomen.

Diese differenzierten Gruppen von Jungen liefern Anhaltspunkte dafür, wie unterschiedlich Jungen sein können und wie unterschiedlich sie wahrgenommen werden. Gleichwohl gibt es vereinheitlichende Stereotypisierungen, die die Forschung zu Männern und Männlichkeiten kritisch reflektiert. In der Bundesrepublik hat sich inzwischen eine Männerforschung etabliert, die sich mit Untersuchungen zu Männlichkeiten und dem Praxisfeld der pädagogischen Arbeit mit Jungen und ihren Schulleistungen befasst. Die Jungen- wie die Mädchenarbeit sind hauptsächlich im sozialpädagogischen Bereich angesiedelt, beide orientieren sich zwar an der dualen Geschlechterzuordnung, ihnen verdanken wir aber intra-kategoriale Differenzierungen z.B. in gewaltbereite Jugendliche, stille Jungen, migrantische Jugendliche, Jungen in der Pubertät und Jugendliche in der Minorität u.a.m. (Heimvolkshochschule Alte Molkerei Frille, 1989; Metz-Göckel, 1993; Hafeneger, 2005; Jantz, 2005; Winter, 2008; May, 2008). Eine zentrale Stellung in der Männerforschung nimmt das Konzept der hegemonialen Männlichkeit ein (Connell 1999, Brandes & Bullinger 1997, Meuser & Scholz 2007, Kontos & May 2008), auf das noch näher einzugehen sein wird.

Im Folgenden geht es um Schülerinnen und Schüler und Männlichkeiten und Weiblichkeiten im Plural, wobei Jungen und Mädchen ‚kollektiv' als gleich und individuell als unterschiedlich gesehen werden. Die Veränderungen in der Positionierung der Geschlechter zueinander haben nicht nur ehemals als sicher betrachtete Positionen und Terrains für junge Männer gefährdet, sondern auch gewohnte Machtverhältnisse und Überlegenheiten in Frage gestellt, so dass neben einer männlichen auch von einer kontextuellen weiblichen Hegemonie die Rede ist (May, 2008). Die Vorstellung, dass Mädchen nicht nur gleich gut wie Jungen, sondern auch besser in der Schule sein können, ohne dass die Welt aus den Fugen gerät, scheint jedoch gewöhnungsbedürftig zu sein. Die zentrale Frage ist, wie sich im Kontext der Geschlechterbeziehungen im Wandel die Jungen in Relation zu den Mädchen (mit) verändern.

Geschlechterzuschreibungen in der Schule – geschlechtertheoretische Anmerkungen

Die Geschlechterforschung befasst sich mit den Relationen und Arbeitsteilungen zwischen Frauen und Männern jeglichen Alters und sozialer Lage, und wie sich diese in konkreten Kontexten und Praxen herstellen und darstellen. Wie die Debatte der letzten Jahre zeigt, wird der Begriff Geschlecht zunehmend durch gender ersetzt, da sich der englische Begriff eindeutiger auf das soziale Geschlecht bezieht, Frauen wie Männer umfasst und eine Meta-Perspektive konstituiert, von der aus kritisch auf beide Geschlechter geschaut werden kann.

Grundlegende geschlechtertheoretische Arbeiten stammen aus der ethno-methodologischen und sozial-konstruktivistischen Forschung, die bereits in den 1970er Jahren in den USA begonnen hat. Kessler & Mc Kenna (1978) haben in ihrer Explikation von gender assignment, gender identity and gender attribution die Vorrangigkeit sozio-kultureller Attribuierungen begründet und dies an Studien zu Transsexuellen plausibilisiert. Gender-Identität als Selbstbeschreibung kann nur über Selbstauskünfte ermittelt werden, während die Genderattributionen die Außenwahrnehmungen erfassen. Attribuierungen gegenüber einem Schüler oder einer Schülerin seitens der Lehrerinnen und Lehrer, Mitschülerinnen und Mitschüler und Peers können von einander abweichen und auch von den Selbstdefinitionen der Schülerinnen und Schüler. „Rules for self-attribution are not necessarily the same as rules for attributing gender to others... One's gender identity can be relatively independent of the gender attribution made by others" (ebd., S. 8 f.). Während es im alltagsweltlichen Verständnis keinen Grund gibt, zwischen Gender-Identität und Genderzuschreibungen zu unterscheiden, „there is just gender" (ebd., S. 9), eröffnet die wissenschaftliche Sicht eine Reihe weiterer Überlegungen zur sozialen Konstruktion von Geschlecht.

Wie Mädchen und Jungen zu denen werden, als die sie erscheinen, ist Forschungsgegenstand unterschiedlicher Disziplinen, vor allem der psychologischen, soziologischen und erziehungswissenschaftlichen Forschung. Veröffentlichungen wie „Pädagogik der Vielfalt" (Prengel, 1993) und „Lesarten des Geschlechts" (Lemmermöhle, Fischer, Klika & Schlüter, 2000) sind Meilensteine der erziehungswissenschaftlichen Auseinandersetzung mit der Geschlechterkategorie im Allgemeinen (Kampshoff, 2000; Kahlert, 2000; und den Jungen im Besonderen: Willems & Winter, 1990; Metz-Göckel, 1993); Zimmermann, 1998; Budde, 2008; May, 2008). In der menschlichen Entwicklung wie in der Sozialisation zum Mann und zur Frau wirken Anlage und Umwelt zusammen, so dass die Theoriebildung zum Geschlecht multidisziplinäre Ansätze integriert und ein inter- bzw. transdisziplinäres Forschungsfeld darstellt. „So wie die Intelligenzforschung die Entweder-Oder-Frage inzwischen überwunden hat, sollte auch in der Erforschung kognitiver Fähigkeiten von Frauen und Männern eine starre Festlegung auf einen Ansatz vermieden werden" (Rustemeyer, 2002, S. 299).

Aus psychologischer Perspektive ist Geschlecht eine Subjekt-Variable. Die Psychologie untersucht Gruppen von Frauen und Männern im Vergleich und misst mit eigenen Verfahren Übereinstimmungen und Differenzierungen zwischen ihnen. Einer psychologischen Vorstellung zufolge haben Menschen feminine, maskuline und androgyne Komponenten in unterschiedlicher Mischung in sich vereint (vgl. Rustemeyer, 2002), so dass die beiden Geschlechter nicht in einer polaren Gegenüberstellung, sondern als ein Kontinuum gedacht werden können, auf dem sich Mädchen und Jungen sowie Männer und Frauen individuell einordnen lassen. Solche Vorstellungen stehen im Zusammenhang mit weiteren psychologischen Konstrukten wie der Geschlechtsrollenorientierung, dem dynamischen Selbst (Hannover, 1997) und der Identitätsregulation (Kessels, 2002; 2007). Identitätsregulation, Geschlechterkonnotation der Schulfächer sowie Geschlechterkonstellationen in Gruppen sind Einflussfaktoren darauf, wie sich Interessen entwickeln und mit dem Geschlecht verbinden. Hannover und Kessels haben diese Konstrukte für die Untersuchung der Interessenentwicklung in Schule und Studium eingesetzt. Demnach wird die Beschäftigung mit einem Gegenstand als interessant wahrgenommen, „wenn dieser als bedeutsam eingeschätzt wird (wertbezogene Valenz) und wenn bei der Beschäftigung damit überwiegend positive Gefühle erlebt werden" (Kessels, 2007, S. 161). Beide Aspekte – soziale Beeinflussung (Bedeutung) und persönliche Reaktion in Form positiver Gefühle – leiten die Identitätsregulation und beeinflussen die schulische Leistungsbereitschaft, beide hängen in differenzieller Weise mit dem Geschlecht und der individuellen Interessenentwicklung zusammen.

Im Image der Schulfächer hat sich, so eine Erfahrung und wissenschaftliche Befundlage, eine geschlechtliche Konnotation als Jungen- bzw. Mädchenfach (hier Physik für Jungen – da die Sprachen für Mädchen) festgesetzt[2] und diese wird auch auf Personen, die sich für diese Fächer besonders interessieren, in Form bestimmter Eigenschaftszuschreibungen übertragen. Des Weiteren wird die schulische Interessenentwicklung mit der Identitätsentwicklung von Jugendlichen, der Selbstnähe des Gegenstands und dem Selbstwissen im Zusammenhang betrachtet. Das Modell des dynamischen Selbst (Hannover, 1997) erlaubt es, die Kontexte und Gegenstände in ihrer relativen Nähe zum Selbst zu analysieren. Eine weitere Annahme ist, dass die Person über verschiedene Identitätsaspekte verfügt: Ein Junge mit Migrationshintergrund ist gleichzeitig Sohn, Bruder, Mitschüler, Kumpel, Außenseiter, Sportler u.a.m.[3] Zu dieser Vorstellung eines dynamischen Selbst gehört, dass je nach Kontext unterschiedliche Aspekte des Selbst abgerufen werden, je nachdem, welcher Aspekt salient ist. Wann ein Merkmal wie Geschlecht salient wird, hängt auch von der Geschlechterkonstellation der Gruppen ab und von der Verfügbarkeit und Zugänglichkeit von Wissensinhalten, die auch für das Selbstwissen gelten.[4]

---

2 Als geteilte soziale Annahmen über die Charakteristika der Fächer.
3 In der soziologischen Rollentheorie verfügt er über ein Set unterschiedlicher Rollen.
4 „Als verfügbar wird sämtliches Wissen bezeichnet, das eine Person überhaupt über sich selbst abgespeichert hat. Aber nur ein kleiner Teil davon ist zu einem gegebenen

„Aus der sozialpsychologischen Forschung ist bekannt, dass die Geschlechterkonstellation von Gruppen einen starken Einfluss auf die Aktivierung geschlechtsbezogener Identitätsaspekte hat: So konnten die Arbeiten von Mc Guire und Mitarbeitern belegen, dass die situationale Salienz der eigenen Geschlechtsgruppenzugehörigkeit Einfluss darauf hat, ob eine Person in einem gegebenen Augenblick diese Geschlechtsgruppenzugehörigkeit in einer Selbstbeschreibung erwähnt" (Kessels, 2007, S. 167). In ihren empirischen Arbeiten hat Kessels homosoziale Jungen- und Mädchengruppen im Hinblick auf die geschlechtskonforme Interessenentwicklung geprüft und ihre Hypothese bestätigt gefunden, dass homosoziale Jungen- oder Mädchenkontexte die Geschlechtszugehörigkeit weniger markieren als gemischtgeschlechtliche wie Schulklassen dies in der Regel sind. In homosozialen Gruppen können somit Mechanismen der Relativierung der Geschlechterpolarität wirken. In türkischen Jungengruppen, die Subgruppenformationen in der Schule bilden, kann dagegen durch die wechselseitige Bestärkung der Ingroup als Außenseitergruppe eine verstärkte Geschlechterpolarisierung zustande kommen, auf die die Schule wenig Einfluss hat. Wenn sich die schulischen Inhalte den heranwachsenden Jugendlichen nicht in ihrer Bedeutung für ihr Leben erschließen, können sie keine positiven Gefühle entwickeln und diese Inhalte nicht mit ihrer Geschlechtsidentität verbinden und in der Schule leistungsorientiert sein.

In der Vorstellung von Geschlecht als sozialer Kategorie liegt das Gewicht auf den Umwelteinflüssen (die auch die biologische Zuordnung des Geschlechts beeinflussen). Demnach werden Jungen zu den sozialen Wesen, die ihre soziale Umgebung erwartet, gerade auch Migrantenjugendliche, die mit eigenen geschlechterkulturellen Zuschreibungen aufwachsen. Dieser Prozess der Übernahme sozialer Zuschreibungen, wie ein Junge zu sein hat, in das individuelle Selbstkonzept und Verhalten bedeutet sozialisationstheoretisch keineswegs, dass es sich um einen deterministischen, quasi automatischen Verinnerlichungsprozess handelt. Vielmehr werden in der neueren Sozialisationsforschung die eigensinnige Leistung des Subjekts, die Selbstbildung und kontextuellen Wechselbeziehungen betont. Hingewiesen wird auf Sozialisationsprozesse bei der Übernahme gesellschaftlicher Normen, die sich als (produktives) Scheitern herausstellen (Villa, 2006). Der wissenschaftliche Blick auf die Geschlechter fokussiert vor allem auch Grenzfälle, Übergänge und Uneindeutigkeiten in der Geschlechterzuordnung. Personen mit einem Geschlechtswechsel und Transsexuelle haben besonders in den Queer-Studies wissenschaftliche Aufmerksamkeit gefunden. Transsexuelle stellen die Selbstverständlichkeiten des Alltagswissens in Frage und machen den Prozess nachvollziehbar und beschreibbar, in dem eine sozial angemessene Präsentation der Geschlechtzuordnung (und Identität) bewusst eingeübt wird. Was kleine Kinder beiläufig tun und heterosexuelle Individuen in der Regel implizit lernen, nämlich ihre Geschlechtszugehörigkeit für andere darzustellen, müssen Transsexuelle bewusst inszenieren.

Aus sozialkonstruktivistischer Sicht ist Geschlecht weniger eine Eigenschaft, die eine Person hat, als vielmehr etwas, was in einem bestimmten sozio-kulturellen Kontext über Interaktionen hergestellt wird und dies mit Eigenaktivität der

---

Zeitpunkt aktiviert und damit zugänglich (accessible) – eben jener Teil, der durch aktuelle Kontextmerkmale gerade aktiviert ist" (Kessels, 2007, S. 169).

Personen. Dieser als „doing gender" bezeichnete Prozess ist eine neue Formel für sozialisatorische Prozesse, mit denen sich Individuen gesellschaftliche Erwartungen einverleiben (Kampshoff, 2000; Kreienbaum & Urbaniak, 2006, S. 39ff.). In einer Gegenüberstellung der Unterschiede und Übereinstimmung hat Kampshoff das Erlernen der Geschlechtsrolle und das Erlernen der Schülerrolle vergleichend analysiert und vorliegenden Interaktionsstudien entnommen, wie Schülerinnen und Schüler mit den Zwängen, aber auch möglichen Freiräumen in der Schule umgehen. „Sie entziehen sich dem Geschehen, täuschen Aufmerksamkeit lediglich vor, gehen heimlich anderen Tätigkeiten nach und vieles mehr (…). Die Interaktionen der Schülerinnen und Schüler lassen sich empirischen Untersuchungen zufolge durch Anpassung einerseits und Verstellung andererseits kennzeichnen" (ebd., S. 194) und „indem Kinder und Jugendliche ihre SchülerInnenrolle übernehmen, *praktizieren sie auch doing gender*" (ebd., S. 195). Beide Konstruktionsprozesse – das doing gender und das Erlernen der Schülerrolle – überlappen sich, lösen sich wechselseitig ab oder ergänzen einander. Beide sind in Hierarchisierungsprozesse eingebunden und erfolgen in Interaktionen, unterschiedlicher Rahmung und (Un)Bewusstheit.[5]

Intersektionale Verbindung von Geschlecht, sozialer und kultureller Herkunft

Jungen und Mädchen stehen nicht nur in Relation zueinander, sie grenzen sich auch voneinander ab, sie werden unterschieden und wollen sich insbesondere in der pubertären und nachpubertären Phase auch von einander unterscheiden. Als sichtbares und einfaches Zuordnungsmerkmal ist die Geschlechtszugehörigkeit gleichwohl nur eine von mehreren Variablen, die auf den Lernprozess einwirkt. Das Geschlecht tritt nie isoliert auf, sondern immer in Verbindung mit weiteren Einflussfaktoren. Die innige Vermischung von Geschlecht, sozialer Herkunft, Migrationshintergrund, kulturellen Normen und Alter in der individuellen Person wird in der Geschlechterforschung mit dem etwas ruppigen Begriff der Intersektionalität belegt. Die männliche Geschlechtszugehörigkeit und Migration als Familienhintergrund sind mit dem Alter, der kulturellen Zugehörigkeit, sozialen Lage, einer kulturell anregenden oder armen Familie aus einer bestimmten Wohngegend etc. zusammen zu denken. Berücksichtigen wir die männliche Sozialisation, die Schülerrolle und ethnisch-kulturelle Differenzen, dann befinden sich Jugendliche mit Migrationshintergrund in einer besonderen Lage. In der Schulklasse sind sie in der Regel in einer minoritären Situation, vom Elternhaus erfahren sie meist wenig schulische Unterstützung und Wissen über die informellen Strukturen in der Schule, ihre beruflichen Perspektiven sind nicht besonders günstig und die kulturelle Genderattribuierung versetzt sie gegenüber Frauen ihrer Familie und

---

5 Da Genderidentität und Genderzuschreibungen auseinander fallen können, sind die Genderzuschreibungen über Selbstauskünfte der Akteur/innen nur bedingt eruierbar und ethnografische Beobachtungen sozialer Interaktionen, in denen sie sich manifestieren, geeigneter als Befragungen (Kelle, 2000).

Kultur in der Regel in ein besonderes Überlegenheits- und Schutzverhältnis, worauf ich noch ausführlicher eingehe.

Die fokussierte Aufmerksamkeit für diejenigen Jugendlichen mit Migrationshintergrund, die im deutschen Schulsystem wenig erfolgreich sind, verdrängt einerseits die Tatsache, dass auch Jugendliche ohne Migrationshintergrund große Schulprobleme haben und verursachen, andererseits die Unterschiede zwischen den Jungen mit Migrationshintergrund, die z.B. schulisch erfolgreich sind. Der Migrationshintergrund allein ist für das Schulversagen nicht entscheidend, vielmehr kann hier eine Ethnisierung am Werke sein, die auf die ethnische Zugehörigkeit zurückführt, was durch andere Einflussfaktoren wie Ingroup- oder Subgruppen-Bildung, Identitätsverletzungen und soziale Beschämungen hergestellt wird. Insgesamt, so eine Schlussfolgerung, beschneidet eine „Logik der Aussonderung die Lernmöglichkeit aller" (Gomolla, 2009, S. 22). Daher kommt eine intersektionale Betrachtung der Wirklichkeit näher als die isolierte Konzentration auf Mädchen oder Jungen lediglich aufgrund ihrer Geschlechtszugehörigkeit und/oder ihrer kulturellen bzw. ethnischen Zugehörigkeit.

Die männliche Geschlechtszugehörigkeit (gender assignment) kann ebenso wie die subjektive Geschlechtsidentität ganz eindeutig, Männlichkeit als sozio-kulturelle Erscheinungsform, aber ganz unterschiedlich sein. Studien, die sich mit Männlichkeiten (Masculinity Studies) befassen, sind vor allem von Bob Connell (1999) beeinflusst. Connell begründet sein Konzept hegemonialer Männlichkeit mit der patriarchalen Gesellschaft, die eine Dominanz der Männer, die Unterordnung der Frauen und anderer Männlichkeiten in ihren Strukturen fest verankert und legitimiert hat.[6] Sein Konzept hegemonialer Männlichkeit hat breite Resonanz in der Männer- und Geschlechterforschung gefunden (Kontos & May, 2008; Meuser & Scholz, 2005), aber auch eine kritische Rezeption.[7] Mit hegemonialer Männlichkeit ist nicht nur die Gegenüberstellung zu Frauen in ihrer Gesamtheit gemeint, sondern auch zu anderen unterdrückten Männlichkeiten, insbesondere der homosexuellen.

Bevor ich auf die Kritik näher eingehe, fasse ich in Anlehnung an Kontos & May (2008) die wichtigsten Aspekte von Connells Konzept hegemonialer Männlichkeit zusammen, da es häufig sehr formelhaft und verkürzt vorgestellt wird. Geschlechterverhältnisse sind eine Konfiguration der sozialen Praxis, die immer wieder neu hergestellt werden muss. Geschlecht ist insofern eher ein Projekt und eine Praxis als eine Identität. Je nach sozialem Setting gibt es eine Vielfalt von Männlichkeiten, die aber untereinander hegemonial strukturiert sind. Das geschieht durch Dominanz, Unterordnung und Bündnisse und konstituiert hegemoniale, komplizenhafte und marginale Männlichkeiten. Hegemonie bedeutet gerade nicht eine gradlinige Herrschaftsstruktur unter Zwang, sondern eine fluide Formation, die

---

6   Connell versteht hegemoniale Männlichkeit als Strategie und körperreflexive Praxis, die in die männlichen Körper eingeschrieben ist, ohne auf den Körper reduziert zu sein. Er unterscheidet Machtbeziehungen, Produktionsbeziehungen, emotionalen Bindungsstrukturen und Symbolisierung als kulturelle symbolische Repräsentanz der Geschlechter. Eine eigene Form von Männlichkeit haben die multinationalen Unternehmungen und internationale Kapitalmärkte herausgebildet.

7   Connell, der wohl bekannteste Männerforscher, hat sich weltweit intellektuell und sozial in feministischen Kreisen bewegt und ein sehr flexibles Verhältnis zum eigenen Geschlecht entwickelt.

die Bedürfnisse und Deutungen der Beherrschten einschließt. Sie kann daher auf ein hohes Maß an Konsens und Partizipation durch die subalternen Gruppen zählen, die aber auch vielfältige Brüche und Widersprüche enthalten. Männlichkeit ist immer relational, d.h. sie bestimmt sich komplementär über die Abgrenzung von Weiblichkeit und ist deshalb an die Dynamik der Geschlechterverhältnisse gebunden. Als kollektive Praxis wird sie nicht von einzelnen Individuen, sondern von der Gruppe repräsentiert. Für hegemoniale Männlichkeit sind der Körper und die Körperbeherrschung zentral ebenso die Sexualität als bevorzugtes Feld der Demonstration von Macht und Kontrolle. Darüber hinaus gibt es bestimmte gesellschaftliche Felder, auf denen sich hegemoniale Männlichkeit bevorzugt inszeniert und bestätigt. Dies sind in erster Linie Wirtschaft, Politik und Militär' (ebd., S. 4).

Hegemoniale Männlichkeit ist in Connells Verständnis ein flexibler Begriff, der sich in seiner Abstraktheit auf viele Kontexte beziehen lässt, aber auch unpräzise und hinderlich sein kann. Seine Multidimensionalität ist vor allem nützlich, um (historische) Veränderungen in den Machtverhältnissen und Hierarchisierungen und untergeordnete Gruppen in ihren Verwicklungen mit den Herrschaftsverhältnissen in den Blick zu bekommen. Kontos und May (2008) schlagen vor, bei der Untersuchung hegemonialer Geschlechterverhältnisse zwischen struktureller, normativ kultureller und kommunikativ-handlungsbezogener Ebene zu unterscheiden und das Verhalten mit dem Habituskonzept zu verbinden. Dies versuche ich im Folgenden auf migrantische Jugendlich in der Schule aufzuwenden.

Schüler mit Migrationshintergrund, Ethnisierung und regionale Benachteiligung

Dass es männliche Schüler mit Migrationshintergrund nach den PISA-Ergebnissen zur bildungspolitischen Aufmerksamkeit gebracht haben, hängt nur partiell mit dem männlichen Geschlecht und auch nur partiell mit ihrem Migrationshintergrund zusammen. Denn zugleich sind diese Schüler in einer minoritären Situation, in der schwierigen Phase der Pubertät und Nachpubertät, sie haben Erfahrungen als Außenseiter in der deutschen Dominanzgesellschaft, verfolgen eigene Lebenspläne, sind regionalen Einflussfaktoren ausgesetzt und erleben eine veränderte Positionierung der Mädchen und schließlich Kritik und Unterstützung aus den eigenen Reihen seitens türkischer Mitbürgerinnen und Mitbürgern. Sie sind als türkisch muslimische Jugendliche mit eigenen kulturellen Geschlechterstereotypen und Geschlechterattributionen aufgewachsen. Zwar kann es sehr unterschiedlich sein, wie sie diese verinnerlicht haben, aber im ‚Allgemeinen' haben sie andere Attribuierungen als männliches Kind oder Jugendlicher vermittelt bekommen, die ihre Beziehung zu Frauen, vor allem zu ihren Schwestern und ihrer Mutter regeln.[8] Ihre

---

8 Ayaan Hirsi Ali (2008) beschreibt dies sehr eindringlich am Beispiel ihres Bruders. Nicht nur ist seine Stellung in der Familie eine andere als in europäischen Gesellschaften, sie werden in Clan-Gesellschaften wie Somali eine zu sein scheint, auf eine andere Männlichkeit hin erzogen. Ein somalischer Junge muss als erster angreifen und dies ganz selbstverständlich, so dass die kritischen Interventionen von Kindergärtnerinnen und Lehrerinnen gegenüber diesem Verhalten bei den Jungen wie dessen Eltern auf Unverständnis und Widerstand stoßen müssen und einer kulturellen Übersetzung bedürfe.

Geschlechtsrollenorientierung und die Attributionen seitens der Männer ihres Kulturkreises sind auf eine männliche Überlegenheit ausgerichtet, die als normative Vorgabe wirksam ist. Die Vorstellungen von ihrem weiteren Leben sind eher unsicherer, kurzatmiger und komplizierter als für deutsche Schüler. Ob ihre weiteren Lebenspläne sich auf das Ankunfts- oder das Herkunftsland beziehen, hängt entscheidend von den familialen Migrationszielen ab.[9] Die Eltern der Jugendlichen führen häufig ein *Leben im Provisorium,* bei dem die Rückkehrillusion aufrechterhalten wird (Olbermann & Papakyriakou, 1995), wobei Rückkehrwünsche und faktische Rückkehroptionen oft nicht übereinstimmen (Zemann, 2005, S. 71). Migrantische Jungen befinden sich daher in einem schwierigen Prozess des Erwachsenwerdens, da traditionelle Belohnungen für ihre Männlichkeit in Konfrontation mit neuen Lebenskonzepten brüchig werden. Zudem tragen die unterschiedlichen kulturellen Genderzuschreibungen zur Hierarchisierung und Abgrenzung zwischen migrantischen und nicht-migrantischen Jungen bei. Çağlıyan (2006) hat türkische Eltern in der Türkei und in der Bundesrepublik zu ihren Erziehungsvorstellungen, insbesondere zur Sexualerziehung befragt und weitgehend unterschiedliche elterliche Vorstellungen für Jungen und Mädchen ermittelt. Sie konfrontiert diese geschlechterdifferenten Zuschreibungen mit Aussagen aus dem Koran und kommt zu der Schlussfolgerung, dass diese im Wesentlichen in kulturellen und regionalen Traditionen begründet sind und von der jungen Frauengeneration nicht mehr kritiklos übernommen werden.[10] Das heißt, männliche Jugendliche aus türkischen Familien erfahren Kritik und Verunsicherungen von allen Seiten. Ihre Männlichkeitskonstruktionen, so ein Ergebnis von Spindler (2007), vollziehen sich im Bewusstsein darüber, im Beruf keine Anerkennung zu bekommen und lässt sie nach anderen Auswegen suchen. Diese bestehen z.B. im Zusammenschluss zu Männerbünden, in denen sie sich an Vertretern hegemonialer Männlichkeit abarbeiten.

Wie sich Prozesse des „doing masculinity und doing ethnicity" bei männlichen Jugendlichen türkischer Herkunft vermischen und hegemoniale Männlichkeit als generatives Prinzip funktioniert, beschreiben Meuser & Scholz (2005) in Anlehnung an eine empirische Studie von Bohnsack. „Die alltägliche Konfrontation der von der Familie vermittelten türkischen Herkunftskultur mit der deutschen Majoritätskultur trägt das Potenzial einer habituellen Verunsicherung sowohl der ethnischen als auch der geschlechtlichen Dimension in sich" (ebd., S. 219). Die strukturell verankerte hegemoniale Männlichkeit kann soziale Praxen generieren, die keine hegemoniale, sondern untergeordnete Männlichkeit konstituieren. Bei den fest in der türkischen Kultur verankerten Jugendlichen ist die Wahrung der türkischen Ehre eine unerschütterlich Selbstverständlichkeit, die eine Kontrolle verlangt

---

9 Die finanziellen Ziele der Familie werden häufig erreicht (Hausbau, Grundstückskauf in der Türkei), die sozial-emotionalen aber weniger. Für viele ist die Nicht-Rückkehr „das Scheitern ihres Lebenszieles. Vor allem die türkischen Männer über 45 Jahre, aber auch viele Frauen (…) können keine neue Lebensperspektive entwickeln, die ihren veränderten Lebensbedingungen entspräche" (Leyer, 1990, S. 110).
10 Eine aktuelle Studie zur gegenseitigen Selbst- und Fremdwahrnehmungen ergab, dass türkische Frauen ein Bild von deutschen Frauen haben, das in mehr Punkten mit dem Selbstbild der deutschen Frauen übereinstimmt als dies umgekehrt der Fall ist (Alhajsuleiman & Pohle, 2006). Ähnliches könnte auch für männliche Jugendliche zutreffen.

über die Frauen, ihre Freundinnen und ihre Schwestern, nicht aus persönlichem Misstrauen, „sondern als Element des männlichen Habitus schlechthin. Für sie sind die deutschen Männer Versager, die ihren Frauen oder Freundinnen erlauben, mit anderen Männern ein Restaurant zu besuchen etc. Die ‚Laschheit der deutschen Männer solchen Situationen gegenüber' weckt Zweifel an der Männlichkeit deutscher Männer. Sie sind in den Augen der türkischen Männer keine richtigen Männer. Diese spezifische Konfiguration von geschlechtlichem und ethnischem Habitus „benutzt die Geschlechterdifferenz, um die ethnische Differenz zu akzentuieren, und umgekehrt macht es die ethnische Zugehörigkeit notwendig, die rigiden Vorstellungen, was ein geschlechtsadäquates Verhalten ausmacht, durchzusetzen. Doing gender und doing ethnicity sind gewissermaßen wechselseitig genutzte Ressourcen. Die im Vergleich zur deutschen Kultur übersteigerte Markierung männlicher Hegemonie verschärft die ethnische Abgrenzung. Umgekehrt dürfte die ethnische Konnotation der Hegemonie die Akzeptanz unter deutschen Männern nicht förderlich sein. Auf diese Weise erzeugen diese jungen Türken, obwohl ihrer Konstruktion von Männlichkeit hegemoniale Männlichkeit als generatives Prinzip zugrunde liegt ..., untergeordnete Männlichkeit ... in Bezug auf die in Deutschland üblichen Standards der Performanz hegemonialer Männlichkeit, die keine derart umfassende Kontrolle und Verfügung über die Freundin oder die Ehefrau vorsehen" (ebd., S. 220).

Zu den strukturellen Benachteiligungen gehören auch regionale und weitere Faktoren, die außerhalb des persönlichen Einflussbereichs liegen.[11] Die Mehrebenenanalysen der PISA-Daten bestätigten einen Zusammenhang zwischen dem Anteil von Schülerinnen und Schülern nicht deutscher Muttersprache in den Schulen und den Leistungsniveaus der Schülerinnen und Schüler.

> Bei vergleichbarem sozialen Hintergrund, kognitiver Grundfähigkeit, familiärer Unterstützung und Migrationshintergrund der Schülerinnen und Schüler auf individueller Ebene werden in Schulen mit höherem Anteil von Jugendlichen, die in der Familie nicht Deutsch sprechen, im Durchschnitt geringere Leistungen erzielt. (Deutsches PISA-Konsortium, 2003, S. 253)

Dieser Zusammenhang ist allerdings nicht linear. Differenzen zwischen den einzelnen Bundesländern, die auf unterschiedliche Anteile von Migrantenkindern zurückzuführen wären, sind mit den mittleren Leistungsergebnissen nicht konsistent. Die Möglichkeiten, diese Schülerinnen und Schüler zu fördern, nehmen zwar mit steigendem Anteil ab, aber dies führt nicht unbedingt zur weiteren Verringerung im mittleren Leistungsniveau.[12] Der entscheidende Nachteil für den schulischen Erfolg von Schülerinnen und Schülern mit Migrationshintergrund besteht im Erwerb der deutschen Verkehrssprache. Die Kontextanalysen haben gezeigt, dass die Durch-

---

11 Der Migrationshintergrund wird anhand von zwei Merkmalen definiert: des Geburtslandes der Elternteile bzw. der/des Jugendlichen selbst sowie anhand der Sprache, die in der Familie des/der Jugendlichen gesprochen wird.
12 Vgl. Abb. 9.5 in Deutsches PISA-Konsortium 2003, S. 255: Anteil von Schulen mit unterschiedlichem Anteil von 15-Jährigen, die mindestens ein im Ausland geborenes Elternteil haben und in der Familie nicht Deutsch sprechen (ohne Sonderschulen und Berufsschulen).

mischung der Schulen mit einer heterogenen Schülerschaft förderlicher ist als eine Separierung, die Schulen aber auch bereits mit einer geringen Heterogenität nicht gut umgehen können, da selbst bei einem moderaten Migrantenanteil von 20 Prozent innerhalb von Schulen Leistungseinbußen zu verzeichnen sind. Nach diesen Befunden wäre die Beherrschung der deutschen Sprache ein unabdingbares Kriterium für die kulturelle Integration in die Dominanzkultur und damit für ihren Schulerfolg.[13]

Der Hinweis auf regionale Unterschiede zwischen den Bundesländern ist gleichzeitig auch ein Hinweis auf die soziale Generierung schulischer Leistungsunterschiede in bestimmten Gruppen und sollte vor einer voreiligen Ethnisierung schützen.

Exkurs zur Familienform, Müttererwerbstätigkeit und Schulerfolg ihrer Kinder

Vor allem auf deutsche Schülerinnen und Schüler beziehen sich PISA-Daten von 2003, die mit einigen Vorurteilen über Familienstrukturen und Schulerfolg der Kinder aufräumen. Ihnen zufolge besteht kein Zusammenhang zwischen der Familienform und den Bildungschancen der Kinder. Kinder aus Ein-Elternfamilien haben in 11 der 14 Bundesländer (Berlin und Hamburg sind nicht im Sample) keine geringere Chance, eine weiterführende Schule zu besuchen als Kinder aus den ‚Normalfamilien', jedenfalls ist die Familienform allein kein ausreichendes Maß (vgl. ebd., S. 377). Auch beim Kompetenzerwerb gibt es weder bei der Lesekompetenz noch den Mathematik-Leistungen für sich genommen einen Zusammenhang mit der Familienform.[14] Der Zusammenhang zwischen der mütterlichen Erwerbstätigkeit und den Schulleistungen ihrer Kinder ist vor allem im Vergleich zwischen den neuen und alten Bundesländern interessant, weil beide Landesteile auf unterschiedlichen Traditionen basieren.[15]

Dass Familien mit berufstätigen Müttern defizitäre Erziehungsleistungen vollbrächten und die mütterliche Berufstätigkeit für die Probleme der Schülerinnen und Schüler mitverantwortlich sei, ist eine bei Lehrerinnen und Lehrern wie in der

---

13 Integrationsbemühungen mit Defizitzuschreibungen zu verbinden, ist problematisch. Zweisprachigkeit kann ein entscheidender Vorteil sein und strukturelle Benachteiligung kompensieren, beide Kulturen bereichern und individuelle Karrieren befördern. Für eine Türkei in der europäischen Gemeinschaft sind zweisprachige Menschen äußerst wichtige Brückenbauer und Vermittler zwischen den kulturellen Diskrepanzen der Länder. Dies müsste genauer untersucht werden.
14 „Die These, dass Kinder, die bei allein erziehenden Müttern oder Vätern aufwachsen, aufgrund problematischerer Lebensbedingungen auch zu schlechteren Schulleistungen gelangen, kann für die PISA-Stichprobe nicht bestätigt werden" (ebd., S. 377).
15 Von Brandenburg bis Thüringen ist die Mehrheit der Mütter Vollzeit erwerbstätig, und dies ist so gesehen ihre normale Lebenssituation, während dies von Bayern bis Schleswig-Holstein nach wie vor eine Minderheitensituation ist, die als begründungspflichtig angesehen wird. So stellen in Vollzeit erwerbstätige Mütter in den neuen Bundesländern die Mehrheit (55% in Sachsen-Anhalt bis 61% in Brandenburg) und die Teilzeiterwerbstätigkeit entspricht hier mit einem Fünftel dem Anteil der nichtberufstätigen bzw. Hausfrauen-Müttern. Damit kommt der weiblichen Vollzeiterwerbstätigkeit in Ost und West ein ganz anderer Normalitätsstatus zu.

Öffentlichkeit beliebte Deutung.[16] In den neuen Bundesländern aber haben Kinder von Vollzeit erwerbstätigen Müttern ganz überwiegend die wesentlich besseren Bildungsbeteiligungsquoten (ebd., S. 384).[17] Mütterliche Erwerbstätigkeit steigt mit dem Bildungsstand der Frauen. Während für die alten Bundesländer kein Zusammenhang mit der Häufigkeit des Gymnasialbesuchs ihrer Kinder gefunden wurde, trifft dies für die neuen Bundesländer sehr wohl zu.

> Ob bei Müttern mit oder ohne Hochschulreife, ob bei Alleinerziehenden oder Frauen aus Kernfamilien – bei jeder dieser Untergruppe ist die Gymnasialquote der Kinder massiv höher, wenn die Mütter Vollzeit berufstätig sind. Beispiel: Wenn allein erziehende Mütter mit Hochschulreife Vollzeit berufstätig sind, besuchen 57 Prozent der Kinder ein Gymnasium, bei nicht berufstätigen Müttern nur 38 Prozent (vgl. ebd., S. 385).

Der Bildungsabschluss von Vater und/oder Mutter ist allein somit auch nicht die entscheidende Variable, sondern kombiniert mit Berufstätigkeit und dies bedeutet: Kinder von berufstätigen Müttern erzielen in den neuen Bundesländern eher einen Bildungsvorsprung, als dass sie einen Nachteil erleiden. Die Autoren führen dies auf das vermehrte kulturelle Kapital in Familien mit berufstätigen Müttern zurück und auf die unterschiedlichen gesellschaftlichen Normalitätsvorstellungen. Damit sind in beiden Landesteilen mit Blick auf die mütterliche Erwerbstätigkeit und die Bildungsbeteiligung ihrer Kinder konträre Ideologien und erwartungswidrige Auswirkungen am Werk.

Für die einzelnen Jugendlichen erweisen sich das kulturelle Kapital der Familien, der Migrationshintergrund und soziale Geschlechterzuschreibungen als relevante Faktoren für einen erfolgreichen Schulbesuch, wobei es zwischen den Bundesländern vielfältige Unterschiede gibt, die keinen eindeutigen und einheitlichen Trend ergeben.

Genderirritationen und Genderrelationen – pädagogische Jungenarbeit wofür und für wen?

Alles, was nicht in das eingeübte Wahrnehmungsschema der Geschlechterdualität passt, wird entweder ignoriert oder wirkt im lebensweltlichen Kontext irritierend und als Abweichung. Der geschlechtertheoretischen Aufklärung verdanken wir aber Hinweise auf Uneindeutigkeiten, die Veränderlichkeit der Geschlechterzuschreibungen und sogar Aufmerksamkeit für Geschlechterwechsel und vielfältige andere Diskrepanzen. Für marginalisierte Jungen- und Mädchengruppen kann es auch befreiend sein, wenn z.B. die heterosexuelle Normierung und die deutsche Abstammungslinie nicht mehr als Maßstab genommen werden, an dem alle Schülerinnen und Schüler und wenig schulangepasste Kinder gemessen werden.

---

16 Der Zusammenhang mit der Bildungsbeteiligung der Jugendlichen stellt sich zwischen den alten und neuen Bundesländern ebenfalls erwartungswidrig dar.
17 In Mecklenburg-Vorpommern ist bei gleicher Lesekompetenz die Chance von Kindern ganztags berufstätiger Mütter auf einen Gymnasialbesuch 3,8 mal höher als die nicht erwerbstätiger Mütter.

Im herkömmlichen Verständnis sind die Beziehungen zwischen den heranwachsenden männlichen wie weiblichen Jugendlichen durch den ‚Imperativ der Überlegenheit der Jungen' bestimmt, so eine Aussage der frühen Frauenforschung (Barz, 1984). Auch wenn anzunehmen ist, „dass die Vorstellungen einer männlichen Überlegenheit nicht mehr so selbstverständlich vermittelt werden, ist nach wie vor zu beobachten, dass bei Jungen immer noch eine männliche Überlegenheitssymbolik wahrnehmungsstrukturierend wirkt" (Zimmermann, 1998, S. 33) und zwar unterhalb der kognitiven Realitätswahrnehmung, lautet der Befund einer größeren Jungenstudie. Dennoch sollten Jungen nicht nur unter Aspekten von Dominanz und problematischen Verhaltensweisen betrachtet werden, da dies ihren Potenziale und Verhaltensmöglichkeiten nicht gerecht wird und sie damit auf einseitige Geschlechterattributionen reduziert werden. Weitere Ergebnisse der Geschlechterforschung deuten darauf hin, dass die Positionierung der Überlegenheit und Unterlegenheit im Geschlechterverhältnis nicht statisch ist und von weiteren Einflussfaktoren abhängt. Dass Jungen an männlichen Genderzuschreibungen subjektiv leiden können, ist eine Erkenntnis aus der Jungenarbeit und Jungensozialisationsforschung (Willems & Winter, 1990; Lyding, 2005). Eine andere ist, dass sie sich im Prozess des Erwachsenwerdens auf ein enges Verhaltens-, Interessen- und Berufsspektrum ausrichten, das als nicht mehr zeitgemäß gilt. Daher versuchen Projekte wie ‚Neue Wege für Jungs' (Cremers, 2008) oder ‚Männer in der Minderheit' (May, 2008), der gelegentlich um einen boys' day (Köhl, 2006) erweiterte girls' day u.a.m. das (latente) Fähigkeits- und Interessenpotenzial von Jungen (und Mädchen) zu erweitern und sie für ungewohnte soziale und pädagogische bzw. technische Interessenbereiche zu interessieren, in denen sie bisher jeweils nur marginal vertreten sind. Auch auf die Vorstellungen eines künftigen Zusammenlebens mit Partnerin und Kinder/n versuchen Projekte Einfluss zu nehmen und diese den veränderten Arbeits- und Rollenaufteilungen zwischen den Geschlechtern anzupassen.[18] Solche Projekte, welch' geringe Reichweite sie auch haben mögen, zielen auf eine individuelle Emanzipation der Jungen von traditionellen männlichen Genderzuschreibungen. Eltern, Lehrerinnen und Lehrer und die Jungen selbst können sich inzwischen mit einer breiten Palette von Jungenbildern auseinandersetzen, sofern sie ihnen denn zugänglich sind, mit Bildern von coolen, souveränen und witzigen, aber auch engagierten, gebildeten und guten Jungen, von abgehängten, vernachlässigten, diskriminierten sowie reflexiven und ‚gebastelten' Jungen (Hafeneger, 2005). Solche Bilder bestehen nebeneinander wie auch unterschiedliche Konzepte der pädagogischen Jungenarbeit. Sie umfassen ein breites Spektrum von einer antisexistischen Jungenarbeit (Glücks & Ottemeier-Glücks, 1994), Arbeit mit gewaltbereiten Jugendlichen, ‚kleine Helden in Not', emanzipatorischer, parteilicher und maskulinistischer Jungenarbeit u.a.m. (Kreienbaum & Urbaniak, 2006, S. 60 ff.; Schnack & Neutzling, 1990; Metz-Göckel, 1993; Jantz, 2005; Hafeneger, 2005; Winter, 2008) bis zur Kritik am Konzept der hegemonialer Männlichkeit. Dieses helfe den Jungendlichen nicht, ein positives Selbstbild aufzubauen und stoße als imperativer Begriff auf Ablehnung (Jantz,

---

18 In Mecklenburg-Vorpommern ist bei gleicher Lesekompetenz die Chance von Kindern ganztags berufstätiger Mütter auf einen Gymnasialbesuch 3,8 mal höher als die nicht erwerbstätiger Mütter.

2005). Allerdings bezieht sich Connells Konzept hegemonialer Männlichkeit nicht auf die interaktive, sondern auf die strukturelle Ebene der Beziehungen zwischen Männern und fordert eine kritische Reflexion der vielfältigen, darunter auch der gewaltförmigen Beziehungsformationen unter Männern, geradezu heraus.

Unterstützung findet eine kritische Jungenforschung und -arbeit im modernen Väterdiskurs (Matzner, 2004; Drinck, 2005), in dem sich eine geschlechtertheoretische Auseinandersetzung mit Vatertheorien findet, mit bemerkenswerten Hinweisen auf moderne Eltern, denen ein dritten Geschlecht zugeordnet werden kann, da die binäre Geschlechtercharakteristik sich nicht mehr aufrechterhalten ließe, wenn beide Eltern als Erziehungspartner angesprochen werden (Drinck, 2005, S. 57).

In den Schulen hat Jungenarbeit keinen leichten Stand, wenn im Kollegium und in der Leitung die Haltung vorherrscht: Warum etwas problematisieren, was so eindeutig ist wie das Geschlecht? Wie Seemann (2009) für schwedische Schulen zeigt, kann die Verknüpfung der sozialen Kategorien Gender und Ethnie neue Ressourcen erschließen. Seemann hat die Implementierung des Gender Mainstreaming empirisch untersucht und berichtet, wie schwedische Lehrerinnen und Lehrer mit abweichenden Jungen umgehen, wie sie den Eltern vermitteln, dass Lehrerinnen mit diesen Jungen zwar verständnisvoll, aber auch kritisch umgehen. „So schilderte eine Vorschulleiterin, dass ein Vater mit Migrationshintergrund seinen kleinen Sohn unter Protest mit nach Hause genommen habe, als dieser mit ihrer Zustimmung in einem Theaterstück die Prinzessin gespielt habe" (Seemann, 2009, S. 22). In einigen Fällen würden eigene Genderprobleme auf Menschen mit Migrationshintergrund projiziert. ‚Die Migrantenjungen seien Machos', meinte eine Lehrerin, ‚ihre Mütter würden zu Hause alles für sie tun'. Seemann berichtet auch von Schwierigkeiten der Lehrerinnen und Lehrer, angemessen zu reagieren, wenn bestimmte Schüler darüber entsetzt sind, dass schwedische Jungen ihre Schwestern nicht besser beschützen. „There is a boy now in the third year, he always wants to discuss with me, because he says: We are taking care of our girls. I don't want my sister to be like the girls I see in town. We are worried, we can't be Swedes, just letting the girls out being raped and every thing. You have to lock the girls up, you see" (ebd., S. 23). Diese Lehrerin korrigiert den Schüler nicht, ist sich aber der Kluft und Widersprüche bewusst, die zwischen den Genderzuschreibungen an die Jungen unterschiedlicher Kulturen bestehen und versucht mit ihm in der Diskussion zu bleiben. Allerdings sei die Haltung der Schulleitung und die Beteiligung der Männer sehr wichtig, um die Entfaltung der Potenziale aller Schülerinnen und Schüler zu fördern.

Feminisierung der Schule und weibliche Hegemonie

Zu den popularisierten Deutungen der Schulprobleme von Jungen gehört die Frauendominanz in der frühkindlichen Erziehung und die Feminisierung der Schulen, die zu einer doppelten Abgrenzung der Jungen von allem Weiblichen führe, auf die ich abschließend kurz eingehe. In der familialen Erziehung, vor allem im Kindergarten und in der Grundschule werden Jungen fast ausschließlich von Frauen erzogen und inzwischen auch unterrichtet. Dies würde den Jungen nicht gerecht, da ihnen männliche Vorbilder fehlen, lautet eine Annahme. Diefenbach & Klein (2002)[19] stellen anhand regionaler Befunde einen Zusammenhang her zwischen männlichen Lehrern und den Schulabschlüssen der Jungen. In Grundschulklassen mit einem Lehrer würden die Jungen häufiger eine Empfehlung für eine weiterführende Schule erhalten (Kreienbaum & Urbaniak, 2006, S. 59). Damit deuten sie auch einen Zusammenhang an zwischen der Geschlechterverteilung in den Schulkollegien (der neuen Bundesländer) und dem Schulversagen von Jungen.

Die Feminisierung der Grundschulen zeichnet sich schon seit den 1970er Jahren ab (Combe, 1971; Hänsel, 1992) und entgegen dem pejorativen Klang, den die schulische Feminisierungsdebatte teilweise enthält, sind die Grundschulen Orte einer schülerzentrierten Pädagogik und Schulentwicklung und einer beruflichen Frauendominanz (Lutzau, 2008, S. 33/95). Im Lehrerberuf haben sich in den letzten Jahrzehnten die Geschlechterrelationen bis in die Schulleitungen hinein deutlich zugunsten der Frauen verändert.[20] Hänsel (1992) und Koch-Priewe (2005) sind den veränderten Geschlechterrelationen im Lehrer/innen-Beruf unter professionsanalytischen Aspekten nachgegangen. Die Grundschulen, die eindeutig von Lehrerinnen dominiert werden, können pädagogisch als vorbildlich gelten, eine Erkenntnis, die die Bildungskommission von NRW veranlasst hat, eine Verlängerung der Grundschule auf sechs Jahre zu empfehlen (Bildungskommission NRW, 1995). Eine ähnliche Beobachtung fand von Lutzau (2008) in ihrer Schulleiterinnen-Studie bestätigt: Schulleiterinnen und Schulkollegien erreichen positive Effekte der Schulentwicklung und Schulprogramme für alle Schülerinnen und Schüler. Solche Befunde werden nicht zur Idealisierung von Frauen im Lehrerberuf angeführt, sondern um der Unterstellung zu begegnen, die Feminisierung des Lehrerberufs benachteilige die Jungen. Das Konzept des Gender Mainstreaming ist auf beide Geschlechter und ihre Relationen ausrichtet. Es hat in den Schulen der Bundesrepublik noch wenig Aufmerksamkeit gefunden (Ministerium für Schule, Jugend und Kinder NRW, 2005). Hier sollte mit Blick auf ein Land wie Schweden betont werden, dass es sich um ein Konzept handelt, das sich genauer anzusehen lohnt.

---

19 Die umgekehrte Geschlechterkonstellation haben Mädchen in den Schulen in der Vergangenheit erfahren.
20 Die Präferenz der Abiturientinnen für den Lehrerinnen-Beruf ist jedoch auch den familienfreundlichen Dienstregelungen geschuldet, die zwar Männer einbeziehen, von ihnen aber viel weniger in Anspruch genommen werden. Dass sich so wenige Abiturienten für ein Studium als (Grundschul)Lehrer entscheiden, hängt wohl eher mit Einkommensvorstellungen, Aufstiegsmöglichkeiten und den erwarteten sozialen Kompetenzen zusammen, die ihren Vorstellungen nicht entsprechen. Empirische Befunde einer vergleichenden Untersuchung traditioneller Lehramtsstudiengänge mit den frisch eingeführten Bachelor-Masterstudienstrukturen ergaben, dass männliche Lehramts-Studierende eher eine Negativ-Auswahl darstellen, gemessen an den Schulnoten und Studienleistungen wie dem Bestehen von Statistik-Klausuren (Harney, 2002).

Zusammenfassende Schlussbemerkungen

Je mehr sich eine epochale Annäherung der Geschlechter in den europäischen Gesellschaften abzeichnet, desto mehr erhalten auch Jungen und Männlichkeiten wissenschaftliche Aufmerksamkeit. Ausgangsposition ist eine weitgehende Übereinstimmung in den Fähigkeitspotenzialen der beiden biologisch klassifizierten Geschlechter. Alles in allem vollzieht sich in der heranwachsenden Generation und teils unbemerkt von den Erwachsenen eine Neujustierung der Geschlechterbeziehungen, die nicht ohne Irritationen für beide Geschlechter abläuft.

Betrachten wir Befunde der empirischen Männer- und Jungenforschung, dann lässt sich kritisch formulieren:

– Es ist eine verengte Perspektive, Jungen wie Mädchen ohne ihre Positionierung im Geschlechterverhältnis lediglich für sich und in Relation zueinander zu betrachten, ohne das Geschlechterverhältnis zu berücksichtigen. Kritische Einwände lassen sich gegenüber einer Mädchenförderung wie gegenüber einer Sicht auf Jungen in der pädagogischen Jungenarbeit formulieren, wenn in beiden Fällen eine einseitige Empathie vermittelt wird.
– Geschlechtertheoretisch richtet sich die Aufmerksamkeit auf die sozialen und kulturellen Geschlechterattribuierungen sowie die kontextuellen Interaktionsprozesse, die im „doing gender" begrifflich gefasst sind.
– In den empirischen Untersuchungsbefunden werden kleine Unterschiede häufig überbetont und partielle Differenzen gegenüber den Übereinstimmungen verallgemeinert. Die Interpretationen bleiben dann eher unterkomplex. Da es schwierig ist, die ‚Konstrukteure des Geschlechts auf frischer Tat' (Hagemann-White 1993) zu ertappen, sind empirische Überprüfungen über Befragungen in der Regel reduktionistisch.
– Die Auseinandersetzung zu den Migrantenjugendlichen ist nicht frei von einer Ethnisierung gegenüber jugendlichen Schulversagern mit Migrationshintergrund.
– Von den Schulergebnissen ist nicht deterministisch auf den Arbeitsmarkt und den späteren Lebensverlauf zu schließen, da die Schule gewissermaßen ein Moratorium darstellt.
– Zunehmend besteht Konsens darin, dass Geschlechterdifferenzen zwischen männlichen und weiblichen Kindern und Jugendlichen solche auf Zeit und unter bestimmten Umständen sind,[21] nicht für alle Personen einer Geschlechtszugehörigkeit gleichermaßen gelten und zudem nicht (immer) bewusst hergestellt werden. Was theoretisch klar ist, muss es im Alltagsbewusstsein aber keineswegs sein.

Soll durch die Aufmerksamkeit auf Jungen nicht die Sonderstellung der Migrantenkinder weiter bestärkt werden, wäre eine Position zu finden, die es erlaubt, gleichermaßen auf beide Geschlechter in ihrer relativen Ungleichheit zu schauen. Ein solches Konzept intendiert das Gender Mainstreaming, dessen Implementierung die ganze Schule, vor allem auch die Leitung einbezieht und allen Inter-

---

21 Auch wenn sich in der Debatte Argumente für eine Naturalisierung oder Essentialisierung von Geschlechterdifferenzen finden.

aktionspartnerinnen und -partnern die Entwicklung einer geschlechtersensiblen Orientierung abverlangt bzw. vermittelt. Machtdifferenzen und Hierarchisierungen abzubauen, kann gleichzeitig dazu dienen, eine geschlechtergetrennte Interessenentwicklung zu vermeiden bzw. nicht weiter zu bestärken. Eine Orientierung am Gender Mainstreaming wäre wichtig, damit sich mit der ‚Diskussionsexplosion' (Wöllmann, 2009) zur Jungenthematik und Männlichkeitsforschung nicht neue Formen der Exklusion entwickeln, die sich gegen geschlechtsegalitäre Errungenschaften wenden.

Literatur

Alhajsuleiman, K. & Pohle, P. (2006). Migration – Integration – Segregation. Untersuchungen zur sozio-kulturellen Lebenssituation und Integration türkischer Migrantinnen in Göttingen. In W. Ernst & U. Bohle (Hrsg.), *Transformationen von Geschlechterordnungen in Wissenschaft und anderen sozialen Institutionen*. Münster: Lit Verlag.

Barz, M. (1984). Körperliche Gewalt gegen Mädchen. In I. Brehmer & U. Enders-Dragässer (Hrsg.), *Die Schule lebt – Frauen bewegen die Schule*. Dokumentation der 1. Fachtagung in Gießen 1982 und der 2. Fachtagung in Bielefeld 1983 der AG Frauen und Schule (S. 63–66). München: DJI.

Bildungskommission NRW (1995). *Zukunft der Bildung – Schule der Zukunft*. Denkschrift der Kommission „Zukunft der Bildung – Schule der Zukunft" beim Ministerpräsidenten des Landes NRW. Neuwied: Luchterhand.

Brandes, H. & Bullinger, H. (Hrsg.). (1996). *Handbuch Männerarbeit*. Beltz: PVU.

Budde, J. (2008). Geschlechterkonstruktionen im Sozialen Lernen in der Schule- Bericht aus einem empirischen Forschungsprojekt. *Zeitschrift für Frauenforschung & Geschlechterstudien*, 1, 69–81.

Çağlıyan, M. (2006). *Sexuelle Normenvorstellungen und Erziehungspraxis von türkischen Eltern. Der ersten und zweiten Generation in der Türkei und in Deutschland*. Interkulturelle Pädagogik 4. Münster: LIT Verlag.

Combe, A. (1971). *Kritik der Lehrerrolle. Gesellschaftliche Voraussetzungen und soziale Folgen des Lehrerbewusstseins*. München: List.

Connell, R. (1999). *Der gemachte Mann. Konstruktionen und Krise von Männlichkeiten*. Opladen: Leske + Budrich.

Cremers, M. (2008). Jungen auf traditionellen und neuen Wegen. Ergebnisse der wissenschaftlichen Begleitung des Pilotprojekts ‚Neue Wege für Jungs'. *Zeitschrift für Frauenforschung & Geschlechterstudien*, 26 (3, 4), 117–125.

Deutsches PISA-Konsortium (Hrsg.). (2003). *PISA 2000. Ein differenzierter Blick auf die Länder der Bundesrepublik Deutschland*. Opladen: Leske + Budrich.

Diefenbach, H. & Klein, M. (2002). „Bringing boys back". Soziale Ungleichheit zwischen den Geschlechtern im Bildungssystem zuungunsten von Jungen am Beispiel der Sekundarabschlüsse. *Zeitschrift für Pädagogik*, 48, 938–958.

Drinck, B. (2005). *Vatertheorien. Geschichte und Perspektiven*. Opladen: Budrich.

Glücks, E. & Ottemeier-Glücks, F. G. (1994). *Geschlechtsbezogene Pädagogik*. Münster: Votum.

Gomolla, M. (2009). Alle könnten profitieren. *Neue Deutsche Schule*, 5, 22.

Hafeneger, B. (2005). Jungenbilder – eine phänomenologische Skizze. In M. Jansen & A. Römig (Hrsg.), *K(l)eine Helden? Förderung von Jungen in Schule und außerschulischer Pädagogik* (S. 5–16). Wiesbaden: Hessische Landeszentrale für Politische Bildung.

Hagemann-White, C. (1993). Die Konstrukteure des Geschlechts auf frischer Tat ertappen? Methodische Konsequenzen einer theoretischen Einsicht. *Feministische Studien*, 1, 68–78.

Hannover, B. (1997). *Das dynamische Selbst. Zur Kontextabhängigkeit selbstbezogenen Wissens*. Bern: Huber.

Harney, K. (2002). *Die Bedeutung von Organisationsveränderungen für den Bildungserfolg. Grundständiges und gestufte Lehrerbildung im Vergleich*. Unveröffentlichter Forschungsantrag für die Deutsche Forschungsgemeinschaft. Bochum: Ruhr-Universität Bochum.

Heimvolkshochschule Alte Molkerei Frille (1998). *Parteiliche Mädchenarbeit & antisexistische Jungenarbeit*. Abschlußbericht des Modellprojekts: „Was Hänschen nicht lernt…, verändert Clara nimmermehr", Petershagen-Frille.

Hirsi Ali, A. (2006). *Mein Leben, meine Freiheit*. München: Pieper.

Hänsel, D. (1992). Wer ist der Professionelle? *Zeitschrift für Pädagogik*, 38 (6), 873–893.

Jantz, O. (2005). Jungenarbeit in der multikulturellen Begegnung. In M. Jansen & A. Röming (Hrsg.), *K(l)eine Helden? Förderung von Jungen in Schule und außerschulischer Pädagogik* (S. 73–79). Wiesbaden: Hessische Landeszentrale für Politische Bildung.

Kahlert, H. (2000). Konstruktion und Dekonstruktion von Geschlecht. In D. Lemmermöhle, D. Fischer, D. Klika & A. Schlüter (Hrsg.), *Lesarten des Geschlechts. Zur De-Konstruktionsdebatte in der erziehungswissenschaftlichen Geschlechterforschung* (S. 20–44). Opladen: Leske + Budrich.

Kampshoff, M. (2000). Doing gender und doing pupil – erste Annäherungen an einen komplexen Zusammenhang. In D. Lemmermöhle, D. Fischer, D. Klika & A. Schlüter (Hrsg*.), Lesarten des Geschlechts. Zur De-Konstruktionsdebatte in der erziehungswissenschaftlichen Geschlechterforschung*, S. 189–204. Opladen: Leske + Budrich.

Kampshoff, M. & Nyssen, E. (1998). Normen und Wert: Wo verorten sich Mädchen und Jungen im Geschlechterverhältnis. In M. von Lutzau (Hrsg*.), Frauenkreativität macht Schule. XI. Bundeskongress Frauen und Schule. Dokumentation* (S. 65–70). Weinheim: Deutscher Studien-Verlag.

Kelle, H. (2000). Das ethnomethodologische Verständnis der sozialen Konstruktion der Geschlechterdifferenz. In D. Lemmermöhle, D. Fischer, D. Klika & A. Schlüter (Hrsg.), *Lesarten des Geschlechts. Zur De-Konstruktionsdebatte in der erziehungswissenschaftlichen Geschlechterforschung* (S. 116–132). Opladen: Leske + Budrich.

Kessels, U. (2002). *Undoing Gender in der Schule. Eine empirische Studie über Koedukation und Geschlechsidentität im Physikunterricht*. München: Juventa.

Kessels, U. (2007). Identifikation mit naturwissenschaftlichen Fächern: Ein Vergleich von Schülerinnen einer monoedukativen und einer koedukativen Schule. In L. Herwartz-Emden (Hrsg.), *Neues aus alten Schulen – empirische Studien in Mädchenschulen* (S. 161–180). Opladen: Budrich.

Kessler, S. & Mc Kenna, W. (1978). *Gender. An Ethnomethodological Approach*. Chicago. London: University of Chicago Press.

Koch-Priewe, B. (2005). Jungen in der Schule – vor allem ein Problem in der Sekundarstufe 1. In M. Jansen & A. Röming (Hrsg.), *K(l)eine Helden? Förderung von Jungen in Schule und außerschulischer Pädagogik* (S. 17–33). Wiesbaden: Hessische Landeszentrale für Politische Bildung.

Knapp, U. & Metz-Göckel, S. (1999). Frauendiskriminierung. In G. Albrecht, A. Groenemeyer & F. Stallberg (Hrsg.), *Handbuch soziale Probleme* (S. 354–372). Opladen, Wiesbaden: Westdeutscher Verlag.

Köhl, E. (2005). Der Aachener Boys' Day – Eine Aufforderung zur Reflexion und Dialog. In Ministerium für Schule, Jugend und Kinder des Landes NRW (Hrsg.), *Schule im*

Gender Mainstream. Denkanstöße- Erfahrungen – Perspektiven (199–203). Düsseldorf: Ministerium für Schule, Jugend und Kinder des Landes NRW.

Kontos, S. & May, M. (2008). Hegemoniale Männlichkeit und männlicher Habitus: Überlegungen zu einem analytischen Bezugsrahmen zur Untersuchung von Geschlechterverhältnissen. *Zeitschrift für Frauenforschung & Geschlechterstudien*, 1, 3–14.

Kreienbaum, M. A. & Urbaniak, T. (2006). *Jungen und Mädchen in der Schule. Konzepte der Koedukation*. Berlin: Cornelsen Scriptor.

Lemmermöhle, D., Fischer, D., Klika, D. & Schlüter, A. (2000). *Lesarten des Geschlechts. Zur De-Konstruktionsdebatte in der erziehungswissenschaftlichen Geschlechterforschung*. Opladen: Leske + Budrich.

Leyer, E. M. (1990). Altwerden in der Fremde, Psychosoziale Aspekte des Alterns türkischer Frauen in der Bundesrepublik Deutschland. In M. Bracker (Hrsg.), *Alte Frauen aller Länder, Gemeinsamkeit macht stark* (S. 87–114). Kassel: ASG-Veröffentlichung.

Lorber, J. (2003). *Gender-Paradoxien* (2. Aufl.). Opladen: Leske + Budrich.

Lyding, C. (2005). Vom Paulchen zum Paul. Aspekte der Jungensozialisation. In M. Jansen & A. Röming (Hrsg.), *K(l)eine Helden? Förderung von Jungen in Schule und außerschulischer Pädagogik* (S. 85–93). Wiesbaden: Hessische Landeszentrale für Politische Bildung.

Matzner, M. (2004). *Vaterschaft aus der Sicht von Vätern*. Wiesbaden: VS-Verlag für Sozialwissenschaften.

May, M. (2008). Studenten, hegemoniale Männlichkeit und Soziale Arbeit: Ergebnisse eines Lehrforschungsprojekts. *Zeitschrift für Frauenforschung & Geschlechterstudien*, 1, 15–29.

Metz-Göckel, S. (2002). Signifikante Unterschiede zwischen Mädchen und Jungen. *Zweiwochendienst (ZWD)*, 9, 22–23.

Metz-Göckel, S. (1998). Geschlechterkulturen in der Schule und das Tabu der Überlegenheit von Mädchen. In M. von Lutzau (Hrsg.), *Frauenkreativität macht Schule. XI. Bundeskongress Frauen und Schule. Dokumentation* (S. 50–58). Weinheim: Deutscher Studien-Verlag.

Metz-Göckel, S. (1993). Jungensozialisation oder zur Geschlechterdifferenz aus der Perspektive einer Jungenforschung. *Zeitschrift für Frauenforschung*, 1+2, 90–110.

Meuser, M. & Scholz, S. (2005). Hegemoniale Männlichkeiten. Versuch einer Begriffsklärung aus soziologischer Perspektive. In M. Dinges (Hrsg.), *Männer – Macht – Körper, Hegemoniale Männlichkeiten vom Mittelalter bis heute* (S. 211–238). Frankfurt/M: Campus-Verlag.

Ministerium für Schule, Jugend und Kinder des Landes NRW (2005). Schule im Gender Mainstream. In L. Glagow-Schicha (Hrsg.), *Denkanstöße – Erfahrungen – Perspektiven*. Soest: Landesinstitut für Schule.

Olbermann, E. & Dietzel-Papakyriakou, M. (1995). *Entwicklung von Konzepten und Handlungsstrategien für die Versorgung älter werdender und älterer Ausländer*. Bonn: Bundesministerium für Arbeit und Sozialordnung.

Prengel, A. (1993). *Pädagogik der Vielfalt. Verschiedenheit und Gleichberechtigung in interkultureller, feministischer und integrativer Pädagogik*. Schule und Gesellschaft, Bd. 2. Opladen: Leske + Budrich.

Rustemeyer, R. (2002). Geschlechtsunterschiede bei intellektuellen Fähigkeiten: angeboren oder erlernt? In L. Hermes, A. Hirschen & I. Meißner (Hrsg.), *Gender und Interkulturalität* (S. 291–302). Tübingen: Stauffenburg.

Schnack, D. & Neutzling, R. (1990). *Kleine Helden in Not. Jungen auf der Such nach Männlichkeit*. Reinbek: Rowohlt.

Seemann, M. (2009). Gender Mainstreaming – Erfolgsfaktoren und Gegenkräfte. Ergebnisse einer empirischen Studie im Schulbereich. Manuskript, eingereicht bei der Redaktion der neuen Zeitschrift *„Gender. Zeitschrift für Geschlecht, Kultur und Gesellschaft"*.

Spindler, S. (2007). Männlichkeitskonstruktionen junger Migranten. In M. Bereswill, M. Meuser & S. Scholz (Hrsg.), *Dimensionen der Kategorie Geschlecht. Der Fall Männlichkeit*. Münster: Westfälisches Dampfboot.

Villa, P. (2006). Scheitern – ein produktives Konzept zur Neuorientierung der Sozialisationsforschung? In H. Bilden & B. Dausien (Hrsg.), *Sozialisation und Geschlecht* (S. 219–238). Opladen: Budrich.

von Lutzau, M. (2008). *Schulleiterinnen. Zusammenhänge von Biographie, Aufstiegsbereitschaft und Leitungshandeln*. Opladen: Budrich.

West, C. & Zimmerman, D. (1991). Doing Gender. In J. Lorber & S. Farrell (Hrsg.), *The Social Construction of Gender* (S.13–37). Newbury Park London, New Delhi: Sage.

Winter, R. (2008). Jungen: Reduzierte problemperspektive und unterschlagene Potenziale. In R. Becker & B. Kortendiek (Hrsg.), *Handbuch der Frauen- und Geschlechterforschung* (2. erweiterte Aufl.) (S. 403–409). Wiesbaden: Verlag für Sozialwissenschaften.

Wöllmann, T. (2009). *Die Debatte über das Schulversagen von Jungen in internationaler Perspektive. Analysen und Erfahrungen aus dem angloamerikanischen Raum*. Manuskript. Abschlussbericht zum Projekt: Die Debatte über das Schulversagen von Jungen in internationaler Perspektive – Analysen und Erfahrungen aus dem angloamerikanischen Raum. Gießen: Universität Gießen.

Zeman, A. (2005). *Ältere Migranten in Deutschland. Befunde zur soziodemografischen, sozioökonomischen und psychosozialen Lage sowie zielgruppenbezogene Fragen der Politik- und Praxisentwicklung*. Expertise im Auftrag des Bundesamtes für Flüchtlinge und Migration. Berlin: Bundesamt für Flüchtlinge und Migration.

Ziegler, A. & Dresel, M. (2006). Lernstrategien: Die Genderproblematik. In H. Mandl & F. Friedrich (Hrsg.), *Handbuch Lernstrategien* (S. 378–389). Göttingen: Hogrefe.

Zimmermann, P. (1998). *Junge, Junge! Theorien zur geschlechtstypischen Sozialisation und Ergebnisse einer Jungenbefragung*. Dortmund: Institut für Schulentwicklungsforschung.

Annabell Preußler

Live and learn – informelles Lernen im Web 2.0

Unsere Gesellschaft ist durch die zunehmende Informatisierung und die damit einhergehende Explosion von Informationen zunehmend zu einer Wissensgesellschaft geworden, die sich u.a. dadurch auszeichnet, dass Informationstechnologien eine wesentliche Rollen spielen und als Faktor des wirtschaftlichen sowie des gesellschaftlichen Fortschrittes angesehen werden (vgl. Preußler, 2008, S. 17).

Für den Bildungsbereich birgt diese Entwicklung etliche Herausforderungen. Einerseits ändert sich durch den Paradigmenwechsel das Rollenverständnis von Lehrenden und Lernenden. So können Schülerinnen und Schüler selbst zu Autorinnen und Autoren von Lerninhalten werden, während Lehrpersonen den Lernprozess eher begleitend unterstützen. Andererseits bieten die Medien selbst vielfältige Potenziale, die im Rahmen von Schule und Unterricht genutzt werden können, um beispielsweise kooperatives und informelles Lernen zu fördern.

Die neuesten Entwicklungen unter dem Schlagwort Web 2.0 machen deutlich, dass nicht nur der Aspekt der Inhalte von Angeboten, sondern auch die Vernetzung von Personen eine zunehmend wichtige Rolle spielt. Das Internet entwickelt sich auf diese Weise zu einem sozialen Raum, in dem sich Menschen aktiv einbringen und austauschen (vgl. Kerres & Preußler, 2009, S. 2).

Um Strategien zur Bewältigung der Informationsflut herausbilden zu können, wird lebenslanges Lernen in der Wissensgesellschaft nicht nur gefordert, sondern es ist auch notwendig, um ein eigenaktives, selbst organisiertes und kooperatives Lernen zu ermöglichen (vgl. Schulz-Zander, 2001, S. 181f.). Schulz-Zander und Tulodziecki (2009) weisen in diesem Zusammenhang darauf hin, dass die Feststellung, Online-Lernen müsse sich pädagogischen Ansprüchen stellen, nicht trivial ist – schließlich war das Lernen mit Computern in seinen Anfängen stark an behavioristischen Konzepten orientiert (vgl. ebd., S. 36). Als umso wichtiger ist daher die Forderung nach pädagogischen Ansprüchen beim Online-Lernen zu bewerten.

Wissensgesellschaft – Leben im Netz

Zwar findet sich in der Literatur keine einheitliche Meinung darüber, wie die Wissensgesellschaft definiert werden soll, jedoch ist allen Ansätzen gemein, dass die Informatisierung als wesentlicher Bestandteil dieser Gesellschaft angesehen wird (vgl. Preußler, 2008, S. 17). Damit ist nach Hauf (1996) eine „Durchdringung einer wachsenden Anzahl gesellschaftlicher Bereiche durch vielfältige Formen und Anwendungen von IKT" gemeint (Hauf, 1996, S. 83).

Diese Entwicklung kam seinerzeit durch die Bezeichnung der Informationsgesellschaft zum Ausdruck – ein Begriff, der 1963 eingeführt wurde, als Information „zu einem zentralen Rohstoff, Produktionsfaktor und Wettbewerbsvorteil" geworden war (Kübler, 1999, S. 30; vgl. Weber, 2005, S. 47). Einerseits hat damit eine Veränderung des Alltags durch die Medien stattgefunden (vgl. Hurrelmann, 1994, S. 398). Andererseits strukturierten Medien als Übermittler von Informationen diese Wirklichkeit – bedingt durch die Menge der Informationen, der Möglichkeit des globalen Zugriffs und die Effizienz der Verarbeitung – in hohem Maße mit (vgl. Mandl, Reinmann-Rothmeier & Gräsel, 1998, S. 6; Degele, 2000, S. 18).

Da Handlungsfähigkeit innerhalb der Gesellschaft nur durch Wissen erreicht werden kann, hat sich der Fokus inzwischen auf diesen Aspekt verlagert (vgl. Kübler, 1999, S. 30). Er beinhaltet auch, dass Wissen nicht allein dadurch entsteht, dass eine Verarbeitung von Daten stattfindet. Informationen werden erst durch die Bewertung und Verknüpfung mit bereits vorhandenen Informationen durch den Menschen zu Wissen. Wissen sei zwar eine notwendige, aber keine ausreichende Voraussetzung zum Handeln (vgl. Stehr, 1994, S. 242f.).

Die Wissensgesellschaft zeichnet sich zusammengefasst dadurch aus, dass „Wissen in allen Bereichen zunehmend Grundlage und Richtschnur menschlichen Handelns wird" (vgl. Weber 2005, S. 47). Da der Schwerpunkt der Wissensgesellschaft – in Abgrenzung zur Informationsgesellschaft, in der die Information an sich im Vordergrund stand – auf dem einzelnen Menschen liegt, ist die Forderung nach verantwortungsbewusster und sozial verträglicher Wissensnutzung nahe liegend (vgl. Mandl & Reinmann-Rothmeier, 1997, S. 78). Dass die Wissensgesellschaft als das Paradigma des 21. Jahrhunderts angesehen wird, bedeutet auch, dass „die Herausforderungen in der globalen Gesellschaft nur durch die neuen Informations- und Kommunikationstechnologien bewältigt werden können" (Aufenanger, 2001, S. 256). Dazu gehört, dass Menschen, die in einer Wissensgesellschaft leben, zumindest wissen müssen, auf welche Art und Weise welche Sachverhalte erlernt werden können. Durch moderne Informations- und Kommunikationstechnologien ist es möglich geworden, nahezu unbegrenzt Informationen zu sammeln und zu verbreiten. Dazu tragen auch die durch die stetig voranschreitende Vernetzung entstehenden ‚Wissenspools' bei. So werden beispielsweise die Inhalte der Online-Enzyklopädie Wikipedia[1] von Tausenden von Nutzenden kollektiv zusammengetragen.

Des Weiteren zeigt sich der Paradigmenwechsel insofern, als Informationen und Wissen nicht mehr nur privilegierten Mitgliedern der Gesellschaft vorbehalten sind, sondern allgemein verfügbar werden (vgl. Preußler, 2008, S. 19), wozu auch der gegenwärtig sehr hohe Grad der Ausstattung in den Haushalten beiträgt. Bei fast jedem zweiten deutschen Internetzugang handelt es sich um eine DSL-Verbindung. Ein Viertel der Nutzenden ist am aktiven Umgang mit dem Internet interessiert, so dass sich ein Drittel aller Anwendenden bereits in einem Forum eingebracht hat (vgl. Fisch & Gscheidle, 2006, S. 431).

---

1 http://de.wikipedia.org/

Web 2.0 & Webkultur

Web 2.0 – ein Buzzword unserer Zeit – bezeichnet in erster Linie die Veränderung des World Wide Web in Bezug auf neue interaktive Techniken und Dienste und impliziert dabei ein verändertes Verständnis des Netzes. Gab es beispielsweise noch vor einigen Jahren überwiegend statische Webseiten, so ist nun eine Entwicklung zu dynamischen Formen – etwa Weblogs, Wikis, Podcasting und Microblogging – zu beobachten. Besonderes Augenmerk liegt dabei auf der Eigenverantwortlichkeit der Nutzenden (vgl. Preußler, 2008, S 20). Diese gestalten das Web 2.0 nachhaltig mit und generieren fortlaufend neue Inhalte.

Während in den 90er Jahren vor allem auf den Aspekt der Veröffentlichung von Inhalten Wert gelegt worden war, wird durch Web 2.0 die Möglichkeit der aktiven Teilnahme umgesetzt. Das Internet ist nicht mehr nur Nachschlagewerk oder Bibliothek, sondern Sammelplatz des Wissens Aller. So ist etwa zu erklären, dass die „Encyclopædia Britannica" in ihrem Umfang und ihrer Aktualität von der wikibasierten Online-Enzyklopädie Wikipedia abgelöst wurde (vgl. Krempl, 2005). Diese profitiert wesentlich davon, dass Nutzende ihr Wissen dort einerseits zur Verfügung stellen, andererseits aber auch Seiteninhalte ständig neu und eigenverantwortlich aktualisieren. ‚User generated content' ist zu einem neuen Schlagwort geworden.

Viele Anwendungen bieten die Möglichkeit zur gegenseitigen Vernetzung und Netzwerkpflege. Es liegt daher nahe, Web 2.0 auch als ‚Social Software' zu verstehen. Baumgartner (2006) charakterisiert die „Verknüpfung von Personen" – und nicht Dateien – als das zentrale Merkmal von Web 2.0 (Baumgartner (2006, S. 1). Da Nutzende sich selbst mit anderen Nutzenden in Beziehung setzen (z.B. durch ähnliche Interessen), entstehen Bottom-up-Aktivitäten. Es handelt sich also weniger um eine technische Innovation (vgl. Kerres, 2006) sondern eher „um eine neue Art der Wahrnehmung und Nutzung des Internet" (Kerres, Preussler, Ojstersek & Stratmann, 2009).

So hat beispielsweise die Nutzung von Weblogs – persönliche Tagebücher, die im Internet publiziert werden – in den letzten Jahren stark zugenommen. Da die so genannten Blogger in ihren Weblogs oftmals auf Inhalte anderer Weblogs Bezug nehmen, bieten diese ein hohes Maß an Kommunikations- und Vernetzungsoptionen. So ist es in der Regel möglich, Kommentare zu hinterlassen und über Trackbacks über Verweise auf Einträge zu informieren. Auf diese Weise bilden sich soziale Netze von Menschen, die so genannte Blogosphäre (vgl. Kerres & Preußler, 2009, S. 3). Auch das Microblogging ist als ein aktueller Trend zu beobachten. Damit ist das Publizieren von Kleinstbeiträgen im Umfang von maximal 140 Zeichen gemeint. Auch hier bilden sich Netzwerke durch das ‚Verfolgen' Anderer durch das Abonnement ihrer Beiträge (vgl. ebd. S. 5).

Letztlich tragen die Vielfalt der unterschiedlichen Netzwerke und die Möglichkeit des Mashups der verschiedenen virtuellen Gemeinschaften zum hohen Grad der Vernetzung bei: Ein in einer Fotocommunity hochgeladenes Bild kann gleichzeitig über eine Microblogging-Anwendung gepostet werden und beim Klick auf eine interaktive Weltkarte kann in Echtzeit nachverfolgt werden, wer wo welche Inhalte veröffentlicht. Beim Klick auf eine Person gelangt man zu deren Informationen zu persönlichen Weblogs oder Profilen bei anderen Dienstleistern und kann beispielsweise die Lieblingsfilme dieser Person auf einer Videoplattform ansehen.

Anforderungen an Bildung

Einem solchen gesellschaftlichen wie auch technischen Umbruch ist auch das Bildungssystem unterworfen. Lebenslanges Lernen sowie Kommunikation und Kooperation erscheinen als Schlagworte in Bildungsprozessen (vgl. Aufenanger, 2001, S. 256; vgl. Schulz-Zander, 2000, S. 105).

Die bloße Verfügbarmachung von Technologien allein ist allerdings nicht ausreichend. „Die spezifischen Potentiale der Neuen Medien müssen zielgerecht genutzt werden, hierfür sind durchdachte Konzepte zum Medieneinsatz notwendig" (Mandl & Reinmann-Rothmeier, 1997, S. 84f.). Im traditionellen Unterricht waren Lehrende reine Vermittler von Informationen. Inzwischen zeichnet sich – je nach Zielgruppe – eine Funktions- und Statusänderung in Richtung Moderator oder Coach von Bildungsprozessen ab. Dies ist beispielsweise in der universitären Ausbildung zu beobachten, in der Studierende ihren Lernprozess aktiv und eigenständig mitgestalten und selbst mitverantwortlich für die Bildungsinhalte sein können. Für andere Zielgruppen – beispielsweise Grundschulkinder – greift dieses Modell jedoch noch zu kurz.

Diese neuen Möglichkeiten erfordern neue Kompetenzen: Medienkompetenz im Sinne konstruktiver und kritischer Mediennutzung ist zu einer Schlüsselkompetenz in der Wissensgesellschaft geworden (vgl. Schulz-Zander, 1997, S. 10) und ist heute wichtiger denn je. Denn: Schülerinnen und Schüler verbringen einen großen Teil ihrer Zeit online (z.B. in Foren, Netzwerken, Microblogging-Diensten usw.) und hinterlassen dort Spuren ihrer Identität (vgl. Kerres & Preußler, 2009, S. 10). So kommen Bildungseinrichtungen letztlich nicht umhin, die von Kindern und Jugendlichen ohnehin in hohem Maße genutzten Technologien zum Lerngegenstand zu machen, um einen reflexiv-kritischen Umgang und Kompetenz zum Wissensmanagement zu bewirken. „Medienkompetenz bedeutet ‚Handlungsfähigkeit' in Bezug auf Medien und – umfassender gesehen – Handlungsfähigkeit in einer durch Medien bestimmten Welt. [...] Medienkompetenz hat immer eine Zieldimension: Mündigkeit, Selbstbestimmung, Selbstverwirklichung, Befriedigung von Bedürfnissen, Bildung, Ich-Identität werden – in sozialer Verantwortung – angestrebt" (Hettinger & Wunden, 2000, S. 5f.).

Schulz-Zander und Tulodziecki (2009) fassen die Ziele von Bildung in der Wissensgesellschaft unter dem Aspekt „eines sachgerechten, eines selbst bestimmten, eines kreativen und eines sozial verantwortlichen Handelns" zusammen. Dies kann insbesondere dadurch ermöglicht werden, dass sich die Lernenden selbstständig, aktiv und kooperativ mit einer Aufgabe und den zur Lösung erforderlichen relevanten Informationen auseinandersetzen und die Ergebnisse eigenständig entwickeln und erproben (vgl. ebd., S. 40). Wichtig ist, dass der Fokus beim Online-Lernen und -Lehren auf die Integration der Anwendung von vorhandenen und neuen Kenntnissen sowie auf deren Reflexion gerichtet ist.

Informelles Lernen

Besonders interessant scheint der Aspekt des informellen Lernens in Verknüpfung mit E-Learning zu sein. Schätzungen zufolge werden etwa 70 Prozent der berufsrelevanten Kompetenzen informell erworben (vgl. Kath, 2005, S. 7), d.h. außerhalb von Bildungsinstitutionen mit vorgegebenen Curricula und Lehrplänen, definierten Zielsetzungen und Rahmenbedingungen (vgl. Frank, 2005, S. 9).

In der Literatur gibt es unterschiedliche Betrachtungsweisen, die informelles Lernen definieren (vgl. Wittwer, 2005, S. 62). Grundsätzlich wird zwischen formalem, non-formalem und informellem Lernen unterschieden. Formales Lernen wird von Institutionen und Lehrplänen gesteuert und ist stark zielorientiert. Non-formales und informelles Lernen unterscheiden sich hinsichtlich der Zielorientierung (ersteres weist eine explizitere Zielsetzung auf), jedoch werden im deutschen Sprachraum werden die Lernformen des non-formalen und informellen Lernens unter dem Begriff des informellen Lernens zusammengefasst. Der Ausdruck ‚non-formales'-Lernen findet also in Deutschland so gut wie keine Verwendung (vgl. ebd.).

Wittwer (2005) differenziert den Begriff des informellen Lernens weiterhin in unbewusstes und intentionales Lernen. Während unbewusstes Lernen ungeregelt und nicht intendiert (‚en passant') stattfindet, erreicht das intentionale Lernen eine weitaus höhere Bewusstseinsstufe, wenn es auch außerhalb von Bildungseinrichtungen stattfindet. Er nennt hier das Beispiel eines Dachdeckergesellens, der durch ‚Trial-and-Error' die richtige Lösung des Folienschweißens herausfindet.

Aus dem intentionalen Lernen leitet Wittwer anschließend das Lernen im sozialen Umfeld ab, das mit hoher Zielsetzung verbunden ist. Als Beispiel wird eine Schülerin angegeben, die – um herauszufinden, was ihr wirklich liegt – nach dem Abitur zunächst eine Reihe von Praktika absolviert, damit sie sich für den besten Beruf entscheiden kann (vgl. ebd.).

Dohmen (2001) bezieht den Begriff des informellen Lernens generell auf „alles Selbstlernen […], das sich in unmittelbaren Lebens- und Erfahrungszusammenhängen außerhalb des formalen Bildungswesens entwickelt" (Dohmen, 2001, S. 25) und unterscheidet darüber hinaus zwischen verschiedenen Ausprägungen des Bewusstseinsgrades – Erfahrungslernen, implizites Lernen, Alltagslernen, selbstgesteuertes Lernen, Kompetenz entwickelndes Lernen sowie arbeitsplatzbezogenes Lernen (vgl. ebd., S. 27ff.).

Das Erfahrungslernen beschreibt das unmittelbare Verarbeiten von „Primärerfahrungen zu jeweils handlungs- und problemlösungsrelevantem Wissen". In Abgrenzung zu formalem Lernen, in welchem durch Lehre vermitteltes Wissen verarbeitet wird, bezieht sich informelles Lernen auf die Verarbeitung von „Eindrücken und Erfahrungen in der außerschulischen Umwelt". Zwar sind Erfahrungslernen und informelles Lernen nach Dohmen nicht identisch, haben aber eine so große gemeinsame Schnittmenge, dass „die Einsichten in die Formen und Strukturen des Erfahrungslernens zugleich Aufschluss geben können über wesentliche Züge des informellen Lernens" (ebd., S. 34)

Implizites Lernen ist dagegen eher beiläufig und nicht intentional. Dohmen nennt hier beispielsweise das Erlernen der Muttersprache, was weitestgehend intuitiv passiert. Unter Alltagslernen versteht er ein eher pragmatisches Alltagswissen, während er mit selbstgesteuertem Lernen die Aktivität und Selbstbestimmung der Lernenden, auch im Hinblick auf Institutionalisierung und Ziele, in den Fokus stellt. Als Resultat integrierter Lernprozesse im Handeln entsteht Dohmen zufolge das Kompetenz entwickelnde Lernen, welches alle Facetten zusammenfasst. Die letzte Ausprägung bezieht sich auf das arbeitsplatzbezogene Lernen, in welchem einzelne Komponenten der anderen Lernformen an einem spezifischen Lernort gebündelt werden (vgl. ebd., S. 27ff.) Die Begriffsdimensionen nach Dohmen sind also nicht eindeutig trennscharf, sondern stellen eher eine Reihung dar.

Es lässt sich also festhalten, dass informelles Lernen nicht an Lernorte gebunden ist, sondern im Zusammenhang mit aktuellen Anforderungen und Fragestellungen steht. Das Lernen ist dementsprechend anlass- und erfahrungsbezogen und vollzieht sich mehr oder weniger selbstgesteuert. Obwohl informelles Lernen häufig sporadisch und beiläufig stattfindet, kann es dennoch zielorientiert sein. Eine Schwierigkeit besteht darin, dass der Lernprozess – eben aufgrund der Implizitheit – nur bedingt verbalisierbar und beschreibbar und damit weniger gut messbar ist (vgl. Frank, 2005, S. 9). Informelles Lernen muss jedoch nicht notwendigerweise unbewusst ablaufen (vgl. Wittwer, 2005, S. 61).

Interessant ist, dass hinsichtlich der Forschung zu informellem Lernen vor allem die Erfassung, Bewertung und Dokumentation der erworbenen Kompetenzen fokussiert wird (vgl. Gnahs & Bretschneider, 2005, S. 31). Kompetenzen werden dabei als „Dispositionen selbstorganisierten Handelns" verstanden (Erpenbeck & von Rosenstiel, 2003, S. XI), die nur im Zeigen (Performanz) einer erworbenen Fertigkeit zu Tage kommen und, anders als Qualifikationen, weniger an Leistungsresultaten orientiert sind. Frank (2005) spricht in diesem Zusammenhang davon, dass Menschen eben über mehr Wissen verfügen, als ihnen über Zertifikate bescheinigt wird (Frank, 2005, S. 9). Es ist bei der Bewertung von Kompetenzen daher weniger relevant, ob diese in formellen oder informellen Lernsituationen erworben worden sind (vgl. Käpplinger & Puhl, 2003, S. 4f.). Die Fragen, die sich im Kontext dieses Beitrages also stellen, lauten: Wie kann informelles Lernen im Bereich E-Learning realisiert werden und wie kann eine Anerkennung von informell erworbenen Kompetenzen aussehen?

Nutzungsszenarien für informelles Lernen im Netz

Bezieht man diese Überlegungen auf den Bereich des E-Learning, können in mehrfacher Hinsicht Gemeinsamkeiten von informellem Lernen und Merkmalen von E-Learning-Anwendungen festgestellt werden – hier sind beispielsweise der hohe Grad an Selbststeuerung und die Unabhängigkeit von Orts- und Zeitvorgaben zu nennen.

Informelles E-Learning – also das informelle Lernen mit Computer und Internet – zeichnet sich ganz allgemein dadurch aus, dass es von den Lernenden selbst organisiert und gesteuert wird, dabei aber weder an konkrete Lernorte und -zeiten gebunden ist, noch von Lehrpersonen betreut wird. Die Lerninhalte sind daher nicht notwendigerweise didaktisch aufbereitet. Informelles E-Learning könne daher bestenfalls ermöglicht, nicht aber verordnet werden (vgl. Zinke, 2005, S. 92).

Innerhalb der letzten Jahren haben viele Bildungsinstitutionen damit begonnen, neben reinem E-Learning auch ‚Blended Learning'-Studiengänge oder Lehrveranstaltungen anzubieten. Die neuen Medien werden dabei nicht alternativ, sondern begleitend und ergänzend zu bestehenden Lehr- und Lernformen eingesetzt. Wichtig ist, dass diese Online-Einheiten nicht zusätzlich angeboten werden, „sondern von vornherein ein didaktisch begründeter Bestandteil des Blended-Learning-Konzepts" sein sollten (vgl. Kerres et al., 2002, S. 6f.). Die Vorteile des E-Learnings werden in dieser Art von Lernarrangements mit Präsenzangeboten kombiniert. Eine ‚Blended Learning'-Veranstaltung bietet so zwar eine durch feste Präsenztermine vorgegebene Struktur, ermöglicht jedoch eine hohe Flexibilität sowie Unabhängigkeit von Ort und Zeit in den Online-Phasen. Das Lernen im Rahmen eines streng vorgegebenen Curriculums wird auf diese Weise in Richtung von größerer Selbststeuerung erweitert. Dabei werden auch Elemente informellen Lernens einbezogen, da die Lernenden individualisierte Lernmöglichkeiten hinsichtlich ihrer Interessen und Voraussetzungen wahrnehmen können, z.B. durch Trainingsprogramme, die in heterogenen Lerngruppen zum Einsatz kommen (vgl. Schulz-Zander & Tulodziecki, 2009, S. 41).

Die entscheidenden Merkmale digitaler Medien für das Lernen – Multimedialität, Interaktivität und Vernetzung (vgl. Schulz-Zander & Tulodziecki, 2009, S. 40f.) können insbesondere durch die Nutzung von Web 2.0-Angeboten umgesetzt werden. Die Möglichkeiten der Verbreitung von Angeboten und Inhalten sind durch die große Zunahme dieser Anwendungen ebenfalls stark gestiegen. Die Publikation von Inhalten, Linkempfehlungen, eigenen Kommentaren oder Ergebnissen von Lernaufgaben ist auf diese Weise sehr einfach geworden, da eigene Programmierfähigkeiten keine Voraussetzung mehr darstellen. Auf diese Weise entstehen neue Nutzungsszenarien im Kontext von Bildungsangeboten, aber auch neue Anforderungen im Hinblick auf die didaktische Konzeption (vgl. Kerres et al., 2009).

So hat das Lernen mit Weblogs an Bedeutung gewonnen. Als individuelle Lernjournale kann in ihnen einerseits der eigene Lernfortschritt reflektiert werden, andererseits bietet sich durch die Kommentar- oder Trackbackfunktion eine Reihe von Möglichkeiten der Vernetzung (vgl. Pullich, 2007, vgl. Kerres & Preußler, 2009, S. 4). Durch die Bildung von Netzwerken können nicht nur (virtuelle) Freundschaften, Interessensgemeinschaften oder Lerngruppen, sondern auch ein differenziertes Feedbacksystem entstehen. Andere Lernende beziehen zu eigenen Aussagen Stellung – und dies in der Regel öffentlich – oder verbreiten eigene Inhalte weiter.

Insbesondere unter Zuhilfenahme der Web-2.0-Technologien wie Blogs, Wikis oder Fotoportalen lässt sich informelles E-Learning realisieren. Beispielsweise kann in einem Online-Seminar die Arbeitsaufgabe gestellt werden, in einem Weblog über ein bestimmtes Thema zu reflektieren. Die dazu notwendigen Informationen können durch informelle Lernformen erworben werden, etwa durch die Befragung von Expertinnen und Experten innerhalb des eigenen sozialen Netzwerks oder durch Recherche in Foren.

Kerres et al. (2009) stellen die beschriebene Entwicklung am Beispiel von Learning Management Systemen (LMS) dar. Traditionellen Ansätze zufolge werden Lerninhalte in abgeschlossenen Plattformen bereitgestellt. Dabei können

„Lernaktivitäten mit unterschiedlichen Graden der Verbindlichkeit" benannt werden (Kerres et al., 2009). Überdies können LMS zur zeitlichen Strukturierung von Lernaufgaben genutzt werden und es kann der individuelle Lernstatus bzw. – fortschritt nachvollzogen werden – und zwar für Lehrende und Lernende gleichermaßen. Gerade aber für innovative didaktische Ansätze bieten sich hier vielfältigere Möglichkeiten der Förderung des problem- oder projektorientierten Lernens, das die Lernenden selbst organisieren, bei dem sie sich gegenseitig austauschen und die Lehrperson als Tutor bzw. Begleiter des Lernprozesses zu Rate ziehen. Da sich durch Web 2.0 die Situation dahingehend verändert, dass Lerninhalte sehr einfach eingebunden und verknüpft werden können, dient die Lernplattform dabei gleichermaßen als „Tor zum Internet". Es ist dabei letztlich nicht wesentlich, wo die Lerninhalte (auch informell) erworben werden – das LMS stellt nur das Portal dar und bietet neben dem Zugriff auf externe Repositories Möglichkeiten zur Anregung von Gruppenprozessen, zur tutoriellen Begleitung, Aggregation und Syndikation von Inhalten, Social Bookmarking sowie der Dokumentation von Lernprozessen und Lernergebnissen (vgl. ebd.). Das Lernportal regt also informelle Lernprozesse an.

Hier zeigt sich der Bezug zu der bereits erwähnten Kompetenzorientierung. Diese kann beispielsweise durch den Einsatz von E-Portfolios realisiert werden, d.h. durch digitale Sammelmappen zur Dokumentation der im Rahmen des Lernprozesses entstandenen Artefakte. Kompetenz entwickelndes Lernen kann zwar von Bildungsinstitutionen angeregt werden, die Ausbildung von Kompetenz entsteht jedoch erst im informellen tätigkeitsintegrierten Lernen.

Fazit und Ausblick

Für das Lernen mit digitalen Medien formulieren Schulz-Zander und Tulodziecki (2009) das didaktische Prinzip des eigenaktiv-konstruierenden und kooperativen Lernens, „das durch eine stärkere Eigenaktivität der Lernenden, durch selbstständige Informationsgewinnung, durch Kommunikation und Zusammenarbeit der Lernenden und durch eine beratende, die Schüleraktivitäten strukturierende, den Lernfortschritt überwachende und bewertende Lehrperson gekennzeichnet werden kann" (Schulz-Zander, 2005 nach Schulz-Zander & Tulodziecki, 2009, S. 41).

Dies trifft in hohem Maße auch auf die Erweiterung des E-Learnings durch Web-2.0-Angebote zu, die auch informelle Lernformen einbeziehen und in denen der Aspekt der Kommunikation einen hohen Stellenwert einnimmt. In Bildungseinrichtungen ergänzen diese Werkzeuge die didaktischen Optionen für die Gestaltung von Lernarrangements – beispielsweise tragen gerade Kommunikationstools und social networks zum gegenseitigen Austausch und zur Bildung von (Interessens-)Gruppen bei (vgl. Kerres & Preußler, 2009, S. 10). Der hohe Grad an Öffentlichkeit solcher Angebote macht wiederum die Notwendigkeit eines kritischen Umgangs deutlich.

Dennoch: Es ergibt wenig Sinn, technische Angebote nur deswegen zu nutzen, weil sie gerade verfügbar sind. „Technologiegetriebene Entwicklungen entfalten keine derart starke Innovationskraft in der Lehre, als dass sie alleine aufgrund ihres

Potenzials fundamentale Veränderungsprozesse in der Bildungslandschaft und eine flächendeckende Diffusion in den Schulen, Hochschulen und Unternehmen bewirken" (Seufert, 2008, S. 37). Wichtig ist in jedem Fall also die Einbettung in didaktische Konzepte.

Gerade im Umgang mit Web-2.0-Anwendungen beim Lernen scheinen diese jedoch nach wie vor für viele Bildungseinrichtungen noch unklar zu sein, da es in der Vergangenheit kaum geeignete Formate für Online-Seminare gab, die von den Teilnehmern angenommen wurden (vgl. Pütz, 2006). Andererseits knüpfen gerade diese Angebote in hohem Maße an die Lebenswelt der Lernenden an und ermöglichen einen praktischen Nutzen, in dem Interaktion und Aktivität einen hohen Stellenwert einnehmen (vgl. ebd.).

Zusammenfassend lässt sich festhalten, dass Web 2.0 informelles Lernen ermöglicht, selbst wenn dieses in formalen Zusammenhängen einer Bildungseinrichtung stattfindet. Das Lernen kann dabei überall erfolgen, wo es technisch möglich ist – zu Hause, an der Universität oder am Arbeitsplatz. Durch das Sichtbarmachen der Lernaktivität, z.B. einem Posting im Weblog, wird das Lernen in größerem Maße als bisher öffentlich, trägt zur Bildung von Netzwerken bei und unterstützt wiederum andere Lernende.

Literatur

Aufenanger, S. (2001). Aufgaben der Erziehungswissenschaft in der Wissensgesellschaft. In B. Herzig (Hrsg.). *Medien machen Schule. Grundlagen, Konzepte und Erfahrungen zur Medienbildung* (S. 255–266). Bad Heilbrunn: Klinkhardt.

Baumgartner, P. (2006). *Unterrichtsmethoden als Handlungsmuster – Vorarbeiten zu einer didaktischen Taxonomie für E-Learning.* Verfügbar unter http://www.peter.baumgartner.name/article-de/handlungsmuster-taxonomiepdf.pdf [14.04.2009].

Degele, N. (2000). *Informiertes Wissen. Eine Wissenssoziologie der computerisierten Gesellschaft.* Frankfurt am Main: Campus.

Dohmen, G. (2001). *Das informelle Lernen: Die internationale Erschließung einer bisher vernachlässigten Grundform menschlichen Lernens für das lebenslange Lernen aller.* Bonn: Bundesministerium für Bildung und Forschung.

Erpenbeck, J. & von Rosenstiel, L. (Hrsg.) (2003). *Handbuch Kompetenzmessung. Erkennen, Verstehen und Bewerten von Kompetenzen in der betrieblichen, pädagogischen und psychologischen Praxis.* Stuttgart, Schäffer-Poeschel.

Fisch, M. & Gscheidle, C. (2006). Onliner 2006: Zwischen Breitband und Web 2.0 – Ausstattung und Nutzungsinnovationen. Ergebnisse der ARD/ZDF-Online-Studien 1997–2006. *MediaPerspektiven 8*, 431–440.

Frank, I. (2005). Einführungsrede. In I. Frank, K. Gutschow & G. Münchhausen (Hrsg.), *Informelles Lernen: Verfahren zur Dokumentation und Anerkennung im Spannungsfeld von individuellen, betrieblichen und gesellschaftlichen Anforderungen; Fachtagung 30./31. März 2004 in Bonn.* (S. 9–14). Bielefeld: Bertelsmann.

Gnahs, D. & Bretschneider, M. (2005). Weiterbildungspass mit Zertifizierung informellen Lernens. In I. Frank, K. Gutschow & G. Münchhausen (Hrsg.), *Informelles Lernen: Verfahren zur Dokumentation und Anerkennung im Spannungsfeld von individuellen, betrieblichen und gesellschaftlichen Anforderungen; Fachtagung 30./31. März 2004 in Bonn.* (S. 25–40). Bielefeld: Bertelsmann.

Hauf, O. (1996). *Die Informationsgesellschaft: Anatomie einer Lebenslüge. Demokratie, Ökologie, Föderalismus,* Bd. 11. Frankfurt am Main: P. Lang.

Hettinger, J. & . Wunden, W. (2000). Medienkompetenz: eine Einführung. In A. Zerfaß (Hrsg), *Medienkompetenz in der Informationsgesellschaft: Perspektiven in Baden-Württemberg.* (S. 5–7). Stuttgart: MFG, Medien- und Filmgesellschaft Baden-Württemberg.

Hurrelmann, B. (1994). Kinder und Medien. In K. Merten, S. Schmidt & S. Weischenberg (Hrsg.), *Die Wirklichkeit der Medien. Eine Einführung in die Kommunikationswissenschaft.* (S. 377–407). Opladen: Westdeutscher Verlag.

Käpplinger, B. & Puhl, A. (2003). *Zur Zertifizierung von Kompetenzen.* In: Deutsches Institut für Erwachsenenbildung, Bonn. Verfügbar unter http://www.die-bonn.de/esprid/dokumente/doc-2003/kaepplinger03_01.pdf [22.01.2009].

Kath, F. (2005). Eröffnungsrede. In I. Frank, K. Gutschow & G. Münchhausen (Hrsg.), *Informelles Lernen: Verfahren zur Dokumentation und Anerkennung im Spannungsfeld von individuellen, betrieblichen und gesellschaftlichen Anforderungen; Fachtagung 30./31. März 2004 in Bonn.* Bielefeld: Bertelsmann.

Kerres, M. (2006). Potenziale von Web 2.0 nutzen. In K. Wilbers & A. Hohenstein (Hrsg.), *Handbuch E-Learning.* München: DWD-Verlag.

Kerres, M. & Preußler, A. (2009). Soziale Netzwerkbildung unterstützen mit Microblogs (Twitter). In: A. Hohenstein & K. Wilbers, (Hrsg): *Handbuch E-Learning* (28. Erg.-Lfg. April 2009). Köln: Wolters-Kluwer.

Kerres, M., de Witt, C. & Stratmann, J. (2002). E-Learning. Didaktische Konzepte für erfolgreiches Lernen. In: K. Schwuchow & J. Guttmann (Hrsg.). *Jahrbuch Personalentwicklung & Weiterbildung.* (S. 1–14). Neuwied: Luchterhand.

Kerres, M., Preussler, A., Ojstersek, N. & Stratmann, J. (2009). E-Learning Umgebungen an Hochschulen: Lehrplattformen und persönliche Lernumgebungen. In U. Dittler, J. Krameritsch, N. Nistor, C. Schwarz & A. Thillosen, A. (Hrsg.). *E-Learning: Eine Zwischenbilanz. Kritischer Rückblick als Basis eines Aufbruchs.* (S. 102–115). Münster: Waxmann.

Krempl, S. (2005). Wissen von unten. *Süddeutsche Zeitung*, 04.02.2005. Verfügbar unter http://www.sueddeutsche.de/,trt3m1/computer/artikel/234/47187 [14.04.2009].

Kübler, H.-D. (1999). Medienkompetenz – Dimension eines Schlagwortes. In: F. Schell et al. (Hrsg.). *Medienkompetenz. Grundlagen und pädagogisches Handeln* (S. 25–47). München: KoPäd.

Mandl, H. & Reinmann-Rothmeier, G. (1997). Medienpädagogik und -kompetenz: Was bedeutet das in einer Wissensgesellschaft und welche Lernkulturen brauchen wir dafür? In Enquete-Kommission „Zukunft der Medien in Wirtschaft und Gesellschaft; Deutschlands Weg in die Informationsgesellschaft" Deutscher Bundestag (Hrsg.). *Medienkompetenz im Informationszeitalter* (S. 77–89). Bonn: ZV Zeitungs-Verlag, Service.

Mandl, H., Reinmann-Rothmeier, G. & Gräsel, C. (1998). Gutachten zur Vorbereitung des Programms „Systematische Einbeziehung von Medien, Informations- und Kommunikationstechnologien in Lehr-Lern-Prozesse". *Materialien zur Bildungsplanung und zur Forschungsförderung,* Heft 66. Bonn: BLK.

Preußler, A. (2008). *Wir evaluieren uns zu Tode. Möglichkeiten und Grenzen der Bewertung von Online-Lernen. Eine Meta-Evaluation.* Dissertation, FernUniversität in Hagen. Verfügbar unter http://deposit.fernuni-hagen.de/505/ [14.04.2009].

Pullich, L. (2007). *Weblogs als Lernjournale. Kommunikation und Reflexion mit Weblogs im Rahmen akademischer Abschlussarbeiten.* IfBM.Impuls – Schriftenreihe des Instituts für Bildungswissenschaft und Medienforschung. 1. Jahrgang 2007, Beitrag 3. Verfügbar unter unter http://deposit.fernuni-hagen.de/342 [05.02.2009].

Pütz, S. (2006). *E-Learning 2.0 – Buzzword oder ernstzunehmende Entwicklung?* Verfügbar unter http://www.fortbildung-bw.de/wb/09_bildungsanbieter/05_e-learning/zwei_null.php?lvl=2455 [14.04.2009].

Schulz-Zander, R. (2000). Lernen mit Neuen Medien. Medienkompetenz als Schlüsselqualifikation. In R. Apflauer & A. Reiter (Hrsg.). *Schule online. Das Handbuch zum Bildungsmedium Internet* (S. 105–115). Wien: Public-Voice.

Schulz-Zander, R. (2005). Veränderung der Lernkultur mit digitalen Medien. In H. Kleber (Hrsg.). *Perspektiven der Medienpädagogik in Wissenschaft und Bildungspraxis.* (S. 125–140). München: Kopaed.

Schulz-Zander, R. & Tulodziecki, G. (2009). Pädagogische Grundlagen für das Online-Lernen. In L.-J. Issing & P. Klimsa, (Hrsg.), *Online-Lernen* (S. 35–45). München: Oldenbourg.

Schulz-Zander, R. (1997). Lernen in der Informationsgesellschaft. *Zeitschrift für Pädagogik 3*, 8–12.

Schulz-Zander, R. (2001). Lernen mit neuen Medien in der Schule. *Zeitschrift für Pädagogik. 43. Beiheft,* 181–195.

Seufert, S. (2008). *Innovationsorientiertes Bildungsmanagement: Hochschulentwicklung durch Sicherung der Nachhaltigkeit von eLearning.* Wiesbaden: VS, Verlag für Sozialwissenschaften.

Stehr, N. (1994). *Arbeit, Eigentum und Wissen: Zur Theorie von Wissensgesellschaften.* Frankfurt am Main: Suhrkamp.

Weber, P. J. (2005). „Computer literacy" im Vergleich zwischen europäischen Nationen – Zielgröße des Bildungswettbewerbs in der Wissensgesellschaft. *Tertium Comparationis, 11* (1) 47–68.

Wittwer, W. (2005). Übergreifende Aspekte im Kontext der individuellen Dokumentation von Kompetenzen. In I. Frank, K. Gutschow & G. Münchhausen (Hrsg.), *Informelles Lernen: Verfahren zur Dokumentation und Anerkennung im Spannungsfeld von individuellen, betrieblichen und gesellschaftlichen Anforderungen; Fachtagung 30./31. März 2004 in Bonn.* (S. 59–70). Bielefeld: Bertelsmann.

Gabi Reinmann & Sandra Hofhues

Öffnung der Schule für pädagogische Innovationen
Erkenntnisse aus einem Beispiel für Entrepreneurship Education

Es gibt *viele* Wege von Bildung und Schule in die Wissensgesellschaft. Dabei können nicht alle Wege an dasselbe Ziel führen – allein schon deswegen, weil es verschieden akzentuierte Visionen von der Wissensgesellschaft gibt. Unser Beitrag fokussiert *einen* Aspekt davon, der faktisch dominant ist, ohne damit klären zu können, ob ihm diese Dominanz auch gebührt: Die Rede ist vom ökonomischen Aspekt der Wissensgesellschaft. Für Schülerinnen und Schüler[1] ist die Wirtschaft einerseits ein späterer Arbeitgeber und andererseits ein Feld, auf dem sie selbst aktiv werden können – z.B. als Unternehmer. In beiden Fällen muss man im Blick haben, dass sich unsere Ökonomie zu einer Wissensökonomie wandelt und sowohl Unternehmer als auch Arbeitnehmer zunehmend wissensintensive Tätigkeiten bewältigen müssen. Projekte zur „Entrepreneurship Education", die Jugendlichen unternehmerisches Denken und Handeln nahebringen wollen, spielen in diesem Zusammenhang eine interessante Rolle: Sie können auf die ökonomischen Herausforderungen der Wissensgesellschaft vorbereiten und sie haben aufgrund ihres inhaltlichen Ziels eine große Chance, pädagogische Innovationen anzustoßen. business@school – eine Initiative von The Boston Consulting Group[2] (BCG) – gelingt es, beides zu erreichen. Dass und inwiefern sie dabei Erfolg hat, wollen wir mit diesem Beitrag anhand exemplarischer Ergebnisse unserer Evaluation der Initiative zeigen. Es soll diskutiert werden, an welchen Stellen business@school das Potenzial einer pädagogischen Innovation hat und welchen speziellen Beitrag sie dafür leistet, Schüler auf die Wissensgesellschaft vorzubereiten.

Von der Wissensgesellschaft zur Entrepreneurship Education

Vielen gilt die Wissensgesellschaft als Nachfolgerin der Informationsgesellschaft, die nicht mehr nur wirtschaftliche und technische Triebkräfte, sondern auch bildungsbezogene und soziale Ziele hat. Trotz dieses Bildungsfokus sind aber speziell die digitalen Technologien und ökonomische Entwicklungen für das Verständnis von der Wissensgesellschaft maßgeblich. Das zeigen ihre wichtigsten Merkmale (Hasler Roumois, 2007, S. 15): (a) Digitale Technologien sind integraler Bestandteil der Wissensgesellschaft. (b) Ihre Mitglieder verbringen eine wachsende Menge ihrer Zeit mit Informationsverarbeitung. (c) Wissen ist eine ökonomische Ressource und ein steigender Anteil des Bruttosozialprodukts geht auf wissens-

---

1 Im Folgenden abgekürzt mit „Schüler", um die Lesbarkeit zu erhöhen. Dies gilt auch für alle Lehrer und sonstige Personen, die genannt werden, und dient ausschließlich dazu, den Text zu vereinfachen.
2 Siehe http://www.business-at-school.de/ [30.04.2009]

intensive Innovationen zurück. (d) Der Anteil der Wissensarbeitenden in der erwerbstätigen Gesellschaft wächst, sodass die Arbeitstätigkeiten in immer mehr Brachen Wissen, Kompetenz, Expertise und Lernen erfordern. Wissensökonomie und Wissensarbeit sind vor diesem Hintergrund Konzepte, die gut dazu geeignet sind, die speziell ökonomisch motivierten Herausforderungen der Wissensgesellschaft an die Schule zu konkretisieren.

Wissensökonomie und Wissensarbeit

Die Wissensökonomie ist eine immaterielle Ökonomie (Goldfinger, 2002): Das zeigt sich darin, dass viele *Endprodukte* (z.B. Information, Unterhaltung, „intelligente" Produkte) für den Verbraucher zunehmend immaterieller werden, Unternehmen immer mehr immaterielle *Anlagewerte* wie Marke, Kundenbasis, geistiges Eigentum und technische Expertise für ihr Kerngeschäft einsetzen und die Logik der Entmaterialisierung Einfluss auf *alle* Wirtschaftssektoren nimmt. Auch die Organisation von Arbeit verändert sich: Man spricht zunehmend von der Wissensarbeit. Diese ist dadurch gekennzeichnet, dass *wissenschaftliches* Wissen die Grundlage für Innovationen ist und Erfahrungswissen von *Experten* im Zentrum steht. Wissensarbeit ist komplex und wenig planbar, stellt immer wieder neue Anforderungen und erfordert einen hohen Grad an Informiertheit, Koordination und Kooperation, aber auch Entwicklung und andere kreative Leistungen (Hube, 2005). In der Wissensarbeit begreift man Wissen als einen Prozess, der niemals abgeschlossen ist, kontinuierlich erneuert werden muss und nicht als Wahrheit, sondern als Ressource gilt (Willke, 2001). Die Handlungen eines Wissensarbeitenden gelten als vollständig, da sie Zielsetzung, Umsetzung, Kontrolle und rückblickende Bewertung umfassen. Zusammen mit Kommunikation ist Lernen in der Wissensarbeit Teil der Tätigkeit und Wertschöpfung.

Entrepreneurship Education in der Wissensgesellschaft

Planen, Organisieren, Strategien entwickeln, Recherchieren, Analysieren, Zusammenführen, Strukturieren, Kombinieren, Reflektieren, Dokumentieren, Gestalten, Kommunizieren und Lernen sind Tätigkeiten, die die Wissensarbeit kennzeichnen (North & Güldenberg, 2008, S. 28f.). Sie fallen unter überfachliche Kompetenzen, die neben betriebswirtschaftlichen Kenntnissen auch in der Entrepreneurship Education relevant sind und vermittelt werden (vgl. z.B. Remmele, Seeber & Schmette, 2008). Besonders gefördert werden dabei Mündigkeit und Eigenverantwortung eines wirtschaftlich tätigen Individuums. Man kann also zu dem begründeten Schluss kommen, dass die Stärkung unternehmerischen Denkens und Handelns nicht nur für das Anliegen von Bedeutung ist, das Gründungsverhalten junger Menschen auszuweiten. Indem auf diesem Weg überfachliche Kompetenzen ausgebildet werden, die in einer Wissensökonomie und xy Gesellschaft von genereller Bedeutung sind, kommt der Entrepreneurship Education eine gesamtgesellschaftliche Relevanz zu. Die Schule ist als Träger solcher Maßnahmen unabkömmlich. Allerdings reicht es nicht aus, gründungsrelevantes Wissens oder andere Inhalte der ökonomischen Bildung im Frontalunterricht zu vermitteln. Wichtig sind eigene Erfahrung und erfahrungsorientiertes Lernen, das mit emotionaler Beteiligung und explorativem Verhalten einhergeht (vgl. Artelt, Baumert, Julius-McElvany &

Peschar, 2004; Liening, 2004). Allerdings stehen ökonomische Ziele dieser (oder anderer) Art nicht zwingend auf dem Stundenplan; die Curricula sind bundeslandspezifisch. Projektarbeit mit externen Partnern bietet der Einzelschule jedoch die Möglichkeit, diesen Mangel zumindest kurzfristig zu kompensieren. Ein Beispiel für projektbasierte Entrepreneurship Education an Gymnasien ist business@school.

business@school: Entrepreneurship Education am Gymnasium

Die Initiative business@school

business@school wird von BCG initiiert und koordiniert und ist bereits zur Institution im Rahmen der Entrepreneurship Education geworden. Grundlage des Projekts ist eine Partnerschaft zwischen Gymnasien und BCG bzw. über 20 weiteren Unternehmen, die sich wie die Schulen vorwiegend in Deutschland befinden. In den teilnehmenden Schulen steht das Thema Wirtschaft jeweils ab Herbst ein Jahr lang auf dem Stundenplan. Betreut werden die Schüler der Klassen 10 bis 13 (bzw. 12 im Falle des G8) vor Ort durch BCG-Berater und Mitarbeiter der Partnerunternehmen (kurz „Betreuer"). In Gruppen aus Schülern, Betreuer(n) und meist einem Lehrer analysieren die Jugendlichen in der ersten Projektphase Konzerne. In der zweiten Phase des Projekts werden lokale kleinere und mittlere Unternehmen untersucht. In der dritten Phase entwickeln die Schüler im Team eine eigene Geschäftsidee. Bei anschließenden Schul- und Regionalentscheiden sowie einer europäischen Abschlussveranstaltung werden die besten Ideen anhand eines Businessplans vorgestellt und von einer Jury aus namhaften Wirtschaftsvertretern ausgezeichnet. Die reale Umsetzung der Idee ist nicht Teil des Projekts; vielmehr sollen im Sinne der Entrepreneurship Education Einstellungen, Wissen und Können für ein wirtschaftlich tätiges Individuum erworben und die Grundlage für künftige Existenzgründungen geschaffen werden. Alle Aktionen werden mit einer Online-Community zum Informationsaustausch virtuell unterstützt.

Aus pädagogisch-didaktischer Sicht betrachtet, lässt sich das Vorgehen in *zwei* Phasen unterteilen, die alternative Umsetzungen des *problemorientierten Lernens* (Zumbach, 2003) demonstrieren: Die erste Phase (Analyse eines großen Konzerns und eines mittelständischen Betriebs) kann man als *fallbasiertes* Lernen bezeichnen. Hier lernen die Schüler zu recherchieren, Annahmen über Märkte zu treffen und zu überprüfen, Personen zu kontaktieren und Ergebnisse zu präsentieren. Die zweite Phase (Geschäftsidee-Entwicklung und Wettbewerb) entspricht dem *projektorientierten* Lernen. Hier rückt die aktive Wissenskonstruktion in Form eigener Ideen in den Vordergrund, die umgesetzt und einem Vergleich mit anderen Wissensprodukten unterzogen werden (siehe Abbildung 1).

Ein Großunternehmen analysieren	Ein Kleinunternehmen analysieren	Eine eigene Geschäftsidee entwickeln	Im Wettbewerb stehen
Recherchen betreiben – Annahmen treffen – Überprüfen - Präsentieren		Wissen konstruieren – Handeln – sich mit anderen messen	

Fallorientiertes Lernen → **Projektorientiertes Lernen**

Prinzipien der Problemorientierung

Virtuelle Unterstützung ⇑ ⇑ über Online Community

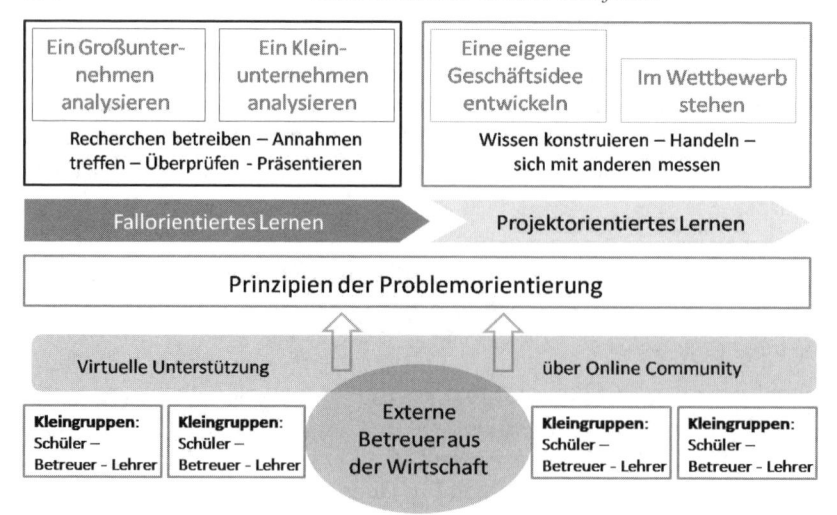

Kleingruppen: Schüler – Betreuer - Lehrer	Kleingruppen: Schüler – Betreuer - Lehrer	**Externe Betreuer aus der Wirtschaft**	Kleingruppen: Schüler – Betreuer - Lehrer	Kleingruppen: Schüler – Betreuer - Lehrer

Abbildung 1: Didaktische Struktur der Initiative business@school

Auf der Ebene des Individuums verfolgt business@school mit dem skizzierten Konzept Ziele, die sich in den Kontext der *Kompetenzentwicklung* einordnen lassen. Über die Kooperation zwischen Wirtschaft und Schule erfolgt eine Öffnung der Organisation Schule, was im Kontext der *Schulentwicklung* zu verorten ist. Ermöglicht wird die Kooperation seitens der Wirtschaft durch *Corporate-Volunteering* – einem Ansatz, der auf freiwilliges Engagement von Mitarbeitern zu gemeinnützigen Zwecken setzt (z.B. Pinter, 2008).

Untersuchungsdesign der Evaluation von business@school

Anlässlich des zehnjährigen Bestehens führte die Professur für Medienpädagogik der Universität Augsburg im Schuljahr 2007/2008 eine Evaluation des Projekts business@school durch. Untersucht werden sollte, welchen Beitrag business@school zur Kompetenzentwicklung von Schülern und zu deren beruflichem Werdegang leistet, wie Lehrern und Betreuern zusammenarbeiten und welche Effekte dies auf die Schüler hat, welche Wirkungen das Projekt speziell auf Wirtschaftsverständnis und ökonomisch relevante Einstellungen und Fähigkeiten erzielt, in welcher Weise die Projektteilnahme Unterricht und Schule als Ganzes verändert und welchen Mehrwert der Ansatz des Corporate Volunteering bietet (Details in Hofhues & Reinmann, 2009).

Das Design der Evaluation (siehe Abbildung 2) umfasst formative und summative Komponenten, wobei mit quantitativen (Online-Fragebögen mit vorwiegend geschlossenen Fragen) wie auch qualitativen Verfahren (Interviews und Gruppendiskussionen) gearbeitet wurde. Im Design wird zwischen einer Prozessanalyse (formative Komponente) und einer Ergebnisanalyse (summative Komponente) unterschieden: Die *Prozessanalyse* erlaubt einen genauen Blick auf *ein* Schuljahr und damit auf die Bedeutung der einzelnen Phasen des Projekts. Im Laufe des Projektjahres 2007/2008 wurden 781 Personen (Schüler, Lehrer, Betreuer, Schulleiter) online befragt, wobei die Schüler viermal, die Lehrer und Betreuer dreimal und die Schulleiter zweimal untersucht wurden. Die letzte

Schülerbefragung enthielt dieselben Fragen wie die Alumnibefragung. Letztere lässt sich als *Ergebnisanalyse* bezeichnen, weil sie die vergangenen neun Jahre und damit die erzielten Ergebnisse von business@school in die Evaluation einbezieht. Es konnten 1.019 ehemalige business@school-Teilnehmer erreicht werden. Die Befragungen der insgesamt 1.800 Personen erfolgte im deutschsprachigen Raum.

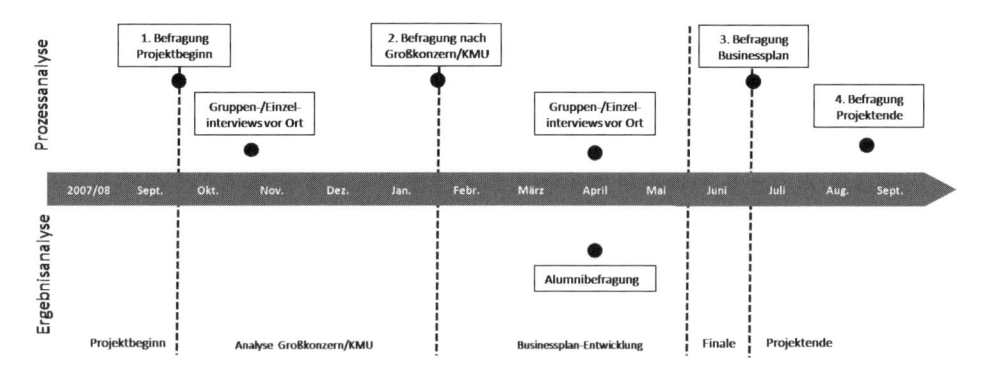

Abbildung 2:   Evaluationsdesign und Zeitplan

Viele Fragen, die wir den Schülern gestellt haben und zu denen von diesen eine Selbsteinschätzung einforderten, haben wir auch den Lehrern und Betreuern gestellt und umgekehrt, sodass wir bei einer Reihe von Items Selbst- mit Fremdwahrnehmungen vergleichen können. Ergebnisse bei der Selbst- und Fremdwahrnehmung, die die gleiche Tendenz aufweisen, deuten wir als positives Zeichen für die Gültigkeit der Antworten. Diskrepanzen haben wir in der Prozessbegleitung dazu genutzt, in weiteren Befragungen genauer nachzufragen oder bei Schulbesuchen vor Ort eine Klärung zu erzielen.

Eine wichtige Quelle zur Entdeckung und Bewertung besonders nachhaltiger Wirkungen Meinungen der Alumni und Einschätzungen des aktuellen Jahrgangs dar, da diese Befragtengruppen mit unterschiedlich großer Distanz auf die Prozesse und Ergebnisse von business@school blicken.

Effekte von business@school auf Kompetenz- und Schulentwicklung

Das skizzierte Design lässt erahnen, dass eine große Fülle an Daten erhoben wurde, die hier nicht dargestellt werden kann (siehe Hofhues & Reinmann, 2009). Wir beschränken uns daher an dieser Stelle auf eine Zusammenfassung interessanter Befunde zur Kompetenz- und Schulentwicklung, bei denen man zum einen Bezüge zu den Anforderungen einer Wissensökonomie *und* Wissensgesellschaft herstellen und zum anderen nachahmungswürdige Anker für pädagogische Innovationen erkennen kann.

Kompetenzentwicklung

Ziele der Initiative im Hinblick auf Kompetenzentwicklung

Durch business@school sollen bei *allen* Beteiligten gründungsrelevante Kompetenzen gefördert werden. Der Kompetenzbegriff drückt aus, dass neben Fakten- und Zusammenhangswissen auch Fähigkeiten zur Bewältigung von Problemen im jeweiligen Fach (im Sinne des Könnens) sowie Haltungen und Werte bzw. Einstellungen vonnöten sind. Im Bildungsbereich haben Kompetenzen heute einen hohen Stellenwert, ohne dass es eine konsensfähige Definition gibt (Arnold & Schüßler, 2001; Erpenbeck, 2001; Weinert, 1998). Fast alle Definitionen laufen aber darauf hinaus, dass neben kognitiven auch soziale und emotional-motivationale Komponenten für erfolgreiches Handeln erforderlich sind und nicht nur fachliche, sondern auch überfachliche Inhalte eine Rolle spielen. Kompetenzen gelten als Dispositionen des Handelns, die sich erst in konkreten Leistungen manifestieren. business@school zielt darauf ab, Wirtschafts*wissen* als Fachkomponente, überfachliches *Können* im Sinne sozialer Fähigkeiten und methodischer Fähigkeiten (nämlich Recherche, Präsentation, Projektorganisation) sowie *Einstellungen* gegenüber Wirtschaft und wirtschaftlichen Herausforderungen zu fördern. Diese Komponenten von Kompetenz wurden in die Evaluation einbezogen.

Exemplarische Ergebnisse auf der Schülerebene

business@school-Teilnehmer sollen Einstellungen, Wissen, und Können als Grundlage für künftige Existenzgründungen erwerben. Dabei spielt das *Wirtschaftswissen* für die Initiatoren eine wichtige Rolle. Fragt man Schüler in der Mitte des Projekts danach, was sie gelernt haben, steht allerdings genau dieses Wissen nicht im Mittelpunkt, sondern das *überfachliche Können*: An erster Stelle nehmen die Schüler Erfolge im Präsentieren wahr (rund 74%), gefolgt von Erfolgen in der Teamarbeit (knapp 61%) und in der Recherche (über 55%). Faktenwissen wird von Schülern durchaus als relevant, aber nicht als größter Lerngewinn bewertet. Das überrascht nicht, sorgen doch vor allem die Entwicklung einer eigenen Geschäftsidee und der Wettbewerb bei business@school für prägende Erinnerungen bei den Teilnehmern. Zwei Drittel der Schüler und drei Viertel der Alumni geben an, dass ihnen manche Lernerfolge erst später bewusst geworden sind, sie also „nebenbei" gelernt haben (Neuweg, 2000). Lehrer und Betreuer bewerten die Lernerfolge der Schüler übrigens ähnlich wie die Schüler selbst.

Bezogen auf *Einstellungen* ist festzuhalten, dass die Teilnehmer bereits zu Projektbeginn ein großes Wirtschaftsinteresse mitbringen und in Phänomenen wie Globalisierung im Schuljahr 2007/2008 positive Potenziale sehen.[3] Entsprechend schmal ist der Spielraum, das ohnehin schon relativ hohe Interesse sowie positiv gefärbte Ansichten zur Wirtschaft weiter zu erhöhen. Wohl aber werden diese im Projektverlauf differenzierter. In einer SchülerVZ-Vergleichsgruppe zeigen sich in Bezug auf die erfragten Einstellungen vergleichbare Werte, sodass man nicht

---

3 Dabei ist zu beachten, dass die Befragung *vor* der Wirtschafts- und Finanzkrise erfolgte, die seit Mitte des Jahres 2008 eine immense Medienpräsenz hat und vermutlich auch die Antworten der Schüler entsprechend beeinflussen würde.

argumentieren kann, es würden sich nur besonders „wirtschaftsaffine" Schüler am Projekt beteiligen. Einen deutlicheren Effekt hat business@school dagegen auf die Einstellung gegenüber *Gründungen*: Am Projektende können sich ein Viertel der Schüler vorstellen, sich einmal selbstständig zu machen; zwei Drittel fühlen sich gut auf eine mögliche Selbstständigkeit vorbereitet. Auch auf die *Studien- und Berufswahl* hat das Projekt Wirkung: Die Schüler messen der Wertschätzung, die ihnen im Projekt von den externen Betreuern entgegengebracht wird, sowie dem meist freundschaftlichen Verhältnis zu diesen eine hohe Bedeutung zu. Diese Erlebnisse, Einblicke und persönlichen Gespräche mit Personen, die bereits einen bestimmten Beruf ausüben, stellen für gut ein Drittel der Teilnehmerschaft wichtige Einflussgrößen für die spätere Studien- und Berufswahl dar (vgl. Beinke, 2006). Auch ein Viertel der business@school-Alumni gibt an, die Projektteilnahme zur beruflichen Orientierung genutzt zu haben.

Exemplarische Ergebnisse auf der Lehrer- und Betreuerebene

Nicht nur die Schüler, sondern auch die *Lehrer* verzeichnen einen Gewinn an Wissen und Können in den Bereichen Wirtschaft, Präsentation und Projektarbeit. So gesehen kann man die Projektteilnahme auch als schulinterne Lehrerfortbildung verstehen (s. u.). Zwei Drittel der befragten Schulleiter sind der Ansicht, dass die beteiligten Lehrer durch das Projektengagement die Chance haben, Kontakte zu Unternehmen zu knüpfen und die Arbeit der Betreuer besser kennenzulernen. Auf diese Weise erhalten die Lehrer ein Forum für den außerschulischen Austausch, was gerade in ländlichen Regionen besonders geschätzt wird. Auch zwischen den beteiligten Lehrern sowie zwischen Lehrern und Betreuern wird nach Meinung der Lehrer ein Erfahrungsaustausch angestoßen. Die beteiligten Unternehmen sind besonders daran interessiert, dass durch das freiwillige Engagement bei business@school berufliche Routinen aufbrechen und die Mitarbeiter überfachliche Kompetenzen einüben. Viele der *Betreuer* bestätigen, dass sie infolge der Projektarbeit komplexe Sachverhalte einfacher erklären können, mehr über den Einfluss ihrer Berufstätigkeit nachdenken und stärker als zuvor auf gutes Zeitmanagement achten. Die Stärke der Lerneffekte siedeln die meisten Wirtschaftsvertreter aber eher im mittleren Bereich an, was sich zum Teil mit der Rolle der Betreuer im Projekt business@school erklären lässt: Sie agieren allem voran als Experten für Wirtschaftswissen und nehmen eine exponierte Stellung gegenüber den Schülern ein. Diese Position führt unter anderem dazu, dass einige von ihnen bei business@school erstmals Führungskompetenz entwickeln.

Schulentwicklung

Ziele der Initiative im Hinblick auf Schulentwicklung

Durch business@school sollen nicht nur individuelle Kompetenzen gefördert, sondern auch die Schule als Organisation positiv im Sinne der Schulentwicklung beeinflusst werden (Milbach, 2004; Moser, 2004). Ähnlich wie bei der Kompetenzentwicklung geht es bei der Schulentwicklung darum, Lernprozesse anzustoßen –

nun aber auf der organisationalen und soziokulturellen Ebene. Sie sollen es einer Organisation ermöglichen, zum einen auf neue Anforderungen der Wissensgesellschaft zu reagieren und zum anderen relevante Veränderungen mitzugestalten. Gemeinhin umfasst die Schulentwicklung drei Felder: (1) die *Unterrichtsentwicklung,* die das „Kerngeschäft" der Schule darstellt und für Veränderungen in Methoden, Medien und Rollen des Lehrenden und der Lernenden steht, (2) die *Personalentwicklung,* die sowohl organisiertes Lernen in Form von Fortbildungen als auch informelles Lernen einschließlich Kooperation und Erfahrungsaustausch umfasst, und (3) die *Organisationsentwicklung,* die z.B.die Entwicklung technischer Infrastrukturen, die Außendarstellung, die Verbesserung von Verwaltungsabläufen sowie die Öffnung der Schule nach außen meint. Unterrichts-, Personal- und Organisationsentwicklung gehen Hand in Hand: Vor allem Veränderungen im Unterricht sind ohne gleichzeitige Fortbildung oder Unterstützung der Lehrer kaum möglich. Umgekehrt sind Personalentwicklungsmaßnahmen sinnlos, wenn sich diese nicht auch im Unterricht bemerkbar machen. business@school greift mit seinem Konzept in den Unterricht der beteiligten Lehrer ein (Unterrichtsentwicklung), eröffnet den Lehrern einen eigenen Lern- und Erfahrungsraum (Personalentwicklung[4]) und stellt allem voran eine Öffnung der Schule (Organisationsentwicklung) dar. Alle drei Einflussmöglichkeiten wurden mit der Evaluation erfasst.

Exemplarische Ergebnisse zur Öffnung der Schule

Die Öffnung der Schule nach außen ist bereits Teil des didaktischen Konzepts von business@school. Die Teamarbeit mit externen Betreuern aus der Wirtschaft führt dazu, dass gewohnte Rollen aufbrechen und alle Beteiligten andere Positionen einnehmen. Für die Schüler ist es eine *Option,* neue Rollen im Vergleich zum herkömmlichen Schulalltag zu übernehmen. Schulleiter erhoffen sich für Lehrer und Schüler den sprichwörtlichen „Blick über den Tellerrand", sehen neben den betriebswirtschaftlichen Inhalten besonders großes Potenzial in der Teamarbeit, die business@school erfordert, und setzen auf Inhalte, die über den Lehrplan hinausgehen und Schülern eine berufliche Orientierung ermöglichen. Diese Hoffnungen werden größtenteils erfüllt: Die Rolle der Lehrer wandelt sich infolge der Kooperation vom Inputgeber zum Motivator, teilweise auch zum Coach und Projektleiter. Die Rolle des Experten wird – aus Schüler- und aus Lehrersicht – den externen Betreuern überlassen, die sich allerdings selbst eher weniger in dieser Expertenrolle sehen. Rollenkonflikte zwischen Lehrern und Betreuern gibt es dennoch kaum. Schulleiter geben an, dass die Schule als Organisation über das Projekt den Kontakt zu Unternehmen verstärkt (Außenwirkung). Sie betonen, dass es für die Lehrer – auch die nicht beteiligten – eine neue Erfahrung ist zu sehen, zu welchen kreativen Leistungen die Schüler fähig sind (Innenwirkung).

Aufgrund der späteren Lernerfolge und der konkreten Vorteile in Schule und Berufsleben halten neun von zehn Schülern und Alumni Projektarbeit wie bei business@school für besonders geeignet, um Wirtschaftswissen zu vermitteln. Den Teilnehmern ist dabei nicht nur die Interaktion bei der Wissensvermittlung wichtig,

---

4 Exemplarische Ergebnisse zur Kompetenzentwicklung der Lehrer wurden im vorangegangenen Abschnitt bereits dargestellt.

sondern auch der Praxis-Input durch die Wirtschaftsbetreuer. Schüler und ehemalige Teilnehmer sprechen sich damit klar für eine Öffnung von Schule und Unterricht aus.

Exemplarische Ergebnisse zur Unterrichtsentwicklung

Mit Blick auf die Unterrichtsentwicklung ist besonders interessant, wie Schüler und Lehrer business@school im Vergleich zum herkömmlichen Unterricht erleben. Der wesentliche Unterschied scheint in der Art der Lernerfahrungen in der Projektarbeit zu liegen. Fast zwei Drittel der Schüler geben an, dass sie durch das Wirtschaftsprojekt mehr eigene Lernerfahrungen machen. Weitere knapp 15% der Schüler empfinden den Projektunterricht als vielfältiger. Zudem zeigt sich, dass die im Projekt engagierten Lehrer generell meinen, viel Teamarbeit im Unterricht einzusetzen. Schüler sehen das anders, was darauf hindeutet, dass die Auffassung davon, wann man von Teamarbeit sprechen kann, bei Lehrern und Schülern offenbar nicht gleich ist. Es verwundert daher nicht, dass Schüler bei business@school besonders starke Lernerfahrungen in Kooperation und Teamarbeit machen. Der freundschaftliche Umgang in den Gruppen weist zudem darauf hin, dass sich bei business@school eine neue Kooperationskultur in den einzelnen Schulen entwickelt. Die beteiligten Lehrer setzen nach eigenen Angaben auch außerhalb von business@school vermehrt Präsentationen und Projektarbeit ein und fördern die Selbstorganisation der Schüler. Weitere Transfereffekte wurden nicht beobachtet; diese standen allerdings auch nicht explizit im Fokus der Evaluation.

business@school als pädagogische Innovation

Betrachtet man die Wirkungen von business@school auf die Kompetenz- und Schulentwicklung, kann man zu einem positiven Fazit kommen, was den Beitrag der Initiative speziell für den ökonomischen Aspekt der Wissensgesellschaft betrifft. Die Frage, worauf die positiven Effekte genau zurückzuführen sind, lässt sich mit den vorliegenden Evaluationsergebnissen nicht beantworten: Die Untersuchung lässt Aussagen über Ursache-Wirkungszusammenhänge *nicht* zu. Es stellt sich aber als eine große Hilfe heraus, dass wir (a) nicht eine, sondern verschiedene Methoden angewandt, (b) die unterschiedlichen Sichtweisen von Schülern, Lehrern, Betreuern und Schulleitern kennengelernt und (c) sowohl einen ganzen Jahrgang im Prozess begleitet als auch die Ergebnisse aus der Rückschau der Alumni analysiert haben. Das ermöglicht zumindest gut begründbare Thesen dazu, was die Erfolgsfaktoren in dem Projekt sind. Ob und inwieweit man das auf diesen Faktoren basierende Konzept als pädagogische Innovation interpretieren kann, soll im Folgenden kurz diskutiert werden.

Erfolgsfaktoren der Initiative business@school

Einen ersten Erfolgsfaktor von business@school sehen wir darin, dass sich die Schüler über ein gesamtes Schuljahr hinweg mit dem Thema Wirtschaft beschäftigen und zwar aufgeteilt in mehrere aufeinander aufbauende Phasen unter dem Dach eines problemorientierten Konzepts. Ein zweiter Erfolgsfaktor scheint die Zusammenarbeit mit „echten" Wirtschaftsvertretern zu sein, die das System Schule nach außen öffnen und neue Rollenverteilungen in die Schule bringen. Als dritten Erfolgsfaktor betrachten wir die kooperative Arbeit bei der Businessplan-Entwicklung, die über den Wettbewerb auch öffentlich gemacht wird und als Ergebnis Beachtung findet. Genau diese Faktoren unterscheiden business@school vom herkömmlichen Unterricht und bleiben Schülern und Lehrern als eine neue Form des Lernens im Gedächtnis. Der dazu nötige Arbeitsaufwand bei den Schülern ist immens: So investieren gut 80% der Schüler mehr als 76 Stunden in das Projekt. Dieser Aufwand wird von der Mehrheit durch den persönlichen Nutzen relativiert; über 80% würden wieder teilnehmen. Viele wollen auch etwas von dem zurückgeben, was sie bei business@school gelernt haben und engagieren sich z.B. im Projekt weiter als Schüler-Coachs. Ähnlich sieht es bei den Lehrern aus, von denen sich eine ganze Reihe mehrmals bei business@school engagieren. Unter den Betreuern finden sich ebenfalls viele ehemaliger business@school-Teilnehmer. Auch sie empfinden ihre Zeitinvestition als lohnend und heben persönliche Vorteile infolge ihres ehrenamtlichen Engagements hervor.

business@school aus der Innovationsperspektive

Merkmale einer pädagogischen Innovation

Ähnlich wie beim Kompetenzbegriff und beim Konstrukt der Schulentwicklung kann man sich lange darüber streiten, was eine *Innovation* im Allgemeinen und eine *pädagogische Innovation* im Besonderen ausmacht (vgl. Euler & Seufert, 2005). Kurz gesagt lässt sich festhalten, dass eine neuartige Idee *allein* nicht ausreichend ist, um von einer Innovation sprechen zu können; sie muss auch *umgesetzt* und in einem bestimmten Kontext *durchgesetzt* werden sowie sichtbar etwas *verändern*. Einige Definitionen fügen noch die *Nachhaltigkeit* einer Veränderung als Merkmal hinzu, was auch als „*Diffusion* von Innovationen" bezeichnet wird (vgl. zusammenfassend Reinmann-Rothmeier, 2003). Von einer *pädagogischen* Innovation sollte man erst dann sprechen, wenn damit auch ein Lernkulturwandel erreicht wird, der seit den 1990er Jahren in der Pädagogischen Psychologie viel diskutiert wird. Ein solcher Lernkulturwandel geht in Richtung von mehr Selbstorganisation, mehr Kooperation, mehr Erfahrungs- und Situationsbezug beim Lernen (Schulz-Zander, Dalmer, Petzel, Büchter, Beer, Stadermann, 2003). business@school kommt den Kriterien einer pädagogischen Innovation durchaus nahe: (a) Der *problemorientierte Ansatz* mit den beiden Phasen der Fall- und Projektorientierung führt die Schüler schrittweise in die selbstorganisierte Entwicklung einer eigenen Geschäftsidee und fordert währenddessen eine enge Zusammenarbeit in der Gruppe. (b) Das *Themengebiet Wirtschaft* und Vorarbeiten zur Gründung eines eigenen Unternehmens situieren die dabei ablaufenden Prozesse des Lernens und bescheren den Schülern umfangreiche und vor allem vielfältige kognitive, emotional-motivationale und soziale Erfahrungen.

Chancen für eine nachhaltige Umsetzung

Es gibt viele gute Ideen und Konzepte, um z.B im Kontext Schule pädagogische Innovationen anzustoßen. Leider scheitern viele von ihnen an der Implementierung, das heißt daran, dass Konzepte nicht langfristig bzw. nicht nachhaltig umgesetzt werden. In der Innovationsforschung hat man eine Reihe von *Diffusionsfaktoren* ausfindig gemacht, die hierbei eine wichtige Rolle spielen (Rogers, 1995). Diese Faktoren sind: ein relativ hoher Vorteil für die Betroffenen, eine leichte Kommunikation des Nutzens, eine überschaubare Komplexität, Möglichkeiten zur Erprobung, um Risiken zu minimieren, und eine relativ große Vereinbarkeit mit den vorhandenen Bedingungen. Es stellt sich also die Frage, ob und inwiefern die Initiative business@school das Potenzial zur Diffusion in diesem Sinne hat: (a) Welchen *Vorteil* die Betroffenen haben, wurde in diesem Beitrag anhand exemplarischer Evaluationsergebnisse gezeigt: Alle Beteiligten erleben einen deutlichen Kompetenz- und Erfahrungszuwachs. (b) Der Nutzen wird vergleichsweise gut *kommuniziert*: Vor allem der Wettbewerb hilft zu zeigen, was Schüler leisten können. Es wird eine Öffentlichkeit hergestellt, die vielen anderen Projekten versagt bleibt. (c) Die *Komplexität* des Projekts wird durch den klaren Phasenablauf reduziert. Die Lehrer werden zudem durch die externen Betreuer und das Projektbüro bei BCG entlastet. (d) Die Mitarbeit ist freiwillig und viele Lehrer steigen ein, wenn sie durch Kollegen das Projekt kennenlernen. Eine Erfolgsgarantie gibt es allerdings nicht, sodass ein gewisses *Risiko* des Ausstiegs verbleibt. (e) Verschiedene Implementationsmöglichkeiten, wie sie zu Beginn dieses Beitrags genannt wurden, helfen dabei, das Projekt an bestehende *Bedingungen* einer Schule anzupassen. Schließlich sind wir der Auffassung, dass die *Langfristigkeit und Planbarkeit* von business@school *die* Bedingung schlechthin dafür ist, dass das Projekt eine Chance hat, nachhaltig an einer Schule implementiert zu werden. Kurzfristige „Lockangebote" von Unternehmen, die auf einen schnellen Imagegewinn aus sind, bieten keine Grundlage für pädagogische Innovationen durch Kooperation mit externen Partnern.

Ausblick: Entwicklungspotenziale von business@school

business@school ist ein Wirtschaftsprojekt und deckt damit *einen* gesellschaftlich relevanten Bereich ab, mit dem man sich als junger Mensch in der Schule beschäftigen sollte. Was aber ist mit anderen Herausforderungen in unserer Wissensgesellschaft? Könnte das hinter business@school stehende Konzept z.B. angesichts des Fachkräftemangels in den Ingenieurs- und Naturwissenschaften ein Vorbild für neue Initiativen auch in diesem Bereich sein? Taugt business@school mit Blick auf soziale und religiöse Konflikte als Impuls für Projekte mit ähnlicher Struktur? Wir denken, dass die Basiskomponenten des Projekts *nicht* zwingend an ein bestimmtes Thema gebunden sind. Wie gut sich das auf den Wirtschaftskontext eingespielte didaktische und organisatorische Konzept tatsächlich auf andere Bereiche übertragen lässt, ist eine Frage, zu deren Beantwortung weitere bzw. andere Forschungsarbeiten notwendig sind.

business@school-Teilnehmer können auf eine begleitende Online-Community mit allen gängigen Funktionalitäten zurückgreifen. Die Schüler nutzen sie allerdings fast ausschließlich dazu, um Einführungs- oder Beispielpräsentationen anzusehen, weniger um z.B.mit Betreuern, Teammitgliedern und Externen zu interagieren. Dies kann viele Gründe haben; entscheidend ist wohl, dass die Medien in das didaktische Konzept von business@school nicht explizit eingebunden werden. Die Zurückhaltung im Einsatz digitaler Medien in diesem Projekt ist aus unserer Sicht nur bedingt nachvollziehbar, sind doch sowohl die beteiligten Jugendlichen als auch die Wirtschaftsvertreter infolge ihrer Tätigkeit in hohem Maße medienaffin. Zwar wäre es falsch, Präsenzkontakte durch virtuelle Kontakte zu ersetzen. Wohl aber könnte man verstärkt frei zugängliche Kommunikationswerkzeuge für Wissenskommunikation und -austausch nutzen, wie sie den Jugendlichen ohnehin vertraut sind (MPFS, 2008). Auch Weblogs oder E-Portfolios könnten als Reflexionswerkzeug bzw. Lerntagebuch für die Teamarbeit eingesetzt werden und insbesondere für die Entwicklung der eigenen Geschäftsidee lernförderliche Dienste leisten. Geschlossen oder für Außenstehende offen zugänglich wären sie ein Experimentierfeld, um die Lernerfahrungen vor Ort zu verstärken und das selbstorganisierte Lernen zu unterstützen (Schulz-Zander, 2005). Denkbar wäre schließlich auch eine andere und zusätzliche Form der Partizipation der Schüler, Lehrer und Betreuer etwa über die kollaborative Erstellung von Materialien in Wiki-Systemen. Eine Integration digitaler Werkzeuge in Initiativen wie business@school könnte auf der einen Seite einen positiven Einfluss auf den lernkulturellen Aspekt der damit angestoßenen pädagogischen Innovation nehmen. Auf der anderen Seite ließe sich eine weitere sinnvolle Verbindung zu den Herausforderungen herstellen, die mit der Wissensgesellschaft und Wissensarbeit einhergehen.

Literatur

Arnold, R. & Schüssler, I. (2001). Entwicklung des Kompetenzbegriffs und seine Bedeutung für die Berufsbildung und für die Berufsbildungsforschung. In G. Franke/ Bundesinstitut für Berufsbildung (Hrsg.), *Komplexität und Kompetenz: Ausgewählte Fragen der Kompetenzforschung* (S. 52–74). Bielefeld: Bertelsmann Verlag.

Artelt, C., Baumert, J., Julius-McElvany, N. & Peschar, J. (2004). *Das Lernen lernen: Voraussetzungen für lebensbegleitendes Lernen. Ergebnisse von PISA 2000.* Paris: OECD.

Beinke, L. (2006). Bildungsbarrieren im Schulsystem. In G. Seeber (2006), *Die Zukunft der sozialen Sicherung – Herausforderungen für die ökonomische Bildung* (S. 187–208). Deutsche Gesellschaft für ökonomische Bildung. Wirtschafts- und berufspädagogische Schriften. Band 34. Bergisch Gladbach: Verlag Thomas Hobein.

Erpenbeck, J. (2001). Wissensmanagement als Kompetenzmanagement. In G. Franke/ Bundesinstitut für Berufsbildung (Hrsg.), *Komplexität und Kompetenz: Ausgewählte Fragen der Kompetenzforschung* (S. 102–120). Bielefeld: Bertelsmann Verlag.

Euler, D. & Seufert, S. (2005). Von der Pionierphase zur nachhaltigen Implementierung – Facetten und Zusammenhänge einer pädagogischen Innovation. In D. Euler & S. Seufert (Hrsg.), *E-Learning in Hochschulen und Bildungszentren* (S. 1–24). München: Oldenbourg.

Goldfinger, C. (2002). Grundlagen der Wissensökonomie. Die Verlagerung zum Immateriellen. In B. Bellmann, H. Krcmar & T. Sommerlatte (Hrsg.), *Praxishandbuch Wissensmanagement. Strategien – Methoden – Fallbeispiele* (S. 847–863). Düsseldorf: Symposion Verlag.

Hasler Roumois, U. (2007). *Studienbuch Wissensmanagement*. Zürich: Orell Füssli.

Hofhues, S. & Reinmann, G. (2009). *10 Jahre business@school – eine Initiative von The Boston Consulting Group. Eine Evaluationsstudie zu Chancen und Potenzialen der Zusammenarbeit zwischen Wirtschaft und Schule. Im Auftrag von The Boston Consulting Group.* Augsburg: Universität Augsburg, Institut für Medien und Bildungstechnologie – Medienpädagogik.

Hube, G. (2005). *Beitrag zur Analyse und Beschreibung der Wissensarbeit*. Heimsheim: Jost Jetter Verlag.

Liening, A. (2004). *Über die Bedeutung der ökonomischen Bildung. Dortmunder Beiträge zur Ökonomischen Bildung*. Diskussionsbeitrag Nr. 1. März 2004. Dortmund: Universität Dortmund, Wirtschafts- und Sozialwissenschaftliche Fakultät. Verfügbar unter: http://www.wiso.uni-dortmund.de/wd/de/textonly/content/forschung/publikationen/downloads/unido_wd_01.pdf [30.04.2009].

Milbach, B. (2004). Die Motivation innovativen Handelns in Schulentwicklungsprozessen und ihre pädagogisch-psychologischen Konsequenzen. In R. Arnold & C. Griese (Hrsg.), *Schulleitung und Schulentwicklung* (S. 105–118). Hohengehren: Schneider Verlag.

MPFS – Medienpädagogischer Forschungsverbund Südwest (2008). *JIM-Studie 2008. Jugend, Information, (Multi-)Media. Basisuntersuchung zum Medienumgang 12- bis 19-Jähriger.* Stuttgart. Verfügbar unter: http://www.mpfs.de/fileadmin/JIM-pdf08/JIM-Studie_2008.pdf [30.04.2009]

Moser, H. (2004). Instrumente für die Schulentwicklung. In R. Arnold & C. Griese (Hrsg.), *Schulleitung und Schulentwicklung* (S. 91–104). Hohengehren: Schneider Verlag.

Neuweg, G.H. (2000). Mehr lernen, als man sagen kann: Konzepte und didaktische Perspektiven impliziten Lernens. *Unterrichtswissenschaft*, 28, 197–217.

North, K. & Güldenberg, S. (2008). *Produktive Wissensarbeiter(er): Performance messen, Produktivität steigern, Wissensarbeiter entwickeln*. Wiesbaden: Gabler Verlag.

Pinter, A. (2008). Corporate Volunteering als Instrument zur strategischen Implementierung von Corporate Social Responsibility. In M. Müller & S. Schaltegger (Hrsg.), *Corporate Social Responsibility. Trend oder Modeerscheinung? Ein Sammelband mit ausgewählten Beiträgen von Mitgliedern des Doktoranden-Netzwerkes Nachhaltiges Wirtschaften (DNV)* (S. 193–209). München: Oekom Verlag.

Reinmann-Rothmeier, G. (2003). *Didaktische Innovation durch Blended Learning. Leitlinien anhand eines Beispiels aus der Hochschule*. Bern: Huber.

Remmele, B., Seeber, G. & Schmette, M. (2008). *Educating Entrepreneurship*. Wiesbaden: Deutscher Universitätsverlag.

Rogers, E.M. (1995). *Diffusion of Innovation*. New York: The Free Press, Simon & Schuster Inc.

Schulz-Zander, R. (2005). Veränderung der Lernkultur mit digitalen Medien im Unterricht. In H. Kleber (Hrsg.), *Perspektiven der Medienpädagogik in Wissenschaft und Bildungspraxis* (S. 125–140). München: kopaed.

Schulz-Zander, R., Dalmer, R., Petzel, T., Büchter, A., Beer, D. & Stadermann, M. (2003). „Innovative Praktiken mit Neuen Medien in Schulunterricht und Organisation" (IPSO). Nationale Ergebnisse der internationalen. IEA-Studie. SITES Modul 2. Verfügbar unter: http://sitesm2.ifs-dortmund.de/uploads/sitesm2_abschlussbericht.pdf [30.04.2009].

Weinert, F.E. (1998). Vermittlung von Schlüsselqualifikationen. In S. Matalik & D. Schade (Hrsg.), Entwicklungen in der Aus- und Weiterbildung – Anforderungen, Ziele, Konzepte. Beiträge zum Projekt „Humanressourcen" (S. 23–43). Baden-Baden: Nomos Verlagsgesellschaft.

Willke, H. (2001). *Systemisches Wissensmanagement*. Stuttgart: Lucius und Lucius Verlag.

Zumbach, J. (2003). *Problembasiertes Lernen*. Münster: Waxmann.

Hans-Günter Rolff

Schule in der Wissensgesellschaft

Die Schule ist eine Funktion der Gesellschaft. Deshalb ist die Zukunft der Gesellschaft von entscheidender Bedeutung für die Zukunft der Schule. Sie muss geklärt werden, bevor etwas zur Zukunft der Schule gesagt werden kann.

Die meisten Soziologen sind sich einig, dass die Zukunft der Gesellschaft eine Wissensgesellschaft sein wird. Nur wenige Autoren, z.B. Kübler (2005) oder Liessmann (2006), sehen das anders. Bei der Wissensgesellschaft handelt es sich um eine Formation,
- in der Wissen der entscheidende Produktionsfaktor ist,
- die Produktion sich um das Wissen dreht,
- Wachstum weniger durch Ausweitung der materiellen Produktion, sondern mehr durch die Akkumulation von Wissen entsteht,
- Wissen immer mehr aus der Wissenschaft kommt (Stehr, 1994),
- Wissen die Grundlage neuer Produkte ist und
- in der diejenigen, die am schnellsten aus neuem Wissen neue Produkte generieren, eine zeitlich begrenzte ökonomische Monopolstellung einnehmen, was einen enormen Zeitdruck erzeugt.

In der Wissensgesellschaft erwächst die wirtschaftliche Wertschöpfung kaum mehr durch die Bearbeitung von Material, sondern dadurch, dass Wissen in intelligente Problemlösungen gesteckt wird. Wachstum entsteht seltener aus einem höheren Produktvolumen (und damit aus einem höheren Verbrauch an Ressourcen), sondern eher durch mehr Wissen in den Produkten sowie im Service, ihren Vertriebs- und Nutzungsstrukturen und durch die unmittelbare Nutzung von Wissen als Produkt.

Noch vor wenigen Jahrzehnten wurde der Wert einer Werkzeugmaschine größtenteils durch den Wert der in ihr enthaltenen Materie und der Bearbeitung der Materie bestimmt. Heute macht das nur noch etwa 20 Prozent aus, während der größte Teil des Wertes in Entwicklungsleistungen, Software, Design und anderen Dienstleistungen steckt (Lehner & Schmidt-Bleek, 1999).

Konnte man im letzten Jahrhundert noch 50 Prozent des wirtschaftlichen Produktivitätszuwachses auf gestiegenen Kapitaleinsatz zurückführen, kann man heute nur noch 20 Prozent des Anstiegs auf diese Weise erklären. (Bosch, 2000, S. 229). Dies ist nicht zuletzt eine Folge der Eigenheiten der neuen Technologien. Die großen Wachstumswellen der Vergangenheit beruhten auf Technologien, welche große Sachinvestitionen auslösten. Dies gilt in erster Linie für die Eisenbahnen und das Automobil mit ihrem ausgedehnten Infrastrukturen. Demgegenüber ist der Anteil der Sachinvestitionen an den gesamten Investitionen bei den neueren wissensbasierten Technologien, wie etwa bei der Diffusion der neuen Informationstechnologien, vergleichsweise gering. Wegen des starken Wissens- und Kommunikationsbezugs der Informationstechnologien sind Anwendungen viel stärker an Lernen und ihre Einbindung in komplexe Kommunikationsbezüge gebunden. „Unternehmen werden die Chancen der neuen Informationstechnologien nicht nutzen können, wenn sie nur ihre alten Organisationsstrukturen verdrahten. Sie müssen ihre Beschäftigten qualifizieren und gleichzeitig auch die Organisationsstrukturen dezentralisieren" (Bosch, 2000, S. 229). Der Übergang zu wissensbasierten Produktionsstrukturen macht also relativ mehr Investitionen in Bildung und somit in Human – statt Sachkapital erforderlich.

In hoch entwickelten Gesellschaften gibt es auch weiterhin Agrarprodukte und Industrieprodukte. Aber für die Produktion von agrarischen und industriellen Gütern wird immer weniger menschliche Arbeitskraft benötigt. Benötigt wird für neue Güter Wissen. Zu- dem sind die Herstellung und die Benutzung der Güter mehr und mehr mit Dienstleistungen verbunden. Dafür ist Dienstleistungsarbeit erforderlich, die Produktion, Vertrieb und Konsum begleitet. Diese ist wiederum weitgehend wissensbasiert. Zöpel (2005) hat Statistiken zusammengestellt, die diesen Trend eindrucksvoll belegen (vgl. Tabelle 1). Das gilt für beide wesentlichen Indikatoren, mit denen sich Veränderungen zwischen den drei Sektoren darstellen lassen, für ihre Anteile an den Erwerbstätigen wie für ihre Beiträge zum Sozialprodukt.

Tabelle 1: Entwicklung der Erwerbstätigen und des Sozialprodukts der (alten) BRD

	1. Sektor	2. Sektor	3. Sektor
1950 Erwerbstätige Sozialprodukt	24,6% 10,7%	42,9% 49,7%	32,0% 39,6%
1960 Erwerbstätige Sozialprodukt	14,4% 6,1%	47,7% 53,1%	37,9% 40,7%
1970 Erwerbstätige Sozialprodukt	8,6% 3,3%	46,4% 48,4%	44,9% 48,3%
1980 Erwerbstätige Sozialprodukt	5,3% 2,0%	41,1% 41,6%	53,6% 56,5%
1990 Erwerbstätige Sozialprodukt	3,6% 1,5%	36,7% 37,7%	59,7% 60,8%
2003 Erwerbstätige Sozialprodukt	2,4% 1,1%	27,2% 28,6%	70,4% 70,2%

Quelle: (Zöpel, 2005, S. 90)

Tabelle 1 zeigt: Heute sind mehr als 70 Prozent der Erwerbstätigen im Tertiären Sektor tätig und erwirtschaften in diesem Sektor mehr als 70 Prozent des Sozialprodukts. Diese Kennzahlen belegen auch, dass die Arbeitsproduktivität im Dienstleistungsbereich generell nicht niedriger ist als im produzierenden Gewerbe, sonst würden seine Anteile am Sozialprodukt wie an den Beschäftigten nicht nahezu gleich sein.

Nicht jeder im Dienstleistungsbereich oder in der Produktion Tätige kann als Wissensarbeiter bezeichnet werden. Aber es werden immer mehr. Beispiele dafür sind Forscher, Designer, Softwareentwickler, Bau-, Ton- und andere Ingenieure, Biotechniker, Werbefachleute, Investmentbanker, Juristen, Projektentwickler, Controllingfachleute, Unternehmens-, Finanz- und andere Berater, Organisationsfachleute und Informatiker, Headhunter, Planer, Systemanalytiker, Marketing- und Vertriebsexperten, Architekten, Industriedesigner, Verleger, Schriftsteller, Journalisten, Musiker, Fernseh- und Filmemacher. Der gesellschaftliche Status und das Einkommen der Symbolanalysten beruhen nicht vorrangig auf ihrer Fachausbildung oder ihren professionellen Fähigkeiten. Wichtig sind vielmehr abstraktes Denkvermögen, Systemdenken, eine experimentelle Haltung zur Welt und die Fähigkeit und Bereitschaft zur Zusammenarbeit. Entscheidend ist die Fähigkeit, Fachwissen auch effektiv und kreativ in kooperativen Zusammenhängen zu verknüpfen und anwenden zu können.

Auf Grundlage des STI Scoreboard 2001 der OECD zählen zum Bereich der Wissensarbeit Spitzentechnologien (aircraft and spacecraft, pharmaceuticals, office, accounting and computing machinery, radio, television and communications equipment, medical, precision and optical instruments), aber auch hochwertige Technologien (electrical, machinery and apparatus, motor vehicles, trailers and semi-trailers, chemicals excluding pharmaceuticals, railroad equipment and transport equipment, machinery and equipment) und schließlich marktbezogene wissensbasierte Dienstleistungen (post and telecommunications, finance and insurance, business services). Dies sind die drei Wirtschaftsbereiche, die im Zentrum der Debatte um die Wissensgesellschaft stehen.

Aufzählungen wie diese in Form von Katalogen bleiben unbefriedigend. Sie verweisen auf die Notwendigkeit eines allgemeineren Begriffs von Wissensarbeit. Willke (1998) zufolge ist Wissensarbeit – im Gegensatz zu den eher statischen Wissensbeständen von Höhlenmenschen, Handwerksmeistern und klassischen Professionals – dadurch gekennzeichnet, „dass das relevante Wissen (1) kontinuierlich revidiert, (2) permanent als verbesserungsfähig angesehen, (3) prinzipiell nicht als Wahrheit, sondern als Ressource betrachtet wird und (4) untrennbar mit Nichtwissen gekoppelt ist, sodass mit Wissensarbeit spezifische Risiken verbunden sind" (Willke, 1998, S. 21). Solche Anforderungen an Wissen – und nicht vorrangig die Ausgaben für Forschung und Entwicklung, die erzielten Patente oder die Wertschöpfung in einigen Hightech-Bereichen – stehen im Zentrum der Wissensgesellschaft.

Zwei Wege führen in die Wissensgesellschaft

Es scheint gewiss, dass sich Schulentwicklung an der Wissensgesellschaft orientieren muss. Nicht so gewiss ist, wie die Wissensgesellschaft im Einzelnen aussieht. Wenig bekannt in der öffentlichen Diskussion ist bisher die Erkenntnis, dass es (mindestens) zwei Wege in die Wissensgesellschaft gibt (vgl. Lehner, 2005). Sie werden im Folgenden nach einem Typ A und einem Typ B unterschieden.

Typ A: Eine Wissenselite dominiert
Der wirtschaftliche Erfolg bei diesem Typ von Wissensgesellschaft hängt vor allem von denjenigen Beschäftigten ab, die das Wissen produzieren. Wissen wird als Produktionsfaktor verstanden und weitgehend mit Forschung und Entwicklung, Konstruktion, Design und Management gleichgesetzt. Deshalb gibt es in diesem Modell nicht viel Platz für qualifizierte Facharbeit.

Dominierend ist indes eine „Wissenselite", das sind vermutlich 20% der Beschäftigten. Ein Heer wenig qualifizierter, angelernter Arbeitskräfte führt aus, was die Wissenselite entwirft und platziert.

Das Bildungssystem müsste bei diesem Typ von Wissensgesellschaft ganz vorrangig auf die Ausbildung einer hoch qualifizierten Wissenselite ausgerichtet werden. Die nahe liegende Lösung wäre eine zweigliedrige Schule – eine Eliteschule für die Wissenselite und eine „Volksschule" für den großen Rest, also ein hochselektives Schulwesen.

Die Ungleichheit der Bildungschancen würde bleiben oder zunehmen.

Diese Art der Arbeitsorganisation in der Wissensgesellschaft ist vermutlich nicht die effektivste und ökonomischste. Denn aus ihr folgen nach Lehner große Qualitätsprobleme; in Deutschland z.B. Pannen bei
– der Fahrzeugelektronik etlicher KFZ-Modelle (riesige Rückrufaktion),
– Toll Collect oder
– der Niedrigflur-Straßenbahn und heftigen Anfangsschwierigkeiten beim ICE 3 (Lehner, 2005).

Lehner vermutet die Hauptgründe für diese Pannen zum einen in der „Rückkehr zum Fordismus", d.h. auf einfache Fließbandproduktion, die anspruchslos ist und kaum qualifizierte Facharbeiter benötigt, und zum anderen in einer überkomplexen unflexiblen zentralen Steuerung.

Typ B. Alle sind Wissensarbeiter
Dieser Weg in die Wissensgesellschaft wird bündig gekennzeichnet durch ein Zitat:
„*Wissen ist im Überfluss vorhanden, aber die Fähigkeit es nutzen, ist knapp*". Dies stellen zwei schwedische Arbeitswissenschaftler fest (Lundvall & Johnson, 1994). Demnach ist die die Nutzung von Wissen nicht unwichtiger als die Produktion von Wissen. Wirtschaftlich erfolgreich sind dann nicht die Unternehmen, die am schnellsten Wissen erzeugen können, sondern diejenigen, die Wissen rasch in neue Produkte umsetzen und sie am Markt einführen, oder diejenigen, die Wissen schnell in neue Prozesse umsetzen und dadurch ihre Wettbewerbsfähigkeit steigern. Die rasche Umsetzung von Wissen erfordert demnach qualifizierte Arbeit auch und gerade in der Werkstatt und im Betrieb. Das war schon bei der Erfindung der Dampfmaschine so, die ja auch auf wissenschaftlichem Wissen beruhte (u.a. auf dem Gay-Lussacschen-Gesetz), das in der Werkstatt von James Watt kreativ angewandt wurde.

Gefragt ist also in dieser Variante der wissensbasierten Volkswirtschaft nicht Wissensarbeit, die einseitig auf die Produktion von wissenschaftlichem Wissen abgestellt ist, sondern Wissensarbeit, die über die ganze Innovations- und Produktionskette Theorie- und Faktenwissen, Prozesswissen, Erfahrungswissen und soziales Wissen systematisch und intensiv nutzt. Alle Formen des Wissens bleiben aktuell. Lehner nennt als Beispiel dafür, dass alle Wissensarbeiter sind, die Dell-Computer-Herstellung, wo Facharbeiter schon beim Entwurf von Computern mitwirken, so dass Wartung und Reparaturen einfacher werden und die o.g. Folgeprobleme (und Kosten) nicht zu erwarten sind. Es gibt nicht wenige Arbeitswissenschaftler, die die Kooperation von Entwicklern und „Machern" für das „Geheimnis" der deutschen Wettbewerbsfähigkeit halten.

Wissensarbeit beschränkt sich nach diesem Konzept nicht auf relativ wenige gut ausgebildete, insbesondere wissenschaftlich ausgebildete Arbeitskräfte, sondern prägt Arbeit auf fast allen Ebenen.

Ein einleuchtendes Beispiel für beide Wege der Gestaltung der Arbeitswelt sind CNC-Maschinen. Das sind Werkzeugmaschinen mit numerisch kontrollierter Steuerung. Es gibt zwei Varianten der Arbeit an bzw. mit CNC-Maschinen.

Für Variante A steht das Zentrale Programmierbüro. Hier fallen Planung und Ausführung auseinander. Wenige hoch qualifizierte Arbeitskräfte planen und steuern die Produktion. Viele Angelernte bedienen die Maschinen.

Variante B setzt auf dezentrale Werkstattprogrammierung. Diese Variante ist ganzheitlich. Jede Arbeitskraft programmiert und führt aus. Dazu werden gut qualifizierte Arbeitskräfte benötigt – für eine flexible Produktion, die viel Selbstständigkeit verlangt. Variante B bedeutet einen Abschied vom Technik-Determinismus. Sie verlangt nach besserer Qualifikation für alle.

Bosch hat klargelegt, dass alle Arbeitskräfte aller Ausprägungen wissensbasiert tätig sind, egal ob sie im engeren Sinne, also auf ein Hochschulstudium aufbauend, als Wissensarbeiter zu kennzeichnen sind. Er argumentiert, dass in hoch komplexen technischen Systemen nicht allein systematisches Vorgehen und logisches Denken gefragt ist. Erforderlich ist auch ein besonderes Erfahrungswissen, ein Fingerspitzengefühl, wie man in Problem- und Gefahrensituationen reagiert. Es sind nicht alle Eventualitäten vorhersehbar; die Produktionsprozesse werden von Witterungsunterschieden, Variationen in den Roh- und Hilfsstoffen und Verschleißerscheinungen bei den Anlagen beeinflusst. Bei zunehmender Komplexität können Störsituationen eskalieren. „Das schrittweise analytische Vorgehen hilft hier nicht; hier müssen Situationen ganzheitlich wahrgenommen und es muss schnell, fast instinktiv, reagiert werden. Ein solches Reaktionsvermögen entwickelt man nur bei langer Berufserfahrung… Insbesondere in den wissensbasierten, innovativen Sektoren der Wirtschaft entsteht in betrieblichen Innovationsprozessen viel neues, noch nicht kodifiziertes Wissen, das noch keinen Eingang in kodifiziertes Wissen gefunden hat und eigentlich nur innerhalb oder in enger Anbindung an den Arbeitsprozess angeeignet werden kann" (Bosch, 2000, S. 239).

Erfahrungen stellen mithin auch eine Wissensform dar, die unverzichtbar ist. Allerdings ist in einer zunehmend wissensbasierten Wirtschaft das Lernen in der Praxis in hohem Maß wissensgeleitet, da man viele Prozesse nur noch verstehen kann, wenn man sie zuvor theoretisch durchdrungen hat; darüber hinaus muss man die Erfahrungen in der Arbeit reflektieren und aufarbeiten. Die wechselseitige Durchdringung von Erfahrung und Wissen macht den Kern neuer Lernkulturen aus (vgl. Bosch, 2000, S. 264).

Die Wissensgesellschaft ist global. Wer als erster neues Wissen in neue Produkte umsetzen kann, hat einen Weltmarktvorteil. James Watt erfand die Dampfmaschine 80 Jahre später. Heute dauert es oft nur Monate vom neuen

Wissen bis zu seiner Verwertung. Das bringt einen enormen Zeitdruck in die Wissensarbeit, der auf andere Lebensbereiche ausstrahlt.

Demografischer Wandel und soziale Auslese verschärfen das Qualifikationsproblem

Alle Langfristprognosen des Qualifikationsbedarfs in Deutschland gehen davon aus, dass
- der Anteil der Hilfstätigkeiten sinkt,
- der Anteil der hoch qualifizierten Tätigkeiten zunimmt und
- der Anteil der Fachtätigkeiten (einfache, qualifizierte und mit Führungstätigkeiten) in etwa gleich bleiben wird, allerdings mit einer deutlichen Verlagerung in Richtung höherer Fachtätigkeiten.

Insgesamt folgt daraus, dass der Qualifizierungsbedarf steigt. Dem stehen allerdings zwei Umstände entgegen, der demografische Wandel und die unverändert scharfe soziale Auslese des deutschen Schulsystems. Die demografische Entwicklung ist Tabelle 2 zu entnehmen.

Tabelle 2: Entwicklung des Schülerzahlen von 2007 bis 2020 in Deutschland (in Tsd.)

	HS	RS	GY (SI)	IGS (SI)	SMB	Gesamt SI
2007	953	1301	1691	421	313	4838
2020	708	1036	1491	363	313	4076
Diff: In%	-25,7	-20,4	-11,8	-13,8	0,0	-15,8
Diff. Abs.	245	265	200	58	0	762

Quellen: Stat. Veröffentlichungen der Kultusministerkonferenz NR. 187. Nov. 2008 (Ist-Stand 2006)

Daraus ergibt sich, dass für das Jahr 2020 mit 800 000 Schülern weniger als im Jahr 2007 zu rechnen ist. Dabei wird die Anzahl der Hauptschüler vermutlich überschätzt, da die heutigen Quoten des Übergangs von der Grundschule zur Hauptschule konstant gehalten werden, obwohl es in den letzten Jahren rückläufige Quoten gab und ein Ende dieses Trends nicht abzusehen ist.

Wenn weniger Schüler auf die Hauptschule gingen oder die Hauptschule als Schulform aufgehoben würde (was in einigen Bundesländern schon geschehen ist) könnten die Talente, die sich in der Hauptschule nicht entfalten, stärker gefördert werden. Das lässt sich mit größter Sicherheit aus den PISA-Studien ableiten, in deren es heißt:

> Unterschiede zwischen den Bildungsgängen lassen sich im Wesentlichen durch die Auswahlprozesse beim Übergang von der Grundschule in die Sekundarstufe I erklären. Dennoch verbleiben bedeutsame Differenzen: Auch bei gleichen kognitiven Grundfähigkeiten und identischen sozioökonomischen Status ist die Leistung eines Gymnasiasten um 49 Punkte höher als die Leistung eines Hauptschülers. Dieser Unterschied ist bedeutsam. Er entspricht etwa einem Schuljahr (PISA-Konsortium, 2001, S. 182).

Die PISA-Forscher erklären dieses Ergebnis wie folgt:

> Sowohl Schulformen als auch Einzelschulen innerhalb derselben Schulform stellen institutionell vorgeformte differenzielle Entwicklungsmilieus dar. Schülerinnen und Schüler mit *gleichen* Begabungen, *gleichen* Fachleistungen und *gleicher* Sozialschichtzugehörigkeit erhalten je nach Schulformzugehörigkeit und je nach besuchter Einzelschule *unterschiedliche* Entwicklungschancen. (PISA-Konsortium, 2002, S. 288)

Da es vor allem Arbeiter- und Migrantenkinder sind, die für das Lernen in der Hauptschule ausgelesen sind, bewirkt die soziale Auslese, dass Talente verschwendet werden. Aus den PISA-Studien geht im übrigen auch hervor, dass die soziale Auslese im deutschen Schulwesen schärfer ausgeprägt ist als in den allermeisten sonstigen OECD-Ländern.

Erstes Fazit: Es darf kein Talent verschwendet werden

Aus den Arbeitsplatz- und -marktanalysen ergibt sich:
 Wir brauchen nicht unbedingt mehr Qualifikation für alle, wenn wir mehr produzieren wollen. Das ist auch mit mehr Apparatur und weniger Arbeitsvermögen realisierbar (Typ A), wenn gleich mit den aufgezeigten Folgeproblemen. Aber wir brauchen mit Gewissheit mehr Qualifikation für mehr Menschen, wenn wir Qualität sichern und die neuen Technologien sozial gestalten wollen, d.h. menschenwürdigere Arbeitsplätze und eine humane Fortentwicklung der Industriegesellschaft zur Wissensgesellschaft haben wollen, also Typ B der Wissensgesellschaft anstreben.

Typ B hat zwei für das Bildungssystem ganz entscheidende Implikationen:
1. Das Bildungssystem muss möglichst qualifizierte Bildung in der Breite mit der Bildung in der Spitze verknüpfen.
2. Es muss in der Lage sein, Menschen mit ganz unterschiedlichen Voraussetzungen entsprechend ihren spezifischen Fähigkeiten, Neigungen, Kompetenzen und Erfahrungen auszubilden.

Typ B der Wissensgesellschaft benötigt also eine gemeinsame Pflichtschule für alle: Gemeinsam geteiltes Planungs-, Prozess- Steuerungs- oder Analysewissen, also Wissen, das man nicht im Alltag, sondern speziell in Bildungseinrichtungen erwirbt, wird immer wichtiger. Genau das macht die Funktion der Schule so bedeutsam, morgen noch mehr als heute.
 Die Schule ist – wie erwähnt – eine Funktion der Gesellschaft. Daraus ergibt sich, dass die Gesellschaftsform, die sich durchsetzt, über die Schulentwicklung entscheidet: Wenn wir eine Wissensgesellschaft der Elite anstreben, dann passt dazu ein bipolares Schulsystem. Wenn wir eine Wissensgesellschaft der Wissensarbeiter wollen, dann ist Breitenförderung für alle vonnöten. Und Breitenförderung muss vorgängig sein, um die Wissensgesellschaft von Typ B überhaupt möglich zu machen. Dann darf kein Talent verschwendet werden!

Die Wissensgesellschaft erzeugt womöglich ein Wertevakuum

Es ist nicht unwahrscheinlich, dass der Wissensgesellschaft eine Wertedefizit innewohnt, das für Erziehungsprozesse in der Schule höchst problematisch ist; denn Erziehung ist ohne Werte nicht vorstellbar. Der aktuelle Zusammenhang zwischen Wissen und Werten ist bisher kaum diskutiert, geschweige denn erforscht worden. Deshalb muss im Folgenden etwas weiter ausgeholt werden.

Bei PISA stehen Schulleistungen aus dem kognitiven Bereich der Domänen Lesen, Mathematik und Naturwissenschaften im Zentrum. Sie erwiesen sich in Deutschland (und etlichen anderen Ländern) als bestenfalls durchschnittlich entwickelt. Das hat eine kognitive Mobilisierung ausgelöst. Politik und Behörden sind sich einig: Die kognitiven Leistungen in diesen Domänen müssen verbessert werden. Das ist auch angemessen für eine Wissensgesellschaft, die sich aus kognitivem Wissen nährt, genauer aus Wissen über Sozialtechnologien, die zur Entwicklung oder Verbesserung von Produkten und Dienstleistungen taugen.

Dazu gehört Orientierung an
- ,intelligentem', anschlussfähigem Wissen
- Kompetenzen und Standards (statt nur an Inhalten) sowie
- Metakognition (vor allem Lernstrategien oder Problemlösefähigkeit).

Eine OECD-Konferenz zum Thema „Das Wissen in der Wissensgesellschaft" unterschied die folgenden Wissensformen (vgl. OECD/CERI, 2002, S. 18):
- Know what (Informationen)
- Know why (Prinzipien und Gesetze)
- Know how (Kompetenzen) und
- Know who (relationales Wissen)

Das bezeichnet mit Ausnahme des letzten Punkts rein kognitives Wissen. Dieses Wissen, und vermutlich nur dieses, lässt sich sozialtechnologisch verwenden analog der Erfindung der Dampfmaschine auf der Grundlage des Gay-Lussacschen Gesetzes oder des Entwurfs von Psychotherapien auf der Basis des Thomastheorems.

Die global stattfindende, sich womöglich noch verstärkende kognitive Mobilisierung ist in einer Wissensgesellschaft wohl unvermeidlich, sie kann indes zu einer kognitiven Schlagseite führen, bei der Emotionales, Motorisches, Musisches oder auch Ästhetisches in den Hintergrund treten. Dafür gibt es strukturelle, tief aus dem Wesen der in der Wissensgesellschaft dominierenden Wissensform, herrührende Gründe:
- Das kognitive Paradigma zeigt eine Tendenz zur emotionalen Leere (Kognitives Wissen setzt emotionale Distanz voraus, beinhaltet allgemeine Fähigkeiten, die unpersönlich sind, strebt Objektivierung an).
- Das Wissen der Wissensgesellschaft ist sozial-technologisches Wissen, das in Produktion und Dienstleistung verwertbar ist, nicht hermeneutisches, zum Verstehen beitragendes, orientierendes und sinnstiftendes Wissen.

– Sozialtechnologisch nutzbares wissenschaftliches Wissen muss wertfrei sein (seine Anwendung allerdings nicht), sonst könnte es nicht in jedem Kulturraum angewandt werden.

Die Folge ist: Viel Wissen, wenig Sinn und kaum Werte. Mit anderen Worten: Der Wissensgesellschaft ist tendenziell ein Sinn- und Wertevakuum inhärent, was ein Erziehungsvakuum zur Folge haben kann. Diese Probleme sind vermutlich schwerer zu meistern als ein kognitives Defizit, für das Unterrichtsentwicklung angesagt ist.

Hartmut von Hentig hat beobachtet, dass sich in den Schulen heute schon ein Trend zur Drei-Fächer-Schule" anbahnt, der eine Konzentration auf die sozialtechnologisch relevanten und abgetesteten (Tests sind selber eine Sozialtechnologie) Fächer Deutsch, Mathematik und Englisch bzw. Naturwissenshaften beinhaltet (Wobei die Fächer, vor allem Deutsch, auch mehr leisten können, z.B. Wertereflektion und Sinnorientierung, was aber nicht abtestet wird). So signalisiert bereits eine Umfrage aus Landau, das fast 50% aller Deutschen den Religionsunterricht abschaffen möchten zugunsten vermehrter Stunden für die PISA-Kernfächer Mathe, Physik und Deutsch. „Nimmt man noch die Fächer Ethik und Philosophie mit zusammen knapp 15% hinzu, dann ergibt sich ein im Sinne des Wortes „wertfreier" Stundenplan (Jäger, 2005, S. 2).

Hinzu kommt, dass die Wissensgesellschaft nicht nur wertfrei im Sinne von frei von Werten ist, sondern zudem eine respektlose und insofern „wertlose" Form der Kommunikation begünstigt. Im Internet, das immer mehr zur Basis der Wissensgesellschaft wird, verändert sich Kommunikation grundlegend.

Das gilt z.B. für Spickmich.de. Hier werden Lehrer von Schülern beurteilt und mit dieser Beurteilung (möglichst mit Foto) im Internet veröffentlicht und häufig an den Pranger gestellt. Dabei kann die Stichprobe beliebig klein sein und sind etliche Bewerbungskriterien dubios. Auch haben Blogs eine neue Form digitaler Kommunikation entstehen lassen. Darüber gibt es bisher nur sehr wenige Studien, die über eine anekdotische Illustration hinausgehen (vgl. Reichert, 2008).

Ein Blog ist laut Wikipedia ein auf einer Webseite geführtes und damit – meist öffentlich – einsehbares Tagebuch oder Journal. Häufig ist ein Blog „endlos", d.h. eine lange, abwärts chronologisch sortierte Liste von Einträgen, die in bestimmten Abständen umbrochen wird. Es handelt sich damit zwar um eine Webseite, die aber im Idealfall nur eine Inhaltsebene umfasst. Ein Blog ist ein für den Herausgeber („Blogger") und seine Leser einfach zu handhabendes Medium zur Darstellung von Aspekten des eigenen Lebens und von Meinungen zu oftmals spezifischen Themengruppen. Ein Blog kann dem Austausch von Informationen, Gedanken und Erfahrungen als auch der Kommunikation dienen. Insofern kann es einem Internetforum ähnlin, je nach Inhalt aber auch einer Internet-Zeitung

Die Tätigkeit des Schreibens in einem Blog wird als bloggen bezeichnet. Die Begriffe „Blog", „Blogger", „Bloggerin" und „Bloggen" haben in den allgemeinen Sprachgebrauch Eingang gefunden und sind in den Duden eingetragen.

Erste Studien haben die Schreiben von Weblogs untersucht, beispielsweise in Hinblick auf soziodemografische Merkmale oder Nutzungsmotive. Eine zentrale Erkenntnis dieser Untersuchungen ist, dass die Mehrzahl der Blogger persönliche

Erfahrungen und Erlebnisse publizieren, das Weblog also als eine Variante des Online-Journals verwendet (vgl. Reichert, 2008).

Blogs sind ambivalent: Sie können Kommunikation ausweiten und intensivieren; sie können sie aber auch abwerten. Denn bei vielen Weblogs ist es möglich, eine eigene Meinung zu einem Eintrag zu veröffentlichen. Ein solcher Kommentar wird dann auf der gleichen Seite wie der Eintrag selbst oder als Pop-up angezeigt. Das öffnet abfälligen Kommentaren und auch Bloßstellungen Tor und Tür. So wurde auch der Autor dieser Zeilen auf WDR-online verunglimpft, ohne dass ein Autorenname angegeben war. Das Problem der Blogs ist, dass es keine Kontrolle gibt, die Normen durchsetzt wie z.B. Quellenangabe statt Anonymität. Man darf im Internet offenbar alles schreiben, was man Niemanden ins Gesicht sagen könnte. Bei vielen Weblogs kann man jedoch festlegen, ob der Kommentar sofort angezeigt wird oder modernisiert, d.h. vom Inhaber geprüft und dann freigeschaltet werden muss. Dies wird häufig angewandt, um Vandalismus und Spam in den Blogs zu verhindern, was aber offenbar immer weniger gelingt. Beschimpfungen und Verunglimpfungen sind alltäglich. Blogger sollten sich der Tatsache bewusst sein, dass Weblog-Einträge stark verbreitet und langfristig archiviert werden. Im Gegensatz zu Foren oder sonstigen elektronischen Netz-Publikationen wird nichts gelöscht, sondern aus Gründen der Nachvollziehbarkeit lediglich (dünn) durchgestrichen. Blogger sollten sich daher sehr genau überlegen, was und wie sie formulieren und den Selbstdatenschutz beachten.

Die dritte weitverbreitete neue Form digitaler Kommunikation in der Wissensgesellschaft sind soziale Netze bzw. Plattformen wie das Facebook für Schüler. Facebook öffnet Mobbing durch das Internet ungeschützt Tür und Angel. So konnte man z.B. der „Neuen Luzerner Zeitung" vom 05.03.2009 entnehmen, dass Internet-Plattformen wie Facebook gesperrt wurden, weil Schüler via Internetplattform Netlog, einer Seite zum Knüpfen sozialer Netzwerke, Ende letzten Jahres und Anfang dieses Jahres zwei Mitschüler öffentlich herabgewürdigt hatten. Das Netzwerk war von den Schulcomputern aus zugänglich. In einem Fall wurde das Bild verunstaltet und mit beleidigenden, bloß stellenden Sprüchen versehen. Im zweiten Fall wurde ein Mädchen via Netlog beschimpft.

Die Zeitung berichtet weiter, dass es auch an der Kantonschule Luzern unlängst zu einem aufschlussreichen Zwischenfall gekommen ist. Im Frühling 2008 tauchte auf der Video-Plattform YouTube eine Sequenz auf, die eine Bildabfolge von Schülern und Lehrern in unvorteilhaften Posen zeigte. „Das Ganze war aber von den Verursachern nicht bösartig gemeint und wurde auf Wunsch sofort wieder gelöscht", sagte die Direktorin der Kantonschule Luzern der Zeitung. Den Schülern sei oft nicht bewusst, welche Auswirkungen ihr Handeln im Internet habe. So unter anderem, dass Informationen, die einmal im Netz seien, auch für immer dort bleiben.

Renaissance der Werteerziehung

In der Wissensgesellschaft verlieren Werte offenbar ihre traditionelle Grundlage. Die Frage stellt sich also neu, welche Werte wirklich wertvoll sind und wie man sie in der Schule vermitteln kann. Für die Beantwortung ist eine weitere Abhandlung vonnöten. Hier können abschließend nur noch einige zentrale Werte aufgelistet werden unter dem Motto ‚In der Schule lernt man fürs Leben, man sollte aber auch zu leben lernen'. Zusammenarbeit, Spiritualität und Gesundheit gehören zum Leben dazu und sie bezeichnen lebenswerte Werte. Auch eigenständige Urteilskraft, intrinsische Motivation, Persönlichkeit, Empathie, kulturelle Offenheit, Sprachbeherrschung (auch Fremdsprachen), historisches Bewusstsein, Orientierungswissen statt Vielwisserei oder emotionales Verstehen wären zu nennen.

Das Ideal der Industriegesellschaft bestand darin, Eindeutigkeit, Planbarkeit und Berechenbarkeit herzustellen. In der Wissensgesellschaft treten jedoch immer mehr Arbeitsaufgaben in den Vordergrund, bei denen es darauf ankommt, mit Ungewissheit und emotionaler und moralischer Ambivalenz fertig zu werden.

In den Hierarchien der Industriegesellschaft kann es vor allem auf Duldsamkeit und Gehorsam an, während in den Märkten und Netzwerken der Wissensgesellschaft eher Eigeninitiative und Selbstständigkeit gefragt sind. Diese müssen letztlich zu angemessenen Ergebnissen führen, obwohl es keine Vorschriften im Detail gibt. Aus Disziplin muss dementsprechend Selbstdisziplin werden.

Daraus folgt:

Wenn wir bei den Werten am wenigsten an ökonomischen Nutzen denken, wird dieser möglicherweise am größten sein.

Zweites Fazit: Schulentwicklung am Scheideweg

Zusammenfassend ergibt sich:

Wissen wird der wichtigste Produktionsfaktor. Er ist der einzige Produktionsfaktor, der sich durch Teilen vermehrt. Wissen ist im Prinzip demokratisch. Das ist eine Chance. Aber Wissen in der Wissensgesellschaft ist wesentlich sozial-technologisch verwertbares Wissen und damit ohne Wertorientierung.

Der Weg in die Wissensgesellschaft scheint also noch nicht entschieden: Die Wissensgesellschaft macht Schule wichtiger, setzt sie aber auch unter Zeitdruck und dünnt die Basis für Werteerziehung aus. Der Weg in die Wissensgesellschaft könnte neue Verwerfungen bringen, ein Werte-, Sinn- und Erziehungsdefizit verursachen. Er bietet aber auch Chancen für eine lernende Schule für alle Kinder und eine offensive Erziehungsentwicklung.

Jedes Problem ist auch eine Chance. So entsteht offenbar ein Bedürfnis, der kognitiven Schlagseite entgegenzuwirken. Es wird zunehmend gefordert:
– Werte (der Erziehung) sollten an Wert gewinnen und
– Erziehung, gerade auch Familien- und Sozialerziehung, sollte zum zentralen Thema werden.

Die Chancen können wir aber nur nutzen, wenn wir uns schulpolitisch engagieren. Das ist nicht immer leicht, aber meistens unvermeidlich.

Literatur

Bosch, G. (2000). Neue Lernkulturen und Arbeitnehmerinteressen. In Arbeitsgemeinschaft Qualifikations-Entwicklungs-Management (Hrsg.), *Kompetenzentwicklung* (S. 227–270). Münster: Waxmann.

Heidenreich, M. (2003). Die Debatte um die Wissensgesellschaft. In S. Böschen & I. Schulz-Schaeffer (Hrsg.), *Wissenschaft in der Wissensgesellschaft*. (S. 25–51). Wiesbaden: Westdeutscher Verlag.

Jäger, R.S., Lissmann, U & Mengelkamp, C. (2005). *Bildungsbarometer 1/2005*. Newsletter des Zentrums für empirisch pädagogische Forschung. Landau: Verlag Empirische Pädagogik.

Kübler H.D. (2005). *Mythos Wissensgesellschaft*. Wiesbaden: Verlag für Sozialwissenschaften.

Lehner, F. (2005). Vortrag auf dem GEW-Kongress „Zukunft Bildung" am 18.02.2005 in Bochum mit dem Titel *„Die wissensbasierte Volkswirtschaft"*.

Lehner, F. & Schmidt-Bleek, F. (1999). *Die Wachstumsmaschine*. München: Droemer.

Liessmann, K.P. (2006). *Theorie der Unbildung. Die Irrtümer der Wissensgesellschaft*. Wien: Zsolnay.

Lundvall, B.A. & Johnson, B. (1994). The Learning Economy. *Journal of Industry Studies*, 1 (2), 23–42.

OECD/CERI (Hrsg.). (2002). *Lernen in der Wissensgesellschaft*. Innsbruck: Studienverlag.

PISA-Konsortium (Hrsg.). (2001). *PISA 2000*. Opladen: Leske + Budrich.

PISA-Konsortium (Hrsg.). (2002). *PISA 2000 – Die Länder der BRD im Vergleich*. Opladen: Leske + Budrich.

Reichert, R. (2008). *Amateure im Netz*. Bielefeld: transcript.

Stehr, N. (1994). *Zur Theorie von Wissensgesellschaften*. Frankfurt a. M.: Suhrkamp.

Willke, H. (1998). *Systemisches Wissensmanagement*. Stuttgart: UTB.

Zöpel, C. (2005). *Weltstadt Ruhr*. Essen: Klartext.

Heidi Schelhowe
Medienbildung in der Digitalen Kultur

„*Mit Computerspielen hat es angefangen. Ich spiel auch heute noch World of Warcraft, da knallt man dann Leute ab, aber das ist ja nicht so, dass ich dann loslaufe und wirklich Leute umbringe. Grad weil man das ja im Spiel macht, braucht man ja dann in der Wirklichkeit nicht mehr rumzuballern. Ich hab mich dann ja auch immer mehr auch für Computer interessiert, wie das halt alles so zustande kommt. Heute interessiere ich mich hauptsächlich für Roboter und später möchte ich gerne selbst mal Roboter bauen.*" Dies ist die Äußerung der 14-jährigen Melinda[1] bei einer Podiumsdiskussion im Frühjahr 2009 in Bremen zum Thema Computerspiele.

Die dort eingeladenen Mädchen zeigten eine Bandbreite von Computerspielen, die für sie bedeutsam sind und die sie häufig spielen, und sie diskutierten mit den Erwachsenen zwei Stunden lang darüber, was sie daran fasziniert, was die Erwachsenen und die Peers dazu sagen, was die Spiele mit ihrem Leben zu tun haben und was sie sich wünschen. Am Ende waren sich die erwachsenen Zuhörer und Zuhörerinnen einig: Diese Mädchen sind medienkompetent.

Die Vorstellungen von Medienkompetenz differieren je nach Kontext, in dem darüber gesprochen und diskutiert wird. Ist Medienkompetenz überhaupt Teil von „Bildung" im emphatischen Sinne der Persönlichkeitsentwicklung und eines Sich-ins-Verhältnis-Setzens zur Welt? Geht es hier vielleicht eher um eine instrumentale Fertigkeit, die es zweckgerichtet zu erlernen und einzusetzen gilt, um sich dem Eigentlichen, nämlich dieser Bildung, schließlich zuzuwenden? Ich verwende den Begriff Medienkompetenz in einem umfassenden Sinne und synonym mit „Medienbildung". Für eine differenziertere, aber auch kontroverse Betrachtungsweise verweise ich insbesondere auf Marotzki (Jörissen & Marotzki, 2009; oder auch auf http://www.mediaculture-online.de/Medienbildung.357.0.html [4.5.2009]), wo versucht wird, die Begriffe deutlich gegeneinander abzugrenzen. Mir geht es demgegenüber in meinem Beitrag nicht um eine Polarisierung der Begriffe, sondern um eine sinnhafte Füllung und Aufwertung des populären Begriffs der Medienkompetenz. Medienbildung definiere ich als Prozess, in dem Medienkompetenz entstehen kann.

Im Anschluss daran, was Melinda über sich und den Computer sagt, möchte ich in diesem Beitrag argumentieren, dass die Vorstellung von Medienkompetenz sich den Wirklichkeiten einer Welt stellen muss, in der Technologie nicht zweckgerichtet als „bloßes" Mittel oder Werkzeug vorhanden ist, sondern kulturell wirkt in einem sehr umfassenden Sinn. „Digitale Kultur" (mit großem „D") steht als Abkürzung für kulturelle Veränderungen der Gegenwartsgesellschaft, wie sie sich auch in Entwicklungen der Computertechnologie ausdrücken und für das Verständnis dieser Veränderungen wesentlich sind. Sie umfassen vor allem die Verdoppelung von Wirklichkeit, die Arbeits- und Lebensprozesse erfahren. Diese gibt es

---
1   Name geändert.

nicht nur in der stofflichen Welt, sondern sie existieren auch als Repräsentation in der virtuellen Welt, wo sie gleichzeitig– und dies macht den entscheidenden Unterschied zu bisherigen Medien aus – prozessieren. Sie sind als Software in der Regel keine fertigen Produkte, sondern ihre Potenziale werden erst in der Interaktion, durch menschliches Handeln, aktualisiert. Dies soll im zweiten Abschnitt deutlicher werden.

Medienkompetenz umfasst das Verständnis technischer Zusammenhänge und die kritische Reflexion von Inhalten, die von der Technologie der Medien nicht unberührt bleiben. Insbesondere die Technologie der Digitalen Medien kann auch zum Gegenstand des Lernens werden, weil darin wesentliche Prinzipien der Gegenwartsgesellschaft erfahrbar und reflektierbar werden. „The digital medium is as much a pattern of thinking and perceiving as it is a pattern of making things. We are drawn to this medium because we need it to understand the world and our place in it." (Murray, 2003, S. 11)

Nach der Auseinandersetzung mit dem Charakter dieses aktuellen und allgegenwärtigen Mediums möchte ich in einem weiteren Abschnitt die pädagogisch-didaktischen Herausforderungen, die durch dieses Medium für die (schulischen) Bildungsprozesse evoziert werden, diskutieren. Als Versuch eine Antwort zu geben möchte ich auf eine Empfehlung verweisen, die eine Expertengruppe des BMBF erarbeitet hat und an deren Erstellung ich beteiligt war. Mit einem kleinen Ausblick zur Umsetzung und Umsetzbarkeit möchte ich den Beitrag schließen.

Das Medium aus der Maschine

Computertechnologien, die auch als Informations- und Kommunikationstechnologien zu sehen sind, spielen eine wesentliche Rolle in den Veränderungen, die sich sowohl in der Arbeitswelt als auch in der Lebenswelt und im Lernen vollziehen. Dies ist nicht einseitig technikdeterministisch zu begreifen als Wirkung von Technik[2] auf das Soziale, sondern als wechselseitiges Verhältnis, wonach jede Gesellschaft, unter Berücksichtigung ökonomischer und politischer Interessen, die sich jeweils durchsetzen, die Technologien hervorbringt, die zur Richtung ihrer Fortentwicklung passen. Erfunden am Ende des 2. Weltkriegs (nahezu gleichzeitig in Deutschland, den USA und in Großbritannien), diente der Computer – ganz in der Tradition der Rationalisierungsvorstellung der Industriegesellschaft – vor allem der Rationalisierung von Rechenleistung (zunächst in erster Linie im militärischen Komplex, dann aber auch in der Büroarbeit). Dies war „die stärkste Triebfeder in der Entwicklung der Informatik" (Bauer & Goos, 1991, S. 187). Heute, wo in den westlichen Nationen die ökonomische Bedeutung der industriellen Produktion gegenüber Wissensarbeit und Dienstleistung zurückgegangen ist, erscheint der Computer in der öffentliche Debatte wie auch in seiner tatsächlichen Weiterentwicklung vorwiegend als Informations-, Wissens-, Kommunikations-*Medium*,

---

2   Ich spreche von Technik, wo ich die Artefakte meine, von Technologie, wo das gesamte wissenschaftliche und konzeptionelle System gemeint ist.

als Medium für die Darstellung und Speicherung, für die Interaktion mit virtuellen Welten und für die Vernetzung.³

Digitale Kultur prägt die Welt der Ökonomie und der Finanzen; sie durchdringt die Arbeitswelt und die Organisationskultur. Wo Erwerbsarbeit durch den Einsatz von Computern überflüssig geworden ist, wandelt sich Arbeit zu Kontroll- und Überwachungstätigkeiten, zu Aufforderungen des kreativen Neu-Erfindens, der Kommunikation und der Dienstleistung. Digitale Kultur wird gleichzeitig aber auch in der Freizeit gelebt, sie umfasst Spiel, Unterhaltung und künstlerisch-ästhetisches Handeln.

a) Das *Digitale* Medium ist dadurch gekennzeichnet, dass es entsteht, indem Zusammenhänge zunächst auf ihre digitale Beschreibbarkeit, auf „Bits", reduziert werden müssen. Von dort her werden sie wieder aufgebaut, in (neue, beschreibbare) Zusammenhänge gebracht (Sesink, 2004). Dafür braucht es ein abstraktes Modell, einen Algorithmus, der diese Zusammenhänge in formalisierter Form beschreibt. Den Menschen, die mit den Bildern aus dem Computer umgehen, müssen diese Reduktionen und Modellbildungen nicht bewusst werden. Im Gegenteil, für die Nutzerinnen und Nutzer sind in der Regel (nur) die konkreten und anschaulichen Bilder handelnd erfahrbar und veränderbar. Nicht einmal Entwicklerinnen und Entwickler begeben sich heute noch auf diese Ebene der Reduktion, sie stützen sich auf die Zusammenhänge, die andere, z.B. Systementwicklerinnen und -entwickler, zuvor schon hergestellt haben.

b) Im Folgenden möchte ich einige der Spezifika, die das Digitale Medium kennzeichnen und die für das Lernen von besonderer Bedeutung sind, beschreiben (siehe dazu auch Schelhowe, 1997, Schelhowe, 2007).

Konkreter Umgang mit Abstraktion

Die Art, wie wir heute mit dem Computer umgehen (und sicherlich in der Zukunft vermehrt⁴), fordert uns auf zur Illusion, direkt in der Welt – und nicht vermittelt durch ein Medium – zu handeln. Die repräsentierten Objekte (den Ordner, die Küchenmöbel, den Avatar...) sollen wir für die „wirklichen" Objekte nehmen, die Operationen, die wir darauf ausführen, als unser eigenes Handeln interpretieren statt als Aktionen, die Rechenprozesse in Gang setzen. Über die neuen Interfaces, wie sie spätestens mit der sogenannten Schreibtischoberfläche zum Standard geworden sind, ist der Computer – ein Höhepunkt mathematischer Abstraktion – zu einem Artefakt geworden, das uns mit den Modellen und Konzepten, die in der Software implementiert sind, höchst konkret umzugehen erlaubt.

Moderne Interfaces erlauben uns dieses anscheinend „direkt-manipulative" Handeln, weil sie sich immer stärker an den mentalen Modellen von Nutzerinnen und Nutzern über ihre Anwendung orientieren (z.B. an der Vorstellung vom

---

3   Die Entwicklung des Computers von der Maschine zum Medium ist das Thema meines Buches „Das Medium aus der Maschine" (Schelhowe, 1997).
4   Neue Schnittstellen werden unter Begriffen wie „Tangible" oder „Begreifbare" Interaktion gefasst. Sie beziehen sich auf einen Umgang mit Computern jenseits von Bildschirm, Tastatur und Maus. Körperbewegung wird direkt (z.B. über Videoerkennung) als Eingabe für Rechenprozesse verwendet oder das Verhalten physikalischer Objekte, die mit ihrer Umwelt oder mit denen wir interagieren, verändert sich in Abhängigkeit von Rechenprozessen (augenfälligstes Beispiel sind die Robots).

Schreibtisch, der Büroumgebung) und sogar Interaktionen erlauben, wie sie mit den „realen", stofflichen Objekten möglich sind.

Immer weniger sind Nutzerinnen und Nutzer gezwungen, sich auf die Prozesse der Maschine zu orientieren, diese sind, im Gegenteil, immer mehr versteckt. Die hinter dem Interface liegenden Abstraktionsprozesse braucht man nicht zu verstehen, ja man braucht nicht einmal mehr zu erahnen, dass sie dahinter ablaufen, um Computer zu nutzen.

Für die klassischen Medieninhalte (schon gar für die technische Ebene) galt das in ähnlicher Weise: Man muss nicht ihre Produktionen und Strukturen verstehen, um damit zu arbeiten, sich davon berühren, gefangen nehmen zu lassen, sich zu identifizieren.

Neu ist jedoch, dass die heutigen Nutzer/innen *Digitaler* Medien diese Inhalte selbst auch handelnd beeinflussen, sie ständig mit herstellen, verändernd auf sie zurück wirken können, ja in der Regel sogar müssen (z.B. beim Computerspiel), ohne dass sie ihre Konstruktionsprinzipien zu beherrschen brauchen.

Unmittelbare Wirkung auf stoffliche Realität

Zweifellos haben klassische Medien(inhalte) immer schon eine große Wirkung auf Wirklichkeit. Wir sprechen nicht zu Unrecht von Büchern, die die Welt verändern; mit dem Telefon schon ist die Welt „klein" und sind fern lebende Angehörige nah geworden; von Soap Operas werden jugendliche Lebensstile geprägt. Eines jedoch unterscheidet diese Art von Medienwirkung von der Wirkmächtigkeit von Computerprogrammen: Einfluss auf die stoffliche Wirklichkeit können klassische Medien nur dadurch gewinnen, dass sie über menschliches Handeln vermittelt werden, dadurch, dass Menschen sich die Inhalte zueigen gemacht und sie in ihr eigenes Handeln integrieren, dass sie dann ihrerseits auf die stoffliche und soziale Realität einwirken. Mit den Computermedien jedoch ist es im Prinzip durchaus denkbar, dass der Avatar in einer stofflichen Repräsentation als Robot in der physikalischen Wirklichkeit direkt „handelt". Dies gehört zwar in der Freizeitwelt noch in geringem Umfang zum Alltag, ist in der Arbeitswelt jedoch durchaus nicht ungewohnt. Künstliche Artefakte mit Computerintelligenz, Robots, bevölkern die physikalische Welt und handeln in gewisser Weise „autonom", wenn sie programmiert sind; Gegenstände des Alltags verhalten sich „lebendig", „intelligent", indem und weil sie von Computerprogrammen gesteuert werden.[5]

Wie aber ist da eine präzise Unterscheidung zwischen Wirklichkeit und Illusion, zwischen Leben aus erster und Leben aus zweiter Hand möglich, wie die klassische Medienerziehung sie forderte? Programme, die der Welt des Semiotischen, der Zeichen, des Virtuellen angehören, wirken unmittelbar auf die physikalische Realität. So wird „Realität" direkt – ohne weitere menschliche Vermittlung – über die Zeichensysteme und ihre Implementierung in Automaten veränderbar.

---

5 In der Informatik werden diese Entwicklungen unter Begriffen wie „Ubiquitous Computing", „Pervasive Computing", „Embedded Systems" oder „Embodied Intelligence" diskutiert und entwickelt.

Experimenteller und systematischer Zugang

Die Digitalen Technologien unterstützen in ihrem spezifischen Charakter, was in der soziologischen und philosophischen Literatur seit Längerem beschrieben wird: die Infragestellung der in der Industriegesellschaft klar gezogenen Grenzen zwischen Arbeit, Lernen und Spiel. Sherry Turkle hatte schon 1984 beschrieben, wie die „Bricoleurs", die sich dem Computer experimentell, durch Basteln, spielerisch nähern, genauso erfolgreich oder sogar erfolgreicher sein können beim Programmieren wie diejenigen, die zielstrebig, geplant, strukturiert vorgehen (Turkle, 1984). Dies hängt zusammen mit der hohen Komplexität, die Computer in ihrer Hard- und Software auszeichnen. Einerseits beruhen alle Prozesse in ihrem Kern auf streng logischen Operationen. Andererseits sind diese so komplex, dass sie von keinem einzelnen Menschen mehr durchschaut werden, sondern häufig nur experimentell erfahren werden können.

Ein Wechsel zwischen strukturiertem Vorgehen und Ausprobieren ist ein naheliegendes Verfahren im Umgang mit Computersystemen. Man lernt aus Fehlern, man bekommt ein Verständnis für Strukturen durch wiederholtes Ausprobieren und Erfahrung und indem man sich am Vorgehen anderer orientiert. Ein Lernen also, wie es das praktische und handwerkliche Lernen kennzeichnete, gewinnt bei der Nutzung hochmathematisierter Verfahren und von Produkten der Hochtechnologie wieder verstärkt Bedeutung.

Die Vorstellung vom Wissen in der Industriegesellschaft beruhte demgegenüber gerade auf der Trennung: Lernen wurde als Erwerb systematischer Kenntnisse in von der unmittelbaren Erfahrung und von der Praxis getrennten Orten (Schule, Hochschule) organisiert und schien im Wesentlichen seinen Abschluss zu finden mit dem Eintritt ins Berufsleben. Spielerischer Umgang schien dagegen von der Arbeit und vom Lernen getrennt und vor bzw. außerhalb der Schule angesiedelt.

Interaktion

Digitale Technologien sind nicht nur Medien, sondern auch Maschinen. Sie speichern, präsentieren, vermitteln Daten nicht nur, wie dies Aufgabe klassischer technischer Medien ist. Als Maschinen *verarbeiten* sie, bewirken eine Veränderung von Materialien. Bei den Computer-Maschinen sind diese Materialien Daten, Zeichen, die verändert werden mittels der Programme, die die Prozesse steuern. Auch in ihrem medialen Gebrauch wird die Digitale Technologie zunehmend so genutzt: Suchmaschinen z.B. sind im Internet von entscheidender Bedeutung, Suchergebnisse werden personalisiert, automatisiert auf die persönlichen Interessen der Suchenden zugeschnitten, und Menschen werden per Algorithmus mit anderen Suchenden, die ähnliche Interessen haben, verknüpft („Social Software").

Technisches Medium (verstanden als Software) und Inhaltsproduktion sind untrennbar verknüpft. Es gibt nicht mehr die (menschlichen) Sender einerseits, die Inhalte produzieren und die Technikerinnen und Techniker andererseits, die dafür sorgen, dass die Veränderungen, die diese Inhalte während ihrer technischen Bearbeitung erfahren, möglichst nicht sichtbar werden. Software wirkt in einem sehr unmittelbaren Sinn an der Produktion der Inhalte mit.

Diese Fähigkeit Daten zu *verarbeiten* macht die Digitalen Medien selbst auch zu einer Art Interaktionspartner, man kann den Eindruck gewinnen, mit ihnen selbst kommunizieren zu können. Computerprogramme fordern zu Aktionen und Re-Aktionen heraus. Sherry Turkle prägte die Vorstellung vom Computer als „evokativem" Objekt (Turkle, 1984). Dies kann auch für die interaktiven Qualitäten des Computers behauptet werden: Computer evozieren Handeln und verändern ihre Inhaltsdarstellungen abhängig von diesem jeweils individuellen Handeln. Dies ermöglicht Erfahrungen der eigenen Wirksamkeit und Wirkmächtigkeit in einer Weise, wie sie mit den klassischen Medien nicht möglich waren.

Herausforderungen einer Digitalen Kultur für die Bildung

Für Bildungsprozesse gewinnen Computermedien eine Bedeutung, die über die gängigen Vorstellungen vom multimedial-didaktischen Hilfsmittel oder die des „bloßen" Werkzeugs hinausgehen. Der kulturelle Wandel, der sich (auch) auf das Digitale Medium und seine Rolle in der Gegenwartsgesellschaft bezieht, scheint sich gegenwärtig allerdings weniger in der Schule und in den Bildungsinstitutionen abzuzeichnen als vielmehr in der Freizeit, in der Lebenswelt von Jugendlichen.

Medien spielen in der Sozialisation von Jugendlichen eine ebenso wichtige – in bildungsfernen Milieus sogar eine wichtigere – Rolle als Elternhaus und Schule. Kinder und Jugendliche verbringen einen erheblichen Teil ihrer Zeit mit und in den „virtuellen Welten". Sie suchen und finden hier ihre Vorbilder und adaptieren Lebensstile in einer Vielfalt und Intensität, die die stoffliche und die soziale Umwelt oft nicht zu bieten hat. Medien tragen „in erheblichem Maße zur sinnhaften Interpretation der Wirklichkeit bei" (Theunert & Eggert, 2003, S. 5). Die JIM-Studie, die jährlich auf der Grundlage einer repräsentativen Erhebung Auskunft über das Medienverhalten von 12- bis 19-jährigen Jugendlichen in Deutschland gibt, sagt für 2008, dass 99% der Jugendlichen zu Hause Zugang zu einem Computer haben, 96% zum Internet. Müssten Jugendliche sich für eine Medium entscheiden, würden 51% Internet und Computer (16% Fernsehen) wählen. Online-Communities machen im Nutzungsprofil mehr als die Hälfte aus, bereits drei Viertel der Befragten geben an, selbst Inhalte ins Netz gestellt zu haben (JIM, 2008).

Jeremy Jenkins spricht in seinem „White Paper" von 2006 davon, dass wir heute im Zusammenhang mit dem Internet mit einer neuen Kultur zu rechnen haben. Er bezeichnet die neu entstehende Kultur als eine „partizipative Kultur", die gekennzeichnet ist durch „affiliation", „expression", „collaborative problem-solving" und „circulations". Die neue Kultur bedeutet geringe Barrieren für Selbstausdruck und für ein öffentliches (Mit)Teilen dessen, was einen selbst angeht; Unterstützung beim Kreieren eigener Schöpfungen durch Communities und durch wechselseitige Hilfe. Dies brauche auf der Seite der Subjekte die Überzeugung, dass der eigene Beitrag wichtig ist und ernst genommen wird und das Wissen darum, wie man den eigenen Beitrag in Umlauf bringt. Man braucht hohe Motivation und starkes Engagement, die Bereitschaft, sich an Netze und Communitys anzuschließen sowie Kooperationsfähigkeit beim Lösen von Aufgaben; Wissen kann nicht mehr als Wissen des Einzelnen verstanden werden, sondern als etwas, was nur in Netzwerken vorhanden ist (Jenkins, 2006).

> A participatory culture is a culture with relatively low barriers to artistic expression and civic engagement, strong support for creating and sharing one's creations, and some type of informal mentorship whereby what is known by the most experienced is passed along to novices. A participatory culture is also one in which members believe their contributions matter, and feel some degree of social connection with one another. (ebd., S. 3)

Noch fehlen weitgehend empirische Befunde, die deutlichere Hinweise dafür liefern, welche Zusammenhänge es zwischen Veränderungen, die mit der Digitalen Kultur verbunden sind, und der Konstruktion, dem Selbstentwurf der Subjekte gibt. Der erfolgreiche Wahlkampf von Barack Obama, der sich wesentlich auf das Internet und die neuen Möglichkeiten der Partizipation und Community-Bildung gestützt hat, mag ein Hinweis darauf sein, dass Jenkins Beobachtungen, mit denen er Partizipation als einen Aspekt dieses neuen Selbstverständnisses der Individuen in der Digitalen Kultur beschreibt, zutreffend sind und dass Obama diese Zeichen der Zeit verstanden hat.

Das heißt nun keineswegs, dass Bildungsprozesse sich mit den Digitalen Medien gewissermaßen von selbst herstellen oder dass Bildungsinstitutionen sich gegenüber diesen *informellen* Prozessen gleichgültig verhalten könnten. In dem Maße, wie die partizipative Kultur gelebt wird und sich verbreitet, besteht immer auch die Gefahr neuer Ausschlüsse, eines neuen „Digital Divide". Auch wenn Bildungsinitiativen nicht immer den gewünschten Effekt zeigen mögen, so sind sie doch ein entscheidender Hebel, mit denen eine Gesellschaft Ausschlüssen und Benachteiligungen begegnen muss. Die Frage der Teilhabe an den Segnungen einer partizipativen Kultur muss – so Jenkins – als Frage des kulturellen Milieus begriffen werden, als Frage der Transparenz im Hinblick auf Zugangsmöglichkeiten und Funktionalität wie auch als ethische Frage, als Frage der Übernahme von Verantwortung für das eigene Tun.

Aus den spezifischen Potenzialen der Digitalen Medien und der Art, wie insbesondere junge Menschen sie sich angeeignet haben, ergeben sich besondere Herausforderungen für organisierte Bildungsprozesse (Schulz-Zander 2006): Sie müssen sich zu den mit den Computermedien entstandenen Möglichkeiten (siehe S. 192ff.) und zur Digitalen Kultur in Beziehung setzen, wenn sie gelingen sollen.

Das Internet bietet Jugendlichen, im Unterschied zu den häufig als eindimensional empfundenen Ratschlägen Erwachsener, vielfältige Formen der Orientierung und neue, schier unermessliche Möglichkeiten und Perspektiven. In Bildungsprozessen begegnen wir einer zunehmenden Ablehnung von Zugängen über Theorie, auch Studierende beklagen sich über „Praxisferne", worin sich auch ausdrückt, dass „die junge Generation über Klassen- und Ländergrenzen hinweg (wenngleich in der Phänomenologie der Kritik sehr wohl spezifisch) den Wissensbeständen der älteren Generation nicht mehr traut" (Bois-Reymond, 2004, S. 153). Die Geheimnisse „impliziten" Lernens, wie sie insbesondere auch mit dem Computer und dem Internet stattfinden, haben auch in der Forschung in den vergangenen Jahren gesteigertes Interesse gefunden (z.B. Tully, 2004).

a) Mit dem Computer kann Lernen anschaulich, konkret und implizit werden, man lernt gewissermaßen, ohne dass man es merkt. Gleichzeitig gehört zum erfolgreichen Lernen aber auch die Anstrengung des Begriffs, die Systematisierung, die Reflexion. Dies kann die virtuelle Welt nicht von alleine bieten. Sie stellt zwar Mittel bereit, bei denen Lernprozesse ihren Ausgangspunkt nehmen können, es braucht aber die pädagogisch-didaktische Überlegung, um den notwendigen Wechsel zwischen Immersion und Reflexion, zwischen Handeln und Distanz, zwischen „Diving In" und „Stepping Out" (Ackermann, 1996), die durchaus auch im gleichen Medium stattfinden können, anzuregen.

b) Die Vorstellung von einem rein systematischen Zugang, der prägend war für die Curricula und Lehrbücher des 19. und 20. Jahrhunderts, kann und muss heute ergänzt werden durch experimentelle und spielerische Elemente, die ebenso wichtig sind nicht nur für Lernprozesse, sondern auch für den Wissenserwerb wie auch für Arbeitsprozesse. Computermedien sind übergreifend und allgegenwärtig, sie umspannen Lebens- und Arbeits- und Lernprozesse, auch dies bringt neue Herausforderungen für das Lernen.

c) Auch aus ihrer zukünftigen Rolle als Erwerbstätige kommen neue Anforderungen auf die jungen Menschen zu: Die Anforderungen werden komplexer und man braucht nicht nur Basiskompetenzen, sondern auch fortgeschrittene IT-Kompetenzen. Notwendig ist die Persönlichkeitsentwicklung, mit der sich das Subjekt ins Verhältnis setzt zu einer Welt, in der Technologie wesentlich ist und zur „Bildung" gehört.

d) Die Wirkmächtigkeit des eigenen Handelns, die in der Interaktion mit Computermedien erfahrbar wird, ist ein wesentliches, in ihrer Bedeutung nicht zu unterschätzendes Element von Bildungsprozessen: Diese Erfahrung ist im Lernprozess einerseits „vom Kopf auf die Füße" zu stellen, indem die Grenzen dieser Wirksamkeit deutlich gemacht werden durch die Reflexion auf die realistischen, auch in der beruflichen Tätigkeit umzusetzenden Möglichkeiten der Einflussnahme auf die Welt[6] und der eigenen Rolle in sozialen Gemeinschaften. Hartmut von Hentig (2002) warnt in seinem Buch:

> Der technischen Zivilisation gewachsen bleiben", das sich mit der Rolle des Computers für Bildungsprozesse befasst, zu Recht: „Wenn wir nicht aufpassen, werden wir beides verlieren – den Sinn für Realität, für die Welt der sinnlich fassbaren Gegenstände, die gegenwärtigen Personen, und den Sinn für die Welt der nichtprogrammierten Möglichkeiten, der frei spielenden Einbildungskraft, der *poiesis*. (ebd., S. 249)

e) Andererseits muss auch die neue Verantwortlichkeit, die im virtuellen Handeln entsteht, ins Bewusstsein gerückt werden. All dies sind Aufgaben, die auf (Medien-)Bildung z.T. neu zukommen und einer Reflexion und Umsetzung bedürfen.

---

6   Ich verweise z.B. auf den Anfang dieses Beitrags und die Äußerung von Melinda, die ihre Fantasien aus dem Computerspiel schließlich in den Berufswunsch Robotikexpertin zu kanalisieren weiß.

Medienkompetenz in einer digital geprägten Kultur

Im März 2009 hat eine vom Bundesministerium für Bildung und Wissenschaft einberufene Expertenkommission aus Wissenschaftler/inne/n und Praktiker/inne/n sich mit den Herausforderungen einer „digital geprägten Kultur" befasst, um die Anforderungen an die Medienkompetenz der nachwachsenden Generation zu reflektieren und neu zu formulieren. Ziel des inzwischen veröffentlichten Papiers (BMBF, 2009) ist es ausdrücklich, Antworten zu suchen, die sowohl die Lebens- wie auch die Arbeitswelt umspannen und der Rolle der Digitalen Medien sowohl in ihrer kommunikativen und symbolischen Dimension wie auch als *Werkzeuge* und *Maschinen*, die für die Herstellung von Produkten und Dienstleistungen genutzt werden, gerecht zu werden.

Vier Handlungsfelder werden in der Erklärung zugrunde gelegt: Information und Wissen; Kommunikation und Kooperation; Identitätssuche und Orientierung; Digitale Wirklichkeiten und produktives Handeln:

1. Information und Wissen
   In diesem Themenfeld geht es um den Zugang und Umgang mit Informationen, angefangen mit dem Erkennen des Informationsbedarfs über die sachgerechte Auswahl der Mittel und Quellen wie auch um die Fähigkeit zur kritischen Beurteilung von Informationen und deren Einbettung in berufliche, private, politische Kontexte. Nicht zuletzt umfasst dieser Themenbereich auch die eigene Wissensproduktion und deren Einbringen in die Netze.
2. Kommunikation und Kooperation
   Der zunehmenden Bedeutung kommunikativer Prozesse und kooperativen Handelns sollen die Zielformulierungen im zweiten Handlungsfeld gerecht werden. Es benennt die Notwendigkeit, sich Kommunikationsabsichten erschließen zu können, Persönlichkeitsrechte zu kennen und zu respektieren, Informationsverarbeitung nutzen und für die Erreichung von Zielen einsetzen zu können wie auch ein geschärftes Bewusstsein für die sich verändernden Verhältnisse zwischen dem Öffentlichen und dem Privaten zu entwickeln.
3. Identitätssuche und Orientierung
   In diesem Bereich weist die Kommission darauf hin, dass tendenziell eher weniger junge Menschen und insbesondere nur wenig junge Frauen eine technische Berufsorientierung in ihr Selbstbild einbeziehen und dies als eine attraktive Perspektive sehen. Sie sieht als Teil der Medienbildung auch, dass IT und Medien insbesondere in ihren kreativen und innovativen Aspekten deutlich werden und spielerisch-experimentelle mit systematischen Zugängen verknüpft werden müssen. Medien, so heißt es in der Erklärung, seien für das Ausprobieren und Reflektieren alternativer Lebens- und Identitätsentwürfe zu nutzen.
4. Digitale Wirklichkeiten und produktives Handeln
   Mit diesem Handlungsfeld weist das Papier auf die „doppelte Existenz" von Wirklichkeit im virtuellen und im stofflichen Raum hin, die eine große Zahl von Lebens- und Arbeitsbereichen heute kennzeichnet. Es gelte in der Medienbildung darauf hinzuwirken, dass dies deutlich wird, dass insbesondere aber auch verstanden wird, wie stoffliche und virtuelle Wirklichkeiten zusammen-

hängen und aufeinander wirken. Dies umfasst den Umgang mit Simulationen, die eigene Rolle bei deren Aktualisierung und eine gewisse Vorstellung davon, was Algorithmen sind und was sie bewirken, sei es bei der Umsetzung in Computerspielen oder auch bei der Innovation von Arbeitsprozessen.

Ausblick

Digitale Medien bieten Jugendlichen Möglichkeiten eines aktiv-involvierten, handlungsorientiert-entwerfenden Umgangs. Mit den Digitalen Medien werden Kindern und Jugendlichen nicht nur Identifikationsmuster geboten, sondern sie probieren Handlungsstrategien und neue Identitäten in der virtuellen Welt direkt aus. Fragen nach dem, was umsetzbar und wirksam ist und was dem Reich der Fantasie angehört, lassen sich nicht schlicht durch den Verweis auf den Bildschirm einerseits und die Stofflichkeit der Realität andererseits beantworten. Dem Leben, das die jungen Menschen in den virtuellen Welten führen, fehlen in einer zunehmend von Zeichen geprägten Wirklichkeit häufig die Herausforderungen und die Konfrontationen, die die Einbildungskraft braucht, damit man in der stofflichen und sozialen Umgebung handlungsfähig wird. Dafür braucht es pädagogisch durchdachte Arrangements, aber auch Software- und Hardware-Konstellationen, die spezifisch auf Lernprozesse ausgerichtet sind.

Die Erfahrung informellen und selbstständigen Lernens, die Jugendliche mit Digitalen Medien machen, stärken sie, können sie gleichzeitig aber auch widerständig machen gegenüber Instruktionen und Anforderungen in der Schule. Computerwissen verschafft Anerkennung und verspricht Karrieren jenseits guter Schulabschlüsse. Computerkenntnisse sind oft unsicheres und schwer überprüfbares Wissen, und es ist exemplarisch für viele Bereiche von Wissen, das junge Menschen über die Medien oft leicht, in der Schule aber eher schwer erwerben. Insbesondere das Internet bietet Informationen jeglicher Art, in großer Fülle, in reicher Vielfältigkeit und mit exotischem Gehalt, die Kindern und Jugendlichen ohne Auswahl und Vorstrukturierung durch Erwachsene zugänglich sind. Kinder kommen weniger denn je als „unbeschriebenes Blatt" zur Schule. Sie bringen vielfältiges, zunehmend von Medienerfahrungen geprägtes Wissen und diversifizierte Vorstellungen mit. Dies erfordert einer Veränderung von Lernkulturen.

Über die Veränderungen von Lernkulturen, über Veränderungen in der Art und Weise des Lernens, ist im Zusammenhang mit dem Computer häufiger diskutiert worden (Schulz-Zander 2005). Im Zusammenhang mit den Veränderungen der Arbeits- und Lebenswelt und unserer Kommunikationsstrukturen durch die Digitalisierung muss aber auch über veränderte Inhalte von Allgemeinbildung und über das, was wir unter „Bildung" verstehen, gesprochen werden. Der zunehmende Umgang mit virtuellen und „intelligenten" Gegenständen und die Verwendung automatisierter Funktionen in den Informations- und Kommunikationsprozessen bedeutet, dass ein Basisverständnis über die Entstehungsprozesse „maschineller Intelligenz" zur Allgemeinbildung gehören muss. Informationstechnische Bildung und Medienbildung, Technik und Kultur, wachsen heute zusammen. Technologische Bildung gehört integrativ zur Medienbildung, naturwissenschaftlichmathematisch-technisches ist mit sozial-geisteswissenschaftlich-ästhetischem Wissen verbunden.

Bis moderne Technologien in schulischen Bildungskontexten aufgegriffen werden, dauert es jeweils geraume Zeit. Die Kinder und Jugendlichen, die in einer technologisch bestimmten Zukunft leben und arbeiten werden und die in ihrer Freizeit neue Technologien in der Regel sehr rasch adaptieren, erleben in der Schule häufig die Technik von gestern. Dies trägt weder zu ihrer Motivation noch zu ihrer Neugierde auf technische Prozesse und ihr Interesse, an Innovationen mitzuwirken, bei. Lehrerinnen und Lehrer können jedoch einen Transfer von Zukunftstechnologien in den schulischen Unterricht in der Regel nicht (alleine) leisten. Kooperationen von Hochschulen, Forschungseinrichtungen und Technologieunternehmen mit Schulen müssen dafür eingefordert werden.

Literatur

Ackermann, E. (1996). Perspective-Taking and Object Construction. Two Keys to Learning. In Y. Kafai & M. Resnick (Eds.). *Constructionism in Practice. Designing, Thinking, and Learning in a Digital World* (pp. 25–35). Mahwah, New Jersey: Lawrence Erlbaum Associates.

Bauer, F.L. & Goos, G. (1991). *Informatik. Eine einführende Übersicht*. (4. Aufl.). Berlin: Springer.

Bois-Reymond, M. du (2004). Neues Lernen – alte Schule: eine europäische Perspektive. In C. Tully (Hrsg). *Verändertes Lernen in modernen technischen Welten. Organisierter und informeller Kompetenzerwerb Jugendlicher* (S. 135–161). Wiesbaden: VS Verlag.

BMBF (2009): *Kompetenzen in einer digital geprägten Kultur. Bericht der Expertenkommission des BMBF zur Medienbildung.* http://www.bmbf.de/pub/ kompetenzen_in_digital_kultur.pdf [4.05.2009].

Hentig, H. von (2002). *Der technischen Zivilisation gewachsen bleiben: Nachdenken über die neuen Medien und das gar nicht mehr allmähliche Verschwinden der Wirklichkeit.* Weinheim: Beltz.

Jenkins, H. (2006). *Confronting the Challenges of Participatory Culture: Media Education for the 21st Century.* From http://digitallearning.macfound.org/site/c.enJLKQNlFiG/b.2029291/k.97E5/Occasional_Papers.htm [4.05.2009].

JIM-Studie (2008). *Jugend, Information, (Multi-)Media. Basisuntersuchung zum Medienumgang 12- bis 19-Jähriger.* Stuttgart Medienpädagogischen Forschungsverbund Südwest.

Jörissen, B. & Marotzki, W. (2009). *Medienbildung – Eine Einführung. Theorie – Methoden – Analysen.* Bad Heilbrunn: Klinkhardt.

Murray, J.H. (2003): Inventing the Medium. In F. Wardrip & N. Montfort (Eds.), *The New Media Reader.* (pp. 3–120). Cambridge, Mass.: MIT Press.

Schelhowe, H. (1997). *Das Medium aus der Maschine. Zur Metamorphose des Computers.* Frankfurt: Campus.

Schelhowe, H. (2007). *Technologie, Imagination und Lernen.* Münster: Waxmann.

Schulz-Zander, R. (2006). Digitale Medien im Alltag und Schulunterricht. In A. Fritz, R. Klupsch-Sahlmann & G. Ricken (Hrsg.), *Handbuch Kindheit und Schule, Neue Kindheit, neues Lernen, neuer Unterricht* (S. 283–295). Weinheim: Beltz.

Schulz-Zander, R. (2005). Veränderung der Lernkultur mit digitalen Medien. In H. Kleber (Hrsg.), *Perspektiven der Medienpädagogik in Wissenschaft und Bildungspraxis*. (S. 125–140). München: Kopaed.

Sesink, W. (2004). *In-formatio. Die Einbildung des Computers. Beiträge zur Theorie der Bildung in der Informationsgesellschaft.* Münster: LIT Verlag.

Theunert, H. & Eggert, S. (2003). Virtuelle Lebenswelten – Annäherung an neue Dimensionen des Medienhandelns. *MERZ. Zeitschrift für Medienpädagogik*, 5, 3–13.

Tully, C.J. (2004). *Verändertes Lernen in modernen technisierten Welten. Organisierter und informeller Kompetenzerwerb Jugendlicher.* Wiesbaden: VS Verlag für Sozialwissenschaften.

Turkle, S. (1984). *The second self: computers and the human spirit.* New York: Simon and Schuster.

Burkhard Schwier

Teilhabe an der Wissensgesellschaft unter erschwerten Bedingungen

Ergebnisse einer Untersuchung zur Thematisierung und Nutzung digitaler Medien in der Förderpädagogik vor dem Hintergrund besonderer Erfordernisse

Förderschüler mit dem Schwerpunkt „Lernen" (im Folgenden nur: Förderschüler) rekrutieren sich insbesondere aus randständigen Milieus (vgl. Klein, 2001). Sie verfügen einerseits über im Vergleich zu höheren Bildungsgängen eingeschränktere häuslichen Zugangsmöglichkeiten zu digitalen Medien, andererseits weisen ihre unterhaltungsorientierten Nutzungspräferenzen eine geringere Affinität zu schulischen Lernanforderungen auf (vgl. Löser, 2006, S. 128; Senkbeil & Wittwer, 2008). Gleichzeitig sind Förderschüler in besonderer Weise von Veränderungen durch digitale Medien in Gesellschaft und Wirtschaft negativ betroffen. Die zunehmende Bedeutung extrafunktionaler Qualifikationen kollidiert mit umfangreichen strategischen und metakognitiven Defiziten dieser Schülerklientel. Die zunehmende Verlagerung lebensweltlicher Anforderungen in den digitalen Raum entbehrt personaler Bezüge, die aufgrund rekursiver Kommunikationspotenziale insbesondere für Förderschüler bedeutsam sind. Darüber hinaus macht ihr mangelhaft geschultes Reflexionsvermögen sie besonders anfällig für die Manipulationspotenziale digitaler Medien und die Vereinnahmung durch Trends und Moden.

Ungünstige Ausgangsbedingungen und erhöhter Bedarf an Kompetenzen markieren somit besondere Herausforderungen für den gesellschaftlichen Anspruch einer gleichberechtigten Teilhabe an digitalen Medien in einer veränderten Gesellschaft bei Förderschülern.

Umso verwunderlicher ist es, dass das Thema Digitale Medien in der Förderpädagogik bisher randständig und unter einseitig rehabilitativen Gesichtspunkten behandelt wurde (vgl. Schwier 2005, 2008) und zur Nutzung digitaler Medien in der Schulpraxis im Gegensatz zur allgemeinen Pädagogik bisher keine empirischen Erkenntnisse vorliegen. Während in der wissenschaftlichen Fachliteratur der allgemeinen Schulpädagogik der Fokus fast ausschließlich auf der *innovativen* Nutzung im Rahmen selbstgesteuerten Lernens in offenen Unterrichtsformen liegt, beschränkt sich das Forschungsinteresse in der Förderpädagogik einseitig auf den *rehabilitativen* Einsatz digitaler Medien, wie eine vom Verfasser durchgeführte Analyse des Literaturbestandes belegt (vgl. ebd.). Danach finden sich zwischen 1984 und 2003 ausschließlich Forschungsberichte zur rehabilitativen Nutzung digitaler Medien bei einem insgesamt tendenziell rückläufigen Literaturaufkommen. Weiterhin konnte festgestellt werden, dass in der untersuchten Literatur keinerlei Bezug auf Ergebnisse zu digitalen Medien der allgemeinen Schulpädagogik genommen wird. Somit scheint die mit der Nutzung digitaler Medien eng verbundene Etablierung einer „neuen Lernkultur" (vgl. Schulz-Zander, 2001;

Risse, 2003) im Kontext veränderter Anforderungen an Lehren und Lernen in der Wissensgesellschaft bei der Förderpädagogik noch nicht angekommen zu sein.

Dieser Sachverhalt verweist sowohl auf die Bedeutung als auch auf die Problematik integrativer Initiativen. Eine gesetzlich regulierte Expansion der Integration behinderter Menschen scheiterte bislang u.a. an der politisch gewollten Aufrecherhaltung eines stark separierenden Schulsystems. Vor dem Hintergrund der Ergebnisse aus PISA erfährt die Integrationsdebatte inzwischen eine neue Ausrichtung. Die verstärkte Bedeutung des Umgangs mit Vielfalt und die Berücksichtigung der herkunftsbedingten Benachteiligung in der Allgemeinen Schulpädagogik bieten die Chance einer Verlagerung integrativer Maßnahmen ins Vorfeld der Besonderung (vgl. Feuser, 2006; 2006a). Eine basale subjektorientierte Pädagogik, wie sie u.a. in Schweden beispielhaft praktiziert wird (vgl. Kriwet, 2006), ermöglicht eine weitgehende Teilhabe aller Schülerinnen und Schüler an den Bildungsgütern der Gesellschaft an allgemeinbildenden Schulen.

Die vorliegende Untersuchung geht vor dem Hintergrund einer an die soziale Herkunft gekoppelten digitalen „Wissenskluft" der Frage nach, ob die rückläufige und einseitige Thematisierung digitaler Medien in der Förderpädagogik auf der Basis bisheriger Befunde zu rechtfertigen ist und in Anbindung an die gängige Unterrichtspraxis erfolgt.

Während zu den Lernvoraussetzungen der Schülerschaft und den methodisch-didaktischen Ansätzen fundierte Aussagen gemacht werden können, liegen zu den Nutzungsweisen digitaler Medien an den Förderschulen bisher keinerlei Erkenntnisse vor. Was die Eignung digitaler Medien für lernschwache Schülerinnen und Schüler angeht, so muss aus Mangel an diesbezüglichen Befunden aus dem deutschsprachigen Raum auf US-amerikanische Erkenntnisse zurückgegriffen werden.

Die Ergebnisse der Untersuchung zur Nutzung digitaler Medien an Förderschulen werden im Folgenden unter zwei zentralen Fragestellungen referiert:
1. Wie und unter welchen Rahmenbedingungen werden digitale Medien in den Förderschulen eingesetzt?
2. Entsprechen die Schwerpunkte wissenschaftlicher Forschung und Theoriebildung den Nutzungspräferenzen förderpädagogischer Praxis?

Theoretische Anbindung

Die bisherigen Ergebnisse der US-amerikanischen Forschung (zur Vergleichbarkeit der Schülerklientel: Schröder, 2002; Schwier, 2008) belegen, dass digitale Medien bei lernschwachen Schülerinnen und Schülern sowohl instruktiv und rehabilitativ genutzt werden können, als auch im Bereich der offenen Unterrichtsformen vielversprechende Potenziale des Lehrens und Lernens zur Verfügung stellen, die in der bundesdeutschen wissenschaftlichen Literatur bisher nicht thematisiert, geschweige denn konzeptionalisiert worden sind (vgl. Maccini, Gagnon & Hughes, 2002; Lancaster, Lancaster, Schumaker & Deshler, 2006; Samsonov, Pedersen & Hill, 2006; Urban, Werning & Löser, 2006). Von einer mangelnden Eignung des

Mediums Computer für die Förderpädagogik kann somit nicht ausgegangen werden.

Dieser Sachverhalt wird dadurch gestützt, dass es bisher nicht gelungen ist, generelle Unterschiede zwischen den Lernvoraussetzungen der Schülerklientel allgemeinbildender Schulen und Förderschulen nachzuweisen (vgl. Bleidick, 1995; Begemann, 2000; Ellger-Rüttgardt & Tenorth, 1998; Kanter, 2007). Angesichts der phänomenologischen und ätiologischen Breite des kumulativen Konstruktes Lernbehinderung und der zunehmenden Bedeutung extraindividualer Ursachen für deren Entstehung muss vielmehr von starken Überschneidungen insbesondere mit dem unteren Qualifikationsbereich der allgemeinbildenden Schulen ausgegangen werden (vgl. Willand, 2000). Eine Reduktion der Nutzungspotenziale digitaler Medien auf einen instruktiven und rehabilitativen Einsatz bzw. deren Marginalisierung im Vergleich zu allgemeinbildenden Schulen ist durch divergierende Lernvoraussetzungen daher nicht gerechtfertigt. Mit der potentiell uneingeschränkten Bildsamkeit der Förderschüler geht die Forderung nach gleichen Lernmöglichkeiten einher.

Auch die zeitgenössische Literatur zur sonderpädagogischen Didaktik zeigt durch die Abkehr von einem segregierend reduktionistischen Paradigma starke Überschneidungen mit jener der allgemeinen Schulpädagogik. Mit Begemann (1996, 1996a, 2000), Werning (1998, 2003), Lütje-Klose (2003) und Balgo (2003) etablieren sich Sichtweisen, die neben instruktiven zunehmend konstruktivistische Erfordernisse in den Blick nehmen (vgl. auch Vernooij, 2007, S. 80). Diese stellen die Grundlagen für den offenen innovativen Einsatz digitaler Medien in der allgemeinen Schulpädagogik dar (vgl. Schaumburg, 2003; Schumacher, 2004; Haas, Seeber & Weininger, 2004; Schulz-Zander, 2005; Schulz-Zander & Preussler, 2005; Herzig & Grafe, 2007; Häuptle & Reinmann, 2008; Eickelmann & Schulz-Zander, 2008).

Die mangelnde wissenschaftliche und theoretische Konsolidierung der einseitig instruktiven und rehabilitativen Thematisierung digitaler Medien lässt die Schlussfolgerung zu, dass hierfür insbesondere pragmatische Entwicklungen und Verhältnisse verantwortlich sind. Dabei bietet die Theorie regulativer Mechanismen zur Selbsterhaltung autonomer und gekoppelter Systeme nach Luhmann (1984) eine Erklärung. Nach Luhmann tendieren Systeme wie Schule bei Konflikten durch zunehmende Komplexität dahin, diese Komplexität durch Ausgliederung zu reduzieren. Mit der Ausgliederung werden tradierte Verhältnisse im Muttersystem beibehalten und ursächliche Zusammenhänge für Konflikte aufgelöst, während das Tochtersystem, von den bisherigen Strukturen teilweise abgekoppelt, eigene Merkmale zur Profilierung und Abgrenzung entwickelt (vgl. Wenning, 2007). Dieser Prozess lässt sich auch in der Geschichte der Sonderpädagogik beobachten (vgl. Ellger-Rüttgardt, 1998, S. 63; Bleidick & Ellger-Rüttgardt, 2008) und schlägt sich als Verlust von Beziehungen und Lernmöglichkeiten unter anderem in den unterschiedlichen Forschungsschwerpunkten zum Einsatz digitaler Medien der Förderpädagogik und der Allgemeinen Schulpädagogik nieder.

Während die sonderpädagogische Literatur zur Didaktik nach Jahrzehnten kurzsichtiger Profilierung die Anbindung an die Allgemeine Schulpädagogik sucht, finden sich diesbezüglich bis 2003 für die Nutzung digitaler Medien keine Ansätze. Ob und inwiefern die rückständige und einseitige Thematisierung digitaler Medien mit der unterrichtlichen Praxis übereinstimmt, kann bislang aufgrund mangelnder Forschungsbefunde nicht dargelegt werden. Ein erster Ansatz findet sich in der nachfolgend aufgeführten Untersuchung.

Forschungsdesign

Die Untersuchung zur Nutzung digitaler Medien an Förderschulen fand 2006 bis 2007 statt. Die Auswahl der Schulen erfolgte nach den Kriterien des Typisierenden Sampling und des Convenience Sampling. Typisierendes Sampling (Konzentrationsprinzip) liegt insofern vor, als eine Auswahl nach dem Kriterium der Intensität, mit dem die interessierenden Eigenschaften, Prozesse, Erfahrungen etc. in den jeweiligen Untersuchungseinheiten gegeben sind, vorgenommen wird (vgl. Flick, 2002, S. 111). Convenience Sampling ergibt sich aus der Begrenztheit der Ressourcen angesichts der Größe der Grundgesamtheit der Schulen und der in ihnen agierenden Personen. Daher beschränkt sich die Erhebung auf das Bundesland NRW. Für diese Eingrenzung spricht darüber hinaus die unterschiedliche schulorganisatorische und konzeptionelle Ausgestaltung der Förderschulsysteme in den einzelnen Bundesländern, die eine Übertragung der Ergebnisse problematisch machen würde.

Beforscht wurden Lehrkräfte, die digitale Medien überdurchschnittlich häufig im Unterricht einsetzen, da Lehrkräften nach den Befunden an allgemeinbildenden Schulen für den Einsatz digitaler Medien eine Schlüsselrolle zukommt (vgl. Dusick, 1998; Eickelmann & Schulz-Zander, 2008). Alle befragten Lehrerinnen und Lehrer erteilen Unterricht in der Mittelstufe (Klasse 6–7) und der Abschlussstufe (Klasse 8–10).

Der Auswahl der Lehrkräfte war eine Auswahl von Schulen vorgelagert, die nach den Kriterien der materiellen Ausstattung und der konzeptionellen Entwicklung im Bereich neuer Informations- und Kommunikationstechnologien (IKT) selektiert wurden. Konstitutiv waren das Vorhandensein mindestens eines Computerraums bzw. einer größeren Anzahl von Computer in den Klassenräumen sowie konzeptionelle Ansätze zur Implementation digitaler Medien in Form von Medienkonzepten und deren Einbindung ins Schulcurriculum oder das Schulprogramm.

Insgesamt beteiligten sich 15 Schulen an der Untersuchung. Zwölf Schulen sandten insgesamt 36 Fragebögen für die quantitative Erhebung ein. Elf Schulen beteiligten sich mit insgesamt 21 Lehrkräften in 18 Interviews an der qualitativen Untersuchung. Die untersuchten Förderschulen weisen ausnahmslos sowohl eine Unterstufe als auch eine Mittel- und Abschlussstufe auf.

Die Interviews wurden nach einem Kategoriensystem codiert, dass sich einerseits an die Instrumente der zentralen Studien zu IKT der allgemeinen Schulpädagogik anlehnt, andererseits die Fragestellungen der Untersuchung und die zentralen Dimensionen der Förderpädagogik akzentuiert.

Zur Überprüfung der Intercoderreliabilität wurden drei zufällig ausgewählte Interviews in Sinnabschnitte eingeteilt und in ihrer gesamten Länge von den beiden Interpretern codiert. Bei der Auswertung wurde ein Kappa von 0,97 ermittelt. Dieses Ergebnis liegt weit über dem erforderlichen Kappa von 0.75 bis 0.8.

Ergebnisse der Untersuchung

Rahmenbedingungen

Günstige Rahmenbedingungen stellen eine notwendige, jedoch nicht hinreichende Bedingung für die nachhaltige Implementation digitaler Medien im Unterricht dar. Anhand der vorliegenden Daten konnte festgestellt werden, dass sich günstige Rahmenbedingungen sowohl auf die Breite und Qualität der Nutzung als auch auf die Einstellung der Lehrkräfte zu den Fähigkeiten und Fertigkeiten der Schülerinnen und Schüler im Umgang mit IKT positiv auswirken. Dabei kommen der Ausstattung, der Wartung und den Lehrerkompetenzen besondere Bedeutung zu.

Mit einem durchschnittlichen Schüler-Computer-Verhältnis von 1:7 nehmen die untersuchten Förderschulen bei einer allerdings großen Spannbreite von 1:2,3 bis 1:20 im Vergleich zu anderen Schulformen (vgl. Rösner, Bräuer & Riegas-Staackmann, 2004, S. 24) eine Spitzenstellung ein und erfüllen annähernd die in der Benchmarking-Studie „IT in Schulregionen" geforderte Relation von 1:6 (vgl. Bertelsmann-Stiftung, 2002). Gleichzeitig belegen die Daten von Rösner, Bräuer & Riegas-Staackmann (2004, S. 31) insbesondere bei Förderschulen eine große Unzufriedenheit mit der Ausstattung, die durch die vorliegende Untersuchung bestätigt und auf ein hohes Aufkommen veralteter Geräte zurückgeführt werden kann. Insgesamt verläuft die Zufriedenheit mit der Ausstattung nach Schulformen tendenziell entgegengesetzt zur Anzahl der Computer, wobei im oberen Bildungssektor ein geringeres Geräteaufkommen mit höherer Zufriedenheit einhergeht. Die Ausstattung an den untersuchten Förderschulen ist demnach störanfälliger und wartungsintensiver und entspricht nicht den gegenwärtigen technischen Standards.

Mehrheitlich wird von den Lehrkräften ein eklatanter Mangel an geeigneter Software beklagt.

Die Administration und Wartung erfolgt an den meisten Schulen durch Lehrkräfte, die sich die erforderlichen Kenntnisse für ihre Aufgaben in der Regel selbstständig angeeignet haben und einen Großteil ihrer freien Zeit für diese Aufgaben opfern. Häufig handelt es sich um „Einzelkämpfer". Technologiegruppen, deren Aufgabe es ist, Technologieentwicklung ganzheitlich in Schulentwicklung zu integrieren (vgl. Breiter, 2001, 2007), gab es an keiner Schule.

Obwohl an den untersuchten Schulen doppelt so viele weibliche wie männliche Lehrkräfte unterrichten, sind es mehrheitlich Männer, die mit administrativen Aufgaben betraut sind oder den Computer überdurchschnittlich häufig im Unterricht nutzen, wobei diese Unausgewogenheit bei jüngeren Lehrkräften wesentlich weniger ausgeprägt ist.

Die Nutzung und Nutzungsbereitschaft der Kolleginnen und Kollegen ist an den meisten Schulen eher zurückhaltend. Als Begründung hierfür werden insbesondere unzureichende Kompetenzen, die daraus resultierenden Ängste sowie der mit der Nutzung verbundene Mehraufwand genannt. Gleichzeitig sprechen die befragten Lehrkräfte digitalen Medien sowohl als Kulturtechnik als auch im Hinblick auf ihre Potenziale für unterschiedliche Unterrichtsformen einen bedeutenden Stellenwert zu.

Fortbildungen werden selbst von den an der Arbeit mit IKT interessierten Lehrkräften kaum wahrgenommen. Viele Lehrkräfte beklagen sich über diesbezüglich unzureichende Angebote der kommunalen Träger. Die Kompetenzen der Lehrkräfte beschränken sich in der Regel auf Standard- und Lernprogramme. Die schulischen Nutzungsweisen überschneiden sich augenfällig mit den privaten. Von daher ist es durchaus angebracht, bei den Nutzungsweisen an Förderschulen (und anderen Schulformen) von einem gewissen „Dilettantismus" zu sprechen. Im Sinne der begrifflichen Bedeutung ist damit gemeint, dass der Einsatz digitaler Medien keiner beruflichen Professionalität unterliegt, sondern sich an den Vorlieben der Lehrkräfte orientiert.

Insgesamt erweisen sich die Rahmenbedingungen als eher unzureichend mit starken Schwankungen zwischen den einzelnen Schulen, abhängig von der kommunalen Unterstützung, der Anzahl und Qualifikation der Promotoren und dem bisherigen Verlauf der Technologieentwicklung. Der größte Handlungsbedarf wird von den befragten Lehrkräften neben der Verfügbarkeit über ausreichende finanzielle Mittel in der Qualifikation des Kollegiums, der Qualifikation der Schülerinnen und Schüler und einer Konzeptionalisierung der Implementation digitaler Medien gesehen. Diese zentralen Bereiche stehen in einer sich gegenseitig verstärkenden wechselseitigen Beziehung zueinander. Fehlende Konzepte verhindern eine ausreichende Qualifikation des Kollegiums, das somit weder in der Lage ist, solche Konzepte zu erstellen und weiterzuentwickeln, noch seinen Schülerinnen und Schülern die erforderlichen Qualifikationen zu vermitteln.

Unterrichtliche Nutzung

Digitale Medien kommen an den meisten Schulen erst in der Oberstufe verstärkt zum Einsatz und werden in fast allen Unterrichtsfächern eingesetzt. Dabei handelt es sich neben dem Fach Informatik insbesondere um die Kernfächer Deutsch und Mathematik sowie Fächer mit stark vorstrukturierten Inhalten (z.B. Geschichte, Erdkunde, Arbeitslehre). Für Textverarbeitung und Internetrecherche wird der Computer am häufigsten verwendet (vgl. Abb. 1).

Ein hoher Stellenwert kommt Üben und Spielen im Bereich der Aneignung basaler Fähigkeiten und Fertigkeiten zu. Zur Diagnose und gezielt rehabilitativen Nutzung auf der Basis diagnostizierter Defizite wird der Computer ebenso selten eingesetzt wie für die Erstellung von Produkten.

Diese Nutzungsprioritäten müssen im Kontext der Medienkompetenzen der Lehrkräfte gesehen werden, die zum größten Teil nicht über die Kenntnisse und Fertigkeiten verfügen, mit multimedialen Programmen zu arbeiten oder aber multimediale Programme zu erstellen. Einzelne Lehrkräfte, die über solche Kenntnisse verfügen, setzen digitale Medien verstärkt zu projektorientiertem fächerübergreifenden und kooperativem Lernen ein. Insbesondere an Schulen mit günstigen Rahmenbedingungen begegnen uns Zielsetzungen und methodisch-didaktische Konzeptionen, die über die Vermittlung basaler Grundfertigkeiten und die Nutzung von Standardprogrammen hinausgehen und auf eine zunehmende Eigenständigkeit der Schülerinnen und Schüler durch neue Technologien abzielen. Als gelungenes Beispiel sei an dieser Stelle ein Projekt aufgeführt, das in besonderer Weise pädagogischen Kriterien des selbstständigen problemorientierten Lernens in authentischen Kontexten genügt. Darin versteigern Förderschüler über das Internet-

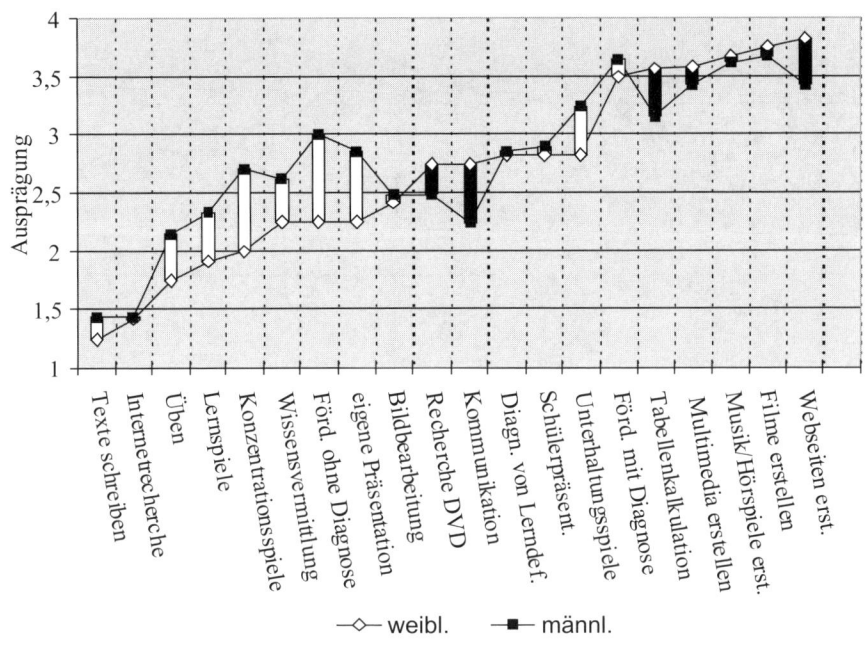

Abb. 1: Nutzungsprioritäten bei digitalen Medien

Legende
1 = Häufig   2 = Selten   3 = Manchmal   4 = Nie

Auktionshaus eBay Restbestände einer vormals im Hause ansässigen Realschule. Die Schülerinnen und Schüler verteilen selbstständig Aufgaben und Zuständigkeiten, führen eine Bestandsaufnahme der Restbestände durch, legen die Preise fest, verfassen die Texte, verfolgen die Auktion im Internet und organisieren den Versand. Die erzielten Einnahmen werden für Neuanschaffungen im IT-Bereich verwendet.

Der an Förderschulen verstärkt praktizierte fächerübergreifende und handlungsorientierte Unterricht zur Berufsvorbereitung findet häufig in Schülerfirmen statt. Hier wird der Computer im Rahmen von Projekten zum Schreiben von Bestellungen und Rechnungen genutzt. In einer „Computerfirma" erstellen und vermarkten Schülerinnen und Schüler selbst erstellte Grußkarten oder Memory-Spiele für die Grundschulen.

Entsprechend wird die pädagogische Eignung digitaler Medien von den Lehrkräften neben der individuellen Lernförderung mehrheitlich in der Vermittlung berufsrelevanter Schlüsselqualifikationen gesehen (vgl. Abb. 2).

Die Förderung schwächerer Schülerinnen und Schüler, bei der insbesondere rehabilitative Programme zum Einsatz kommen, nimmt einen nachrangigen Stellenwert ein.

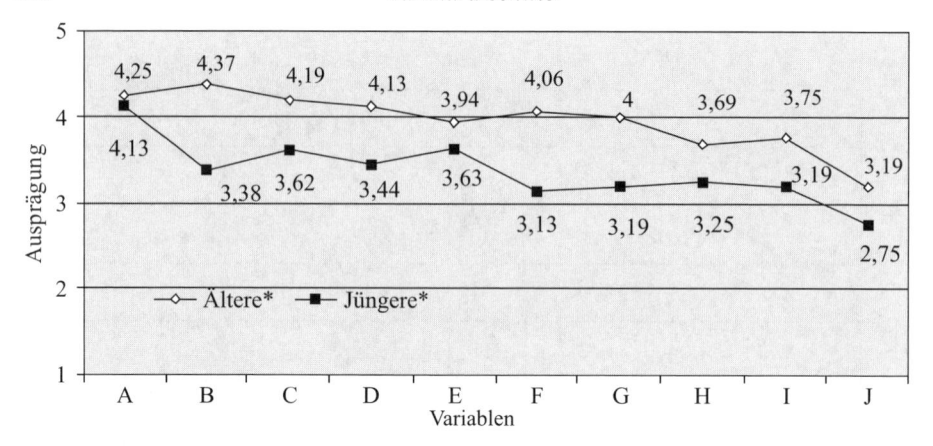

Der Median liegt bei Frauen bei 36 Jahren (Mittelwert: 40,42), bei Männern bei 47 Jahren (Mittelwert: 44,14).

Legende
1 Völlig unwichtig   2 Eher unwichtig   3 Teils/teils   4 Eher wichtig   5 Sehr wichtig

Variablen
A = Vorbereitung auf den Beruf   B = Individuelle Lernförderung
C = Selbstständiges Lernen   D = Interessantere Gestaltung von Lernprozessen
E = Leistungsdifferenzierung   F = Verbesserung der Lernleistung
G = Förderung schwächerer Schüler   H = Förderung der Problemlösefähigkeit
I = Förderung handlungsor.Lernens   J = Förderung kooperativen und sozialen Verhaltens

Abb. 2: Pädagogische Eignung digitaler Medien

In den durchgeführten Interviews wird die rehabilitative Nutzung im Gegensatz zu offenen Nutzungsweisen von den Lehrkräften nicht spontan thematisiert. Auf die direkte Frage, ob solche Nutzungsweisen praktiziert werden, erfolgt in der Regel eine abschlägige Antwort. Als Begründung wird angeführt, dass solche Programme sich eher für andere Sonderschulen eignen und dass keine personellen, finanziellen und zeitlichen Ressourcen für die stark individualisierte Arbeit mit solchen Programmen zur Verfügung stehen. Eine weitere Ursache muss in der häuslichen Anbindung schulischer Nutzungsprioritäten sowie der Unbelesenheit zu digitalen Medien, insbesondere auch dem Einsatz rehabilitativer Programme, gesehen werden. Keine der befragten Lehrkräfte rezipierte methodisch-didaktische Anregungen zum Computereinsatz aus Fachzeitschriften, so dass von einer mangelhaften Theorie-Praxis-Anbindung ausgegangen werden muss.

Prinzipiell unterschiedliche Nutzungsweisen, wie sie die wissenschaftliche Literatur der Allgemeine Schulpädagogik und der Förderpädagogik nahe legt, finden sich somit in der Praxis nicht. Dies zeigt ein Vergleich der Einstellungen zur pädagogischen Eignung digitaler Medien zwischen den Ergebnissen der vorliegenden Untersuchung und der Studie von Rösner, Bräuer & Riegas-Staackmann (2004) (vgl. Abb. 3). Danach besteht eine deutliche Übereinstimmung in der Rangfolge der Items, die auf analoge Nutzungsweisen in der Unterrichtspraxis schließen lassen und somit graduelle und keine prinzipiellen Unterschiede zwischen den Nutzungsweisen der allgemeinbildenden Schulen und der Förderschule nahe legen.

[Diagramm: Balkendiagramm mit Auspägung (1-5) für verschiedene Kategorien, Vergleich Schwier 2008 und Rösner, Bräuer & Staackmannn 2004]

Kategorien (von links nach rechts):
Vorbereitung auf den Beruf, Selbstständiges Lernen, Individuelle Lernförderung, Interessantere Gestaltung v. Lernprozessen, Leistungsdifferenzierung, Verbesserung der Lernleistung, Förderung schwächerer Schüler, Förderung der Problemlösefähigkeit, Förderung handlungsorientierten Lernens, Förderung koop. u. soz. Verhaltens

Legende 1 = Völlig unwichtig 2 = Eher unwichtig 3 = Teils/teils 4 = Eher wichtig 5 = Sehr wichtig

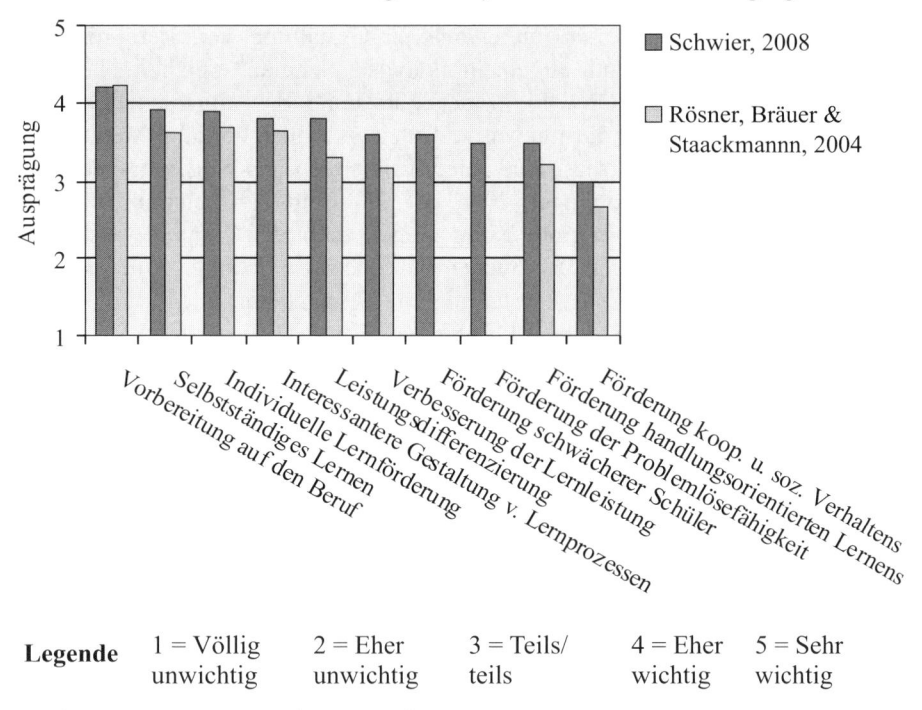

Quelle: Rösner, Bräuer & Riegas-Staackmann, 2004, S. 60.

Abb. 3: Bedeutung digitaler Medien für das Erreichen pädagogischer Ziele

Resümee

Rehabilitative Nutzungsweisen sind weit weniger verbreitet, als die diesbezügliche Schwerpunktsetzung in der Forschung der Förderpädagogik nahe legt. Während bei den allgemeinbildenden Schulen zumindest eine weitgehende Übereinstimmung zwischen den zentralen Inhalten von Wissenschaft und Unterrichtspraxis besteht, wird in der Förderpädagogik die Unterrichtspraxis von der Wissenschaft gar nicht erst aufgegriffen, so dass diesbezüglich nicht die Möglichkeit besteht, in der eigenen Fakultät aus wissenschaftlichen Erkenntnisse Konzeptionen und Modelle zu entwickeln, die eine Affinität zur gängigen Unterrichtspraxis aufweisen. Im Vorfeld einer unterrichtspraktischen Anbindung findet auch eine Bezugnahme der insbesondere für Lehrkräfte publizierten pragmatischen Zeitschriften auf die wissenschaftlichen Ergebnisse zur rehabilitativen Nutzung fast gar nicht statt.

Somit besteht nicht nur eine einseitige Orientierung an rehabilitativen Nutzungsweisen, diese werden sowohl in der Literatur als auch durch Fortbildungen nicht für die Praxis aufbereitet oder für Schulen konzeptionalisiert.

Möglicherweise hat die einseitig rehabilitative wissenschaftliche Schwerpunktsetzung in der Förderpädagogik dazu beigetragen, die Nutzungsweisen an Förderschulen als stark abweichend von denen der allgemeinbildenden Schulen zu profilieren. Dabei steht sowohl bei allgemeinbildenden Schulen als auch bei Förderschulen die berufliche Qualifikation im Vordergrund. Individueller Lernförderung, selbstständigem Lernen und der interessanteren Gestaltung von Lernprozessen kommt an Förderschulen und allgemeinbildenden Schulen gleichermaßen ein besonderer Stellenwert zu. Obwohl in der Forschung der allgemeinen Schulpädagogik fast ausschließlich auf innovative Nutzungsformen digitaler Medien Bezug genommen wird, stellen diese nur einen Teilbereich des Nutzungsspektrums dar (vgl. Haas, Seeber & Weininger, 2004, S. 231). Selbst an Schulen, in denen digitale Medien eine besonders große Rolle spielen, dient der Computer insbesondere zur Informationsrecherche, zur medialen Veranschaulichung, zum Erlernen von Informatikinhalten und der Ausgestaltung von Texten (ebd.).

Angesichts der Relativität einer klassifikatorischen Differenzierung in lernbehinderte und nicht-lernbehinderte Schülerinnen und Schüler sind in der Förderpädagogik die offenen Nutzungsweisen neu zu gewichten. In der allgemeinen Schulpädagogik muss angesichts der Notwendigkeit und Effektivität instruktiven Lernens (vgl. Scheerens & Bosker, 1997) darauf hingearbeitet werden, sich auch den diesbezüglichen Potenzialen digitaler Medien zuzuwenden. Hieraus ergibt sich eine Annäherung der beiden Fakultäten, die in der schulischen Praxis schon längst vollzogen ist.

Der besondere Auftrag von Schule ist es, jene Schülerinnen und Schüler auf ein Leben in einer digitalisierten Wissensgesellschaft vorzubereiten, die aufgrund ungünstiger sozialer Rahmenbedingungen digitale Medien weniger bildungsbezogen nutzen und damit in ihrer individuellen und beruflichen Entfaltung benachteiligt sind. Zurzeit spiegelt Schule eher die sozialen Disparitäten als dass sie sie kompensiert (vgl. Schäfer & Lojewski, 2007; Pfeffer-Hoffmann, 2007). Solange sie schulformabhängig hierarchisierte Gelegenheitsstrukturen des Lernens aufweist anstatt im Sinne der Chancengleichheit kompensatorische Maßnahmen in die Wege zu leiten, besteht die Gefahr, dass sich schulbasierte Unterschiede in den Zugangsmöglichkeiten und Nutzungsweisen zu den häuslichen addieren und Schule somit zu deren Fundamentierung beiträgt anstatt sie aufzulösen. Förderschulen benötigen eine Infrastruktur, die die größtenteils milieubedingten Defizite ausgleicht und die Schieflage einer Benachteiligung, die gerade im Bereich digitaler Medien auch eine Funktion sozioökonomischen Fortschritts ist, wieder ins Gleichgewicht bringt. Hierzu gehören schulübergreifend einheitliche unterstützende und verpflichtende Maßnahmen zur Ausstattung, Schulung und Wartung. Die informellen Erfahrungen der Schülerinnen und Schüler mit digitalen Medien sind aufzugreifen und didaktisch konzeptionell an die späteren beruflichen und lebensweltlichen Anforderungen anzubinden. Aufgrund der umfassenden Defizite im Bereich bildungsrelevanter Medienkompetenzen muss der Umgang mit digitalen Medien an Förderschulen bereits in der Unterstufe erfolgen.

In der Diskussion der PISA-Ergebnisse zu digitalen Medien markiert die Hauptschule als „Restschule" die Problemzone mit dem größten Handlungsbedarf, während Förderschulen, von den Untersuchungen ausgenommen, erst gar nicht ins Blickfeld geraten. In internationale und bundesweite Untersuchungen zu digitalen Medien werden sie kaum einbezogen. In Wissenschaft und Forschung wird das Thema bis in die jüngste Vergangenheit einseitig rehabilitativ und marginal aufgegriffen. Ob Politik und Gesellschaft es ernst meinen mit einer gleichberechtigten Teilhabe an den Bildungsgütern einer veränderten Gesellschaft, erweist sich letztlich daran, in welchem Ausmaß es ihnen gelingt Chancengleichheit sicherzustellen.

Was die schulische Vermittlung von Medienkompetenz angeht, ist man bislang hiervon noch weit entfernt

Literatur

Balgo, R. (2003). Ansätze einer systemischen Theorie der Beobachtung sonderpädagogischen Beobachtens von „Lernbehinderung". In R. Balgo & R. Werning (Hrsg.), *Lernen und Lernprobleme im systemischen Diskurs* (S. 89−115). Dortmund: Borgmann.

Baumert, J., Stanat, P. & Watermann, R. (2006). Schulstruktur und die Entstehung differenzieller Lern- und Entwicklungsmilieus. In: J.M. Baumert, P. Stanat & R. Watermann (Hrsg.), *Herkunftsbedingte Disparitäten im Bildungswesen: Differenzielle Bildungsprozesse und Probleme der Verteilungsgerechtigkeit. Vertiefende Analysen im Rahmen von PISA 2000* (S. 95−188).Wiesbaden: VS Verlag für Sozialwissenschaften.

Begemann, E. (1996). Zum Begriff und Phänomen Lernen. Vom Lehren zum Selbstlernen. In H. Eberwein (Hrsg.), *Handbuch Lernen und Lern-Behinderungen* (S. 259−278). Weinheim, Basel: Beltz.

Begemann, E. (1996a). Didaktische Konzeptionen in Schulen für Lernbehinderte. Notwendige pädagogische Umorientierungen. In H. Eberwein, (Hrsg.), *Handbuch Lernen und Lern-Behinderungen* (S. 95−113). Weinheim, Basel: Beltz.

Begemann, E. (2000). (Sonder-)Schulpädagogiken? Ist (sonder)pädagogischer Unterricht mehr als aufgabenspezifisches Lernen? *Behindertenpädagogik*, 39 (1), 17−54.

Bertelsmann-Stiftung (2002). *Internationale Benchmarking-Studie „IT in Schulregionen". Ergebnisse und Empfehlungen.* Gütersloh.

Bleidick, U. (1995). Lernbehindertenpädagogik. In U. Bleidick (Hrsg.), *Einführung in die Behindertenpädagogik* (4. Aufl.). (S. 106−131). Stuttgart.

Bleidick, U. & Ellger-Rüttgardt, S.L. (2008). *Behindertenpädagogik – eine Bilanz. Bildungspolitik und Theorieentwicklung von 1950 bis zur Gegenwart.* Stuttgart: Kohlhammer.

Breiter, A. (2001*). IT-Management in Schulen. Pädagogische Hintergründe, Planung, Finanzierung und Betreuung des Informationstechnikeinsatzes*. Neuwied, Kriftel: Luchterhand.

Breiter, A. (2007). Management digitaler Medien als Teil der Schulentwicklung. Neue Herausforderungen für die Schulleitung. In R. Pfundtner (Hrsg.), *Leiten und Verwalten einer Schule* (S. 349−355). Neuwied: Kluwer.

Dusick, D.M. (1998). What social cognitive factors influence faculty members use of computers for teaching? A Literature Review. *Journal of Research on Computing in Education*, 31 (2), 23−37.

Eickelmann, B. & Schulz-Zander, R. (2008). Schuleffektivität, Schulentwicklung und digitale Medien. In W. Bos, H.G. Holtappels, H. Pfeiffer, H.-G. Rolff & R. Schulz-Zander (Hrsg.), *Jahrbuch der Schulentwicklung. Bd. 15* (S. 157−193). Weinheim, München: Juventa.

Ellger-Rüttgardt, S. (1998). Der Verband der Hilfsschulen Deutschlands auf dem Weg von der Weimarer Republik in das Dritte Reich. In A. Möckel (Hrsg.), *Erfolg, Niedergang, Neuanfang. 100 Jahre Verband Deutscher Sonderschulen* (S. 50−95). München: Reinhardt

Ellger-Rüttgardt, S. & Tenorth, H.-E. (1998). Die Erweiterung von Idee und Praxis durch die Entdeckung der Bildbarkeit Behinderter. *Zeitschrift für Heilpädagogik*, 49 (10), 438−441.

Feuser, G. (2006). Aspekte der Entwicklung und Problemlage der Integration. In: A. Tanner, H. Badertscher, R. Holzer, A. Schindler & U. Streckeisen (Hrsg.), *Heterogenität und Integration. Umgang mit Ungleichheit und Differenz in Schule und Kindergarten* (S. 65−73) Zürich: Seismo-Verlag.

Feuser, G. (2006). Thesen zu: Gemeinsame Erziehung, Bildung und Unterrichtung behinderter und nichtbehinderter Kinder und Jugendlicher in Kindergarten und Schule (Intergration). In: A. Tanner, H. Badertscher, R. Holzer, A. Schindler & U. Streckeisen (Hrsg.), *Heterogenität und Integration. Umgang mit Ungleichheit und Differenz in Schule und Kindergarten* (S. 74−78) Zürich: Seismo-Verlag.

Flick, U. (2002). *Qualitative Sozialforschung. Eine Einführung* (6. Aufl.). Hamburg: Rowohlt.

Haas, U.; Seeber, F. & Weininger, U. (2004). *ICT and the Quality of Learning. Case Studies of ICT and School Improvement in Germany. Final Report.* Unveröffentlichtes Manuskript. Grünewald.

Häuptle, E. & Reinmann, G (2008). *Notebooks in der Hauptschule. Eine Einzelfallstudie zur Wirkung des Notebook-Einsatzes auf Unterricht, Lernen und Schule.* Verfügbar unter: http://medienpaedagogik.phil.uni-Augsburg.de/downloads/dokumente/2006/Notebook-Klassen_Abschlussbericht.pdf [11.07.2008].

Herzig, B. & Grafe, S. (2007). *Digitale Medien in der Schule. Standortbestimmung und Handlungsempfehlungen für die Zukunft.* Bonn: Dt. Telekom.

Kanter, G. (2007). Reizwort „Lernbehinderung". In K. Salzberg-Ludwig (Hrsg.), *Pädagogik für Kinder und Jugendliche in schwierigen Lern- und Lebenssituationen* (S. 7−29). Stuttgart: Kohlhammer.

Klein, G. (2001). Sozialer Hintergrund und Schullaufbahn von Lernbehinderten/Förderschülern 1969 und 1997. *Zeitschrift für Heilpädagogik, 52* (2), 51−61.

Kriwet, I. (2006). Zur Integration von SchülerInnen ausländischer Herkunft im schwedischen Schulsystem − Unterschiede und Gemeinsamkeiten mit dem Schulsystem in der Schweiz. In: A. Tanner, H. Badertscher, R. Holzer, A. Schindler & U. Streckeisen (Hrsg.), *Heterogenität und Integration. Umgang mit Ungleichheit und Differenz in Schule und Kindergarten* (S. 389−400) Zürich: Seismo-Verlag.

Lancaster, P.E.; Lancaster, S.J.C.; Schumaker, J.B. & Deshler, D.D. (2006). The Efficacy on Interactive Hypermedia Program for Teaching a Test-Taking Strategy to Students with High-Incidence Disabilities. *Computers and Education, 21* (2), 17−30.

Lütje-Klose, B. (2003). Didaktische Überlegungen für Schülerinnen und Schüler mit Lernbeeinträchtigungen aus systemisch-konstruktivistischer Sicht. In R. Balgo & R. Werning (Hrsg.), *Lernen und Lernprobleme im systemischen Diskurs* (S. 173−205). Dortmund: Borgmann KG.

Luhmann, N. (1984). *Soziale Systeme: Grundriß einer allgemeinen Theorie.* Frankfurt am Main: Suhrkamp.

Maccini, P.; Gagnon, J.C. & Hughes C.A. (2002). Technology-based Practices for Secondary. Students with Learning Disabilities. *Learning Disability Quarterly, 25* (3), 247−261.

Pfeffer-Hoffmann, C. (2007). *E-Learning für Benachteiligte. Eine ökonomische und mediendidaktische Analyse.* Berlin: Mensch und Buch Verlag.

Risse, E. (2003). Neue Medien und Lernkultur. In R. Keil-Slawik & M. Kerres (Hrsg.), *Wirkungen und Wirksamkeit Neuer Medien in der Bildung. Bd. 1* (S. 241−258). Münster, New York, München, Berlin: Waxmann.

Rösner, E.; Bräuer, H. & Riegas-Staackmann, A. (2004). *Digitale Medien in den Schulen Nordrhein-Westfalens. Ein Evaluationsbericht zur Arbeit der e-nitiative.nrw.* Dortmund: IFS-Verlag.

Samsonov, P.; Pedersen, S. & Hill, C.L. (2006). Using Problem-Based Learning Software with At-Risk-Students: A Case Study. *Computers in the Schools, 23,* 111−124.

Schäfer, M & Lojewski, J. (2007). *Internet und Bildungschancen. Die soziale Realität des virtuellen Raumes.* München: kopaed.

Schaumburg, H. (2003). *Konstruktivistischer Unterricht mit Laptops? Eine Fallstudie zum Einfluss mobiler Computer auf die Methodik des Unterrichts.* Verfügbar unter: http://www.diss.fu-berlin.de/diss/servlets/MCRFileNodeServlet/FUDISS_derivate_000000000914/00_autor.pdf?hosts= [04.04.2009].

Scheerens, J. & Bosker, R. (1997). *The Foundation of Educational Effectiveness.* Oxford: Pergamon.

Schröder, U. (2002). Das Konzept der „Learning disabilities" und seine Rezeption in der deutschen Sonderpädagogik. In U. Schröder & M. Wittrock (Hrsg.), *Lernbeeinträchtigung und Verhaltensstörung. Konvergenzen in Theorie und Praxis* (S. 24–39). Stuttgart, Berlin, Köln: Kohlhammer.

Schulz-Zander, R. (2001). Neue Medien als Bestandteil von Schulentwicklung. In S. Aufenanger, R. Schulz-Zander & D. Spanhel (Hrsg.), *Jahrbuch Medienpädagogik 1* (S. 263–281). Opladen: Leske + Budrich.

Schulz-Zander, R. (2005). Innovativer Unterricht mit Informationstechnologien – Ergebnisse der SITES M2. In H.G. Holtappels & K. Höhmann (Hrsg.), *Schulentwicklung und Schulwirksamkeit* (S. 264–276). Weinheim, München: Juventa.

Schulz-Zander, R. & Preußler, A. (2005). Selbstreguliertes und kooperatives Lernen mit digitalen Medien – Ergebnisse der SITES-Studie und der SelMa-Evaluation. In B. Bachmair, P. Diepold & C. de Witt (Hrsg.), *Jahrbuch Medienpädagogik 4* (S. 211–228). Wiesbaden: VS Verlag für Sozialwissenschaften.

Schumacher, F. (Hrsg.) (2004). *Innovativer Unterricht mit neuen Medien. Ergebnisse wissenschaftlicher Begleitung von SEMIK-Einzelprojekten.* Institut für Film und Bild in Wissenschaft und Unterricht: Grünewald.

Schwier, B. (2005). Der Stellenwert neuer Informations- und Kommunikationstechnologien in der Fachliteratur der Lernbehindertenpädagogik. Eine Untersuchung publizierter Hochschulschriften, Monographien und Sammelwerke von 1984 bis 2003. *Sonderpädagogik, 35* (4), 204–219.

Schwier, B. (2008). *Lernen mit digitalen Medien an Förderschulen. Inhaltsanalytische und explorative Untersuchungen zu Förderschulen mit dem Schwerpunkt „Lernen".* Berlin: Logos.

Senkbeil, M. & Wittwer, J. (2008). Antezedenzien und Konsequenzen informellen Lernens am Beispiel der Mediennutzung von Jugendlichen. In M. Prenzel & J. Baumert (Hrsg.), *Vertiefende Analysen zu PISA 2006. Zeitschrift für Erziehungswissenschaft.* Sonderheft 10 (S. 107–128). Wiesbaden: VS Verlag für Sozialwissenschaften.

Urban, M.; Werning, R. & Löser, J.M. (2006). Alltag und Internet. Beobachtungen in einer mehrperspektivischen qualitativen Studie zum Aufbau von Medienkompetenz bei Schülerinnen und Schülern mit Lernbeeinträchtigungen. In R. Werning & M. Urban (Hrsg.), *Das Internet im Unterricht für Schüler mit Lernbeeinträchtigungen. Grundlagen-Praxis-Forschung* (S. 156–188). Stuttgart: Kohlhammer.

Vernooij, M. (2007). Aspekte des Lernens bei Kindern mit Lernbeeinträchtigungen. In K. Salzberg-Ludwig (Hrsg.), *Pädagogik für Kinder und Jugendliche in schwierigen Lern- und Lebenssituationen* (S. 47–64). Stuttgart: Kohlhammer.

Wenning, N. (2007). Heterogenität als Dilemma für Bildungseinrichtungen. In S. Boller, E. Rosowski & T. Stroot (Hrsg.), *Heterogenität in Schule und Unterricht. Handlungsansätze zum pädagogischen Umgang mit Vielfalt* (S. 21–31). Weinheim, Basel: Beltz.

Werning, R. (1998). Kinder mit Lernschwierigkeiten. Systemisch-konstruktivistische Perspektiven in ihrer Bedeutung für die pädagogische Förderung. *Behindertenpädagogik, 37* (1), 11–21.

Werning, R. (2003). Entwicklung von Planungskompetenzen in den Lebenswelten moderner und sozial randständiger Kinder. In P. Gehrmann & B. Hüwe (Hrsg.), *Kinder und Jugendliche in erschwerten Lernsituationen* (S. 27–37). Stuttgart: Kohlhammer.

Willand, H. (2000). Jugendliche in schwierigen Lebenslagen. Lernbehinderung und soziale Benachteiligung. *Sonderpädagogik, 30* (4), 210–221.

Gerhard Tulodziecki

Informations- und kommunikationstechnologische Entwicklungen als Herausforderung für die Pädagogik

Der Gedanke, Computer für Lehr- und Lernprozesse einzusetzen, hat bereits in den 1960er und 1970er Jahren zu einer Reihe entsprechender Forschungs- und Entwicklungsprojekte geführt. Allerdings hat er sich erst seit den 1980er und 1990er Jahren stärker durchgesetzt. Die informations- und kommunikationstechnologischen Entwicklungen führten jedoch nicht nur zu dem Bestreben, Computer im instrumentellen Sinne für Lehren und Lernen zu nutzen, sondern auch zu der Forderung, sich mit der Mikroprozessor- bzw. Computertechnologie im Rahmen einer informations- und kommunikationstechnologischen Grundbildung inhaltlich auseinanderzusetzen. Aus den damit verbundenen Anforderungen ergaben sich für Pädagogik und Schule verschiedene Probleme, von denen einzelne in diesem Beitrag aufgegriffen und hinsichtlich von Lösungsansätzen diskutiert werden sollen. Dabei wird der Akzent auf konzeptionellen Fragen der schulischen Medienpädagogik liegen. Es ist ein Verdienst von Renate Schulz-Zander, dass sie vor dem Hintergrund entsprechender Probleme an der Entwicklung pädagogisch orientierter Lösungen – schon als wissenschaftliche Mitarbeiterin am Institut für die Pädagogik der Naturwissenschaften, insbesondere jedoch seit ihrer Berufung zur Professorin für Bildungsforschung und Informations- und Kommunikationstechnologische Bildung im Jahr 1992 – maßgeblich mitgewirkt hat.

Ausgangssituation und Problemlage

Bevor die Forderung nach einer informations- und kommunikationstechnologischen Grundbildung für alle Schülerinnen und Schüler in den 1980er Jahren erhoben wurde, gab es in der Pädagogik vor allem zwei Teilgebiete, die sich mit Fragen der Nutzung von Medien für Lehren und Lernen einerseits und mit Überlegungen zu einer inhaltlichen Auseinandersetzung mit medialen Entwicklungen andererseits beschäftigten: die Bildungstechnologie bzw. Mediendidaktik und die Medienerziehung. Demgemäß existierten in der Pädagogik zum einen verschiedene Ansätze zur Medienverwendung für Lehren und Lernen, einschließlich der Computernutzung, und zum anderen unterschiedliche konzeptionelle Vorstellungen zur Medienerziehung.

Das traditionelle *didaktische Denken* war hinsichtlich der Medienfrage besonders durch den – schon bei Comenius (1657) vorhandenen – Gedanken geprägt, dass Medien Hilfsmittel für das Lehren und Lernen seien. Demgemäß blieb die Medienfrage lange Zeit der Methodik zugeordnet. Mit den Arbeiten von Paul Heimann (1962) zum Fernsehen wurde allerdings klar, dass es zu kurz greifen würde, Medien nur als Instrumente zur Umsetzung von unterrichtlichen Intentionen, Inhalten und Methoden zu betrachten. Medien müssen auch in ihrem

„Eigenwert" und in ihren Rückwirkungen auf andere Strukturelemente des Unterrichts in den Blick genommen werden. Vor diesem Hintergrund entwickelte sich seit den 1960er Jahren im deutschsprachigen Raum eine eigenständige Mediendidaktik. Zudem hatte sich im Zusammenhang mit medientechnischen Entwicklungen vor allem im angloamerikanischen Raum – ausgehend vom Konzept der programmierten Unterweisung – eine so genannte „Educational Technology" bzw. Bildungstechnologie herausgebildet, deren Bestreben es war, Lernprozesse auf der Grundlage psychologischer Theorien unter Einsatz technischer Hilfsmittel zu planen und zu evaluieren (vgl. Issing & Knigge-Illner, 1976).

Aus *medienerzieherischer Sicht* war die Diskussion in den 1980er Jahren durch eine Fülle von Grundpositionen gekennzeichnet, deren Wurzeln zum Teil bis zum Anfang des 20. Jahrhunderts zurückreichen. Je nachdem, ob der Einfluss der Medien auf Kinder und Jugendliche eher negativ oder eher positiv bewertet wurde, dominierten entweder die Forderungen nach einer Bewahrung vor Schädlichem und nach Ideologiekritik oder die Forderungen nach einer Bereitstellung „wertvoller" Medienprodukte sowie nach einer zielgerichteten Nutzung der Medien zur Förderung von Bildung und Kultur, von Wirtschaft und Demokratie. In den 1980er Jahren setzte sich zudem der Gedanke durch, Medienrezeption und Medienproduktion als soziales Handeln zu begreifen und vor diesem Hintergrund die kommunikative Kompetenz der Mediennutzerinnen und -nutzer zu fördern (vgl. Baacke, 1996).

Parallel war – wie oben bereits angedeutet – seit den 1980er Jahren die Forderung nach einer *informations- und kommunikationstechnologischen Grundbildung* entstanden. Dies geschah zunächst vor dem Hintergrund ökonomischer Interessen und mit einer deutlichen Ausrichtung auf Handhabungsfertigkeiten bzw. auf die Nutzung von Anwenderprogrammen. In der bildungspolitischen Diskussion wurde die Forderung nach einer informations- und kommunikationstechnologischen Grundbildung mit der Zeit durch den Gedanken ergänzt oder sogar ersetzt, die digitalen Medien zu alltäglichen bzw. selbstverständlichen Instrumenten des Lernens und Lehrens zu machen (vgl. Schulz-Zander, 1999).

Aus den informations- und kommunikationstechnologischen Entwicklungen resultierten für die Pädagogik – und speziell für die Medienpädagogik – in den 1990er Jahren verschiedene Problemlagen, die von der Tatsache reichen, dass vorhandene Finanzmittel vor allem für Ausstattungsinitiativen im Bereich von Computer und Internet ohne Berücksichtigung medienpädagogischer und innovationsstrategischer Einsichten verwendet wurden, bis zu der konzeptionellen Frage, wie in einer zeitgemäßen Medienpädagogik bewährte Ansätze aufgehoben und gleichzeitig neue Anforderungen angemessen berücksichtigt werden könnten. Aus dem Spektrum der Problemlagen sollen im Folgenden vor allem vier konzeptionelle Fragestellungen weiterverfolgt werden, die bis heute aktuell sind:

1. Wie kann unter dem Einfluss medientechnologischer Entwicklungen und ökonomischer Interessen sichergestellt werden, dass die Medienpädagogik in ihrer Zieldiskussion anschlussfähig an die allgemeine Bildungsdiskussion bleibt?
2. Wie lässt sich verhindern, dass unter dem Einfluss der bildungspolitischen Förderung des Lernens mit digitalen Medien die übergreifenden Erziehungs- und Bildungsaufgaben im Medienbereich aus dem Auge geraten?

3. Wie soll der Gefahr gegengesteuert werden, dass die umfassend orientierte Medienpädagogik durch informations- und kommunikationstechnisch orientierte Ansätze verdrängt bzw. auf solche reduziert wird?
4. Welche Voraussetzungen sind für die Umsetzung einer pädagogisch verantworteten Medienbildung in der Schule wichtig?

Diese Fragestellungen verweisen auf die Notwendigkeit, in der Auseinandersetzung mit den informations- und kommunikationstechnologischen Entwicklungen Lösungsansätze zu entwickeln, die den Anforderungen an Erziehung und Bildung in der Informations- und Wissensgesellschaft Rechnung tragen.

Medienbildung als Antwort auf informations- und kommunikationstechnologische Herausforderungen

Als generelle Antwort auf die angeführten Fragestellungen kann die Konzeption einer pädagogisch orientierten Medienbildung gelten. Entsprechende Überlegungen werden im Folgenden entfaltet.

Übergreifende Leitvorstellungen für Erziehung und Bildung in der Informations- und Wissensgesellschaft

Um sicherzustellen, dass die medienpädagogische Diskussion trotz medientechnischer und ökonomischer Einflüsse anschlussfähig an die Bildungsdiskussion bleibt, ist die Entwicklung von Leitvorstellungen notwendig, die sich in medienbezogenen Alltagssituationen bewähren und aus der Sicht der Informations- und Wissensgesellschaft bedeutsam und gleichzeitig mit der bildungstheoretischen Diskussion vereinbar sind.

Um solche Leitvorstellungen aufzuzeigen, kann man sich beispielsweise eine Alltagssituation vorstellen, in der ein Mitarbeiter, der aufgrund seiner Tätigkeit Zugang zu wichtigen und vertraulichen Personendaten hat, von einem Freund gebeten wird, diese zum Zwecke wirtschaftlicher Vorteile herauszugeben.

Wertet man eine solche Situation im Hinblick auf ein wünschenswertes Handeln aus, lässt sich feststellen: Erstens ist zu hoffen, dass der betreffende Mitarbeiter über Kenntnisse zum Datenschutz verfügt und damit überhaupt erst die Möglichkeit hat, unter Beachtung rechtlicher Regelungen zu handeln, d.h. *sachgerecht* vorzugehen. Zweitens ist wünschenswert, dass er sich nicht einfach von seinem Freund überreden lässt, sondern zu einer eigenen Abwägung kommt – oder anders gesagt: nicht fremdbestimmt, sondern *selbst bestimmt* handelt. Drittens wäre es gut, wenn sich der Mitarbeiter in solchen oder ähnlichen Situationen nicht bloß auf die Handlungsmöglichkeiten „Herausgabe der Daten" oder „Nicht-Herausgabe" festlegen ließe, sondern neue bzw. alternative Handlungsmöglichkeiten bedenkt, d.h. *kreativ* agiert, z.B. mit dem Freund überlegt, wie man den gegebenen wirtschaftlichen Zweck verfolgen kann, ohne den Datenschutz zu verletzen. Viertens wäre ein wünschenswertes Handeln dadurch gekennzeichnet, dass der Mitarbeiter außer den Interessen des Freundes auch die Interessen anderer Betroffener, hier z.B. der Personen, von denen Daten vorliegen, im Sinne sozialer bzw. gesellschaftlicher Verpflichtungen im Blick hat, d.h. *sozial verantwortlich* entscheidet.

Damit sind vier Leitvorstellungen für das Handeln bzw. für Erziehung und Bildung in der Informations- und Wissensgesellschaft sichtbar geworden: *sachgerechtes Vorgehen, Selbstbestimmung, Kreativität und soziale Verantwortung* (vgl. Tulodziecki, 1996, S. 50). Diese Leitvorstellungen lassen sich nicht nur mit Blick auf das Beispiel, sondern auch mit Blick auf die generelle Bedeutung von Medien sowie auf allgemeine gesellschaftliche Tendenzen begründen. Beispielsweise wird es bei der Informationsfülle in unserer Medienlandschaft zunehmend schwieriger, sachlich richtige von falschen und irreführenden Informationen zu unterscheiden. Vor einem solchen Hintergrund steht die Leitvorstellung eines sachgerechten Handelns gegen mögliche Irreführungen durch Medieninformationen. Im Zusammenhang damit betont die Leitvorstellung des selbst bestimmten Handeln, dass es immer wichtiger wird, einer möglichen Fremdbestimmung durch Medien entgegenzuwirken. Des Weiteren verweist die Leitvorstellung kreativen Handelns auf das Ziel, gegen die bloße Rezeption von Medien eigene Kreativität – gegebenenfalls auch mit Medien – zu setzen, und schließlich wird mit der Leitvorstellung sozial verantwortlichen Handelns die Idee sozialer Gerechtigkeit hervorgehoben, die angesichts gesellschaftlicher Strömungen wie Nutzen- und Profitorientierung, Individualisierung und Narzissmus, Wertepluralismus und Globalisierung besondere Bedeutung gewinnt.

Zugleich wird mit diesen Hinweisen deutlich, dass in der Informations- und Wissensgesellschaft zentrale philosophische Grundfragen nicht außer Kraft gesetzt sind, sondern angesichts der informations- und kommunikationstechnologischen Entwicklungen geradezu neue Aktualität erlangen (vgl. auch Doelker, 2005, S. 136):

- die Grundfrage der Erkenntnistheorie: Was ist wahr?
- die Grundfrage des Pragmatismus: Was ist nützlich für den Einzelnen und die Gesellschaft?
- die Grundfrage der Ästhetik: Was ist in sich stimmig bzw. im weitesten Sinne schön?
- die Grundfrage der Ethik: Welches Handeln ist gerechtfertigt?

Diese Grundfragen zu stellen schließt keineswegs aus, sondern – im Sinne postmoderner Kritik bzw. im Sinne von Dekonstruktion und Diskursanalyse – geradezu ein, auch die Frage zu bedenken, warum etwas Bestimmtes für wahr, für nützlich, für schön oder für gerechtfertigt gehalten wird und Anderes eben nicht.

Die vier Leitvorstellungen eines sachgerechten, eines selbst bestimmten, eines kreativen und eines sozial verantwortlichen Handelns sind allerdings nicht nur wichtig, um mögliche Gefährdungen durch die Mediennutzung gegenzusteuern, sie sind ebenso bedeutsam, um das positive Potential, das in der Mediennutzung liegt, zur Geltung zu bringen: Im Rahmen eines entsprechenden Handelns können Medien wichtige Funktionen für Information und Lernen, für Unterhaltung und Spiel, für Entscheidungsfindung und künstlerischen Ausdruck, für Kommunikation und Kooperation sowie für die Mitgestaltung des Gemeinwesen zukommen.

Mit den genannten Leitvorstellungen ergeben sich zugleich mannigfaltige Bezüge zur Bildungsdiskussion in der Allgemeinen Didaktik. In dieser Diskussion sind z.B. von Klafki (1985) Selbstbestimmung und Mitbestimmung sowie Solidaritätsfähigkeit und von Klingberg (1990) Mitentscheidung, Mitgestaltung und Mitverantwortung als Zielkategorien postuliert worden. Außerdem wird seit den 1980er Jahren (wieder) zunehmend betont, dass unterrichtlich erworbenes Wissen und Können für gegenwärtiges und zukünftiges Handeln wirksam werden sollen (vgl. z.B. Aebli, 1983; Tulodziecki, 1996). Entsprechende Zielkategorien sind bis heute für die öffentliche und wissenschaftliche Bildungsdiskussion relevant (vgl. Tulodziecki, Herzig & Blömeke 2004, S. 59ff.).

Medienerzieherischen Möglichkeiten bei der Verwendung von Medien für Lern- und Lehrprozesse

Das mit der zweiten Frage angesprochene Problem – dass bei einer Fokussierung auf das Lernen mit digitalen Medien übergreifende Erziehungs- und Bildungsaufgaben aus dem Blick geraten können – ist damit verbunden, dass an die Nutzung digitaler Medien zur Anregung und Unterstützung von Lern- und Lehrprozessen große Erwartungen geknüpft wurden und werden. So waren in den 1990er Jahren in der öffentlichen Diskussion u.a. Schlagzeilen wie „Multimedia vom Feinsten. So macht Lernen richtig Spaß" keine Seltenheit (vgl. Neue Westfälische, 1995). Ja, man glaubte gar an eine „Revolution des Lernens" durch Computer und Internet (vgl. DER SPIEGEL, 1998). Bei solchen Annahmen rückt die instrumentelle Funktion von digitalen Medien ganz in den Vordergrund. Die eigentlich bedeutsameren Erziehungs- und Bildungsaufgaben, die in einer inhaltlichen Auseinandersetzung mit den Informations- und Kommunikationstechnologien liegen, werden dabei u.U. vernachlässigt . Dieses Problem zeigt sich bis heute u.a. daran, dass bei der Ausdifferenzierung des Begriffs der Medienkompetenz zum Teil eine instrumentell-funktionale Betrachtung überwiegt, wobei das Informieren, das Strukturieren, das Kommunizieren und das Präsentieren mit digitalen Medien dominieren (vgl. z.B. Vaupel, 2006). Dabei besteht sogar die Gefahr, dass der Begriff der Medienkompetenz in Begriffen wie Lern- oder Methodenkompetenz „verschwindet".

Einer bloß instrumentell-funktionalen Sicht auf Medien kann zum einen dadurch gegengesteuert werden, dass die Medienverwendung – gemäß den Ausführungen zu den Leitvorstellungen (s.o.) – unter die Leitvorstellungen eines sachgerechten, selbst bestimmten, kreativen und sozial verantwortlichen Handelns gestellt wird. Zum anderen sollten auch bei einer vorrangig instrumentellen Verwendung von Medien begleitende Reflexionen angestrebt werden.

Um die erste Forderung umzusetzen, empfiehlt sich ein kurzer Blick auf Bedingungen eines entsprechenden Handelns. Beispielsweise sind in der oben skizzierten Alltagssituation zum Datenschutz für die Entscheidung, ob der betreffende Mitarbeiter die Daten herausgibt oder nicht, die Lebenssituation, die Bedürfnislage, der Wissens- und Erfahrungsstand sowie das intellektuelle und das sozial-moralische Niveau bedeutsam: Wenn der betreffende Mitarbeiter beispielsweise in seiner Lebenssituation dringend auf den Freund angewiesen ist, ein starkes Zugehörigkeitsbedürfnis hat, kaum Kenntnisse zum Datenschutz besitzt, Entscheidungen in intellektueller Hinsicht in eindimensionaler Weise von einem ihm nahe liegenden Grund abhängig macht, z.B. dass er vielleicht an einem möglichen wirtschaftlichen

Gewinn beteiligt werden könnte, und in sozial-moralischer Hinsicht davon ausgeht, dass alles erlaubt ist, so lange man nicht erwischt wird, wird er eher dazu neigen, die Daten herauszugeben, als wenn für ihn andere Bedingungen gelten (vgl. Tulodziecki & Herzig, 2002, S. 28ff.).

Verallgemeinernd lässt sich feststellen, dass menschliches Handeln von der jeweiligen Lebenssituation und der Bedürfnislage sowie vom Wissens- und Erfahrungsstand und vom sozial-kognitiven Entwicklungsniveau in intellektueller und sozial-moralischer Hinsicht abhängig ist. Für das Lernen – auch mit Medien – ergibt sich daraus die Forderung, dass Lernen unter Beachtung von Lebenssituation und Bedürfnislage auf die Weitentwicklung des Wissens- und Erfahrungsstandes bei gleichzeitiger Förderung der sozial-kognitiven Entwicklung zielen soll. Ein entsprechendes Lernen lässt sich als Auseinandersetzung mit Aufgaben, die für Kinder und Jugendliche bedeutsam sind, gestalten. Solche Aufgaben können Erkundungsaufgaben, Probleme, Entscheidungsfälle, Gestaltungs- und Beurteilungsaufgaben sein. Der Unterrichtsprozess sollte dabei – ausgehend von einer bedeutsamen Aufgabe – durch eine Verständigung über Ziele und Vorgehensweisen, durch die selbsttätige und kooperative Erarbeitung von Informationen und Aufgabenlösungen, durch die Präsentation und die vergleichende Diskussion von Lösungswegen, durch Anwendungen und Reflexionen des Gelernten sowie durch Möglichkeiten der Differenzierung gekennzeichnet sein (vgl. Tulodziecki, Herzig & Blömeke, 2004).

Bei solchen Prozessen kann und soll eine Lernkultur entstehen, die dem didaktischen Prinzip eines „eigenaktiv- konstruierenden und kooperativen Lernens" entspricht und in der sowohl individualisiertes und kollaboratives als auch forschendes und produktorientiertes Lernen in angemessener Weise zum Tragen kommen (vgl. Schulz-Zander, 2005, S. 134ff.). Dass hierbei digitalen Medien ein besonderer Stellenwert zukommt, hat die Studie „Second Information Technology in Education Study – Module 2" (SITES-M2) der „International Association for the Evaluation of Educational Achievement" (IEA) in überzeugender Weise gezeigt (vgl. Schulz-Zander, 2005, S. 127ff.).

In entsprechenden Projekten oder Unterrichtseinheiten können Schülerinnen und Schüler zum einen – sofern sie nicht bereits über entsprechende Fertigkeiten verfügen – eine sachgerechte Handhabung der genutzten Medien und Programme erlernen. Zum anderen erfahren sie, wie man Medien in sinnvoller Weise als Hilfsmittel bei Erkundungen, Problembearbeitungen, Entscheidungsfindungen, eigenen Gestaltungen und Beurteilungen nutzen kann. Im Einzelnen können sie lernen, Medien als Mittel zur Präsentation von Sachverhalten und Arbeitsergebnissen, als Informationsquelle, als Lernhilfe, als „Materialpool" für eigene Produktionen, als Gegenstand von Analysen, als Instrument der Simulation, als „Werkzeug" der eigenen Gestaltung von Medienbeiträgen und deren Verbreitung sowie als Mittel der Kommunikation und Kooperation zu nutzen (vgl. auch Tulodziecki & Herzig, 2004).

Allerdings ist der medienerzieherische Gehalt entsprechender Lern- und Lehrprozesse in der Regel nur implizit gegeben. Üblicherweise bleiben so wichtige Aspekte einer umfassenden Medienkompetenzentwicklung unberücksichtigt, z.B. eine weitergehende Auseinandersetzung mit medialen Zeichensystemen, mit ihren Einflüssen und mit den Hintergründen ihrer Produktion und Verbreitung sowie mit außerschulischen Funktionen von Medien. Insofern sind weitere Aktivitäten zur Förderung von Medienkompetenz notwendig. Aber auch schon bei einer vorwiegend instrumentellen Medienverwendung sollten Reflexionen angeregt werden. Dazu eigenen sich z.B. Fragen folgender Art: Wie wurden die Inhalte im Rahmen der Lehr- und Lernprozesse erfahren bzw. präsentiert? Welche Möglichkeiten und Grenzen waren mit den Erfahrungsformen bzw. der Nutzung von medialen Angeboten verbunden? Waren die Informationsquellen glaubwürdig? In welcher Form wurden Beiträge der Lernenden dargestellt bzw. ausgedrückt? Welche Möglichkeiten und Begrenzungen waren dabei gegeben? Welche Einflüsse gingen von den benutzten Medien auf die Lernprozesse oder Lernergebnisse aus? Wodurch waren sie bedingt? Wie sind die Einflüsse zu beurteilen?

Medienbildung als integrative Weiterentwicklung von Ansätzen zur Medienerziehung und zur informations- und kommunikationstechnologischen Grundbildung

Ein drittes Problem, das sich durch die informations- und kommunikationstechnologischen Entwicklungen ergibt, besteht in der Gefahr, dass wichtige medienerzieherische Ansätze sowie das für Kinder und Jugendliche relevante Medienspektrum durch eine Fokussierung auf Computer und Internet aus dem Blick geraten.

Für einen Lösungsansatz ist zunächst noch einmal zu betonen, dass sich bis zu den 1980er Jahren in der Medienerziehung verschiedene Konzepte entwickelt hatten, z.B. behütend-pflegende, ästhetisch-kulturorientierte, funktional-systemorientierte, kritisch-materialistische sowie handlungs- und interaktionsorientierte, wobei bis heute eine handlungs- und interaktionsorientierte Sicht dominiert (vgl. zur Übersicht Tulodziecki & Herzig, 2002, S. 123ff.).

Parallel zu den medienerzieherischen Überlegungen war seit den 1980er Jahren – wie eingangs angesprochen – die informations- und kommunikationstechnologische Grundbildung unter dem Einfluss der zunehmenden Bedeutung computergestützter Prozesse entstanden. Die Mikroprozessortechnologie wurde dabei zunächst als wichtige Schlüsseltechnologie für wirtschaftliches Wachstum aufgefasst, ehe die kulturelle Bedeutung der computergestützten Information und Kommunikation stärker ins Bewusstsein geriet. Vor diesem Hintergrund dominierten in Konzepten für die informations- und kommunikationstechnologische Bildung zwei leitende Prinzipien (die im Übrigen an das funktional-systemorientierte Konzept der Medienerziehung erinnerten): das Durchschauen der Computertechnologie und ihrer Anwendungen sowie die verantwortungsbewusste Nutzung zur Förderung von Wirtschaft und Gesellschaft. Allerdings wurde eine entsprechende informations- und kommunikationstechnologische Grundbildung immer stärker durch die Forderung überlagert bzw. verdrängt, Computer und Internet in (nur) instrumenteller Weise für Lernen und Lehren zu verwenden (siehe oben).

Für das Verhältnis von Medienerziehung und informations- und kommunikationstechnologischer Grundbildung ist wichtig, dass die Medienerziehung aus der Auseinandersetzung mit Unterhaltungsangeboten – insbesondere mit Film und Fernsehen – und mit ihrer Bedeutung für die Entwicklung von Kindern und Jugendlichen entstand, während die informations- und kommunikationstechnologische Grundbildung ihre Wurzeln in der Auseinandersetzung mit einer Schlüsseltechnologie hat. Allerdings führten zwei Entwicklungen zu Berührungspunkten zwischen Medienerziehung und informations- und kommunikationstechnologischer Grundbildung: erstens die Tatsache, dass die Computertechnologie auch für die herkömmlichen Medien zunehmend wichtiger wurde, z.B. für Zeitung und Fernsehen, und zweitens die steigende Bedeutung neuer medialer Anwendungen der Computertechnologie, z.B. in der Form des Internets, des E-Learning und der Computerspiele. Insgesamt gelten beim gegenwärtigen Stand der Diskussion die medialen Aspekte des Computers grundsätzlich einer – alle Medien umfassenden – Medienbildung bzw. Medienpädagogik als zugehörig, wobei informatische Grundlagen als wichtiger Teil der Medienbildung aufgefasst werden. In diesem Zusammenhang spielt auch der in den 1990er Jahren bis heute intensiv diskutierte Begriff der Medienkompetenz eine bedeutende Rolle (vgl. Enquete Kommission, 1997).

In Übereinstimmung mit den einführenden Überlegungen lässt sich Medienkompetenz auf einer ersten und allgemeinen Ebene als bedeutsame Voraussetzung für das Handeln in der Informations- und Wissensgesellschaft auffassen und als das Vermögen und die Bereitschaft zu einem sachgerechten, selbst bestimmten, kreativen und sozial verantwortlichen Handeln in Medienzusammenhängen beschreiben (vgl. Tulodziecki, 2001, S. 6).

Auf einer zweiten Ebene stellt sich die Frage nach einer sinnvollen Ausdifferenzierung von Medienkompetenz und nach einer Strukturierung curricularer Überlegungen für die Medienbildung. Dazu gibt es unterschiedliche Ansätze (vgl. Schorb, 2005, S. 257ff.). Beispielsweise unterscheidet Baacke (1996, S. 8) vier Felder: Medien-Kritik, Medien-Kunde, Medien-Nutzung und Medien-Gestaltung. Aufenanger (2001, S. 119ff.) versucht eine Bestimmung des Begriffs der Medienkompetenz über sechs Dimensionen. Er unterscheidet eine kognitive, eine moralische, eine soziale, eine affektive und eine ästhetische Dimension sowie eine Handlungsdimension.

Zusammenfassend kann – unter Berücksichtigung verschiedener Ansätze – eine Differenzierung nach zentralen Handlungszusammenhängen sowie nach grundlegenden Inhalts- bzw. Reflexionsfeldern vorgenommen werden. So lassen sich zunächst zwei Grundformen des Handelns in Medienzusammenhängen unterscheiden: das Auswählen und Nutzen von Medienangeboten sowie das Gestalten und Verbreiten eigener medialer Beiträge. Als grundlegende Inhalts- und Reflexionsfelder können gelten: das Verstehen und Bewerten von Mediengestaltungen, das Erkennen und Aufarbeiten von Medieneinflüssen sowie das Durchschauen und Beurteilen von Bedingungen der Medienproduktion und Medienverbreitung (vgl. Tulodziecki, 1997, Schulz-Zander & Tulodziecki, 2002). Auf diese Art und Weise ergeben sich insgesamt fünf Kompetenzbereiche, die sich jeweils nach einzelnen Kompetenzaspekten gliedern lassen. Eine entsprechende Zusammenstellung von Kompetenzbereichen und Kompetenzaspekten zeigt Tabelle 1. In der Tabelle sind für die jeweiligen Kompetenzbereiche medienübergreifende Kompetenzerwartungen für das Ende der Sekundarstufe I ausgeführt. Damit ist ein curricularer Rahmen für die Medienbildung gegeben, der gleichzeitig als Grundlage für die Entwicklung von Bildungsstandards dienen kann. Dazu wäre es notwendig, zu den einzelnen Kompetenzaspekten unter Berücksichtigung entwicklungstheoretischer

Überlegungen verschiedene Niveaus zu bestimmen und entsprechende Standards für unterschiedliche Altersgruppen zu formulieren (vgl. Tulodziecki, 2007).

Tabelle 1: Zusammenstellung von Kompetenzbereichen und Kompetenzaspekten für die Medienbildung (die medienübergreifenden Kompetenzformulierungen sind an dem Abschluss der Sekundarstufe I orientiert)

Kompetenz-bereich	Auswählen und Nutzen von Medienangeboten				
Medienüber-greifende Kompetenz	Medienangebote und nicht-mediale Möglichkeiten im Hinblick auf angestrebte Funktionen, z.B. Informationen und Lernen, Unterhaltung und Spiel, Kommunikation und Kooperation, Simulation und Entscheidungsfindung, vergleichen sowie interessenbezogen auswählen und unter Beachtung sozialer bzw. gesellschaftlicher Verantwortung nutzen.				
Kompetenz-aspekte	Information	Lernen	Unterhaltung und Spiel	Kommunikation und Kooperation	Simulation
Kompetenz-bereich	Gestalten und Verbreiten eigener medialer Beiträge				
Medienüber-greifende Kompetenz	Eigene Aussagen bzw. Beiträge unter Verwendung bewusst ausgewählter Medienarten mit sachgemäßer Handhabung der jeweiligen Medientechnik inhalts- und medienadäquat planen und gestalten und unter Beachtung sozialer bzw. gesellschaftlicher Verantwortung individuell oder an ausgewählte Gruppen oder öffentlich verbreiten				
Kompetenz-aspekte	Bilder/ Fotos	Printmedien	Hörbeiträge	Videobeiträge	Computerbasierte Beiträge
Kompetenz-bereich	Verstehen und Bewerten von Mediengestaltungen				
Medienüber-greifende Kompetenz	Gestaltungsmöglichkeiten von Medien erläutern, z.B. Darstellungsformen, Gestaltungstechniken, Gestaltungsformen, Gestaltungsarten und technische Grundlagen, in ihrer Bedeutung einschätzen und – bezogen auf ausgewählte Beispiele – hinsichtlich der Übereinstimmung von Form und Aussage oder anderer Kriterien bewerten				
Kompetenz-aspekte	Darstellungs-formen	Gestaltungs-techniken	Gestaltungs-formen	Gestaltungs-arten	Technische Grundlagen
Kompetenz-bereich	Erkennen und Aufarbeiten von Medieneinflüssen				
Medienüber-greifende Kompetenz	Einflüsse von Medien beschreiben, z.B. auf Gefühle, Vorstellungen, Verhaltensorientierungen, Wertorientierungen und soziale Zusammenhänge, kriterienbezogen bewerten und problematische Einflüsse in geeigneten Formen aufbereiten bzw. ihnen gegensteuern				
Kompetenz-aspekte	Gefühle	Vorstellungen	Verhaltens-orientierungen	Wertorien-tierungen	Soziale Zusammenhänge
Kompetenz-bereich	Durchschauen und Beurteilen von Bedingungen der Medienproduktion und Medienverbreitung				
Medienüber-greifende Kompetenz	Ökonomische, rechtliche, personale und weitere institutionelle sowie politische und weitere gesellschaftliche sowie historische Bedingungen von Medienproduktion und Medienverbreitung erläutern, in Orientierung am gesellschaftlich Wünschenswerten beurteilen und Einflussmöglichkeiten wahrnehmen				
Kompetenz-aspekte	Ökonomische Bedingungen	Rechtliche Bedingungen	Personale und weitere institutionelle Bedingungen	Politische und weitere gesellschaftliche Bedingungen	Historische Bedingungen

Schulische Konzepte der Medienbildung im Kontext von Schulentwicklung

Ein weiteres Problem – welches mit der vierten Fragestellung angedeutet wurde – ist dadurch gekennzeichnet, dass es in der Schule für die Medienbildung kein eigenes Fach bzw. keinen eigenen Lernbereich gibt. Demnach ist die Medienbildung auf die Umsetzung in bestehenden Fächern oder Lernbereichen, in Sonderveranstaltungen oder im Wahlpflicht- oder Wahlbereich angewiesen.

Zunächst kommt einer Umsetzung der Medienbildung entgegen, dass es in *allen schulischen Fächern und Lernbereichen* immer wieder darum geht, zu den jeweiligen Themen Medien als Informationsquelle oder als Lernhilfe zu benutzen – vom Schulbuch bis zum Internet. Des Weiteren stehen Schülerinnen und Schüler durchgängig vor der Aufgabe, eigene Lern- und Arbeitsergebnisse in medialer Form festzuhalten und/oder zu präsentieren – sei es z.B. im eigenen Schulheft oder mit einer computerbasierten Präsentation. Allerdings ist eine bloße Nutzung der Medien für entsprechende Zwecke noch nicht hinreichend für die Medienbildung. Erst im Zusammenhang mit geeigneten Reflexionen kann sich Medienbildung ereignen (s.o., Ausführungen zu medienerzieherischen Überlegungen). Über die Nutzung der Medien und ihre Reflexion hinaus bieten sich in verschiedenen Fächer oder Lernbereiche besondere Anlässe, um Themen der Medienbildung zu bearbeiten: die „Sprache" bzw. die Gestaltungsmittel der Medien z.B. im Sprach- und Kunstunterricht, die Einflüsse von Medien auf Denken, Fühlen und Verhalten z.B. in humanwissenschaftlichen Fächer, die Bedingungen von Medienproduktion und Medienverbreitung z.B. im Sozialkunde- bzw. Politikunterricht.

Außerdem können Aktivitäten zur Medienbildung in *Sonderveranstaltungen*, z.B. an Projekttagen oder in Projektwochen sowie bei Klassenfahrten und Exkursionen, stattfinden. So lassen sich z.B. bei eine Klassenfahrt oder einer Exkursion mit Hilfe einer digitalen Kamera Fotos oder Videopassagen aufnehmen und zu einer Dokumentation mit entsprechenden Texten oder Tonbeiträgen zusammenstellen. Oder: In einer Projektwoche können sich Schülerinnen und Schüler auf ein sie interessierendes Thema verständigen, z.B. „Freundschaft und Partnerschaft" oder „Ausreißen und Heimkommen", und in Gruppen verschiedene mediale Umsetzungen für das Thema leisten, z.B. als Comic, Hörspiel, Videoclip, Briefroman oder moderiertes Forum im Internet. Gegebenenfalls können auch aktuelle Web-2.0-Technologien verwendet werden. Die verschiedenen medialen Umsetzungen lassen sich anschließend vorstellen und vergleichend diskutieren.

Außerdem können in Schulen Arbeitsgemeinschaften mit einer spezifischen Aufgabe aus dem Medienbereich angeboten bzw. gebildet werden, z.B. zur regelmäßigen Erstellung einer Schulzeitung, eines Hör- oder eines Videomagazins, oder zur Entwicklung und/oder Betreuung einer Homepage für die Schule. Bei entsprechenden Voraussetzungen lassen sich auch Wahl- oder Wahlpflichtbereiche einrichten, in denen Fragen der „Medienwelt" in vertiefender und erweiternder Weise bearbeitet werden.

Damit solche Umsetzungen im Fachunterricht oder in Sonderveranstaltungen oder in Arbeitsgemeinschaften letztlich nicht unverbindlich oder beliebig bleiben, ist deren Koordination und systematische Planung notwendig. Diese können z.B.

von einer einzurichtenden Arbeitsgruppe geleistet werden, die fach- und jahrgangsübergreifend für die Medienbildung Abstimmungs-, Planungs- und Evaluationsaufgaben übernimmt. Dabei kann die in Tabelle skizzierte Struktur als Koordinierungs- und Planungshilfe dienen (vgl. Tulodziecki & Herzig 2002, S. 177ff.). In entsprechenden Prozessen lässt sich für die jeweilige Schule ein schulinternes Curriculum für die Medienbildung entwickeln.

Über die Bearbeitung curriculare Fragen hinaus sind begleitend Maßnahmen zur technischen und räumlichen Ausstattung, zur Finanzierung, zur Organisation sowie zur Kompetenzentwicklung auf Seiten des Kollegiums notwendig. In diesem Sinne setzt eine dauerhafte Verankerung der Medienbildung in den Schulen voraus, dass diese die Medienbildung als eine ständige Aufgabe begreifen, ausdrücklich in ihre Schulentwicklungsprozesse integrieren und dabei geeignete äußere Unterstützungen erfahren. Der Schulentwicklungsprozess muss demgemäß als mehrdimensionaler Prozess von Curriculum-, Unterrichts-, Ausstattungs-, Organisations- und Personalentwicklung gestaltet werden (vgl. Schulz-Zander, 2001, S. 272).

Schlussbemerkung und Ausblick

Fasst man die Ansätze zusammen, die sich von Beginn der 1990er Jahre in konzeptioneller Hinsicht in der Medienpädagogik unter dem besonderen Einfluss der informations- und kommunikationstechnologischen Entwicklungen herausgebildet haben, so lässt sich feststellen, dass mittlerweile das Konzept einer umfassenden Medienbildung erkennbar ist, das auch für die Zukunft tragfähig sein dürfte. Dieses integriert sowohl frühere Ansätze zur Medienerziehung, Mediendidaktik und informations- und kommunikationstechnologischen Grundbildung als auch Fragestellungen, die sich auf verschiedene Medienarten – vom Buch bis zu Computer und Internet – beziehen. Dabei können die oben entwickelten Leitvorstellungen für Erziehung und Bildung und der darauf basierende Begriff der Medienkompetenz sowie die genannten Kompetenzbereiche als Orientierungspunkte dienen. Die Gestaltung entsprechender Unterrichtseinheiten und Projekte sollte der Handlungsorientierung als übergreifendem Prinzip verpflichtet sein. Auf schulischer Ebene ist es notwendig, die Aktivitäten zur Medienbildung im Kontext von Schulentwicklung zu koordinieren und zu planen sowie die Durchführung durch begleitende Maßnahmen zu unterstützen und zu evaluieren.

Allerdings bleibt bis heute die Umsetzung in der Breite des Schulalltags – bei aller Anerkennung wichtiger Aktivitäten im Einzelfall – ein Problem. Eine Schlüsselrolle für eine breitere Umsetzung kommt nach wie vor einer entsprechenden Kompetenzentwicklung auf Seiten der Lehrpersonen sowie einer Verankerung der Medienbildung in Prozessen der Schulentwicklung zu. Bleibt zu hoffen, dass solche Ansätze in Zukunft eine stärkere bildungspolitische Unterstützung erfahren, damit Unterricht und Schule ihrem Auftrag gerecht werden können, Schülerinnen und Schülern den Erwerb von Medienkompetenz zu ermöglichen und zur Medienkultur beizutragen.

Literatur

Aebli, H. (1983). *Zwölf Grundformen des Lehrens. Eine allgemeine Didaktik auf psychologischer Grundlage.* Stuttgart: Klett.

Aufenanger, S. (2001). Multimedia und Medienkompetenz – Forderungen an das Bildungssystem. In S. Aufenanger, R. Schulz-Zander & D. Spanhel (Hrsg.): *Jahrbuch Medienpädagogik 1* (S. 109–122). Opladen: Leske + Budrich.

Baacke, D. (1996). Medienkompetenz als Netzwerk. Reichweite und Fokussierung eines Begriffs, der Konjunktur hat. *medien praktisch, 20* (78), 4–10.

Comenius, J.A. (1657/1954). *Große Didaktik. Die vollständige Kunst, alle Menschen alles zu lehren.* Stuttgart: Klett-Cotta.

DER SPIEGEL (1998). „Revolution des Lernens", Nr. 9, 28. Februar 1998, 96–113.

Doelker, C. (2005). *media in media. Texte zur Medienpädagogik. Ausgewählte Beiträge 1975–2005.* Zürich: Verlag Pestalozzianum.

Enquete-Kommission. Zukunft der Medien in Wirtschaft und Gesellschaft. Deutschlands Weg in die Informationsgesellschaft. Deutscher Bundestag (Hrsg.) (1997). *Medienkompetenz im Informationszeitalter.* Bonn: ZV.

Heimann, P. (1962). Didaktik als Theorie und Lehre. *Die Deutsche Schule, 54*, 407–427.

Issing, L.J. & Knigge-Illner, H. (Hrsg.) (1976). *Unterrichtstechnologie und Mediendidaktik. Grundfragen und Perspektiven.* Weinheim: Beltz.

Klafki, W. (1985). *Neue Studien zur Bildungstheorie und Didaktik. Beiträge zur kritisch-konstruktiven Didaktik.* Weinheim: Beltz.

Klingberg, L. (1990). *Lehrende und Lernende im Unterricht.* Berlin: Volk und Wissen.

Neue Westfälische (1995): „Multimedia vom Feinsten. So macht Lernen richtig Spaß", Nr. 179, Freitag, 4. August 1995, Computer-Seite.

Schorb, B. (2005). Medienkompetenz. In J. Hüther & B. Schorb (Hrsg.). *Grundbegriffe der Medienpädagogik* (S. 257–262). München: kopaed

Schulz-Zander, R. (Hrsg.) (1999). *Medien und Informationstechnologien in der Lehrerausbildung – Lernen mit Multimedia.* Dortmund: IFS-Verlag.

Schulz-Zander, R. (Hrsg.) (2001). Neue Medien als Bestandteil von Schulentwicklung. In S. Aufenanger, R. Schulz-Zander & D. Spanhel (Hrsg.). *Jahrbuch Medienpädagogik 1* (S. 263–281). Opladen: Leske + Budrich.

Schulz-Zander, R. (Hrsg.) (2005). Veränderung der Lernkultur mit digitalen Medien im Unterricht. In H. Kleber (Hrsg.). *Perspektiven der Medienpädagogik in Wissenschaft und Bildungspraxis* (S. 125–140). München: kopaed.

Schulz-Zander, R. & Tulodziecki, G. (2002). Multimedia und Internet – neue Aufgaben für Schule und Lehrerbildung. In L.J. Issing & P. Klimsa (Hrsg.). *Information und Lernen mit Multimedia und Internet* (S. 317–332). Weinheim: Beltz PVU.

Tulodziecki, G. (1996). *Unterricht mit Jugendlichen. Eine handlungsorientierte Didaktik mit Unterrichtsbeispielen* (3. Aufl.). Bad Heilbrunn: Klinkhardt.

Tulodziecki, G. (1997). *Medien in Erziehung und Bildung. Grundlagen und Beispiele einer handlungs- und entwicklungsorientierten Medienpädagogik* (3. Aufl.). Bad Heilbrunn: Klinkhardt.

Tulodziecki, G. (2001). Medienkompetenz als Ziel schulischer Medienpädagogik. *Medienimpulse, 9* (36), 4–11.

Tulodziecki, G. (2007). Was Schülerinnen und Schüler im Medienbereich wissen und können sollen – Kompetenzmodell und Bildungsstandards für die Medienbildung. *Medienimpulse, 15* (59), 24–35.

Tulodziecki, G. & Herzig, B. (2002). *Computer & Internet in Schule und Unterricht. Medienpädagogische Grundlagen und Beispiele.* Berlin: Cornelsen Scriptor.

Tulodziecki, G. & Herzig, B. (2004). *Mediendidaktik. Medien in Lehr- und Lernprozessen.* Stuttgart: Klett-Cotta.

Tulodziecki, G., Herzig, B. & Blömeke, S. (2004). *Gestaltung von Unterricht. Eine Einführung in die Didaktik.* Bad Heilbrunn: Klinkhardt.

Vaupel, W. (2006). Das Lernen lernen mit Medien. *Computer + Unterricht, 16* (63), 24–25.

Joke Voogt

To prepare students for the knowledge society
Characteristics of technology-supported pedagogical practices in lower secondary education

Through information and communication technology the global society is developing towards an information or knowledge society[1]. While the information society metaphor is associated with an "explosion" of information and information systems, the knowledge society metaphor primarily refers to economic systems where ideas or knowledge functions as commodities (Anderson, 2008, p. 5). In the knowledge society new competencies are becoming important. Already in 1992 Reich mentioned that in the knowledge society three kinds of jobs will emerge: routine production services, in-person services and symbolic-analytic services. Routine production workers include those who perform repetitive tasks, for example assembly line workers. In-person service workers, such as child care workers and janitors, provide professional services to routine production workers and symbolic analysts. Symbolic analysts are "mind workers" who engage in processing information and symbols for a living. Examples are engineers and journalists (Reich, 1992; Bryderup, Larson & Trentel, in press). Many argue (e.g. OECD, 2004; EU, 2002; Voogt & Pelgrum, 2005) that these developments in society should have implications for our education systems. There is a need to change curricula so that students develop competencies which are needed in the 21st century (e.g. Anderson, 2008; Voogt & Pelgrum, 2005). Anderson (2008) for example lists required skills for the knowledge society: 1. knowledge construction, 2. adaptability, 3. finding, organizing and retrieving information, 4. information management, 5. critical thinking and 6. teamwork. According to the European Commission (2002), all citizens of the European Union should have the opportunity to acquire a number of so called "key skills", which include digital literacy and higher-order skills such as teamwork, problem solving, and project management. The skills mentioned above are often also referred to as *lifelong learning competencies*. The education ministers of OECD countries (OECD, 2004) embraced the concept of lifelong learning, which covers all purposeful learning activities in a person's life. A major feature of lifelong learning is developing metacognitive knowledge and skills, sometimes also referred to as 'learning-to-learn' competencies.

Developments in the learning sciences (see, for example, Bransford, Brown & Cocking, 2000) show the benefits of learner-centered forms of instruction. Students are expected to be more actively involved in their own learning process, which asks for different teaching strategies and a change in the responsibilities that students and teachers traditionally have held within the learning process. Voogt (2008b)

---

[1] In this contribution the terms information society and knowledge society will be used interchangeably.

argues that these findings from research about the learning sciences are consistent with the importance policy makers attach to lifelong learning competencies. Voogt (2003), based on a review of the literature, projected pedagogical approaches consistent with the expectations and values of the knowledge society. According to her the pedagogical approaches which are expected to be important should include providing variety in learning activities, offering opportunities for students to learn at their own pace, encouraging collaborative work, focusing on problem solving, and student involvement in assessment. Voogt (2003) argues that education needs to find a new balance between the pedagogical approaches that are considered useful in the industrial society and those that are deemed relevant for the information society.

Second Information Technology in Education Studies (SITES)

The International Association for the Evaluation of Educational Achievement (IEA) conducted from 1998 till 2006 the Second Information Technology in Education Study (SITES). This study consisted of three modular studies with the purpose to investigate to what extent and how education is responding to the requirements of the information society, and how ICT is impacting on these changes.

In the first SITES study (SITES M1) a distinction was made between the traditionally important and the emerging paradigm for learning (Pelgrum & Anderson, 1999). The traditionally important paradigm referred to learning in the industrial society. The emerging paradigm reflected the challenges for education in the information society. As part of the SITES M1 study school principals from elementary, lower secondary and upper secondary education were asked to describe the most satisfying example of ICT-use in their school. We were very surprised that already in 1998 – the year of the data collection – 42% of the school principals from so many different education systems (26 countries participates in the study) were able to provide an example of satisfying ICT use in their school.

As a follow-up of the exploration of satisfying practices provided by school principals in SITES M1, the second SITES study (SITES M2) was designed to study in-depth the characteristics of examples of innovative ICT-using pedagogical practice in schools (Kozma, 2003). SITES M2 consisted of 174 cases from elementary, lower and upper secondary from 28 countries.

The third SITES study, SITES 2006, focused on math and science teachers from grade 8 (which is in most countries part of lower secondary education). The pedagogical practices of the math and science teachers and the extent to which they use ICT in it, was the core of SITES 2006. Voogt (2008a) showed that science and math teachers who use ICT on a weekly basis, reported more changes due to ICT in their pedagogical practices compared to teachers who use ICT only during limited periods in the school year. This led to the assumption that extensive use of ICT by teachers could be associated with pedagogical approaches that reflect the emerging paradigm for learning. Or, in terms of SITES 2006, reflect an orientation towards lifelong learning as opposite to a traditionally important orientation to learning (Law, Pelgrum and Plomp, 2008).[2]

The three SITES studies together resulted in a rich international database, which will be used in this contribution to get a better understanding of the characteristics of ICT-supported pedagogical practices that try to comply with changing requirements for education in the information or knowledge society. The central question of this contribution is: 'Which characteristics of ICT-supported pedagogical practices comply with the changing requirements for education in the information or knowledge society'?

To understand these characteristics we describe curriculum content and goals, (ICT-related) student activities and perceived impact of the pedagogical practice on students. In this contribution we describe these changes for lower secondary education, because that is the educational level which is present in all three SITES studies.

SITES M1: Satisfying ICT-supported pedagogical practices provided by school principals

Study design

Randomly sampled school principals from 26 countries were asked to describe briefly 'the most satisfying pedagogical practice in their school in which students use computer-related technology and which gives students the most useful and advanced learning experiences with ICT'. 2361 examples from lower secondary education were provided by school principals (42% of the total number of respondents) and 215 examples were translated and analysed. It was decided that in the frame of SITES M1, per country a maximum of ten examples should be translated for the international part of the study. The selection process focused on excluding examples emphasizing only computer programming, ICT basic skills (taught in a separate course) and the use of technology for drill and practice, because they were seen as fitting more in the traditionally important paradigm and less in the emerging paradigm. So, the translated examples are not a random sample of all the collected examples and represent only a fraction of the total number of available descriptions; however they were considered by the national research coordinators, responsible for SITES M1 in their country, as a representation of innovative use of ICT in their country. The descriptions were coded. Ten percent was coded by two raters and the inter rater reliability (Cohen's Kappa) was 0.63. In this contribution we analyze the descriptions with respect to student activities, computer-related technology, curriculum domains and gain for students.

---

2   In the SITES 2006 study the emerging paradigm for learning was reformulated as innovative practice orientation, which consisted of the lifelong learning orientation and the connectedness learning orientation. In this contribution the focus is on the lifelong learning orientation.

Curriculum

The results of SITES M1 show that often more than one curriculum domain (the average was 2.2) was at stake in the satisfying examples that were provided by the school principals. Social studies (18%), science and mother tongue (both 17%) appeared to be involved most in the satisfying practices. An example of a cross-curricular example is presented as an illustration in the box below (Figure 1). It is a pity that the data of SITES M1 do not allow for an understanding of curriculum goals that were aimed for in these satisfying practices.

Using Haiku (Japanese style short poem) in English found on the Internet for reference, students translated their own haiku into English, then used software to create appropriate illustrations. The completed works were then printed out on 'shikishi' (decorated art).
Subjects involved: Japanese (kokugo), English, Technology and Home Economics.

Japan

Figure 1: Satisfying practice from Japan: Curriculum domains involved – example

Student learning activities and ICT use

Students involved in the satisfying practice were mostly involved in production activities (35% – publishing, the creation of texts and drawings, presentation of findings), information processing activities (26% – information retrieval and data processing & manipulation) and communication/collaboration activities (17% – sharing information and/or team work). The average number of activities was 1.7, which implies that the majority of the students were involved in more than one activity. The box below (Figure 2) gives examples of typical student activities in the satisfying practices provided by the school principals.

Newspaper project. The class made its own newspaper using word processing, retrieval of information via internet, down-loading, scanning pictures.
Student activities: Individual and group work, Investigation work in connection with making articles.
ICT use: Word processing, Retrieval of information via internet, Down-loading, Scanning pictures.

Denmark

A grade 7 project in which pupils were required to research destinations, make airline and hotel bookings, book seats in current shows, produce a complete itinary with costs for a family holiday, write a report with overheads/images describing the holiday, using the Internet at the IT center.
Student activities: Finding information, working with real bookings on the Internet, taking decisions, evaluating costs, presentation skills.
ICT – use: Internet, word processing, e-mail.

South Africa

Figure 2: Satisfying practices from Denmark and South Africa: Student activities – examples

The kind of activities is also reflected in the use of ICT. ICT is being used for retrieving information (21%), word processing (19%) and communication (13%). Not much use is made of ICT applications that are more subject specific, such as simulations (1%) and data logging (2%). Students often used more than one ICT application in the satisfying practice (average 1.8).

Perceived impact on students

The impact of the satisfying practice on students' knowledge and skills was mentioned most by the school principals (44%). This was followed by an increase in motivation and concentration, and an increase in responsibility and self esteem (both 17%). More than one gain for students was reported by the school principals (Average 1.7). The box below (Figue 3) provides some examples of gains for students that were perceived by school principals.

Very low achieving students created four pages of regional news on the occasion of the national event, called 'Sciences in feast'. Since one year these pupils wrote texts in a "cybergazette" with word processing, desk top publishing and creating a web site.
Gains for students: Valorization of themselves: pride, gratitude; Mastering some computer related tools, heightened awareness of reading the press.

France

Students participate in the national LOGO project "My Town and LOGO."
Students collect material and create compositions on different topics concerning past and nowadays life in their towns. They exchange their works with each other by e-mail.
Gains for students: Students acquire self-evaluation and independent learning skills.

Lithuania

Figure 3: Satisfying practices from France and Lithuania: Gains for students – examples

SITES M2: Case studies of innovative ICT-supported pedagogical practices

Study design

SITES M2, was an international case study of 174 ICT-supported pedagogical practices from 28 countries (Kozma, 2003), of which 62 were in lower secondary education. These practices were selected by national research coordinators based on general and locally defined criteria. Although these practices were selected because of their innovativeness, most of them were not so called 'lighthouse cases', but took place in regular schools. Initial coding showed that in almost all cases ICT affected changes in pedagogy, but in only a limited number of the cases changes in curriculum content and/or goals were reported for only a limited number of the cases. In addition in relatively few cases ICT had an added value for curriculum change or for educational reform. For lower secondary education 10 cases (16%) reported curriculum changes where ICT had an added value for curriculum change of for educational reform. These ten selected cases will be compared with the 52 non-selected cases on characteristics related to curriculum, student practices and student outcomes. The ten selected cases will be used to illustrate some of the findings. The table below (Table 1) provides an overview of the ten cases in lower secondary education for which a change in curriculum content and/or goals was reported.

Table 1: Cases in lower secondary education that reported and added value of ICT for change in curriculum content and/or goals

Australia	Cinderella is just-in-time: Authentic learning in the middle years classroom using on-line multimedia technology
Germany	KIRPP (Kommunizieren, Informieren, Reflektieren, Produzieren, Präsentieren = Communicating, Informing, Reflecting, Producing, Presenting): Introduction to the use of ICT (fostering media competence) at an "Integrierte Gesamtschule" in Grade 5 and higher
Germany	Effects of using laptops in the lessons of a secondary school in grade 8
Germany	Personality development through media-supported work on authentic problems
Norway	Visual communication strategies and project-oriented pedagogy using i-Movie
Norway	Use of the Web-based Integrated Science Environment (WISE) in the subject 'science and environment'.
Philippines	Microcomputer-based personal science laboratory
Philippines	Improving mathematics learning through the use of the Interactive Toolkit
Singapore	Project i-Learning: A structured and co-ordinated 2-week programme implemented school-wide entailing the concept of virtual classrooms
South Africa	Theme day at St Alban's College

Curriculum

The table below (Table 2) shows that in lower secondary education the selected cases differed from the non-selected cases. It is obvious that the large differences on content, goals and added value of ICT for curriculum change are also due to the way the cases are selected. The in-depth analysis from Voogt and Pelgrum (2005) of the SITES M2 data showed that no change in content and/or goals were reported for the 52 non-selected cases also had to do with constraints imposed by national policy. From their analysis, it appeared that often national policies were not yet in place to mobilize ICT in support of significant curriculum change and educational reform. Both the selected and the non-selected cases reported that the organization of the curriculum had changed. One element of this organizational change was that on average two subjects were involved, implying that the traditional boundaries of academic subjects were crossed. For eight of the selected cases also changes in the allocation of time for the innovative pedagogical practice were reported. It often meant that curriculum content was not organized in 45-minute lessons, but took place in the form of projects. These projects varied in scope. Some took only one single school day (e.g. Theme Day – South Africa), while others were integrated throughout the school year (e.g. Laptop class – Germany). In many of the cases students worked on topics that were meaningful to them, because they were related to real life, including the students' own experiences. In all but one of the selected practices assessment practices had started to change. Particularly formative assessment was considered important.

Table 2: Changes in aspects of curriculum – Comparison of selected and non-selected cases from lower secondary education; results presented in percentages

Curriculum aspects	Selected cases in lower sec. ed. (n=10)	Non-selected cases in lower sec. ed. (n=52)
Content	60	15
Goals	80	31
Organization	70	75
Time	50	31
Assessment	90	62
Added value ICT for educational reform	30	19
Added value ICT for curriculum change	80	8

The in-depth analysis of the cases that reported change in content and/or goals revealed that the curriculum content offered was not new, but rather the content was delivered in a different way. A typical example is a case from the Philippines. In this case ICT was used in a math class in order to facilitate the learning of concepts in basic analytic geometry. The use of ICT made it possible to easily change variables and to show the different graphs, which then could be compared. In this way more emphasis could be given to the depth and breadth of the course content.

Eight of the ten selected cases aimed at the realization of new goals that were related to skills that were considered important for lifelong learning in an information society. An example is 'Cinderella is just in time', a case from Australia. In this practice English and history were combined to study the lives of girls in China. The goal of the case was to engage students in an authentic learning context, to provide different learning tasks for different learning styles, to enable independent and collaborative learning, to facilitate the development of critical-thinking and literacy, to utilize technology and to encourage student-directed interest and to utilize developmental assessment strategies.

Learning about ICT could have been mentioned in the cases as new curriculum content that was offered. However, in most innovative practices in this study, learning about ICT was not mentioned as new content or as a new subject that was offered. The acquisition of ICT skills was considered important, but it appeared that these skills were not learned isolated from its context, but rather were integrated in the learning of other skills, such as communication skills and information handling skills. An example is the German case on media competence where students had to use ICT for interdisciplinary projects. As was written in the case report, *"One of the objectives is to prepare students for lifelong learning and to develop their competence in team-working and their social skills."*

Student practices

The next table (Table 3) presents the student practices that were taking place in the innovative pedagogical practices. It is noteworthy that drill & practice tasks, which are typical for the use of ICT in the traditionally important paradigm did not occur in most of the pedagogical practices in lower secondary education. On the other hand, also collaborating with actors outside the classroom was not happening in most of the innovative pedagogical practices in lower secondary education. The other practices were reflecting pedagogical activities that are considered important for lifelong learning. The selected cases particularly differed from the non-selected cases on research projects, problem solving activities, assessment of own and/or peer's performance and on picking their own task. Illustrations from the selected cases show how students are carrying out these activities. For instance in the innovative pedagogical practice from Germany that focused on Personality Development students first had to undertake research (through the Internet and through interviews) before they could produce radio broadcasts, featured films and documentaries related to their own experiences.

Table 3: Changes in student activities – Comparison of selected and non-selected cases from lower secondary education; results presented in percentages

Student activities	Selected cases in lower sec. ed. (n=10)	Non-selected cases in lower sec. ed. (n=52)
Drill & practice tasks	0	8
Research projects	70	40
Information search	90	79
Problem solving	60	27
Manipulate/interpret data in tables/graphs	20	13
Publish and presents results	70	65
Design and create products	60	48
Collaborate with others	90	87
Collaborate with actors outside the class	10	15
Assess own/peer's performance	60	29
Pick their own tasks	60	33

Students from the Philippines used the Personal Science Laboratory (PSL) to solve science problems. The technology enabled them not only to get the data immediately, but to analyse and see the connection between the variables easily. This gave the students the opportunity to reflect on the data and gain a better understanding of science concepts. Students' involvement in assessment can be illustrated with the Norwegian i-Movie project. In this project the students evaluated their own performance. One of the students said in the student interview that:

We also have to make remarks on how we think the project worked for our own part, positive and negative things, and then we get to see the teachers remarks (student, Norway).

In Project iLearning from Singapore students can learn at their own pace as they are not dictated by their school timetable. They are given the freedom to choose the subjects in any order they like and at anytime. iLearning has proved especially useful for sportsmen who need to compete or practise for their tournaments. They do not miss their lessons as they can access the Web-based lessons at night.

Perceived impact on student learning

Table 'Changes in perceived student outcomes' (Table 4) presents an overview of the results regarding the perceived impact of the innovative ICT-supported pedagogical practices on student outcomes. The results show that students in lower secondary education that participated in the innovative pedagogical practice had a positive attitude towards the practice. Subject matter knowledge is mentioned more often in the non-selected cases, but all other types of outcomes seem to be present more in the selected than in the non-selected cases.

Selected and non-selected cases differ particularly on ICT skills, meta-cognitive skills and negative outcomes. Already in the section about curriculum we mentioned that ICT skills were not taught in isolation but were part of more complex skills. These more complex skills were seen by teachers and parents as important competencies that students gained from the innovative practice. In the South African Theme Day for instance the teachers indicated that students gained technological skills that are transferable to real life situations, next to information handling, meta-cognitive and collaborative skills. The importance of meta-cognitive skills was mentioned in eight of the ten selected cases. It implied that students were also held responsible for their own learning. In a case from Norway the use of ICT, i-Movie in particular, was used in student projects.

Table 4: Changes in perceived student outcomes – Comparison of selected and non-selected cases from lower secondary education; results presented in percentages

Perceived outcomes	Selected cases in lower sec. ed. (n=10)	Non-selected cases in lower sec. ed. (n=52)
Subject matter knowledge	60	71
ICT skills	100	77
Communication skills	50	35
Problem solving skills	30	19
Information handling skills	50	37
Team-/ collaborative skills	80	63
Meta-cognitive skills	80	50
Positive attitudes	80	79
Negative outcomes	40	15

The school emphasized the importance of producing and presenting knowledge and students learned to illustrate their arguments and developed understanding for others. Negative outcomes were reported in four of the selected cases. These negative outcomes had to do with students who did not participate actively (South Africa, Philippines) and teachers who were afraid that the use of ICT could widen the gap between high and low performing students (Germany).

SITES 2006: (ICT-supported) pedagogical practices from math and science teachers

Study design

Randomly sampled mathematics and science teachers, teaching in grade 8, from 21 countries participated in SITES 2006. They were asked whether they used ICT and how extensively they used ICT in their educational practice (Voogt, 2008a). Data from 8834 science teachers (after weighting) were used for this contribution. Of these science teachers 47% either used ICT once a week or more (20%) in grade 8, or used ICT extensively during a limited period in the school year (27%). 14% of the science teachers did use ICT, but did not make extensive use of ICT in their teaching practice. Of the remaining science teachers 30% did not use ICT. A few teachers (8%) provided an invalid answer.

Voogt (2008a) showed that teachers who use ICT on a weekly basis reported more changes due to ICT in their pedagogical practices compared with teachers who use ICT somewhat extensively only during limited periods in the school year. From the perspective of this contribution it is interesting to explore to what extent teachers who use ICT on a frequent basis are inclined to pursue goals and practices that align with the lifelong learning orientation. In this contribution we examine how science teachers who use ICT once a week or more differ in their curriculum goals, student practices and perceived impact of ICT on student outcomes from science teachers who use ICT, but not very extensive.

Curriculum

The next table (Table 5) provides the results of the curriculum goals science teachers pursue in their educational practice. A distinction has been made in goals that traditionally are considered important and goals that reflect a lifelong learning orientation. The results show that extensive ICT-using science teachers and non-extensive ICT-using science teachers do not differ in the importance they attach to traditionally important curriculum goals such as preparation for upper secondary education and improved performance on exams. Table 5 also demonstrates that a small to medium effect size in favour of extensive ICT-using science teachers could be determined for curriculum goals that reflect a lifelong learning orientation.

Table 5: Curriculum goals of extensive and non-extensive ICT using science teachers

Curriculum goals	Extensive ICT using science teachers		Non-extensive ICT-using science teachers		Effect Size
Traditionally important	M	SD	M	SD	
Prepare for upper secondary education	3.6	0.588	3.57	0.605	0.05
Improve students' performance in assessments/examinations	3.79	0.427	3.41	0.65	0.09
Satisfy parents and community's expectations	3.09	0.745	2.94	0.761	0.2
Lifelong Learning					
Incorporate real world examples/activities	3.54	0.606	3.41	0.652	0.21
Individualize student learning experiences	3.41	0.648	3.13	0.728	0.41
Students set their own learning goals	3.32	0.761	3.09	0.767	0.3
Students' collaborative and organizational skills	3.41	0.649	3.19	0.728	0.32

Note: Effect size: 0.2 = small; 0.5 = medium and 0.8 = large (Cohen, 1969); 1= not at all, 2= a little, 3= somewhat, 4= very much

Student activities

The next table (Table 6) provides the findings of the student practices that occur in the science class and whether science teachers use ICT in these student activities. It is of course not surprising that the extensive ICT-using science teachers use ICT considerably more that non-extensive ICT-using science teachers, with medium[+] effect sizes for most activities. The students of non-extensive ICT-using science teachers more often 'work at the same pace' than students of extensive ICT-using science teachers (small effect size). However there is no difference between the two groups of science teachers on the other practices which can be characterized as traditionally important. On the contrary, effect sizes varying from small[+] to medium[+] were found for student practices that reflect the lifelong learning orientation with extensive ICT-using science teachers utilizing these practices more frequently. Yet, it must be noted that also extensive ICT-using science teachers use the student practices that reflect the lifelong learning orientation less often than student practices that reflect the traditionally important orientation.

Table 6: Student practices of extensive and non-extensive ICT using science teachers

Student practices	Extensive ICT-using science teachers		Non-extensive ICT-using science teachers		Effect size*	
	M	SD	M	D	Student practice	ICT use in student practice
Traditionally important						
Work at the same pace and/or sequence	2.78	0.775	2.98	0.796	*0.26*	*0.63*
Complete worksheets/ exercises	2.92	0.749	2.92	0.761	*0.00*	*0.52*
Answer tests or respond to evaluations	2.71	0.793	2.69	0.800	*0.03*	*0.56*
Life long learning						
Work at their own pace	2.69	0.777	2.41	0.784	*0.36*	*0.66*
Give presentations	2.37	0.754	2.01	0.686	*0.50*	*0.58*
Determine own content goals for learning	2.11	0.784	1.65	0.683	*0.63*	*0.60*
Explain/ discuss own ideas	2.58	0.749	2.36	0.750	*0.29*	*0.45*
Self and/or peer evaluation	2.31	0.860	1.97	0.788	*0.41*	*0.53*
Reflect on own learning experience	2.00	0.880	1.68	0.763	*0.39*	*0.44*

Note: Effect size: 0.2 = small; 0.5 =medium and 0.8 = large (Cohen, 1969); 1= never, 2= sometimes, 3= often, 4=nearly always

Perceived impact on students

The table below (Table 7) presents the perceived impact of ICT on student outcomes as reported by the science teachers. It is obvious that extensive ICT-using science teachers see a larger impact of ICT on student outcomes than their non-extensive ICT-using colleagues. Medium effect sizes in favor of the extensive ICT-using science teachers were found, with the exception of *'achievement gap amongst students'* for which the effect size was small[+]. The effect sizes for outcomes that are traditionally considered important do not differ much from the effect sizes that were found for outcomes that reflect the lifelong learning orientation. Hence science teachers have the opinion that ICT can contribute to outcomes that are important for both kinds of orientations.

Table 7: Perceived impact on student outcomes; Comparison of extensive and non-extensive ICT-using science teachers (M, SD, and effect size)

Student outcomes	Extensive ICT-using science teachers		Non-extensive ICT-using science teachers		Effect size
	M	SD	M	SD	
General					
Learning motivation	4.26	0.674	3.92	0.642	*0.52*
Self esteem	3.81	0.769	3.46	0.657	*0.49*
Achievement gap among students	3.54	0.827	3.33	0.688	*0.28*
Traditionally important					
Subject matter knowledge	4.05	0.673	3.73	0.624	*0.49*
ICT skills	4.31	0.631	3.95	0.587	*0.59*
Life long learning					
Information-handling skills	4.14	0.676	3.79	0.650	*0.53*
Problem-solving skills	3.80	0.725	3.46	0.637	*0.50*
Self-directed learning skills	3.98	0.736	3.63	0.666	*0.50*
Collaborative skills	3.81	0.807	3.49	0.693	*0.43*
Communication skills	3.88	0.832	3.51	0.717	*0.48*
Ability to learn at their own pace	3.89	0.743	3.58	0.630	*0.45*

Note: Effect size: 0.2 = small; 0.5 =medium and 0.8 = large (Cohen, 1969); 1= decreased a lot, 2= decreased, 3=no impact, 4=increased, 5=increased al lot

Conclusions and discussion

The central question in this contribution was 'Which characteristics of ICT-supported pedagogical practices comply with the changing requirements for education in the knowledge society'. This question has been approached by analyzing data from the international SITES studies with a focus on lower secondary education. We particularly focused on curriculum goals, ICT-supported student practices and perceived impact on student outcomes in special selected practices (SITES M1 and SITES M2) and in regular pedagogical practices of science teachers (SITES 2006). The results suggest that the selected practices are often cross-curricular. From the findings of the SITES M2 study we may infer that curriculum content did not change much in the selected practices, but that new curriculum goals were aimed at. These goals, for instance information handling, meta-cognitive skills and collaborative skills, reflect an orientation on lifelong learning and align with the demands of the knowledge society. An important finding was that ICT skills were not offered in isolation, but were an integrated part of other lifelong learning competencies. The SITES 2006 study showed that science teachers pursue goals that reflect lifelong learning competencies in their regular teaching practice, although these are considered somewhat less important than curriculum goals that are considered traditionally important. Science teachers who use ICT more extensively pursue these goals more often than science teachers who do not use ICT very extensively. These lifelong learning oriented goals are also reflected in the perceived impact of ICT on student outcomes.

This conclusion holds for the findings regarding the selected practices (SITES M1 and SITES M2) and the regular practice of science teachers (SITES 2006). However, it must be said that the findings of SITES 2006 also suggest that subject matter knowledge and ICT skills seem to increase somewhat more due to ICT than student outcomes that are considered relevant in the knowledge society, with the exception of information-handling skills. The findings regarding the selected practices suggest that students are actively involved in their learning in (research) projects, through searching for information and through creating and presenting/ publishing products. Students have more room to plan their own learning and increasingly play a role in the assessment of their own or their fellow students' performances. Such student practices foster the realization of goals that are considered important in the knowledge society. ICT-using science teachers also report that their students are involved in such kind of practices (e.g. self and peer evaluation, working at own pace, presenting results), but they also report that their students are more frequently involved in activities that are well known for education in the industrial society (e.g completing worksheets). The results however show that extensive ICT-using science teachers compared with their non-extensive ICT-using colleagues, have their students more frequently involved in activities that foster learning in the knowledge society. Findings from a study in Germany about the use of Internet in education show that teachers who use Internet frequently hold higher expectations about the significance of ICT for pedagogical practices that support lifelong learning competencies (Schulz-Zander, 2004). Schulz- Zander concludes that these teachers have a more positive attitude towards ICT. The available data of SITES 2006 do not allow to relate frequent use of ICT with a more positive attitude towards ICT, but other studies (e.g. Christensen & Knezek, 2008) have also shown that a high level of ICT integration depends (among other factors) on the attitude towards ICT.

The findings presented in this contribution refer to lower secondary education. With regard to the selected practices (SITES M1 and SITES M2) these findings do not differ much from elementary and upper secondary education (Voogt, 1999; Voogt & Pelgrum, 2005). Based on a secondary analysis of SITES 2006 data Law (in press) reports a larger discrepancy between curriculum goals and student practices that reflect an orientation towards lifelong learning than the curriculum goals and student practices that contribute to the traditionally important orientation. However, she also has shown that these discrepancies decrease when ICT is an integrated part of the student practice. The differences between extensive and non extensive ICT-using science teachers are consistent with her findings. So, although in regular pedagogical practices the traditionally important orientation seems still dominant, clear examples of how education tries to comply with demands from the information or knowledge society are visible in education systems throughout the world. Also the results show that the use of ICT in education supports an orientation towards lifelong learning in education.

The findings in this contribution are based on aggregated international data sets, without paying attention to the impact of national culture and policies . However, national culture and policies determine how education is organized and may therefore also impact how aspects of life long learning are fostered or hampered within an educational system. An example of this can be found in Bryderup et al. (in press), who analyzed the changes in the pedagogical orientation of school principals in Denmark between 1998 and 2006. They showed that in Denmark, despite an increased availability of ICT, the orientation towards lifelong learning decreased between 1998 (SITES M1) and 2006 (SITES 2006). Bryderup et al. (2006) inferred that this decrease probably reflected a change in the educational policy of Denmark. The same effect was also noticed in some other Western European countries. while the opposite – an increase towards the lifelong learning orientation – happened in some Asian countries (Law, 2009). Policy makers have to align global developments with national ambitions and realities. For this reason the rhetoric of policy makers in supporting global developments, such as the Lisbon Declaration (European University Association, 2007) on the importance of preparing European students for the knowledge society might not always reflect their actual policy (Voogt, 2008b).

References

Anderson, R. (2008). Implications of the information and knowledge society for education. In J. Voogt & G. Knezek (Eds.), *International handbook of information technology in primary and secondary education* (pp. 5–22). New York: Springer.

Bryderup, I.M., Larson, A. & Trentel, M.Q. (in press). *ICT-use, educational policy and changes in pedagogical paradigms in compulsory education in Denmark: From a lifelong learning paradigm to a traditional paradigm?* Education and Information Technologies.

Bransford, J.D., Brown, A.L. & Cocking, R.R. (Eds.). (2000). *How people learn: Brain, mind, experience, and school* (expanded ed.). Washington, DC: National Academy Press.

Christensen, R. & Knezek, G. (2008). Self-report measures and findings for information technology attitudes and competencies. In J. Voogt & G. Knezek (Eds.), *International handbook of information technology in primary and secondary education* (pp. 349–365). New York: Springer.

Cohen, J. (1969). *Statistical power analysis for the behavioral sciences.* New York: Academic Press.

European Commission. (2002). *eEurope 2005: An information society for all.* Brussels: European Commission.

European University Association (2007). *Lisbon Declaration: Europe's universities beyond 2010: Diversity with a common purpose.* Brussels: European University Association asbl.

Kozma, R.B. (Ed.) (2003). *Technology, innovation and educational change: a global perspective.* Eugene (OR): ISTE.

Law, N., Pelgrum, W.J. & Plomp, T. (2008). *Pedagogy and ICT use in schools around the world. Findings from the IEA SITES 2006 study. CERC Studies in comparative education.* Hong Kong: Comparative Education Research Centre, The University of Hong Kong, Dordrecht: Springer.

Law, N. (2009). Curriculum and staff development for ICT in education. In T. Plomp, R.E. Anderson, N. Law & A. Quale (Eds.), *Cross-National Information and Communication Technology. Policies and practices in Education* (rev. 2nd ed.). (pp. 19–39). Charlotte, NC: Information Age Publishing.

Law, N. (in press). *Mathematics and Science Teachers' Pedagogical Orientations and Their Use of ICT in Teaching. Education and Information Technologies.*

Organisation for Economic Co-operation and Development (OECD). (2004). *Lifelong learning.* Observer, February. Retrieved from http://www.oecd.org/dataoecd/17/11/29478789.pdf [30.06.2005].

Pelgrum, W. J. & Anderson, R. A. (Eds.) (1999). *ICT and the Emerging Paradigm for Life Long Learning: A Worldwide Educational Assessment of Infrastructure, Goals and Practices.* Amsterdam: IEA.

Schulz-Zander, R. (2004). The school online initiative in German schools: empirical results and recommendations to improve school development. In D. W. Chapman & L.O. Mählck (Eds.), *Adapting technology for school improvement: a global perspective* (pp. 269–295). Paris: International Institute for Educational Planning (IIEP Publications).

Voogt, J. (1999). Most satisfying experiences with ICT. In W.J. Pelgrum & R.E. Anderson (Eds.), *ICT and the emerging paradigm for Life Long Learning: A worldwide educational assessment of infrastructure, goals and practices* (pp. 199–216). Amsterdam: IEA.

Voogt, J. (2003). Consequences of ICT for aims, contents, processes and environments of learning. In J. van den Akker, W. Kuiper & U. Hameyer (Eds.), *Curriculum landscapes and trends* (pp. 217–236). Dordrecht: Kluwer.

Voogt, J. (2008a). Satisfying Pedagogical Practices Using ICT. In N. Law, W.J. Pelgrum & T. Plomp (Eds.), *Pedagogy and ICT use in schools around the world. Findings from the IEA SITES 2006 study* (pp. 221–250). CERC Studies in comparative education. Hong Kong: Comparative Education Research Centre, The University of Hong Kong, Dordrecht: Springer.

Voogt, J. (2008b). IT and curriculum processes: Dilemmas and challenges. In J. Voogt & G. Knezek (Eds.), *International handbook of information technology in primary and secondary education* (pp. 11–132). New York: Springer.

Voogt, J. & Pelgrum W. J. (2005). ICT and curriculum change. Human Technology: An *Interdisciplinary Journal on Humans in ICT Environments, 1*(2), 157–175.

Joachim Wedekind

Ganz oder gar nicht – zur Nutzung digitaler Medien in der Schule

Die Nutzung digitaler Medien in der Schule hat eine lange Tradition. Sie beginnt spätestens mit dem ersten großen bundesweiten Förderprogramm „DV im Bildungswesen" von 1971 bis 1975. Seit damals sind unterschiedliche Richtungen und Sichtweisen der Nutzung und des Einsatzes des Computers (und später des Internets) in der Schule zu unterscheiden. Zum einen gab es Bemühungen, das Unterrichtsfach *Informatik* zu etablieren, zum anderen in seiner verkleinerten Ausprägung die ITG, die *informationstechnische Grundbildung*. Spätestens seit den 1990er Jahren ist dies als Handlungsfeld anerkannt, um eine grundlegende Bildung aus informations- und kommunikationstechnischer Sicht zu vermitteln. Je nach Bundesland ist sie dem Fachunterricht verschiedener Klassenstufen zugeordnet, nicht selten dem Mathematikunterricht. Diese Zuordnung ist sicher nicht unproblematisch, wird die Vermittlung doch damit von der jeweiligen Fachdidaktik mitbestimmt, wenn nicht dominiert. Häufig bleibt dabei nur die Vermittlung von Grundkenntnissen in der Arbeit mit dem Computer übrig, also Bedienwissen statt Medienkompetenz.

Die Unterscheidung zwischen dem Unterrichtsfach Informatik und der fachdidaktisch geprägten Nutzung im Fachunterricht spiegelt sich u.a. in der Ausrichtung der zwei wichtigsten schulorientierten Zeitschriften wider; beide mitbegründet von Renate Schulz-Zander. Da ist einmal die überwiegend informatisch ausgerichtete Zeitschrift *LOG IN* (seit 1979), zum anderen die Zeitschrift *Computer im Unterricht*, die seit 1991 IT-Anwendungen und -Nutzungskonzepte in allen Fächern und Schulstufen vorstellt und diskutiert.

Daneben spielt im schulischen Kontext natürlich die *Medienpädagogik* eine bedeutende Rolle. Deren vorrangiges Ziel ist die Förderung von *Medienkompetenz* der Lernenden. Seit Baacke (1997) beinhaltet dies Grundfähigkeiten zum selbstbestimmten Handeln in der Medienwelt, nämlich Medienkunde (Kennen und Bedienen), Medienkritik (analytisch, reflexiv und ethisch), Mediennutzung (rezeptiv und produzierend/anbietend) und Mediengestaltung (innovativ und kreativ). Das kann eigentlich nur eine Querschnittsaufgabe für alle Fächer sein, was sich aber bislang nicht durchgesetzt hat (vgl. Medienpädagogisches Manifest, GMK, 2009). Zu den Publikationsorganen zählen u.a. die Zeitschrift *Erziehungswissenschaft* oder die Onlinezeitschrift *MedienPädagogik*. Die personellen Überschneidungen zu den oben genannten Gruppen sind bedauerlicherweise gering.

Abbildung 1: Die LOG IN-Redaktion (von links: Ulrich Bosler, Renate Schulz-Zander) im Fachgespräch mit dem Autor (Joachim Wedekind, 2.v.r.) und Ulrich Kattmann (rechts) zur Nutzung von Computersimulationen im Fachunterricht (1979).

Am ehesten sind solche Überschneidungen beim Feld der *Mediendidaktik* zu finden, deren Thema das Lernen und Lehren mit Medien, insbesondere auch mit digitalen Medien, ist. Nun herrscht in der didaktischen Fachliteratur weitgehend Einigkeit, dass immer eine enge Wechselwirkung zwischen Zielen, Inhalten und Methoden besteht (vgl. Jank & Meyer, 2002, S. 55f.). Wenn also die Mediendidaktik sich mit intentional aufbereiteten Medien befasst, dann bedeutet das gleichzeitig, dass dieses Wirkgefüge davon beeinflusst wird. Digitale Medien bringen neue Ziele in den Unterricht, erschließen neue Inhalte bzw. neue Zugänge zu Inhalten und erlauben andere bzw. neue Lehr-/Lernmethoden. Kerres (2006) spricht deshalb konsequenterweise von einer *gestaltungsorientierten Mediendidaktik*, weil es im Wesentlichen um Verfahren gehe, wie Medien als Lernangebote konzipiert, entwickelt und eingesetzt werden können. Dabei werden Bezüge hergestellt zum Instruktionsdesign, auch zur Methodik der Pädagogischen Psychologie und den Kognitionswissenschaften.

Selbst wenn weitere Bereiche, die bei jedem Konzept zur Einführung von Medien in die Schule zu berücksichtigen sind – wie bildungsökonomische oder organisationale Aspekte des Change Management – bisher gar nicht erwähnt wurden, so sollte bereits deutlich geworden sein, dass das Thema der Nutzung digitaler Medien in der Schule sehr vielschichtig ist. Das gilt für die Ebene der Analyse genauso wie für die Ebene der Implementation.

Angesichts dieser Vielschichtigkeit ist es nicht unbedingt verwunderlich, dass die nachhaltige Integration der digitalen Medien in den Schulalltag auch nach über 30 Jahren Förderung, Entwicklung und Erprobung noch nicht erreicht worden ist. Jedenfalls wird in mehreren Berichten konstatiert, dass in Deutschland trotz intensiver finanzieller und konzeptioneller Bemühungen der regelmäßige Einsatz digitaler Medien im Schulunterricht nach wie vor wenig verbreitet ist (vgl. Schulz-

Zander & Riegas-Staackmann, 2004) und wenn, dann werden sie eher in bestehende Unterrichtsstile integriert und führen nicht zu den erwarteten Veränderungen der Lernkultur (Müller et al., 2006).

Im Folgenden werden Gründe dafür gesucht und daran anknüpfend ein Gesamtkonzept skizziert, das als notwendige Voraussetzung für eine nachhaltige Integration erachtet wird. Ich greife dabei auf zusammenfassende Ergebnisse (inter-) nationaler Studien zur Schulentwicklung mit digitalen Medien zurück und ergänze diese um aktuelle Nutzungsdaten der beteiligten Akteure. Schließlich entwickle ich in Anlehnung an das OLPC-Projekt (One Laptop Per Child) einen konsequenten Ansatz zur Einführung digitaler Medien in der Grundschule.

Bedingungsfaktoren

Innovationen im Schulbereich sind schwer zu initiieren und zu implementieren, nicht zuletzt, weil immer eine große Zahl an Akteuren beteiligt ist und überzeugt werden muss. Die nachhaltige Integration digitaler Medien in die Schule ist deshalb als *Schulentwicklungsprozess* zu sehen und zu planen. Im Rahmen einer internationalen Studie SITES M2 (Second Information Technology in Education Study – Module 2) wurden genau unter dieser Perspektive die Bedingungsfaktoren zur erfolgreichen Implementation der Innovationen untersucht (vgl. Kozma, 2003; Schulz-Zander, 2005). Dabei konnte eine ganze Reihe hemmender Faktoren benannt werden (siehe dazu Pelgrum, 2001): Nicht zu vernachlässigen sind die *materiellen Faktoren*. Dazu zählen Anzahl und Aktualität der vorhandenen Computer sowie die Verfügbarkeit von Peripheriegeräten, Software und Internetanschlüssen (hier liegt Deutschland nach wie vor auf einem hinteren Platz). So verhindert z.B. die Konzentration der Computer auf spezielle Fachräume spontane, sich aus dem Unterrichtsverlauf ergebende Zugriffe auf die Informationstechnologien.

Zu den *immateriellen Hemmfaktoren* zählen die (oftmals fehlende) Unterstützung durch die Schulleitung, die fehlende professionelle Betreuung der technischen Systeme und die deshalb hohe zeitliche Belastung IT-kompetenter Lehrpersonen. Hinzu kommen auf Seiten der Lehrenden ein Mangel an Computerwissen und computerbezogenen Fertigkeiten, fehlende pädagogische Konzepte und fehlende Zeit zur Vorbereitung bei gleichzeitig unzureichenden Qualifizierungsangeboten.

Aus diesen und weiteren im Rahmen der SITES-M2-Studien ausgewiesenen Faktoren hat Owston (2003) ein Determinanten-Modell (vgl. Abbildung 2) entwickelt mit notwendigen (essential) und förderlichen (contributing) Bedingungen für eine nachhaltige Implementierung. Daraus ist insbesondere ersichtlich, dass alle betroffenen Akteure beim Implementationsprozess einbezogen sein müssen.

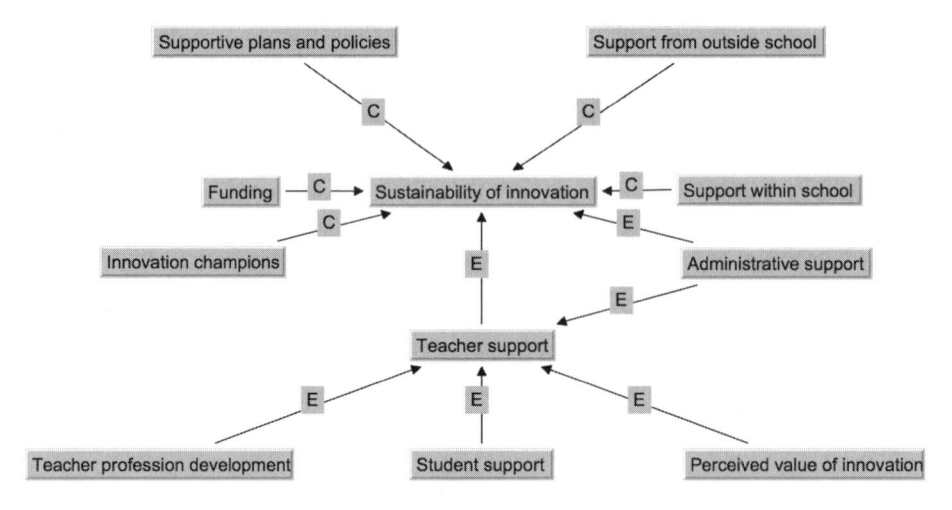

Abbildung 2: Determinanten der Nachhaltigkeit schulischer Innovationen (aus Owston, 2003)

Für drei der beteiligten Personengruppen, die Eltern, Schülerinnen und Schüler und Lehrerinnen und Lehrer, möchte ich versuchen, die aktuellen Nutzungsformen zu charakterisieren. Das Nutzungsverhalten im Alltag prägt implizit auch Akzeptanz und Nutzung im schulischen Kontext.

Digitale Medien im Alltag

Wir beginnen mit den Eltern, weil sich darin die gesellschaftliche Nutzung gut wieder findet. Für die Sicht der *Eltern* ist die allgemeine Durchdringung unseres privaten und beruflichen Alltags mit IT zu berücksichtigen. Natürlich sind die Daten zur Verfügbarkeit von PC und Internet in den privaten Haushalten alleine noch nicht aussagekräftig. Aber die jüngsten Daten (Statistisches Bundesamt, 2009) zeigen eindrücklich, wie stark Berufs- und Privatleben bereits davon bestimmt wird.[1] Der Anteil der Beschäftigten, die regelmäßig während ihrer Arbeitszeit einen Computer nutzen, betrug im Januar 2008 rund 60%. Im privaten Bereich ist die Nutzungsintensität des Computers auf 75% regelmäßige Nutzer gestiegen, also Nutzer, die den PC jeden Tag oder fast jeden Tag nutzen. Im Arbeitsalltag waren 53% der Beschäftigten 2008 über einen Computer an ihrem Arbeitsplatz mit dem Internet verbunden. Ähnliche Zahlen ergaben sich bei der Internetnutzung der privaten Haushalte: Im Jahr 2008 lag der Anteil der Personen ab zehn Jahren, die das Internet genutzt haben, bei 71%. Auch der Anteil der regelmäßigen Nutzer des Internet ist mit 66% auf einem hohen Niveau. Die zunehmende Bedeutung des

---

1 Durchaus typisch könnte also die Ausgabe meiner Lokalzeitung vom 10. März 2009 sein, in der auf drei Seiten gleich vier Fotos abgedruckt waren, die jeweils Szenen zeigten, bei denen Computer und Internet im Mittelpunkt standen (ein Ausbildungsforum an einer Berufsschule, das Azubi-Projekt einer Buchhandlung, ein Untersuchungsraum der Uni-Klinik und Existenzgründerinnen bei der Eröffnung eines Internet-Portals).

Internets zeigt sich auch in der Ausstattung der privaten Haushalte mit entsprechenden Technologien. 2008 verfügten 69% der Haushalte über einen Internetzugang. 50% der Privathaushalte verfügen dabei über Breitbandanschlüsse. Auf Seiten der Beschäftigten erfordert der zunehmende Einsatz von Informations- und Kommunikationstechnologien immer mehr die Bereitschaft, sich die erforderlichen Kenntnisse für den Umgang mit Computern und dem Internet anzueignen.

Betrachten wir als zweites die Gruppe der *Schülerinnen und Schüler*. Für Kinder zwischen 6 und 13 Jahren bleibt der Fernseher das wichtigste Medium, so die letzte repräsentative KIM-Studie, für die 1.200 Kinder und deren Haupterzieher im Frühsommer 2008 zu ihrem Mediennutzungsverhalten befragt wurden (MPFS, 2009). Aber das Fernsehen hat Konkurrenz aus dem Internet bekommen: 98% aller Internet nutzenden Jugendlichen sehen sich Online-Videos an. Videoplattformen wie YouTube, MyVideo oder Clipfisch stehen bei Jugendlichen ganz hoch im Kurs und damit Medienräume, die sie sich selbst erschließen und ausgestalten (so die Ergebnisse einer Befragung des Medienkonvergenz Monitoring mit mehr als 3500 Jugendlichen; Schorb et al., 2009). Wenn auch Computer und Internet eine große Rolle spielen – zwei Drittel sitzen regelmäßig am Computer – so bleibt das Fernsehen doch die häufigste Medienbeschäftigung der Kinder. Dies gilt auch hinsichtlich des Zeitbudgets. Mit dem Fernseher verbringen Kinder noch immer doppelt so viel Zeit wie mit dem Computer. Inhaltlich beschäftigen sich die Kinder am Computer vor allem mit Spielen, Arbeiten für die Schule und dem Surfen im Internet. Zwei Drittel gehen regelmäßig ins Netz und ein Sechstel der Internetnutzer ist jeden oder fast jeden Tag online. Vor allem die unter 10-Jährigen wenden sich vermehrt dem Internet zu. Das Internet dient Kindern zuerst als Informationsquelle und zur Nutzung von Kinderseiten. Für Jungen sind auch Onlinespiele relevant. Mit zunehmendem Alter werden auch häufiger die kommunikativen Möglichkeiten des Netzes genutzt. Am wichtigsten sind hierbei E-Mail und Chat, aber Instant Messenger und Communities gewinnen an Bedeutung.

Wie sehen demgegenüber die Nutzungsdaten bei den *Lehrerinnen und Lehrer* aus? Computer und Internet sind inzwischen für 90% selbstverständliche Hilfsmittel geworden – zur Unterrichtsvorbereitung. Mehr als die Hälfte aller Lehrerinnen und Lehrer (52%) surfen täglich im Internet, weitere 41% tun dies etwa zwei bis drei Mal pro Woche (MMB, 2008). Die Computer- und Internet-Nutzung der befragten Lehrerinnen und Lehrer kann damit durchaus als sehr rege gekennzeichnet werden. Allerdings setzen nur 20 bis 30% von ihnen digitale Medien zu Unterrichtszwecken ein. Das wiederum steht in Einklang mit der im internationalen Vergleich großen Skepsis deutscher Lehrpersonen gegenüber ihrem unterrichtlichen Einsatz und den davon zu erwartenden Vorteilen (erhoben in einer EU-Vergleichsstudie; EU, 2006).

Digitale Medien im Unterricht

Der Zugriff auf die digitalen Medien wurde bereits als ein bestimmender Einflussfaktor genannt. Je nach Ausstattung können an den Schulen drei Formen der Verfügbarkeit unterschieden werden – abgesehen von Computerecken, an denen aber immer nur einzelne Schülerinnen und Schüler und Schüler arbeiten können.

Zentrale Lösungen (Computerlabore) bieten zwar Vorteile bei der Systemadministration und Ressourcenverwaltung, sind aber auf fachliche Anforderungen des Informatikunterrichts bzw. der informationstechnischen Grundbildung ausgerichtet und bieten erhebliche Einschränkungen bei der Nutzung im sonstigen Fachunterricht. Die Notwendigkeit der Raumbuchung, evtl. der vorherigen Installation erforderlicher Software und vielfach auch die Ausgestaltung der Rechnerräume stehen einer kurzfristigen Integration in ein (flexibles) Unterrichtskonzept entgegen.

Mobile Klassenzimmer (Rollwagen mit Notebooks für Schüler, Internetzugang und ggf. weitere Peripherie) erhöhen die flexible Nutzung in Fachräumen deutlich. Allerdings ist auch bei dieser Lösung die Buchung des mobilen Klassenzimmers, das Sicherstellen des Vorhandenseins der gewünschten (z.B. fachspezifischen) Software vorab notwendig. Die Besprechung individueller Arbeitsergebnisse ist auch bei dieser Lösung nur durch Zugang zu einem zentralen Server realisierbar.

In so genannten *Notebook-Klassen* werden die meisten der genannten Probleme umgangen. Alle Schülerinnen und Schüler und Schüler besitzen ein individuelles Notebook (damit auch individuelle Speichermöglichkeiten und Dokumentenverwaltung), das sie ständig zur Verfügung haben (damit Rechner und Internetzugang in allen Klassenräumen) und – da es persönlicher Besitz der Schülerinnen und Schüler ist – die Nutzung auch außerhalb des schulischen Umfelds im persönlichen Bereich ermöglicht.

Die Flexibilisierung durch mobile Klassenzimmer oder Notebook-Klassen setzt natürlich auch Internet-Zugang in den Klassenzimmern und Fachräumen voraus. Bei fehlendem WLAN ist das nicht immer gegeben. Bei der Bindung an spezielle Räumlichkeiten bleibt die Nutzung zwangsläufig punktuell und bekommt dadurch Eventcharakter. Für interessierte Lehrpersonen wird dadurch ein Arbeiten ohne Medienbrüche erschwert bzw. verhindert![2]

Die bisher konsequenteste Integration digitaler Medien in den Schulunterricht stellen also die Notebook-Klassen dar. Dazu gab es eine ganze Reihe von Pilotprojekten im deutschsprachigen Raum (u.a. „1000mal1000: Notebooks im Schulranzen", Schaumburg et al., 2007; „Bildungspakt Bayern", Häuptle & Reinmann, 2006a, 2006b; „e-Learning und e-Teaching mit Schülerinnen und Schüler-Notebooks", Österreich, Spiel & Popper, 2003). Es ist hier nicht der Raum, diese Versuche näher darzustellen und zu kommentieren. Es soll reichen, zentrale Ergebnisse zusammen zu fassen, zumal diese über die genannten Versuche hinweg ziemlich einhellig ausfallen. Erleichtert wird dies auch dadurch, dass durchgängige Ziel-

---

2 Dabei können gerade Lehrerinnen und Lehrer von einer konsequenten Nutzung der digitalen Medien bei der Vorbereitung und Durchführung ihres Unterrichts nur profitieren. Ein prägnantes Beispiel ist für mich ein Lehrerkollege, ein erfahrener Biologie- und Geografielehrer, der inzwischen alles auf einem USB-Stick transportabel mit sich führt. Seine Arbeitsmaterialien stellt er den Schülerinnen und Schüler als pdf- oder doc-Dateien zur Verfügung, kann diese auch mit portablen Programmen (Browser, Office-Paket) bei Bedarf vor Ort verändern, und alle (!) seine benötigten Medien (Texte, Bilder, Filme, Präsentationen) stehen ihm darauf ebenfalls jederzeit zur Verfügung. Die Arbeitsorganisation (inkl. der Nutzung von Foren, Chat, Blog, Wiki) erfolgt über ein Lern-Management-System.

setzungen formuliert wurden: Durch den Einsatz von Notebooks im Unterricht soll schulisches Lernen verändert werden. Eigentätigkeit, Selbstverantwortung und forschendes Lernen sollten gestärkt, kooperatives Lernen und Arbeiten gefördert werden, bei gleichzeitiger Stärkung von Schlüsselkompetenzen wie Computer- bzw. Informationskompetenz, Kommunikations- und Kooperationsfähigkeit.

Die Einführung von Notebooks bewirkte durchgängig, dass die Nutzungshäufigkeit des Computers im Unterricht deutlich höher ausfiel als bei alleiniger Verfügbarkeit stationärer Schulcomputer. Es konnte eine Zunahme der Phasen mit größerer Schüleraktivität (Einzel- und spontane Partner- und Gruppenarbeit) gegenüber Phasen des Frontalunterrichts festgestellt werden. Ebenso wurde mit Notebooks insgesamt etwas häufiger binnendifferenziert unterrichtet bzw. individualisierte Aufgabenstellungen kamen häufiger vor als im herkömmlichen Unterricht. Ebenso konnte eine Zunahme der Selbstständigkeit der Schüler in Notebook-Klassen beobachtet werden. Dies bezog sich zum einen auf den Umgang mit dem Computer, zum anderen auch auf das Lösen von Unterrichtsaufgaben und die Kooperation im Rahmen von Gruppenarbeit (Schaumburg et al., 2007, S. 122ff.).

Alle genannten Studien zeigen auch, dass der Mehrwert des Unterrichts mit Notebooks vermutlich nicht primär in der Verbesserung von Fachleistungen zu suchen ist, oder zumindest nur dann, wenn hier deutlich mehr Ressourcen als bisher investiert werden, um Konzepte für den fachdidaktisch sinnvollen Einsatz zu entwickeln und die Lehrkräfte auch entsprechend fortzubilden (ebd., S. 125). Der Bedarf dafür wird von den Beteiligten selbst immer wieder artikuliert. Damit mehr als die „Technikbegeisterten" angesprochen werden, sind hierfür Strukturen zur Information und Kooperation zu schaffen.

Der letztgenannte Punkt leitet über zu weiteren Erfahrungen der Pilotprojekte, die belegen, wie zentral es ist, bei der Einführung solcher Projekte systemisch vorzugehen, das heißt bei Planung und Durchführung alle Beteiligten einzubeziehen (siehe dazu auch Morrison et al., 2007), also
– Eltern aufzuklären, was angestrebt und zu erwarten ist, Lehrerinnen und Lehrer, was unterrichtlich zu verändern und zu erwarten ist,
– Schulverwaltungen, was organisatorisch zu bewältigen ist,
– Schulträger, was an Kosten und Veränderungen einzuplanen ist,
– Bildungsverwaltung und Bildungspolitik, was zu erwarten ist – und womit nicht gerechnet werden darf.

Zu bedenken und zu vermitteln ist, dass die Einführung persönlicher Rechner als durchgängiges Arbeitsmittel kein Allheilmittel darstellt, Lernschwierigkeiten zu beheben, Lernunlust in Motivation zu verwandeln oder den Notenschnitt einzelner Schüler oder Klassen zu heben. Zentral ist dagegen der selbstverständliche zielorientierte Einsatz digitaler Werkzeuge für Arbeiten und Lernen. Das ist dann ein Ansatz, der gekennzeichnet ist durch
– ein hohes Maß an eigenständigem und selbstgesteuertem Lernen,
– eine gesteigerte Kommunikation, Kooperation und Kollaboration sowohl intern als auch extern,
– die Erschließung neuer Inhalte (über das Web) und die Erschließung neuer Zugänge zu Inhalten (Computer als Werkzeug),

- neue Ausdrucks- und Kommunikationsformen (Audio, Video, Wikis und Weblogs) und
- den Erwerb von Medienkompetenz und Metakompetenzen.

Die bisherigen Modellversuche und Projekte können als Schritte in diese Richtung gewertet werden. Sie haben wichtige Erfahrungswerte geliefert; es muss aber auch darauf hingewiesen werden, dass es bereits Projekte gegeben hat, die einen deutlich „radikaleren" Ansatz gewählt haben (interessanterweise haben diese oftmals Primarschulen adressiert; vgl. etwa Bailicz, Seper & Sperker, 2006; Schrackmann, Knüsel, Moser, Mitzlaff & Petko, 2008). Diese Versuche zeigen deutlich, dass neben technischen Konzepten auch die räumliche und organisatorische Einbettung in bestehende Formen des Lehrens und Lernens erforderlich ist sowie der Entwurf begründeter pädagogischer Szenarien (vgl. etwa das NIMIS-Konzept, Hoppe, Lingnau, Machado, Paiva, Prada & Tewissen, 2000). Es lohnt sich, diese Ansätze um die Erfahrungen des OLPC-Projekts zu ergänzen, um daran anknüpfend ein Konzept für die Einführung digitaler Medien in den Grundschulen zu skizzieren.

Das OLPC-Projekt – ein Vorbild?

2005 wurde von Nicholas Negroponte und Mitgliedern des MIT-Media Lab die gemeinnützige Organisation OLPC gegründet. Sie verfolgt das Ziel, allen Kindern, wo immer sie leben, einen bezahlbaren mobilen und stabilen Computer zur Verfügung zu stellen und damit für mehr Chancengleichheit zu sorgen. Das Projekt wird von der UNO unterstützt und richtet sich zunächst an Schwellen- bzw. Entwicklungsländer und soll helfen, die digitale Kluft zwischen erster und dritter Welt zu verringern. Das OLPC-Projekt ist damit eines der ambitioniertesten Bildungsprojekte, das bisher in Angriff genommen wurde. Dahinter steckt die Grundidee, Kindern in den nicht industrialisierten Staaten hier und heute den Zugriff auf moderne Informations- und Kommunikationstechnologien zu ermöglichen. Es thematisiert Bildung als Grundbedürfnis der Kinder in diesen Ländern und dies bei gleichzeitiger Heranführung an neueste Technologien, die den Anschluss an weltweite Entwicklungen und Wissensbestände fördern sollen.

Das öffentlichkeitswirksamste Produkt dieser Initiative ist der XO-Laptop (vormals als 100 Dollar-Laptop bekannt geworden), der einerseits möglichst preisgünstig produziert wird, damit er für die adressierten Länder erschwinglich ist, der andererseits gezielt für den geplanten Verwendungszweck entwickelt wurde (zum OLPC-Projekt und dem XO-Laptop siehe auch Derndorfer, 2009). Dies gilt auch für das Betriebssystem Sugar und entsprechende Anwendungen (als Open-Source-Software). Hinzu kommt die Vernetzung über WLAN und Internet-Zugang für alle Schulen und Schülerinnen und Schüler. Die Komponenten erfüllen damit essentielle Grundvoraussetzungen:
- Die Hardware (der XO-Laptop, aber auch Server, Internetinfrastruktur) muss erschwinglich sein.
- Die Software (Sugar, Anwendungen, Inhalte) muss erschwinglich (Open-Source) und an länderspezifische Bedürfnisse (Sprachversionen) anpassbar sein.

- Die Geräte müssen kindgerecht und für „raue" Umgebungen ausgelegt sein (robuster und langlebiger Laptop mit freundlichem und buntem Design).
- Zugriff, Unterhalt und Wartung von Geräten und Infrastruktur müssen einfach und kostengünstig sein (Delegierung einfacher Wartungsarbeiten auf Anwenderebene, Mesh-Netzwerke (ad hoc organisierte lokale Netzwerke) als robuste und kostengünstige Vernetzungsmöglichkeit).

In der öffentlichen Wahrnehmung ist das OLPC-Projekt häufig auf die Entwicklung des XO-Laptops reduziert (deutlich wird dies z.B. bei der Vermarktung von Konkurrenzprodukten in der Klasse der Netbooks, wie etwa Intels Classmate-PC oder Asus Eee-PC). Es ist aber zu betonen, dass es sich primär um ein Bildungsprojekt mit einem durchgängigen Konzept handelt, bei dem der XO-Laptop ein zwar zentraler, aber eben nur ein Baustein ist. Der Ansatz insgesamt zielt ab auf die Entwicklung eines „Ökosystems", bei dem Hard- und Software bereitgestellt werden, Lernmaterialien entwickelt und vorbereitende und begleitende Maßnahmen der Lehreraus- und Fortbildung organisiert werden. Das Projekt ist deshalb weit mehr als die „Beschaffung günstiger Hardware"!

Bei einer Würdigung dieses Projekts ist deshalb mit entscheidend, welchen pädagogischen Grundüberlegungen es folgt. In den zugänglichen Dokumenten findet sich ausschließlich der Bezug auf den Konstruktionismus nach Seymour Papert (siehe dazu Papert, 1993). Dieser Ansatz verbindet reformpädagogische Ideen zum selbstbestimmten Lernen mit Piagets lerntheoretischen Überlegungen zum Konstruktivismus. Dabei wird ein deutlich stärkerer Akzent auf das kreative Handeln im Sinne der Konstruktion von Dingen gelegt. Die dafür bereit gestellte Hard- und Software orientiert sich an Ideen, die Alan Kay (1972) mit dem Dynabook-Konzept vorgedacht hatte. Konkret zusammengefasst bedeutet das, dass
- den Schülerinnen und Schüler persönlich und dauerhaft nutzbare Rechner zugänglich gemacht werden, über die ihnen sowohl lokale Vernetzung als auch der Zugang zum Internet eröffnet wird,
- den Schülerinnen und Schüler damit ein Gerät zur Verfügung steht, das ohne Medienbrüche individuelles Arbeiten und Lernen, aber genauso Kommunikation und Kooperation mit anderen und Zugang zum Weltwissen im Internet erlaubt,
- den Schülerinnen und Schüler eine transparente Technologie zur Verfügung steht, die nicht nur genutzt sondern auch selbst Gegenstand des Lernens werden kann (u.a. durch Zugang zum Quellcode der Applikationen).

Es darf nicht verschwiegen werden, dass nach Anlaufen der Massenproduktion und der Auslieferung des XO-Laptops in großen Stückzahlen (Stand Frühjahr 2009: ca. eine Million Geräte) das Projekt mit zahlreichen Problemen zu kämpfen hat. Vereinbarungen mit Regierungseinrichtungen waren nicht immer verlässlich und der Aufbau notwendiger Infrastrukturen vor Ort wurde dadurch behindert. Allerdings beschränken sich die Probleme nicht auf die Sicherung der Rahmenbedingungen. Auch der pädagogische Ansatz steht zunächst meist konträr zu den (landes-) spezifischen Curricula und Lehrmethoden. Vor Ort gibt es daher Initiativen, lokalisierte Unterrichtskonzepte und -materialien zu entwickeln und die beteiligten Lehrerinnen und Lehrer auszubilden und einzubinden.

Leider fehlen bisher formative und summative Evaluationsstudien zu den Maßnahmen, es gibt keine systematischen Erhebungen und die spärlich vorliegenden Berichte haben eher anekdotischen Charakter. Diese sind allerdings überwiegend positiv und berichten von den Auswirkungen auf das Lernverhalten der Schülerinnen und Schüler, den Veränderungen der Beziehungen im Lehrer-Schüler-Verhältnis, bis hin zu Rückwirkungen auf das familiäre Umfeld (eine zusammenfassende Übersicht findet sich bei Nugroho & Lonsdale, 2009).

Ganz oder gar nicht – ein durchgängiges Nutzungskonzept für digitale Medien in der Grundschule

Eine Bilanzierung des bisher Dargestellten fällt zwiespältig aus. Die vielen Modellversuche und Initiativen haben nicht zu den durchgängig überzeugenden Ergebnissen geführt, die den Bildungsträgern die notwendigen Investitionen samt Neben- und Folgekosten einer flächendeckenden Einführung (nach Vorbild des OLPC-Projekts) zwingend plausibel machen würden. Andererseits wurden erhebliche Potenziale aufgezeigt, die bei entsprechender Ausgestaltung der Rahmenbedingungen, durch umfassende Planung der Konzeption unter Einbeziehung aller Akteure sowie konsequente Umsetzung und wissenschaftliche Begleitung tatsächlich ausgeschöpft werden könnten. Ich möchte daher abschließend ein solches Konzept skizzieren, an dessen Operationalisierung in Form eines Projektantrags noch gearbeitet wird.

Vorgeschlagen wird ein *Grundschulprojekt*: Mit dem Schuleintritt sollen alle Kinder persönliche Rechner erhalten und diese als Arbeitsmittel, d.h. Computer und Internet von Beginn an als völlig selbstverständliche Bestandteile ihrer Lernumgebung empfinden. Diese Selbstverständlichkeit, digitale Medien immer dann zur Verfügung zu haben und zu nutzen, wenn die Notwendigkeit, sich zu informieren, zu lernen, zu arbeiten es erfordert, kann und sollte bereits im Grundschulbereich erfahren und praktiziert werden. Dabei vertrete ich den Standpunkt „ganz oder gar nicht", das heißt, ich halte nichts von der punktuellen Nutzung des Rechners in ausgewählten Unterrichtssituationen (und dann eben oft auch noch in speziellen Räumen), wodurch sie einen Ausnahmestatus und Eventcharakter bekommt, den sie im „wirklichen Leben" eben gerade nicht mehr hat.

Alle Schülerinnen und Schüler erhalten dafür bei Schuleintritt identische *Schulcomputer*, was neben der Normierung von Systemsoftware, Anwendungen und Hardwarekomponenten auch die Wartbarkeit und Reparatur wesentlich erleichtert. Da der XO-Laptop hierzulande nicht ausgeliefert wird, kommen dafür entsprechende preisgünstige Netbook-Modelle anderer Hersteller in Frage. Für diese sind inzwischen die spezifisch *schul- und kinderorientierten Software-Entwicklungen* des Sugar-Betriebssystems mit der angebotenen Werkzeugpalette erhältlich. Damit geht es also nicht mehr darum, Hard- und Software, die für die Nutzung im kommerziellen Umfeld entwickelt wurde, für schulische Zwecke „umzufunktionieren", sondern es steht ein Gesamtsystem zur Verfügung, bei dem eine lerntheoretische Sicht zu Grunde gelegt wurde.

In der Schule erlauben die Rechner über WLAN den Zugriff auf das Internet und dadurch den *Zugang zum Weltwissen*. Dieser leichte Zugang soll den sachgerechten, kritischen und auch rechtlich korrekten Umgang mit diesen Quellen unterstützen. Auch das *Arbeiten mit computerbasierten Werkzeugen* (Schreiben, Malen, Musizieren, Foto, Video, Datenerhebung und Auswertung, Kommunikation, bis hin zum Programmieren) sind wichtige Lernziele. Damit kann ein Gegengewicht zur Rolle des Rechners als Spielmaschine bzw. Lieferant passiv zu konsumierender Informationen aufgebaut werden.

Wenn mit dem Einsatz digitaler Medien in der Schule nachhaltigere Auswirkungen als bisher bezüglich Lerneffekten, Medienkompetenz oder unterrichtsmethodischem Wandel erreicht werden sollen, muss der Sonderstatus ihrer Nutzung überwunden werden. Das hier vorgeschlagene Konzept adressiert deshalb die *gesamte Grundschulzeit* mit entsprechender *curricularer Verankerung* und *unterrichtsmethodischer Integration*.

Für den Erfolg einer solchen Initiative, die ja Auswirkungen bis hin zur Schulorganisation haben wird, ist die *Mitnahme aller Beteiligten* unabdingbare Voraussetzung. Das bedeutet konkret *Überzeugungsarbeit bei den Eltern* mit realistischen Informationen über unterrichtliche Veränderungen und erwartbare Ergebnisse, auch *finanzielle Entlastung der Eltern* über die Bereitstellung der Rechner durch den Schulträger.

Vor dem Beginn einer solchen Maßnahme ist eine ausreichende Vorlaufphase zu organisieren, in der durch intensive *Lehrerfortbildung* die Basis für die konkrete Umsetzung neuer Unterrichtskonzepte geschaffen wird. Die Erfahrungen im OLPC-Projekt zeigen, dass der konstruktionistische Ansatz keinen Bruch mit traditionellen Lehrformen bedeuten darf, sondern eine organische Integration angestrebt werden muss. Der Vorlauf wird daher auch benötigt für die (Neu-)*Entwicklung lehrplanbezogener Materialien und deren Erprobung*.

Sowohl die Vorbereitungsphase als auch der mehrjährige Einsatz muss durch systematische *Begleitforschung* unterstützt und ausgewertet werden. Diese ist interdisziplinär anzulegen mit der Beteiligung von Fach- und Mediendidaktikern, Medienpädagogen und Kognitionswissenschaftlern. So kann gesichert werden, die von Owston (2003) genannten Determinanten der Innovation (vgl. Abbildung 20) zu berücksichtigen und zu erfassen. Aus der formativen und summativen Evaluation sowie spezifischen Einzeluntersuchungen können Ergebnisse erwartet werden, die ein hohes Potenzial der Generalisierung bieten.

Fazit

Das OLPC-Projekt ist ambitioniert. Ich finde, auch unser Bildungssystem verdient es, mit einer Vision und hohen Ambitionen an seine Verbesserung heranzugehen. Oft genug wird beschworen, dass wir uns auf dem Weg in eine Wissensgesellschaft befinden. Mit der konsequenten Nutzung der digitalen Medien beim Wissenserwerb können wir unseren Kindern eine Chance bieten, diesen Einstieg zu bewältigen.

Literatur

Baacke, D. (1997). *Medienpädagogik: Grundlagen der Medienkommunikation.* Tübingen: Niemeyer.

Bailicz, I., Seper, W. & Sperker, L. (2006). *ppc@school – Kleine Computer für kleine Hände.* Innsbruck: Studienverlag.

Derndorfer, C. (2009). One Laptop per Child – Von einer Vision zur globalen Initiative. *LOG IN, 156,* 10–15.

EU Europäische Kommission/empirica (2006): *Use of Computers and Internet in Schools in Europe 2006.* Country Brief: Germany. Verfügbar unter: d21.fujitsu-siemens.de/12_06/images/CountryBrief_Germany.pdf [17.04.2009].

GMK Gesellschaft für Medienpädagogik und Kommunikationskultur (2009). *Medienpädagogisches Manifest – Keine Bildung ohne Medien!* GMK: Bielefeld.

Häuptle, E. & Reinmann, G. (2006a). *Notebooks in der Hauptschule. Eine Einzelfallstudie zur Wirkung des Notebook-Einsatzes auf Unterricht, Lernen und Schule.* Verfügbar unter: http://medienpaedagogik.phil.uni-augsburg.de/downloads/dokumente/2006/Notebook-Klassen_Abschlussbericht.pdf [17.04.2009].

Häuptle, E. & Reinmann, G. (2006b). *Ehemalige Notebook Schüler in der Aus- und Weiterbildung.* Verfügbar unter: http://medienpaedagogik.phil.uni-augsburg.de/downloads/dokumente/2006/Folgestudie_Ehemalige-Notebook-Schueler.pdf [17.04.2009].

Hoppe, H. U., Lingnau, A., Machado, I., Paiva, A., Prada & R., Tewissen, F. (2000). Supporting Collaborative Activities in Computer Integrated Classrooms – the NIMIS Approach. *Proc. of 6th International Workshop on Groupware, CRIWG 2000,* Madeira, Portugal. Verfügbar unter: http://www.collide.info/Members/admin/publications/CRIWG00_Hoppe_etal.pdf [17.04.2009].

Jank, W. & Meyer, H. (2002). *Didaktische Modelle.* Berlin: Cornelsen.

Kay, A. (1972). A Personal Computer for Children of All Ages. *Proceedings of the ACM National Conference, Boston.* Verfügbar unter: http://www.mprove.de/ diplom/gui/Kay72a.pdf [17.04.2009].

Kerres, M. (2006). Zum Selbstverständnis der Mediendidaktik – eine Gestaltungsdisziplin innerhalb der Medienpädagogik? In W. Sesink, M. Kerres & H. Moser (Hrsg.), *Jahrbuch Medienpädagogik 6* (S. 161–178). Heidelberg: Springer.

Kozma, R. (2003). A review of the findings and their implications for practice and policy. In Kozma, R. (Ed.), *Technology, innovation, and educational change: A global perspective.* Eugene: International Society for Educational Technology.

MMB Institut für Medien- und Kompetenzforschung (2008). *Digitale Schule – wie Lehrer Angebote im Internet nutzen.* Essen: MMB. Verfügbar unter: http://www.dlr.de/pt/PortalData/45/Resources/dokumente/nmb/MMB_Veroeffentlichung_Lehrer_Online_20080505_final.pdf [17.04.2009].

Morrison, G., Ross, S.M. & Lowther, D.L. (2007). *When Each One has One: Technology as a Change Agent in the Classroom.* ITFORUM March 2007. Verfügbar unter: http://it.coe.uga.edu/itforum/paper97/Morrison.pdf [17.04.2009].

MPFS Medienpädagogischer Forschungsverbund Südwest (2009). *KIM-Studie 2008 – Kinder und Medien Computer und Internet.* Stuttgart: LFK. Verfügbar unter: http://www.mpfs.de/fileadmin/KIM-pdf08/KIM08.pdf [17.04.2009].

Müller, C., Blömeke, S. & Eichler, D. (2006). Unterricht mit digitalen Medien – zwischen Innovation und Tradition? Eine empirische Studie zum Lehrerhandeln im Medienzusammenhang. *Zeitschrift für Erziehungswissenschaften, 9* (4), 632–650.

Nugroho, D. & Lonsdale, M. (2009). *Evaluation of OLPC Programs Globally: a Literature Review. Australian Council for Educational Research.* Verfügbar unter:

http://www.scribd.com/doc/12729094/Evaluation-of-OLPC-Programs-Globally-a-Literature-Review [17.04.2009].

Owston, R.D. (2003). School Context, Sustainability, and Transferability of Innovation. In R. Kozma (Ed.), *Technology, innovation, and change – A global phenomenon* (pp. 125–162). Eugene: International Society for Technology in Education.

Papert, S. (1993). *Mindstorms: Kinder, Computer und neues Lernen.* Basel: Birkhäuser.

Pelgrum, W.J. (2001). Obstacles to the Integration of ICT in Education: Results from a Worldwide Educational Assessment. *Computers & Education 37* (2), 163–178.

Schaumburg, H., Prasse, D., Tschackert, K. & Blömeke, S. (2007). *Lernen in Notebook-Klassen. Endbericht zur Evaluation des Projekts „1000mal1000: Notebooks im Schulranzen".* Bonn: Schulen ans Netz. Verfügbar unter: http://itworks.schulen-ans-netz.de/dokus/n21evaluationsbericht.pdf [17.04.2009].

Schorb, B., Würfel, M., Kießling, M. & Keilhauer, J. (2009). *YouTube und Co.: neue Medienräume Jugendlicher.* Medienkonvergenz Monitoring Videoplattformen-Report 2009. Leipzig: Universität Leipzig. Verfügbar unter: http://www.uni-leipzig.de/~mepaed/sites/default/files/MeMo_VP09.pdf [17.04.2009].

Schrackmann, I., Knüsel, D., Moser, T. Mitzlaff, H. & Petko, D. (2008). *Computer und Internet in der Primarschule. Theorie und Praxis von ICT im Unterricht.* Aarau: Sauerländer/Cornelsen.

Schulz-Zander, R. (2005). Innovativer Unterricht mit Informationstechnologien – Ergebnisse der SITES M2. In H.G. Holtappels & K. Höhmann (Hrsg.), *Schulentwicklung und Schulwirksamkeit* (S. 264–276). Weinheim: Juventa.

Schulz-Zander, R. & Eickelmann, B. (2008). Zur Erfassung von Schulentwicklungsprozessen mit digitalen Medien. *Medienpädagogik. Zeitschrift für Theorie und Praxis der Medienbildung.* Themenheft 14. Verfügbar unter: http://www.medienpaed.com/14/schulz-zander0801.pdf [17.04.2009].

Schulz-Zander, R. & Riegas-Staackmann, A. (2004). Neue Medien im Unterricht. Eine Zwischenbilanz. In H.G. Holtappels, K. Klemm, H. Pfeiffer, H.-G. Rolff, R. Schulz-Zander (Hrsg.), *Jahrbuch der Schulentwicklung. Bd. 13* (S. 291–330). Weinheim u. München: Juventa.

Spiel, C. & Popper, V. (2003). *Evaluierung des österreichweiten Modellversuchs „e-Learning und e-Teaching mit Schülerinnen und Schüler-Notebooks".* Verfügbar unter: http://www.e-teaching-austria.at/evaluierung/evaluation.pdf [17.04.2009].

Statistisches Bundesamt (2009). *Private Haushalte in der Informationsgesellschaft – Nutzung von Informations- und Kommunikationstechnologien (IKT).* Fachserie 15, Reihe 4. Wiesbaden: Statistisches Bundesamt. Verfügbar unter: http://www-ec.destatis.de/ [17.04.2009].

Curriculum Vitae

Renate Schulz-Zander

Geburtsdatum: 18.03.1945
Geburtsort: Kiel
Familienstand: verheiratet; vier Kinder, Julius, Jenny, Niklas, Karoline

Schulbildung

1951–1964	Grundschule und Gymnasium Lily-Braun-Schule, Berlin
1964	Allgemeine Hochschulreife

Studium und Berufsausbildung

1964–1971	Studium der Fächer Mathematik und Physik an der Freien Universität Berlin, Lehramtsstudium (Fächer Mathematik und Pädagogische Kybernetik) an der Pädagogischen Hochschule Berlin
1968	Erste Staatsprüfung für das Lehramt mit einem Wahlfach (Mathematik)
1971	Erste Staatsprüfung für das Lehramt mit zwei Wahlfächern (Mathematik/ Pädagogische Kybernetik)
1972–1974	Zweite Phase der Lehrerausbildung
1974	Zweite Staatsprüfung für das Lehramt „*mit Auszeichnung*" bestanden

Promotion

1986	Promotion an der Universität Hamburg mit *magna cum laude*; Dissertation zum Thema „Auswirkungen von Programmiersprachen auf das Problemlöseverhalten von Schülern – theoretische Analyse und empirische Feldstudie" (Betreuer: Prof. Dr. Rolf Oberliesen)

Forschungsschwerpunkte

- Medien und Informationstechnologien (IKT) in Bildung, Erziehung und Unterricht
- Lernen und Lehren mit digitalen Medien in der Schule und Hochschule
- Schul- und Unterrichtsforschung im Bereich digitaler Medien
- Schulentwicklung und digitale Medien
- Digitale Medien und Gender
- Digitale Medien und Lehrerbildung

Beruflicher Werdegang

1969–1970	Wissenschaftliche Mitarbeiterin am Institut für die Kybernetik an der Pädagogischen Hochschule Berlin
1970–1972	Wissenschaftliche Mitarbeiterin bei der Gesellschaft für Lehrtechnik in Berlin

1974–1978	Wissenschaftliche Assistentin am Institut für Datenverarbeitung in den Unterrichtswissenschaften der Pädagogischen Hochschule Berlin
1978–1992	Wissenschaftliche Mitarbeiterin am Institut für die Pädagogik der Naturwissenschaften (IPN) in Kiel
seit 1992	C3-Universitätsprofessorin für Bildungsforschung mit dem Schwerpunkt Informations- und Kommunikationstechnologische Bildung am Institut für Schulentwicklungsforschung (IFS), Fachbereich Erziehungswissenschaft der Universität Dortmund

Akademische Funktionen

Gremienarbeit

1976–1977	Geschäftsführerin der Abteilung 5 der Pädagogischen Hochschule Berlin
Seit 1992	in der Leitung des IFS
Seit 1992	Gründung und Leitung des Pädagogischen Computerzentrums (PCZ) im Fachbereich 12
1994–1996	Geschäftsführende Leiterin des IFS
1994–996	Vorsitzende des Promotionsausschusses
1997	Mitglied der Multimedia-Expertenkommission des Rektors der Universität Dortmund
seit 1997	Vorsitzende der Studiengangkommission „Medien und Informationstechnologien in Erziehung, Unterricht und Bildung" des Fachbereichs 12
1998–2000	Geschäftsführende Leiterin des IFS
2002–2004	Stellvertretende Sprecherin der Ständigen Senatskommission Infrastruktur und Medien der Universität Dortmund

Internationale Projekte

1996	Mitglied des internationalen Ausschusses COMMITT (Committee on MultiMedia in Teacher Training) des niederländischen Ministers für Bildung und Erziehung
2003	EU-Projekt Comenius C3.1 Entwicklung eines Virtuellen Weiterbildungskurses „Schulmanagement für Schulleiter"
2000–2002	National Research Coordinator der Second Information Technology in Education Study – Module 2 (SITES-M2) der International Association for the Evaluation of Educational Achievment (IEA) in Deutschland
2006–2008	Kooptiertes Mitglied des PIRLS/IGLU 2006-Konsortiums (Internationale Grundschul-Lese-Untersuchung)

Professionelle Vereinigungen

1978–1982	Mitglied im Fachausschuss 9/10 „Ausbildung" der Gesellschaft für Informatik e.V. (GI)

1983–1999	Mitglied des Fachausschusses 7.3 „Informatik in Schulen"/„Informatische Bildung in der Schule" der GI
1988–1996	Mitglied des Fachbereichs „Ausbildung und Beruf" der GI
1988–1996	Sprecherin des Fachausschusses 7.3 der GI „Informatische Bildung in der Schule"
1989–1993	Vorsitzende des Arbeitskreises „Informatikunterricht an Schulen in der Sekundarstufe II" der GI
1994–1998	Vorsitzende des Arbeitskreises „Lehrerbildung im Bereich informatischer Bildung" der GI
seit 1994	Mitglied der Deutschen Gesellschaft für Erziehungswissenschaft (DGfE) und der AG Medienpädagogik/ Kommission Medienpädagogik
1994–1998	Stellvertretende Sprecherin der AG Medienpädagogik der Deutschen Gesellschaft für Erziehungswissenschaft (DGfE)

Netzwerke

1999–2001	Mitglied des Netzwerks „Lehrerausbildung und neue Medien" der Bertelsmann Stiftung und Heinz Nixdorf Stiftung
seit 2008	Mitglied des Network 16 „ICT in Education and Training" der European Educational Research Association (EERA)

Wissenschaftliche Beiräte

seit 1994	Mitglied des Beirats „Schule und Medien" der Bertelsmann Stiftung
seit 1994	Mitglied des Beirats des Hochschuldidaktischen Zentrums (HDZ) der Universität Dortmund
1998–2000	Mitglied des Beirats des „Programmnavigator Bildung" des Adolf-Grimme-Instituts
2003–2004	Mitglied des wissenschaftlichen Beirats des MEDIDA-PRIX der Gesellschaft für Medien in der Wissenschaft (GMW)
seit 2003	Mitglied des Beirats von LeaNet (Online-Netzwerk für Lehrerinnen bzw. Frauen in Schule und Bildung) des Vereins Schulen ans Netz e.V.

Jury

2004, 2007	Mitglied der Jury des Medida-Prix der Gesellschaft für Medien in der Wissenschaft
seit 2008	Mitglied der Jury des digita – Deutscher Bildungsmedien Preis

Kommissionen/Gutachten

1994/1995	Gemeinsames Gutachten mit Prof. Dr. Wilfried Hendricks für die Bund-Länder-Kommission für Bildungsplanung und Forschungsförderung (BLK) über die Modellversuche im Förderschwerpunkt „Informations- und Kommunikationstechniken im Bildungswesen" BLK für den Zeitraum von 1984 bis 1995
2004	Mitglied der Expertengruppe zur Beratung des Expertenberichts ICT-Standardentwicklung der Bildungsministerien der Kantone Basel-Landschaft Zürich sowie der Pädagogischen Hochschule Zürich

2006	Mitglied der Gutachtergruppe im Akkreditierungsverfahren zum weiterbildenden Masterstudiengang „Medien und Bildung" an der Universität Rostock für AQAS
	Gutachten für den Schweizerischen Nationalfonds zur Förderung der wissenschaftlichen Forschung (FNSNF), Abteilung Geistes- und Sozialwissenschaften, DORE (DO Research), Bern (Schweiz)

Herausgeberschaft von Zeitschriften

1980–1990	Gründerin und Schriftleiterin der fachdidaktischen Zeitschrift LOG IN im Oldenbourg-Verlag
seit 1991	Gründerin und leitende Herausgeberin der Zeitschrift Computer + Unterricht im Friedrich-Verlag

Nachwuchsförderung

1996–1999	Professorin im interuniversitären Graduiertenkolleg „Geschlechterverhältnisse und sozialer Wandel. Handlungsspielräume und Definitionsmacht von Frauen", gefördert von der Deutschen Forschungsgemeinschaft

Promotionen (abgeschlossen)

2000	Hiltrud Westram: Internet in der Schule. Ein Medium für alle!
2004	Heike Hunneshagen: Innovationen in Schulen. Identifizierung implementationsfördernder und -hemmender Bedingungen des Einsatzes neuer Medien.
2008	Burkhard Schwier: Lernen mit digitalen Medien an Förderschulen – Inhaltsanalytische und explorative Untersuchungen zu Förderschulen mit dem Schwerpunkt „Lernen".
2009	Birgit Eickelmann: Erfolgreich digitale Medien in Schule und Unterricht integrieren. Eine empirische Analyse zur Nachhaltigkeit der Implementation digitaler Medien aus Sicht der Schulentwicklungsforschung.

Verzeichnis der Autorinnen und Autoren

Bos, Wilfried, Prof. Dr. habil., Soz. päd. grad., Dipl. Päd., seit 2005 Professor für Bildungsforschung und Qualitätssicherung an der Technischen Universität Dortmund, Direktor des Instituts für Schulentwicklungsforschung, Arbeitsschwerpunkte: Empirische Forschungsmethoden, Qualitätssicherung im Bildungswesen, Internationale Bildungsforschung, Pädagogische Chinaforschung, Sozialisationsprozesse ethnischer Minoritäten unter den Aspekten einer europäischen Integration.

Breiter, Andreas, Prof. Dr.; Studium der Soziologie und Informatik in Frankfurt/Main und Southampton. Von 1995–1997 wissenschaftlicher Mitarbeiter am Fraunhofer Institut für System- und Innovationsforschung, von 1997 bis 2003 an der Universität Bremen und seit 2003 Hochschullehrer für Angewandte Informatik und einer der Leiter des Instituts für Informationsmanagements an der Universität Bremen. Veröffentlichungen zu IT-Management und Medienentwicklung in Schulen und Hochschulen.

Dörr, Günter, Prof. Dr. phil.; Studium der Pädagogik und Psychologie in Saarbrücken und Mainz. Von 1992 bis 2008 Hochschullehrer an der Pädagogischen Hochschule Weingarten. Seit 2009 Leiter des Landesinstituts für Präventives Handeln in St. Ingbert (Saarland). Veröffentlichungen zur Medienpädagogik und Lehrerbildungsforschung.

Eickelmann, Birgit, Dr. phil., TU Dortmund. Seit 2003 abgeordnete Studienrätin am Institut für Schulentwicklungsforschung.

Eritsland, Alf Gunnar, Associate Professor, Oslo University College, Norway, Department for Teacher Education and International Studies. 1994–1998 leader of Norwegian advisory board on Teacher education for the Ministry of education. 1995–1996 partner in advisory committee on ICT in Teacher education, Minister of Education, The Netherlands. Evaluation of Reforms in Teacher education, Sweden, 2003. Publications on Writing education and Teacher education.

Hofhues, Sandra, M.A., B.A.-/M.A.-Studium Medien und Kommunikation an der Universität Augsburg; seit 2003 studentische, später wissenschaftliche Mitarbeiterin und Doktorandin am Institut für Medien und Bildungstechnologie (imb), Universität Augsburg.

Holtappels, Heinz Günter, Prof. Dr. rer. soc., Dipl.-Soz. Wiss., seit 2001 Universitätsprofessor für Erziehungswissenschaft, Schwerpunkte Bildungsmanagement und Evaluation an der Technische Universität Dortmund, Institut für Schulentwicklungsforschung. Arbeitsschwerpunkte: Sozialisations- und Schultheorie, Bildungs- und Schulforschung; schulbezogene Beratung und Fortbildung, Organisationsentwicklung und Evaluation.

Hunneshagen, Heike, Dr. päd., Studium der Erziehungswissenschaften an der Universität Dortmund. Von 1997–2000 Mitarbeiterin des Instituts für Schulentwicklungsforschung (IFS) der Universität Dortmund, anschließend Promotionsstipendium der Graduiertenförderung des Landes Nordrhein-Westfalen. Promotion zum Thema „Innovationen in Schulen". Seit 2003 an der Ruhr-Universität Bochum, Arbeitsbereiche: Studienberatung, Übergang Schule – Hochschule, Mentoring, Genderfragen im Wissenschaftssystem.

Issing, Ludwig J., Univ.-Prof. em., Dr. Dipl.-Psych./M.A. (NY/USA), Freie Universität Berlin, Arbeitsbereich Medienforschung (Medienpsychologie und Medienpädagogik); Arbeitsschwerpunkt E-Learning/ Online-Lernen.

Katz-Bernstein, Nitza, Univ. Prof. em., Dr. phil., TU Dortmund, Fakultät Rehabilitationswissenschaften: Rehabilitation und Pädagogik bei Sprach- und Kommunikationsstörungen. Visiting Professor at the Tel-Aviv-University, Faculty of Medicine Science, Department of Speech and Communication Disorders. Studium der klinischen Psychologie, Psychopathologie und Sonderpädagogik an der Universität Zürich. Forschungsschwerpunkte: Sprachentwicklung, Therapie von Redestörungen, Konzeptentwicklung der Kinder- und Jugendpsychotherapie. vierzehnjährige Leitung einer rehabilitativen Dienstleistungs- und Forschungseinrichtung an der TU Dortmund.

Magenheim, Johannes, Prof. Dr. phil.; Studium der Mathematik, Informatik, Politische Wissenschaften und Erziehungswissenschaften in Marburg, Kassel und Gießen. Von 1982–1998 Lehrer und Mitarbeiter am Hessischen Landesinstitut für Pädagogik. Seit 1998 Professor für Didaktik der Informatik an der Universität Paderborn. Mitglied im Leitungsgremium der GI-Fachgruppen ‚E-Learning' und ‚Didaktik der Informatik'. Mitglied der IFIP Working Groups 3.1 und 3.3. Experte der Schweizerischen Akademie der Technischen Wissenschaften (SATW). Veröffentlichungen auf dem Gebiet der Didaktik der Informatik, E-Learning und Medienbildung.

Metz-Göckel, Sigrid, Prof. em., Dr. phil., Studium der Soziologie und Psychologie in Mainz, Frankfurt und Gießen. Von 1976 bis 2005 Hochschullehrerin und Leiterin des Hochschuldidaktischen Zentrums sowie der Frauenstudien der Universität Dortmund. Sprecherin des ersten DFG-Graduiertenkollegs der Frauenforschung „Geschlechterverhältnis und sozialer Wandel. Handlungsspielräume und Definitionsmacht von Frauen" von 1993–1999. Veröffentlichungen zur Hochschul- und Geschlechterforschung.

Preußler, Annabell, Dr. phil., Universität Duisburg-Essen, Lehrstuhl für Mediendidaktik und Wissensmanagement. 2002 Promotion an der FernUniversität in Hagen, zuvor tätig am Institut für Schulentwicklungsforschung (IFS) der Universität Dortmund. Aktuelle Arbeitsschwerpunkte: Soziale Netzwerkbildung, E-Assessement.

Reinmann, Gabi, Univ.-Prof., Dr., Dipl.-Psych.; Studium und Promotion an der Ludwig-Maximilians-Universität München; wissenschaftliche Mitarbeiterin, später Assistentin am Institut für Empirische Pädagogik und Pädagogische Psychologie (Lehrstuhl Prof. Mandl). Seit 2001 Professorin für Medienpädagogik an der Universität Augsburg. 2007 Gründung des Instituts für Medien und Bildungstechnologie an der Universität Augsburg.

Rolff, Hans-Günter, Dr. rer. soc., ist emeritierter Prosessor am IFS, das er gegründet und lange Jahre geleitet hat, und wissenschaftlicher Leiter der Dortmunder Akademie für pädagogische Führungskräfte (DAPF).

Schelhowe, Heidi, Prof. Dr.-Ing.; Staatsexamen in Germanistik und Kath. Theologie; Diplom-Informatik. Seit 2001 Hochschullehrerin für „Digitale Medien in der Bildung" in der Informatik an der Universität Bremen. Mitglied des Technologiezentrum Informatik und Informationstechnik, TZI. Forschungsschwerpunkte: Softwareentwicklung für Bildungskontexte, Gestaltung von Lernumgebungen, Medienbildung; empirische Forschung zur Digitalen Kultur, Genderforschung.

Schwier, Burkhard, Dr. paed., Lehrer an der CJD (Christliches Jugenddorfwerk Deutschlands e.V.) Christophorusschule, Dortmund.

Seidel, Thomas, Doktorand, Freie Universität Berlin, Arbeitsbereich Medienforschung (Medienpsychologie und Medienpädagogik); Arbeitsschwerpunkte: E-Learning/Online-Lernen, One-to-one-Laptop- und Netbookeinsatz in Schulen.

Tulodziecki, Gerhard, Prof. em., Dr. phil.; Erstes und Zweites Staatsexamen für das Lehramt an beruflichen Schulen; Promotion an der RWTH Aachen; Habilitation an der Gesamthochschule Paderborn; von 1972 bis 1980 am Forschungs- und Entwicklungszentrum für objektivierte Lehr- und Lernverfahren in Paderborn, dort ab 1975 Direktor des FEoLL-Instituts für Medienverbund und Mediendidaktik; von 1980 an Professur für Schulpädagogik und Allgemeine Didaktik an der Universität Paderborn; ehemalig: Mitglied in verschiedenen Arbeitsgruppen zu Fragen der Medienpädagogik auf Bundes- und Landesebene; Arbeitsschwerpunkte: Unterrichtswissenschaft und Medienpädagogik.

Voogt, Joke, Dr., Associated Professor, University of Twente, The Netherlands, Faculty of Behavioral Sciences. National and international research on innovative use of Information and Communication Technologies (ICT). Special interests on the changes the integration of ICT requires from teachers and ICT integration into the curriculum. Chief editor (together with Gerald Knezek) of the International handbook of information technology in primary and secondary education, Springer, New York.

Wedekind, Joachim, Dr. rer. soc.; Studium der Biologie und Erziehungswissenschaft in Tübingen. Von 1975 bis 2000 wissenschaftlicher Mitarbeiter an fachdidaktischen bzw. fernstudiendidaktischen Institutionen; seit 2001 wissenschaftlicher Mitarbeiter am Institut für Wissensmedien in Tübingen. Arbeitsschwerpunkte sind Mediendidaktik, Medienkompetenz, die Gestaltung medialer Lernumwelten und die Interaktivität von Bildungsmedien. Lehraufträge an Universität, Fachhochschule und als Industriedozent. Über 100 Publikationen, darunter 4 Bücher und 7 Herausgeberbände sowie zahlreiche Medienpakete (CD-ROM, Web). Auszeichnungen für Modus (Deutscher Hochschulsoftwarepreis 1991), Hyperdisk (Comenius Medaille 1997), e-teaching.org (Comenius Edumedia Medaille 2006, MEDIDAPRIX 2008).

Welling, Stefan, Dr. rer. pol.; Institut für Informationsmanagement Bremen GmbH (ifib), Arbeitsschwerpunkte: Schulische Integration digitaler Medien, Bildung mit digitalen Medien, Qualitative Bildungsforschung.

Zylka, Johannes, stud. paed., PH Weingarten, Zentrum für Lernen mit digitalen Medien, Arbeitsgruppe Mediendidaktik und Visualisierung. Arbeitsschwerpunkte: Weiterbildungsmaßnahmen zur Medienkompetenzförderung bei Lehrkräften, Medienkompetenzdiskurs.

Birgit Eickelmann

Digitale Medien in Schule und Unterricht erfolgreich implementieren

Eine empirische Analyse aus Sicht der Schulentwicklungsforschung

2010, Empirische Erziehungswissenschaft, Band 19, 336 Seiten, br., 29,90 €, ISBN 978-3-8309-2243-8

Seit der Einführung von Computern und Internet in Schulen gibt es Studien, die die Bedingungsfaktoren der Implementierung digitaler Medien in schulische Lehr-/Lernkontexte untersuchen. Die in dieser Arbeit ausgeführte Studie, die eine Teilforschung einer von der Deutschen Forschungsgemeinschaft (DFG) finanzierten und umfassenderen Folgestudie (Laufzeit 2006 bis 2007) zur deutschen SITES M2 (Second Information Technology in Education Study, Module 2, 1999-2002; IEA-Studie) bildet, untersucht erstmals über einen mehrjährigen Zeitraum mit qualitativen und quantitativen Methoden die Bedingungsfaktoren der nachhaltigen Implementierung digitaler Medien in Schulen aus Sicht der Schulentwicklungsforschung. Die Datengrundlage bilden Fragebögen und qualitative Interviews mit Lehrpersonen, Schulleitungen, IT- bzw. Medienkoordinatoren, Schülerinnen und Schülern der Primar- und Sekundarstufen sowie schulische Konzepte.

Rolf Plötzner, Timo Leuders,
Adalbert Wichert (Hrsg.)

Lernchance Computer
Strategien für das Lernen mit
digitalen Medienverbünden

2009, Medien in der Wissenschaft, Band 52,
292 Seiten, br., 24,90 €, ISBN 978-3-8309-2216-2

In Schule, Hochschule, Ausbildung und Weiterbildung ist das Lernen mit digitalen Medien längst Alltag. Dennoch bleiben in vielen Fällen die Lernerfolge hinter den Erwartungen zurück. Über zehn Jahre Forschung haben deutlich werden lassen, dass digitale Medien den Lernenden nicht nur neue Möglichkeiten eröffnen, sondern auch neue Anforderungen an sie stellen.

In diesem Band werden Forschungsarbeiten zu der Frage vorgestellt, wie Lernende in die Lage versetzt werden können, diese Anforderungen zu bewältigen. Aus interdisziplinären Perspektiven wird das Lernen mit verschiedenen statischen und dynamisch-interaktiven Medien wie zum Beispiel Kombinationen aus Texten und Bildern, Animationen, Simulationen und dynamisch-interaktiven Modellierungswerkzeugen untersucht. Im Mittelpunkt steht die Entwicklung von Lernstrategien, die Lernende befähigen sollen, die Lernchancen dieser Medienverbünde zu nutzen und ihre Anforderungen zu meistern. Die Ergebnisse empirischer Untersuchungen zeigen, dass die vorgeschlagenen Strategien vielversprechend dafür sind, das Lernen mit digitalen Medien wirksam zu fördern.

Reinhard Keil,
Detlef Schubert (Hrsg.)

Lernstätten im Wandel

Innovation und Alltag in der Bildung

2006, 266 Seiten, br., 19,90 €
ISBN 978-3-8309-1725-0

Allen Lehrern und Schülern ein Computer? Internet für alle Klassen? E-Mail und Webspace von der Grundschule bis zum Abitur? Was gestern noch wie eine Utopie klang, beginnt heute schon Wirklichkeit zu werden. Viele Fragen und Probleme sind dabei zu bewältigen. Wie geht man vor? Was kostet es? Was muss man beachten? Was kommt danach?

Dieses Buch gibt auf viele dieser Fragen Antworten, beleuchtet Beispiele und Lösungsansätze, verdeutlicht die Probleme und zeigt zukünftige Perspektiven auf. Namhafte Autoren, die im Praxisfeld Bildung und digitale Medien eine entscheidende Rolle spielen, geben vor dem Hintergrund ihrer Erfahrungen Empfehlungen ab.

Lernstätten wandeln sich. Dazu müssen alle beteiligten Personen und Institutionen in einen kontinuierlichen Dialog miteinander treten: Bund, Land, Bezirk, Kommune, Schule, Universität ebenso wie Studienseminare, Medienzentren, kulturelle Einrichtungen und Firmen. Sie alle finden sich in diesem Buch wieder.